2022
黄岩年鉴
HUANGYAN YEARBOOK

台州市黄岩区地方志编纂室　编

方志出版社
Publishing House of Local Records

● 2021年1月12日，中国共产党台州市黄岩区第十三届代表大会第五次会议在区文体中心开幕　　（区委办 供图）

● 2021年2月21日，台州市黄岩区第十六届人民代表大会第五次会议在区文体中心开幕
（区人大办公室 供图）

● 2021年2月20日，中国人民政治协商会议台州市黄岩区第十四届委员会第五次会议在区文体中心开幕
（区政协办公室 供图）

2021年6月25日，台州市统一战线庆祝中国共产党成立100周年主题活动在黄岩区举行 （区委统战部 供图）

2021年4月2日，党史学习教育现场黄岩基地游学
（区委宣传部 供图）

2021年6月8日，各文化礼堂全面开展庆祝建党百年宣传和党史学习教育，如北城街道后庄村文化礼堂举行台州市“听音乐学党史”黄岩区专场
（区委宣传部 供图）

2021年5月14日，庆祝中国共产党成立100周年，黄岩实验小学少先队员们聆听老党员讲革命故事（区教育局 供图）

2021年9月28日，“纪念陈叔亮先生诞辰120周年座谈会”在黄岩区举办　　　　（区政协办公室 供图）

2021年3月，黄岩区北洋镇十七届人大会第八次会议上进行民生实事票决　　　　（区人大办公室 供图）

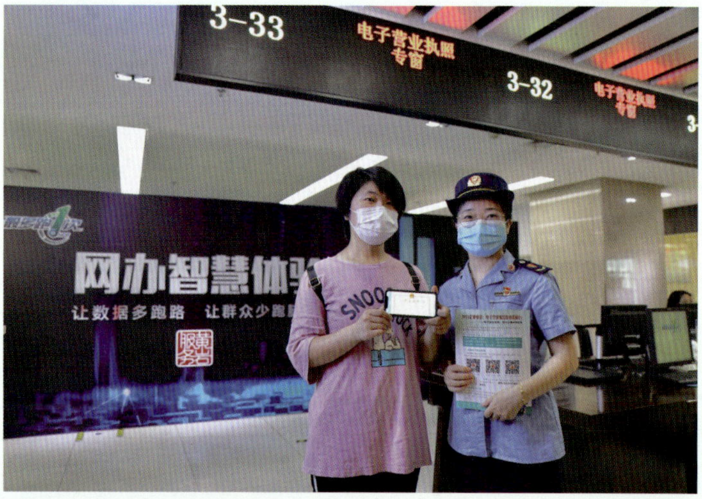

2021年8月23日，黄岩区市场监督管理局工作人员指导企业自助办理电子营业执照

（区市场监管局 供图）

2021年9月3日，黄岩区招商引资项目集中签约仪式现场

（区投促中心 供图）

2021年12月10日，黄岩垃圾焚烧发电厂（区住建局 供图）

2021年7月6日，黄岩院桥供电所带电作业班在10千伏秀岭线进行带电作业

（区供电局 供图）

• 2021年3月15日，黄岩区行政服务中心新大厅开始推行“肩并肩”办理模式　　（区行政服务中心 供图）

• 2021年3月15日起，黄岩区行政服务中心新大厅政务服务数据驾驶舱为群众提供更便捷服务

（区行政服务中心 供图）

• 2021年7月23日，台风“烟花”过境黄岩，宁溪镇金林村河水暴涨，宁溪派出所民警会同镇政府工作人员帮助被困村民转移

（黄岩公安分局 供图）

• 2021年7月17日，黄岩区开展2021年防汛防台综合演练（区应急管理局 供图）

2021年7月12日，台州梦创园项目正式亮相　　（区城投集团 供图）

2021年10月29日，黄岩老水厂文创园建设项目竣工验收　　（区城投集团 供图）

2021年1月29日，市政工人在七十二巷挂灯笼、迎新春 （区综合行政执法局 供图）

2021年5月，黄岩公安分局民警帮助失散39年的母女团聚 （黄岩公安分局 供图）

2021年10月1日，黄岩环卫工人在岗位上迎国庆

（区综合行政执法局 供图）

2021年9月6日，黄岩区平安大巡防活动启动 （黄岩公安分局 供图）

2021年5月27日，追寻"真理的味道"台州市"新时代·青年说"宣讲大会举办 （团区委 供图）

2021年9月25—26日，黄岩区举办第25届全国工业设计学术年会

（区经科局 供图）

2021年5月10日，黄岩区富山乡发现国家Ⅰ级重点保护动物金斑喙凤蝶，该物种为台州市首次发现

（台州市生态环境局黄岩分局 供图）

2021年9月14日，黄岩区高桥街道中心幼儿园开园

（高桥街道 供图）

2021年9月1日，黄岩区实验小学入学新生点灯仪式

（区教育局 供图）

2021年11月3日，黄岩区对口支援医疗队抵达甘孜州新龙县和平乡开展义诊和健康教育宣传活动

（区卫健局 供图）

2021年11月11日，黄岩区开展隧道综合性演练

（区应急管理局 供图）

2021年11月，黄岩区各乡镇街道开展大规模核酸检测实战演练 （区卫健局 供图）

2021年11月，黄岩区各乡镇街道开展大规模核酸检测实战演练 （区卫健局 供图）

黄岩朵云书院航拍图，拍摄于2021年6月30日 （区委宣传部 供图）

2021年11月19日，黄岩区中小学生运动会（区教育局 供图）

2021年11月19日，黄岩区中小学生运动会 （区教育局 供图）

2021年2月9日，104国道黄岩区头陀至院桥段公路工程全线建成 （区交通运输局 供图）

2021年7月1日，82省道复线黄岩区马鞍山至后洋段公路通车　　（区交通运输局 供图）

• 2021年6月19日，浙江省农科院于黄岩江口街道东魁村宣布东魁杨梅基因测序结果并授予证书，证明国内东魁杨梅出自黄岩180多年树龄的母树

（区农业农村局 供图）

编辑说明

一、《黄岩年鉴(2022)》以马克思列宁主义、毛泽东思想、邓小平理论、“三个代表”重要思想、科学发展观、习近平新时代中国特色社会主义思想为指导，坚持辩证唯物主义和历史唯物主义的立场、观点和方法，全面、客观、真实、系统地记述2021年度黄岩区发展情况。

二、《黄岩年鉴》是黄岩区委、黄岩区人民政府主管的综合性地方性年鉴。由《黄岩年鉴》编纂委员会组织实施，《黄岩年鉴(2022)》由区地方志编纂室承编。

三、《黄岩年鉴(2022)》编纂执行《地方志工作条例》规定，记述范围为2021年的黄岩区境，时限为2021年1月1日至12月31日。凡在全区范围内的机关、团体、企事业单位皆不论其归属，一般记述在内。

四、《黄岩年鉴(2022)》采用分类法编辑，设类目、分目、条目3个层次，以条目为主要载体。全书共设13类目、132分目、968条目，全面、系统地记述在2021年全区政治、经济、文化、社会、生态发展的基本情况及重大事项和取得的经验，为社会各界了解黄岩、研究黄岩、宣传黄岩、建设黄岩提供信息资源，为编史修志积累资料。

五、《黄岩年鉴(2022)》采用的数据，由各撰稿单位核定提供，个别数据可能出现不一致的情况。遇此情况时，均应以区统计局的《黄岩统计年鉴(2021)》为准。

六、先进名录收录范围：国家、省级、市级先进集体和个人。

七、本年鉴因各种原因未能收录的资料，今后凡能补辑的，将在随后年鉴中予以出版。

八、本年鉴资料由各部门、各乡镇街道提供，并经供稿单位领导核稿。供稿单位或撰稿人署名见条目右下方。图片以单位提供为主。

总 目

CONTENTS

目 录

特 载

大 事 记

黄岩区概貌

中国共产党台州市黄岩区委员会

台州市黄岩区人民代表大会

黄岩区人民政府

中国人民政治协商会议
台州市黄岩区委员会

中国共产党黄岩区纪律检查委员会

民主党派·工商联

群众团体

军事·法治

经济管理

工业·电力

农业·水利

贸易流通

城市建设和管理

生态环境保护·气象

交通运输·邮政通信

教育·文化·体育·传媒

医疗卫生

社会生活

乡镇街道

索 引

政府工作报告

——在台州市黄岩区第十六届人民代表大会第五次会议上的报告

（2021年2月21日）

黄岩区人民政府区长　包顺富

一、2020年工作和“十三五”发展回顾

2020年是极其特殊、极具考验、极不平凡的一年。面对国内外形势的深刻复杂变化特别是突如其来的新冠肺炎疫情，区人民政府坚持以习近平新时代中国特色社会主义思想为指导，全面贯彻落实党中央国务院、省委、省政府、市委、市政府和区委的各项决策部署，认真执行区人大各项决议，统筹推进疫情防控和经济社会发展，扎实做好“六稳”工作，全面落实“六保”任务，实现“两手硬、两战赢”。全年生产总值增长3.7%，城乡居民人均可支配收入分别增长3.5%、6.8%，13项主要经济指标总分排名全市第一，市对区经济社会发展目标责任制考核位居全市第二。三大攻坚战、高水平全面建成小康社会取得决定性成就，“十三五”圆满收官。

过去一年，我们慎终如始抓防疫，夺取“两战赢”全面胜利。坚持生命至上，第一时间启动应急预案、组建指挥部，高效化推进“七大机制”“八个规范”“九个一律”等工作机制。发动910个网格8000多名党员干部，责任捆绑7370人次，以“人防+技防”24小时严守各“大门”“小门”。对疫情最严重的院桥镇实行全封闭管控，有效遏制疫情扩散。选派4批次31名医护人员驰援武汉、荆门，为湖北抗击疫情贡献黄岩力量。疫情村清零后，果断按下复工复产“快进键”，有序推进复市复学，“三包”接返员工4万余人，3个驻点专班招工2.6万人，一个月内实现复工复产率达100%。出台优企惠企“13条”、税收惠企“20条”等政策，累计投入财政资金7.3亿元，落实“五减”17.2亿元，“两直”资金补助市场主体1.9万户。创新推出“永宁企管家”平台，450个驻企专班，帮助企业解决困难1860件次。建立常态化疫情防控机制，严格落实亮码、测温、戴口罩等管控措施，有效巩固防疫成果。

过去一年，我们大抓项目稳投资，厚植高质量发展动能。深入开展“抓项目、促投资”攻坚月行动，完成固定资产投资219.7亿元。12个市县长项目、5个省“152”项目落地率分别达66.7%、100%。全面排摸黄岩在外亿元以上企业59家，积极开展走出去“三服务”活动，促进“浙商回归”。招引落地5亿元以上产业项目26个，抗肿瘤合成创新药、智能纳米调光玻璃、OLED光电材料等项目落地孵化，与中交广航局、新南山控股集团等12家企业达成战略合作关系。台金高速东延市区连接线、104国道西移线、宁大公路通车，金台铁路、325省道复线马鞍山至后洋段基本完工，204省道黄岩段主线路基贯通，甬台温高速抬升工程完成工可编制。永宁江闸强排一期启动建设，黄岩溪、半岭溪等西部河流综合治理有效实施。完成水库除险加固2座、山塘综合整治4座，清淤河湖库塘30万立方米。农村饮用水达标提标三年行动顺利收官。110千伏松兴变建成投运。供地5984亩，其中消化批而未供4633亩，盘活存量1351亩；供应工业用地1088亩。大力开展“抓开工、清闲置”月度攻坚行动，2019年新增工业用地开工率达100%。院桥镇全域土地综合整治纳入国家试点。黄岩区获评省级国土资源节约集约模范区。争取到债券38.9亿元，总额居全市第一，其中专项债券25亿元。建立总规模7.5亿元的产业基金。率先在全国开展省级小微企业信用贷款评级试点，新增小微信用贷款需求户3230户、小微企业融资31.4亿元，相关经验引起中国人民银行行长易纲关注，省委副书记、省长郑栅洁，中国人民银行副行长刘桂平、徐加爱，省委原常委、原常务副省长冯飞，副省长朱从玖、高兴夫、陈奕君批示肯定，成功入选省四季度争先创优“最佳实践案例”。

过去一年，我们加快转型促发展，培育多层次产业体系。启动实施科创板创业板上市五年行动，制定《上市挂牌20条》，成立永宁凤凰学院，拱东医疗成功上市，尊工科技挂牌新三板。完成“小升规”55家，新增国家级“专精特新”小巨人企业1家、“隐形冠军”培育企业8家。实施机器换人350台，完成规上企业数字化改造122家。新建5G基站635个，企业上云550家。引进海康威视、绿保科技等数字经济项目。发布“浙江制造”标准4项，新增“品字标”企业5家。黄岩区获评全省小微企业三年成长计划工作优秀区。经开区入选省开发区产业链“链长制”试点单位。智能模具小镇通过省级验收命名，获特色小镇考核优秀等级，小镇客厅对外开放，科创中心主体基本完工。联化(南区)小微园正式投运，山前、繁荣、屿新小微园建成完工，新前铸造园区、白鸽小微园开工建设。36个老旧工业区块完成升级改造。引进上海交通大学CAD分中心、同济大学设计创新中心等平台，建成模塑科技快速成型创新中心。新增入库国家重点扶持高新技术企业28家、省级科技型中小企业108家，入选国家重点研发项目2项。新引进院士3人、国家级领军人才5人，落地“500精英计划”人才项目15个。黄岩人才创业园创成省级才创园，青年创业孵化园获评国家级众创空间。

过去一年，我们统筹城乡

优环境，建设全域化美丽黄岩。15个城村双改项目拆除2243户37.8万平方米，开工建设4558套安置房、建成投用1737套。东浦未来社区列入省级试点，核心区块启动拆迁。官河古道基本成形，老水厂文创园、卷洞听雨等区块形象初显。永宁江绿道东延启动建设。完成孔庙一期核心保护区块和11个老旧小区改造。鉴洋湖城市湿地公园建成首启区。优化城市路网，九峰路人行天桥投入使用，祺祥街跨永宁江桥梁即将建成，劳动南路南延进度过半，内环8号立交放射线、拱新大道、黄长改线、天元路西延进场施工。改造提升"四好农村路"64.8公里，建成美丽公路4条。完成3个国家森林乡村、3个市级美丽乡村精品村和1.2万户美丽庭院建设。提升改造黄岩石窟、上郑大瀑布等景区，创成4个景区镇和20个景区村庄，实现旅游收入59.2亿元。头陀老街一期改造、高桥瓦瓷窑老村新生示范工程核心区块基本完工。屿头柔川景区入选省首批乡村氧吧，"演太线"获评省级美丽乡村风景线。宁溪成为省首批美丽城镇样板镇、省第二批千年古镇。中华橘源小镇完成浮桥馆、南入口环境提升等工程，南城贡橘园完成北大门建设。新建优质柑橘基地2000亩，蜜橘筑墩栽培系统入选中国重要农业文化遗产，成功举办浙江首届中国重要农业文化遗产大会黄岩峰会暨黄岩柑橘旅游节。中药材种植面积增至9210亩，建成林药复合经营、规范化药材生产示范基地各2个。提标改造粮食生产功能区4450亩，实现全年生猪产能6.2万头。区外农业实现产值50亿元。黄岩区被列为省农业标准化生产示范创建县。"空心村"治理经验得到省委书记袁家军批示肯定，能人带动模式入选浙江乡村振兴十大模式。高标准推进中央环保督察反馈问题整改，开展医化行业环境综合整治。完成6个乡镇街道、46个小区、4个工业园区"污水零直排区"建设和387个农村生活污水终端改造。院桥污水处理厂二期、垃圾焚烧发电项目投入运行，宁溪污水处理厂三期主体完工，江口污水处理厂三期开工建设。创建省市两级生活垃圾分类示范小区16个、示范村7个。11个地表水断面达标率90.9%，创历年最好成绩。黄岩区首夺"大禹鼎"，创成"基本无违建区"，顺利通过国家卫生城市、全国文明城市国家复评。

过去一年，我们聚力改革拓市场，推动全方位对外开放。纵深推进"最多跑一次"改革，一般企业投资项目审批全部实现"最多80天"，在全省率先推出股权转让"一件事"改革。400项机关内部事项实现网上办理。区行政服务中心、院桥镇便民服务中心被列为国家政务服务评价标准试点单位，台州火车站改造获评省公共场所服务大提升亮点项目，黄岩区被列为省退役军人全生命周期服务管理试点。成功打造1家AA+级、2家AA级国有企业。出让"标准地"18宗608亩。改造亩均税收5万元以下企业99家。出台全市首个接轨大上海、融入长三角实施方案，与《新民晚报》、上海青浦区合作共建新民·青台生态绿色一体化发展联盟。新增自营出口企业35家，培育省市出口名牌7个。东西部扶贫协作、对口支援与对口合作有效落实。引进极兔速递物流、上海均和集团、浙江物产中大等贸易服务企业，与阿里巴巴国际站建立跨境电商合作，开发“夜永宁”夜间经济品牌。建成元基汽车总部大楼，传化洲锽公路港物流中心二期完工。

过去一年，我们为民谋利增福祉，决胜高水平全面小康。民生支出47亿元，占一般公共预算支出的80%。如期完成“两不愁三保障”突出问题、年家庭人均收入8000元以下和集体经济薄弱村“清零”任务。泥河岭区块异地安置小区主体工程基本完工，北洋汇头移民安置小区开工建设。52个省市为民办实事项目、10个区级民生实事票决项目全部完成。建成东城小学朱砂街校区、樊川书院幼儿园等9所学校幼儿园，推进东浦中学、头陀中学、南城中心幼儿园等11所学校、幼儿园建设。创成省教育基本现代化区。北洋120急救站点建成投用，区医疗卫生中心进入主体施工，康养工程、高桥社区卫生服务中心开工建设。国家紧密型医联体建设试点亮点凸显，联合门诊建设实现全覆盖。黄岩区获健康浙江考核、全省公立医院综合改革优秀等次。建成9个乡镇街道示范型居家养老服务中心，老年大学新校区投入使用。区图书馆新馆主体结顶，区文化馆新馆进入主体施工，区博物馆荣升国家二级博物馆，沙埠窑被列为省级考古遗址公园。区青少年活动中心、新少体校完成选址。完成“四提升四覆盖”全民健身工程创建，新增体育场地面积4万平方米。区应急管理指挥中心建成投用，全省首个危化品运输专用停车场试运营。新增规范化避灾安置场所32个，消除地质灾害隐患点27处。深入开展安全风险“排查整治季”等行动，整改风险隐患32863项，“两抢”、盗窃等警情“断崖式”下降。

过去一年，我们勤政廉政勇担当，打造高效率实干政府。开展争先创优专项行动，建立项目办、企业办、做地办、督考办四大专班运行机制。坚持依法行政，人大议案建议与政协提案答复率100%，法治政府考核居全市第一。深化预算绩效管理，一般性支出压减10%。政府系统党风廉政建设全面加强。民兵组织调整改革圆满收官，征兵工作实现省级先进单位“三连冠”。民族宗教、外事侨务、对台事务、审计、统计、气象等工作取得新进步，工会、共青团、妇女儿童、老龄、慈善、红十字等事业得到新发展。

2020年的非凡历程，在黄岩历史上写下了浓墨重彩的一笔；“十三五”的风雨兼程，见证了黄岩跨越赶超的发展足迹。

五年来，我们坚持发展为要，综合实力更加强劲。生产总值从2015年的353亿元增加到2020年的557.4亿元，年均增长7.2%；人均生产总值突破1万美元大关。财政总收入、一般公共预算收入分别达到67.4亿元、39.8亿元，年均增长3%、5.1%。外贸自营出口总额从2015年的122.8亿元增加到2020年的191.9亿元，年均增长9.3%。社会消费品零售总额是“十二五”时期的1.6倍。

五年来，我们坚持创新驱动，产业转型更加有力。高新技术产业增加值年均增长12.9%，占规上工业比重从48.9%提高到64.6%。专利授权累计达26317件，授权量居全市第一。模塑、电动车、医化等产业集群发展壮大，瞪羚企业全市最多，新增上市企业3家，工业总产值是“十二五”时期的1.3倍。第三产业更趋活跃，占GDP比重较“十二五”末提高4.2个百分点。重振黄岩蜜橘雄风，被认证为“世界蜜橘之源”。

五年来，我们坚持区域统筹，城乡魅力更加彰显。加快推进城乡融合发展，“一心两轴多片区”城乡布局基本形成。城乡居民收入倍差从2.02倍缩小至1.91倍。“五纵五横”交通路网体系日趋完善，综合交通投资是“十二五”时期的3.1倍。信息传递更加快捷，实现了从4G到5G的跨越式变革。实施城村双改项目105个，拆除706万平方米，建成安置房1.3万套。孔庙、五洞桥、36街72巷等历史文化点位重现古韵，委羽山新区、江北新区、高铁新区、新前城市新区等区块展露新姿。成立全国首家乡村振兴学院，成功列入首批“部省共建乡村振兴示范省先行创建县”名单。

五年来，我们坚持绿色导向，生态质量更加提升。全面推进治水治气治土治废，饮用水水源地水质达标率保持100%，空气质量优良率达95.6%。新增国土绿化1.2万亩、绿道92公里，新建国家森林乡村6个，省级美丽乡村示范乡镇5个、美丽乡村精品村21个。黄岩区获评首个中国气候生态区、省级生态文明建设示范区。

五年来，我们坚持深化改革，营商环境更加优化。政务事项“最多跑一次”实现率达100%，“办事无休日”、“测验合一”、军人退役“一件事”等多项改革走在全省前列，创成“无证明城市”。整合成立四大国有集团并初步实现市场化转型。完成全国农村集体产权制度改革试点，入选全省首批新时代乡村集成改革试点。

五年来，我们坚持民本情怀，人民生活更加幸福。民生领域累计投入214亿元，比“十二五”时期翻一番，为民办实事工作考核连续九年排名全市第一。创成国家公共文化服务体系示范区和省体育强区，实现省级卫生乡镇、公立医院智慧医疗服务全覆盖。新增城镇就业人数12.4万人。全体居民人均可支配收入达51224元，年均增长8.7%。

五年来，我们坚持精准高效，治理能力更加强化。“一中心四平台一网格”基层治理格局基本形成，安全生产事故数、治安案件数大幅下降，创成“无信访积案区”“无盗抢城市”“无欠薪区”和省食品安全区，实现平安黄岩“十三连创”。

艰难方显勇毅，磨砺始得玉成。回首过去五年，我们顶住了最强台风“利奇马”、新冠肺炎疫情等灾害的巨大冲击，经受了全球经济深度衰退、中美博弈等复杂形势的严峻考验，也收获了经济快速发展、社会全面进步的成功喜悦。这是以习近平同志为核心的党中央举旗定向、掌舵领航的结果，是省委、省政府、市委、市政府和区委统揽全局、坚强领导的结果，是区人大及其常委会、区政协有效监督的结果，是全区人民鼎力支持、奋力拼搏的结果。

我们也清醒认识到，前进道路上还有许多困难和问题。面对不确定、不稳定的诸多挑战，经济持续回升向好的基础尚不稳固。经济总量偏小，数字经济基础薄弱，现代服务业发展相对滞后，产业层次总体仍处于价值链中低端。城市功能不够完善，对高端要素的吸引力集聚力不强，东西部发展不平衡不充分问题还未得到有效解决。教育、医疗、养老等优质公共服务供给与群众期待还有差距，生态治理、安全生产等方面还有不少风险。部分政府工作人员改革创新魄力、担当实干本领尚需增强，“四风”问题依然存在。我们一定高度重视，采取更加有力有效的措施，认真加以解决。

二、“十四五”时期目标任务

根据中共台州市黄岩区委《关于制定国民经济和社会发展第十四个五年规划和二〇三五年远景目标的建议》，我们编制了《黄岩区国民经济和社会发展第十四个五年规划和二〇三五年远景目标纲要(草案)》，提请大会审议。

“十四五”时期，是“两个一百年”奋斗目标的历史交汇期，也是黄岩加快战略机遇转化、冲出转型关口的发展关键期。当前，新一轮科技革命和产业变革加速演进，“双循环”新发展格局和长三角一体化等国家战略深入实施，特别是台州“六个城市”建设全面加快，为黄岩乘势率先基本实现现代化提供了重大机遇。

我们要高举习近平新时代中国特色社会主义思想伟大旗帜，以“三立三进三突围”为新时代发展路径，主动融入台州“六个城市”建设，全面擦亮“千年永宁、中华橘源、模具之都”金名片，倾力打造民营经济高质量发展高地、创业创新高地、先进制造业高地、改革开放高地、二次城市化高地、绿色发展高地、民生幸福高地和基层治理高地，高质量跨入“永宁江时代”，高水平开启现代化建设新征程。

我们要继续保持承压而上的信心，争先进位的定力，起步冲刺的勇气，立足于有利于人的现代化、有利于黄岩经济总量的倍增、有利于市场化法治化国际化营商环境的营造“三大导向”，走实融长拥湾、数字赋能、强二兴三、优东兴西“四大战略”，统筹产业化和城市化、制造业和服务业、内循环和外循环、供给侧和需求侧、促发展和惠民生、谋发展和保安全“六大关系”，加快形成一批具有鲜明黄岩特质的标志性成果，在全省“重要窗口”建设中作出新的更大贡献。到2025年，全区生产总值、人均生产总值分别突破770亿元、11万元，研发经费支出占生产总值比重达到3.3%，常住人口城镇化率达到75%左右。

“十四五”发展的主要目标和任务是：

(一)营造一流营商环境，建设民营经济高质量发展高地。坚定扛起再创民营经济新辉煌的时代重任，创新民营经济发展机制，强化民营经济要素保障，营造市场化法治化国际化的一流营商环境，充分激发市场主体活力，提升黄岩民营经济在全市乃至全省全国的贡献度、美誉度。

(二)高举创新人才大旗，建设创业创新高地。强化创新在现代化建设全局中的核心地位，深入实施创新强区、人才强区首位战略，把永宁江科创带作为创新黄岩的最强载体，推进创新平台建设，加快创新要素集聚，推动创新成果转化，构筑创新创业生态链，全面塑造发展新优势。

(三)培育现代产业体系，建设先进制造业高地。对标工业4.0，以模塑产业为重点进行全产业链布局，以数字化、智能化转型升级制造业，加快发展战略性新兴产业和未来产业，培育壮大现代服务业，全面提升产业链供应链现代化水平，推动经济体系优化升级。

(四)打通内外两个市场，建设改革开放高地。充分利用国际国内两个市场、两种资源，以接轨大上海为突破口，全方位、深层次、宽领域融入长三角，推进一批强基础、增功能、利长远的重大项目建设，培育一批投资新热点、消费新业态和出口新主体，发展更高水平的开放型经济。

（五）提升城市发展能级，建设二次城市化高地。推进以人为核心的新型城镇化，站在市区融合、产城融合大格局下谋划区域发展，拉大城市框架、完善城市功能、提升城市品质，强化中心城市极核作用，增强城市文化软实力和辐射带动力，构建城乡一体、市区协同新格局。

（六）彰显环湖拥山特色，建设绿色发展高地。坚持“绿水青山就是金山银山”理念，发挥黄岩作为台州“后花园”优势，守牢生态底线，用好美丽资源，打造山水田园风光，推进美丽乡村向未来乡村升级，实现生态保护与乡村振兴共赢。

（七）改善人民生活品质，建设民生幸福高地。提升公共服务供给水平，推进教育、医疗、养老等社会事业均衡优质发展，实现更加充分更高质量的就业，完善共建共治共享的社会治理制度，扎实推动共同富裕，让改革发展成果更多更公平惠及全区人民。

（八）构筑整体智治体系，建设基层治理高地。坚持和完善新时代村级治理“三化十二制”，推进“最多跑一次”改革，加快构建党建引领、三治融合、整体智治、高效协同的社会治理体系。防范化解重大风险，守住安全发展底线，形成基层治理现代化的“黄岩样板”。

美好蓝图已经绘就，崭新征程已经开启。“永宁江时代”发展新篇章的谱写，不可能毕其功于一役，更不是轻轻松松、敲锣打鼓就能实现，征途漫漫，唯有奋斗。我们坚信，在全区人民的共同努力下，黄岩“十四五”发展的宏伟蓝图一定能够实现！

三、全力以赴做好“十四五”开局工作

2021年是“十四五”开局之年，做好今年工作意义重大。我们要拿出“开局即决战、起步就冲刺”的姿态，全力以赴、攻坚克难，推动高质量发展再提速，奋力实现“开门红”，确保“十四五”开好局、起好步，以优异成绩庆祝建党100周年。

建议今年经济社会发展主要预期目标为：全区生产总值增长7.5%以上，研发经费支出占生产总值比重达到2.49%；城乡居民收入稳步增长，财政收入增长与经济增长基本同步；城镇新增就业1.2万人；完成省下达的能源和环境指标计划目标。重点抓好六方面工作：

（一）强化科创引领，着力释放发展动能

始终突出科技创新核心地位，加快推进创新黄岩建设，高标准规划永宁江科创带，努力构筑创新要素和高端人才的“磁力场”，为高质量发展注入强劲动力。

建强创新平台。积极对接台州湾科创走廊，加快构建“一城一院一体一园一基地一中心”联动创新平台，推进模塑产业创新服务综合体及工程师协同创新中心、黄岩人才创业园等载体建设，启动省模具产业技术创新中心建设。加强与国内外“双一流”高校科研院所合作，联建共建高能级科创平台，实现上海交通大学CAD分中心、同济大学设计创新中心等平台落地运行。

培优创新主体。深入实施高新技术企业“育苗造林”计划、新一轮科技型企业“双倍增”行动，新增国家高新技术企业10家以上、省级科技型中小企业50家以上、省级企业研发机构2家以上，力争规上工业企业科研经费支出增长10%以上，争创“隐形冠军”2家、国家级“专精特新”小巨人企业1家。大力推进科创板创业板上市五年行动，新增上市企业3家、报会企业6家，做大做强资本市场“黄岩板块”。

集聚创新人才。落实人才新政2.0版，成立人才发展国有集团，推进人才服务综合体建设。谋划“创新飞地”，重点在杭州、上海等地招引优质人才项目。引进国家级领军人才6人，落地“500精英计划”人才项目12个。用足用活用好区级产业基金，设立人才等子基金。深化新时代工匠和“金蓝领”职业技能提升行动。积极筹建知识产权综合服务园、模塑产业知识产权快速维权中心。

（二）突出产业升级，着力壮大实体经济

始终把牢产业发展重要命脉，把发展经济的着力点放在实体经济上，推进产业基础高级化、产业链现代化，提高经济质量效益和核心竞争力。

增强工业支撑力。立足模塑、医药等优势传统产业，加快千百亿产业集群培育。以模具产业“链长制”试点为契机，打造模具全生命周期发展链条。建成国家级模具产品质量检验中心。加快智能模具小镇东融区块开发，落实500亩用地指标。提速发展新兴产业，推进台州市新兴产业基地“万亩千亿”平台建设，整理出600亩土地空间指标。促进高纯钛、球形智能机器人、OLED光电材料等项目量产，推进智能纳米调光玻璃项目。大力拓展产业空间，建成折角桥、北洋高端模塑产业园等5个小微园，加快新前铸造园区、罗汇黄小微园和高桥联丰堂绿色产业园建设，开工建设院桥繁荣创业园和联化（北区）、繁三——廿四都小微园。大力发展现代金融、现代物流、创意设计等生产性服务业，启动黄岩物流产业园区建设。

激发数字牵引力。深入实施数字经济“一号工程”2.0版，开展小微企业数字化转型三年伙伴行动，争取数字经济核心产业增加值占GDP比例达3%以上。外引内培数字经济新增量，力促海视华跃、光昊光电等企业发展壮大。完成规上企业数字化改造150家、机器换人240台，新增数字化车间（智能工厂）5家。实施“5G+工业互联网”工程，启动塑料、电动车行业互联网云平台建设，建成5G基站480个以上，加快实现城区和重点乡镇街道5G信号全覆盖。

推进农业现代化。做好农产品增产提质保供，力争粮食种植面积达8.7万亩、生猪产能达8.3万头。新发展柑橘良种1000亩，建成浙江大学田苑柑橘科创中心，加快中华橘源小镇、南城贡橘园建设，争取蜜橘筑墩栽培系统列入全球重要农业文化遗产预备名单。建成绿色农业智慧大脑，新建高品质绿色科技示范基地3个，培育科技示范主体100家。持续做好外出农民服务保障工作，助力区外农业持续健康发展。

（三）坚持项目为王，着力扩大有效投资

始终扭住项目建设主要抓手，抢抓中央稳投资、促发展政策“窗口期”，坚定不移上项目，千方百计扩投资，为城市经济发展蓄势积能。

深化招商引资。围绕新材料、人工智能、高端装备制造等新兴产业，瞄准模塑、电动车、医化等支柱产业上下游，开展全产业链招商，深化驻点招商、乡贤招商，招引一批“大好高”项目，引进5亿元以上产业项目24个，力争北航航空模具、华为5G新材料等项目签约，亿森模具、新泓智能汽车等9个项目落地，力昌汽车模具、希捷模塑机械等6个项目开工。

强化项目攻坚。大力推进270个实施类项目，实现固定资产投资252.5亿元、增长10%。谋划盯引市县长项目12个，其中省“152”项目5个，分别落地40%、60%以上。全面构建外联内畅大交通格局，建成通车劳动南路南延，全线贯通新江路，加快建设204省道黄岩段、内环8号立交放射线、拱新大道、黄长改线、天元路西延等道路，启动黄岩大桥改建、3条下穿铁路道路项目，推动甬台温高速抬升、椒江至武义公路、九澄大道快速路等工程前期提速。实施水利工程补短板，推进永宁江闸强排一期、椒江黄岩段海塘安澜等工程。除险加固水库2座，综合整治山塘4座，清淤河湖库塘20万立方米。

优化要素保障。围绕“两新一重”“4+1”重大项目等领域，争取更多用地指标和各类债券额度、专项资金。深化全域土地综合整治，完成供地3000亩，其中消化批而未供2000亩，盘活存量1000亩；工业用地供应800亩。依法稳妥高效推动村留地开发再利用。大力实施融资畅通工程，全力推进小微企业信用贷款评级工作，新增小微企业融资70亿元，力争为全省乃至全国提供小微信贷的“黄岩经验”。

（四）致力改革开放，着力畅通内外循环

始终用好改革开放关键一招，抢抓“一带一路”、长三角一体化发展重大历史机遇，打开国内国际“双循环”发展空间，为构建新发展格局提供重要支撑。

深化重点领域改革。推进“最多跑一次”改革提质扩面，深化个人和企业全生命周期“一件事”改革。深入实施优化营商环境“10+N”行动，推行线上线下一体化商事登记，实现一般企业投资项目审批“最多60天”，落实落细各项惠企政策，构建“亲”“清”新型政商关系。深化“亩均论英雄”改革，加强“标准地”批后监管。推进国企市场化改革，将交旅集团打造为AA级国有企业。

扩大对外开放成效。大力开拓“一带一路”新兴市场，培育企业和区域出口品牌，新增自营出口企业35家，筹建跨境电商产业园。鼓励企业开展海外并购、共建共享公共海外仓。深化与青浦区等上海市辖区合作，在科创、产业、经贸等领域引进项目、聚拢资源，推动上海电气、上海钢联等已签约项目落地。

释放消费需求潜力。加强与阿里巴巴、亚马逊、拼多多等头部电商企业合作，打造塑料日用品电商货源基地。建成投用金王子网红直播中心，加快培育东浦未来社区、绿城、方山下、马鞍山四大商圈，拓展青年路、老水厂文创园、新前夜食带等区块消费业态，提升核心城区消费品质，集聚商气人气。做强夜间经济、总部经济、楼宇经济、智慧商业综合体。

（五）聚焦全域美丽，着力构筑品质之城

始终发挥绿色生态突出优势，优化空间布局，改善人居环境，提升城乡品质和一体化发展水平，构筑城乡融合、全域美丽新格局。

提升城市能级。抓住新一轮国土空间规划编制机遇，加快推进“一心两轴多片区”城乡布局。坚持“留改拆”并举，推进城市有机更新，实现官河古道全线贯通，形成西线和南线商业业态。完成孔庙核心区块复原，有序推进桥上街、36街72巷更新改造。建成投用东浦未来社区城市展厅，启动核心区建设，实施区块内土壤治理修复。完成6个老旧小区改造。全线贯通永宁江绿道东延工程。开工建设委羽山道文化公园和鉴洋湖上湖区生态提升工程。实施宁场经联社区块、省道204线院桥段沿线等5个项目11.4万平方米拆迁，开工建设瓦厂头、小商品市场、羽村二期等11个项目8153套安置房，竣工天长北路、东路、王林施等6个项目6250套安置房。加快甬台温高速以西片区开发。

彰显乡村风貌。深化能人带动乡村振兴模式，加强与同济大学合作，实施美丽乡村"十件大事"，建设宁溪五部半山名家村，谋划启动乡村振兴学院二期项目。推进富山、上垟等7个乡镇街道美丽城镇建设，澄江、屿头争创省级样板。建成市级美丽乡村示范乡镇街道2个、美丽乡村精品村3个、美丽庭院1万户以上，争创省美丽乡村示范县。完成茅畲下街村、北洋潮济村美丽宜居示范村创建。大力发展休闲旅游、红色旅游，加快划岩山、平田茶香花海基地、富山云上蓝田等项目开发，启动区旅游集散中心建设，打造西部乡村旅游集聚带。

擦亮生态底色。坚决彻底完成中央环保督察反馈问题整改。深化医化行业环境综合整治，完成椒江堤外黄岩段土壤和地下水调查，改造提升江口区域污水管网，打造中兴沙场园林式绿化景观。推进长潭水库良好湖泊保护工作，加快永宁溪、小坑溪、象岙溪等入库河口湿地工程，实施日溪、黄岩溪、元同溪等小流域治理。建成黄岩水厂二期，新改建供水管网12公里。全面完成"污水零直排区"创建，建成投运宁溪污水处理厂三期，加快江口污水处理厂三期工程，启动江口园区污水预处理厂建设，新建污水管网5公里。深化城乡生活垃圾分类工作，在城区物业小区全面推行"撤桶并点、定时定点"，建成生活垃圾焚烧发电飞灰填埋专区和市政环卫服务基地。

（六）共享发展成果，着力提升幸福指数

始终坚持人民至上根本立场，完善人的全生命周期民生服务，用心办好群众关键小事，补齐民生短板，打造更有温度、更具质感的幸福黄岩。

筑牢疫情防控防线。坚持外防输入、内防反弹，深化"源头查控+人物并防+硬核隔离+精密智控"工作机制，盯牢重点人群、重点场所、重点环节，确保冷链物防闭环管控，确保不出现聚集性疫情，确保不发生院内感染，确保不发生疫情风险点失管漏管，力争不发生本土新增病例。有序开展疫苗接种，做到"应接尽接"。加强疫情监测预警、检验检测和应急处置，抓好常态化疫情防控。

加快社会事业发展。全面推进教育现代化，建成头陀中学、西城中学、宁溪中心幼儿园等10所学校幼儿园，加快东浦中学迁建，开工建设院桥小学第二校区、江口山下郎幼儿园、启智学校等11所学校、幼儿园，推进区职教中心、北城中学等4个项目前期。提高随迁子女就读公立学校比例。坚持引进和培养并重，加强师资队伍建设。聚力建设健康黄岩，完成区医疗卫生中心主体施工，加快康养工程、永宁医院、高桥社区卫生服务中心等工程，启动区三医院、澄江社区卫生服务中心迁建，谋划城区社区、西城社区卫生服务中心项目。深化紧密型医联体建设，促进优质医疗资源共享。完善突发公共卫生应急机制。加快构建高能级中医药创新平台，谋划黄岩中医药科技园建设，打造黄岩陈皮、药用玫瑰等特色中药材品牌，推动中医药事业和产业高质量发展。大力发展文体事业，建成开放区图书馆新馆、朵云书院，完成区文化馆新馆主体工程，启动区青少年活动中心、新少体校、沙埠窑考古遗址公园建设，筹建全民健身中心，力争区博物馆创成国家AAAA级景区。加强精神文明建设，继承和弘扬黄岩“三大精神”，深化新时代文明实践活动，巩固全国文明城市创建成果。

提高社会保障水平。持续巩固脱贫攻坚成效，加快实施水库移民村“飞地抱团”和5个中央扶持消除集体经济薄弱村项目。完成350人扶贫易地搬迁，加快北洋汇头移民安置小区建设。推进全民参保计划，完成规范企业职工养老保险省级统筹工作。健全就业公共服务体系。开展居家和社区养老服务改革试点工作，探索医养融合发展和智慧养老模式。深入实施保障性安居工程，实现住房困难家庭100%覆盖。坚持房住不炒，促进房地产市场健康发展。

强化社会综合治理。健全“大安全、大应急、大减灾”机制，建成区级智慧应急救援指挥平台，加快智慧城市运营中心建设，完善社会治安智能防控体系，实现矛盾纠纷调处从“最多跑一地”向“一次不用跑”升级。持续开展安全生产专项整治三年行动，抓好道路交通、消防、危化品等领域隐患排查整治，坚决打赢“遏重大”攻坚战。统筹加强防汛防台、防灾减灾、人民防空等工作，消除地质灾害隐患点35处，新增规范化避灾安置场所20家，建成1212工程和人防体验馆。全面加强练兵备战和后备力量基层规范化建设，提高国防动员水平，抓好春秋两季征兵工作，推进国防教育“六个一”工程。深化退役军人全生命周期服务管理。

民之所望，施政所向。经过前期广泛公开征集，今年我们共梳理出13件民生实事候选项目，提请本次大会票选出10件。我们将根据票决结果，紧扣目标要求，认真组织实施，确保全面完成，高质量兑现为民承诺。

四、全面加强政府自身建设

新形势、新任务对政府自身建设提出了新的更高要求。我们将不断提升理解力、强化执行力、增强创造力，以数字化改革赋能现代化先行，努力打造“整体智治、唯实唯先”的现代政府、人民满意政府。

（一）铸牢绝对忠诚之魂。言必诚信，行必忠正。坚持把政治建设摆在首位，始终以习近平新时代中国特色社会主义思想武装头脑、指导实践、推动工作，增强“四个意识”、坚定“四个自信”、做到“两个维护”，自觉把讲政治贯穿于政府工作各领域、全过程，不断提高政治判断力、政治领悟力、政治执行力，确保上级各项决策部署不折不扣落实。

（二）永葆为民服务之心。忠实践行人民政府为人民神圣职责。不忘初心使命，把群众满意作为第一准则，将数字化改革牵引全局，系统推进政府治理全方位、系统性、重塑性的质量变革、效率变革、动力变革，构建整体智治、高效协同的数字政府，把全心全意为人民服务全过程融入橘乡大地。

（三）履行依法行政之责。法无授权不可为，法定职责必须为。全面推进法治政府建设，自觉接受人大依法监督、政协民主监督，支持监察监督、司法监督，加强审计监督、群众监督、舆论监督。广泛听取各方意见，认真办理人大议案、建议和政协提案。推进“大综合一体化”行政执法改革，严格规范公正文明执法。

（四）大兴解放思想之风。思想一通，海阔天空。继续发扬敢闯敢冒的改革创新精神，敢于破“旧”，大胆立“新”，把不可能变成可能，把可能变成现实，以思想大解放、观念大转变，带动改革大突破、制度大创新，推动全域全面高质量发展。

（五）凝聚团结协作之力。众人拾柴火焰高，众人植树树成林。全面加强政府系统班子建设，努力打造维护力强、引领力强、担当力强、服务力强、廉洁力强的“五强”班子，强化“一盘棋”思想，做到思想同心、目标同向、工作同力，切实增强凝聚力、执行力、担当力。

（六）践行实干担当之举。有多大的担当，才能干多大的事业。坚持系统观念，注重全局性谋划、战略性布局、整体性推进，努力提升把方向、谋大局、促改革的能力水平。突出争先导向，对标先进，比拼赶超，推动各项工作全面争先创优。强化落实意识，坚持工作项目化、清单化、节点化，做到定则必干、干则必成。

（七）坚守清正廉洁之本。公生明，廉生威。认真落实从严治党主体责任，严格落实中央八项规定及实施细则精神，坚决纠治形式主义、官僚主义。坚持政府过紧日子，集中财力办大事，严控非刚性、非重点项目支出。加强重点领域和关键环节风险防控，严肃惩治各类违纪违法行为，打造山清水秀政治生态。

星光不问赶路人，时光不负奋斗者，荣光属于实干家。让我们更加紧密地团结在以习近平同志为核心的党中央周围，在区委的坚强领导下，紧紧依靠和团结全区人民，拼搏实干、争先创优、勇开新局，为争创社会主义现代化先行区、高质量谱写“永宁江时代”发展新篇章而努力奋斗！

大 事 记

1 月

4日 黄岩区委书记陈建勋实地督查城市建设“官河古道”项目。区领导屠荣彪参加。

6日 黄岩区村社干部培训班开班仪式举行。区领导陈建勋、梁海刚、龚维灿、车献晨参加。

8日 黄岩区召开新冠肺炎疫情防控工作会议。区领导陈建勋、梁海刚、程凌杰、金哲蒙参加。

9日 黄岩区委书记陈建勋实地督查疫情防控工作。区领导梁海刚、金哲蒙参加。

12—13日 中国共产党台州市黄岩区第十三届代表大会第五次会议召开。大会听取和审查中国共产党台州市黄岩区第十三届委员会报告、中国共产党台州市黄岩区第十三届纪律检查委员会报告；审议并通过《中国共产党台州市黄岩区委关于制定台州市黄岩区国民经济和社会发展第十四个五年规划和二〇三五年远景目标的建议》；讨论部分区委工作机关和区人大常委会党组、区政府党组、区政协党组工作汇报；对区委、区纪委领导班子及成员进行民主测评。

14日 黄岩区委书记陈建勋带队开展“三服务”活动。区领导谢焕参加。

14—20日 黄岩区四套班子领导分赴各乡镇街道指导检查防疫工作。

15日 黄岩区举行平安大巡防活动启动仪式。区领导陈建勋、包顺富、蔡康、柯善辉、梁海刚、谢焕、程凌杰、徐乐盛、余文权出席。

同日 区委副书记、区长包顺富带队开展深化“三服务”、全力“开门红”活动。江德华参加。

18日至2月5日 黄岩区四套班子领导深入一线督查疫情防控、安全生产等工作。

20日 黄岩区委书记陈建勋一行入企开展“三服务”、开局“十四五”活动。区领导包顺富参加。

21日 黄岩区召开开展“三服务”、开局“十四五”、全力“开门红”部署会。区领导陈建勋、包顺富、梁海刚、管江志、谢焕、车洁琼、张建新、江德华、车献晨、金哲蒙、童希铎参加。

26日 区委副书记、区委政法委书记梁海刚带队赴义乌市苏溪镇学习考察。区领导程凌杰参加。

27日 区委副书记、区长包顺富带队赴上海纳斯达克(中国)金融中心对接招商引资工作。区领导管江志参加。

30日 区委副书记、区长包顺富检查2021年春季征兵体检工作。区领导谢焕、胡文东、张立峰参加。

2 月

3日 台州市人大常委会主任元茂荣到黄岩开展春节前走访慰问活动。区领导包顺富、蔡康分别参加。

同日 黄岩区委书记陈建勋暗访疫情防控工作,督查平安工作,检查节假日市场供应情况,走访慰问重点优抚对象、困难群体、老干部、一线环卫工人和公安干警。

9日 市政协副主席、区委书记陈建勋赴黄岩中心菜市场、官河古道建设工地、华润万家超市和北门广场等地,实地督查疫情防控、安全生产、节日氛围营造等工作,检查节假日市场供应情况,看望慰问坚守在一线的综合行政执法工作人员和公安干警。

19—20日 台州市人大常委会主任叶海燕一行到黄岩开展新春"三服务"活动。黄岩区领导陈建勋、蔡康、江德华分别参加。

20日 在区行政大楼广场举行升国旗仪式。区四套班子领导参加。

20—23日 政协台州市黄岩区第十四届委员会第五次会议召开。会议认真听取和讨论市政协副主席、区委书记陈建勋代表中共台州市黄岩区委所作的讲话;审议批准区政协主席柯善辉所作的区政协十四届常委会工作报告,提案工作报告;委员们列席区十六届人大五次会议,听取并赞同区委副书记、区长包顺富所作的政府工作报告,听取区人民法院、区人民检察院工作报告和其他报告,讨论台州市《黄岩区国民经济和社会发展第十四个五年规划和二〇三五年远景目标纲要(草案)》。

21—24日 台州市黄岩区第十六届人民代表大会第五次会议举行。会议听取和审查台州市黄岩区人民政府、台州市黄岩区人民代表大会常务委员会、区人民法院、区人民检察院工作报告,审查批准台州市黄岩区国民经济和社会发展第十四个五年规划和二〇三五年远景目标纲要、2020年国民经济和社会发展计划执行情况的报告及2021年国民经济和社会发展计划、2020年预算执行情况的报告及2021年预算,票决出十项2021年政府民生实事项目。会议依法选举产生区十六届人大常委会2名副主任和2名委员,通过区十六届人大专委会有关组成人员人选名单。

25日 黄岩区优化营商环境大会召开。区四套班子领导参加。

26日 黄岩区纪委十三届十二次全会召开。区四套班子领导参加。

26—3月1日 区委副书记、区长包顺富带队赴重庆、天津对接项目合作。区领导谢焕参加。

3 月

1日 市政协副主席、区委书记陈建勋赴江口街道开展"三服务"活动。

3日 浙江省委常委、温州市委书记陈伟俊率温州市党政代表团到黄岩考察。市区领导李跃旗、吴海平、陈伟义、陈建勋、管江志参加。

同日 黄岩区人大常委会主任蔡康赴澄江街道开展"三服务"活动。

4日 市委副书记、市长吴

海平到黄岩调研东浦未来社区建设情况。区领导包顺富、管江志参加。

8日 黄岩区党史学习教育动员部署会召开。区四套班子领导参加。

同日 黄岩区政法队伍教育整顿动员部署会召开。区领导陈建勋、梁海刚、王正雷、龚维灿、程凌杰、徐乐盛、余文权参加。

9日 朵云书院·黄岩店签约仪式举行。区领导陈建勋、蔡康、管江志、车洁琼出席。

同日 区委副书记、区长包顺富赴江口街道、北城街道、新前街道开展"三服务"活动。区领导江德华参加。

9—11日 市政协副主席、区委书记陈建勋带队赴上海、苏州对接项目合作。区领导管江志、车洁琼参加。

10日 浙江省人民政府副省长成岳冲一行到黄岩调研美丽乡村建设。区领导包顺富、梁海刚、金哲蒙参加。

同日 四川阆中市委副书记何淼一行到黄岩考察。区领导梁海刚、江德华、金哲蒙参加。

16日 黄岩区领导干部会议召开,传达学习贯彻全国"两会"精神。区四套班子领导参加。

同日 黄岩区举行义务植树活动。区四套班子领导参加。

同日 市政协副主席、区委书记陈建勋调研委羽山区块和土屿山区块建设。区领导罗丙照参加。

17日 黄岩区公安工作会议召开。区领导陈建勋、蔡康、柯善辉、梁海刚、谢焕、程凌杰参加。

19日 市政协副主席、区委书记陈建勋赴东城街道、北城街道开展"三服务"活动。区领导江德华参加。

22日 黄岩区百项克难攻坚项目交办暨抓项目促发展推进会召开。区四套班子领导参加。

同日 黄岩区巩固脱贫攻坚成果推进共同富裕工作会议召开。区四套班子领导参加。

23日 市委书记李跃旗到黄岩调研争先创优工作。区领导陈建勋、管江志参加。

23—26日 区委副书记、区长包顺富带队赴深圳、北京、上海开展招商引资工作。区领导管江志、谢焕参加。

29日 黄岩区党建工作会议召开。区领导陈建勋、梁海刚、王正雷、龚维灿、罗丙照、胡文东参加。

同日 黄岩区数字化改革大会暨区委全面深化改革委员会第四次会议召开。区领导陈建勋、包顺富、蔡康、梁海刚、王正雷、罗丙照、管江志、谢焕、林峰、张建新、屠荣彪、车献晨、金哲蒙、童希铎参加。

同日 市政协副主席、区委书记陈建勋调研官河古道建设。区领导金哲蒙参加。

31—4月2日 市政协副主席、区委书记陈建勋带队赴上海、无锡对接项目合作。区领导梁海刚、张建新、车献晨、童希铎、陈灵平参加。

4 月

1日 市政协副主席、区委书记陈建勋一行赴中科院上海有机所、同济大学对接交流工作。区领导梁海刚、车献晨参加。

同日 区委副书记、区长包顺富督查北城街道马鞍山区块征迁工作。区领导谢焕、屠荣彪参加。

6日 黄岩区举行"清明祭英烈"活动。区四套班子领导参加。

同日 黄岩区政府与上海均和集团有限公司战略合作框架协议签约仪式举行。区领导陈建勋、包顺富、管江志参加。

7日 无锡灵山文化旅游集团董事长吴国平一行到黄岩考察。市领导吴海平、陈挺晨，区领导包顺富、管江志参加。

9日 黄岩区委学习《习近平在浙江》座谈会召开。区四套班子领导参加。

同日 黄岩区委理论学习中心组(扩大)学习会召开。区四套班子领导参加。

同日 市委副书记、市长吴海平调研黄岩西部乡镇共同富裕工作。区领导包顺富、车献晨参加。

10日 市政协副主席、区委书记陈建勋督查黄岩芦村港区沿岸环境整治情况。区领导谢焕、林峰参加。

12日 黄岩区政法队伍教育整顿工作推进会召开。区领导陈建勋、梁海刚、王正雷、龚维灿、徐乐盛、余文权参加。

同日 黄岩区委政法队伍教育整顿领导小组第一次全体会议召开。区领导陈建勋、梁海刚、王正雷、龚维灿、徐乐盛、余文权参加。

13日 市政协副主席、区委书记陈建勋赴富山乡、宁溪镇调研乡村振兴工作。区领导屠荣彪、车献晨参加。

14日 全市人才创新创业全周期"一件事"改革暨服务综合体现场推进会在黄岩召开。市区领导赵海滨、陈建勋、龚维灿出席。

同日 黄岩区四套班子领导到中共黄岩县委成立旧址(戴大夫故居)、林泗斋爱国主义教育基地开展党史学习教育。

同日 市政协副主席、区委书记陈建勋赴江口街道督查工业4.0示范园区首建区相关工作。区领导谢焕、屠荣彪参加。

同日 区委副书记、区长包顺富赴北洋镇督查土地综合治理项目推进情况。区领导林峰参加。

15日 黄岩区党史学习教育省委宣讲团报告会召开。区四套班子领导参加。

同日 天目融媒体学院台州(黄岩)学院成立仪式举行。区领导包顺富、车洁琼出席。

15—16日 同济大学副校长、同济大学设计创意学院院长娄永琪一行到黄岩考察并召开座谈会。区领导陈建勋、梁海刚分别参加。

16日 黄岩区政法队伍英模事迹报告会召开。区领导陈建勋、梁海刚、王正雷、车洁琼、程凌杰、徐乐盛、余文权出席。

19日 区委副书记、区长包顺富督查东浦未来社区项目推进情况。区领导管江志参加。

20日 市政协副主席、区委书记陈建勋实地督导政法队伍教育整顿工作。

21日 台州市人大常委会主任叶海燕到黄岩调研永宁江畔区块建设情况，并召开座谈会。区领导陈建勋、包顺富、蔡康分别参加。

同日 黄岩区平安黄岩"十五连创金鼎加星"誓师大会暨县域治理现代化工作推进会召开。区四套班子领导参加。

同日 黄岩区委农村工作会议召开。区领导陈建勋、梁海刚、潘禹斌、车献晨、章永良参加。

23日 市委副书记、市长吴海平到黄岩调研鉴洋湖湿地公园及周边区块开发建设情况。市领导林先华，区领导包顺富参加。

26日 市政协副主席、区委书记陈建勋赴东城街道和江口街道开展“三服务”活动。区领导谢焕参加。

同日 同济大学国家现代化研究院执行院长、国务院参事室特约研究员吴亮一行到黄岩考察县域城乡融合发展工作。区领导梁海刚参加。

30日 黄岩区经济形势分析会召开。区四套班子领导参加。

同日 黄岩区理论学习中心组学习会召开。区四套班子领导参加。

5 月

3日 市政协副主席、区委书记陈建勋赴东城街道和西城街道暗访督查疫情防控和安全生产工作。区领导林峰参加。

6日 “美丽台州”现场交流考察团到黄岩考察鉴洋湖城市湿地公园建设工作。市四套班子领导，各县市区党委、政府主要负责人参加。

7日 区人大常委会主任蔡康赴澄江街道开展物流项目及“半年红”工作督查调研。

8日 黄岩区数字化改革第一次工作例会召开。区领导陈建勋、包顺富、蔡康、柯善辉、梁海刚、谢焕、徐乐盛出席。

同日 西诺集团聚合物新型成型装备国家工程研究中心分中心揭牌暨合作签约仪式在黄岩举行。区领导陈建勋出席。

同日 市政协副主席、区委书记陈建勋赴院桥镇，开展抓项目、促投资现场督查。区领导江德华参加。

11日 区委副书记、区长包顺富督查“打通断头路”行动。区领导管江志、林峰参加。

13日 黄岩区“头雁领航·村村比拼”活动现场推进会暨基层党建重点任务部署会召开。区领导陈建勋、龚维灿、车献晨参加。

同日 黄岩区“双循环”节点专班工作会议召开。区领导柯善辉、车洁琼、江德华参加。

13—14日 区领导陈建勋、包顺富、梁海刚、车献晨开展全国助残日走访慰问。

14日 市委副书记、市长吴海平到黄岩检查防台防汛工作。区领导包顺富、车献晨参加。

17日 市政协副主席、区委书记陈建勋赴北城街道、新前街道开展“我为群众办实事、我为企业解难题、我为基层减负担”专题实践活动。区领导江德华参加。

19日 黄岩区举行“共同富裕县域城市标准课题研究”暨共建合作意向协议签约仪式。区领导包顺富参加。

21日 市政协副主席、区委书记陈建勋赴东城街道双浦社区开展党史学习教育专题宣讲。

22—23日 黄岩区四套班子领导分赴各联系乡镇街道督查指导防汛工作。

24日 市政协副主席、区委书记陈建勋赴江口街道开展“我为群众办实事、我为企业解难题、我为基层减负担”专题实践活动。区领导谢焕、江德华参加。

25日 市委副书记、市长吴海平到黄岩开展“大督查、大接访、大调研”专项活动并听取汇报。区领导包顺富参加。

26—27日 黄岩区新阶段乡村振兴先锋论坛·黄岩2021召开。市领导陈伟义、褚义军，区领导包顺富、梁海刚、冯继敏、车献晨、尤匡敏参加。

28日 市委书记李跃旗到黄岩调研数字化改革工作。区领导包顺富、谢焕参加。

31日 黄岩区提升党员干部队伍推进现代化建设新能力

暨乡镇领导班子换届工作会议、区管干部进修班开班仪式召开。区领导陈建勋、梁海刚、王正雷、龚维灿、童希铎参加。

同日 黄岩区招商引资项目集中签约仪式举行。区领导陈建勋、包顺富、管江志、谢焕参加。

同日 黄岩区委理论学习中心组学习会召开。区四套班子领导参加。

同日 市政协副主席、区委书记陈建勋赴头陀镇开展抓项目、促投资活动。区领导谢焕、江德华参加。

6 月

2日 黄岩区级河(湖)长述职会召开。区四套班子领导参加。

同日 区政协主席柯善辉赴西城街道督查调研信访工作。

5日 区委副书记、区长包顺富专题调研新型黄岩外出瓜农合作组织联合会建设工作。

6日 台州市老年体育健身展示大联动启动仪式举行。市区领导李跃旗、周凌翔、陈挺晨、林虹、陈建勋、包顺富、蔡康、柯善辉、梁海刚、车洁琼、冯继敏、金哲蒙、郑菊青参加。

7日 市政协副主席、区委书记陈建勋开展“我为群众办实事、我为企业解难题、我为基层减负担”专题实践活动。区领导车洁琼、林峰、童希铎参加。

11日 黄岩区委常委(扩大)会议召开,传达学习省委十四届九次全会精神,研究部署全区贯彻落实意见。区四套班子领导参加。

同日 台州市黄岩区乡村振兴局揭牌仪式举行。区领导梁海刚、车献晨参加。

13日 市政协副主席、区委书记陈建勋督查防汛工作。区领导郑菊青参加。

14日 市委副书记、市长吴海平到黄岩督查疫情防控、安全生产和防汛工作。区领导包顺富参加。

同日 市政协副主席、区委书记陈建勋检查安全生产、消防安全和防疫工作,看望慰问坚守岗位的一线工作人员。

15日 黄岩区“光荣在党50年”纪念章颁发仪式举行。区领导蔡康、张建新、管彦良、葛久通、冯继敏、潘禹斌参加。

15—16日 市委书记李跃旗到黄岩宣讲省委全会精神和党史教育专题,调研共同富裕,开展“我为群众办实事、我为企业解难题、我为基层减负担”专题实践活动。市、区领导周凌翔、陈建勋、梁海刚参加。

17—19日 市政协副主席、区委书记陈建勋带队赴四川省甘孜藏族自治州新龙县,对接深化黄岩—新龙两地对口支援工作。区领导谢焕参加。

21—25日 黄岩区四套班子领导分赴联系乡镇街道开展“七一”走访慰问活动。

22日 市委副书记、市长吴海平到黄岩暗访燃气安全生产工作。区领导包顺富参加。

同日 黄岩区人武部党委第一书记现场办公例会召开。区领导陈建勋、谢焕、胡文东、张立峰参加。

23日 市政协副主席、区委书记陈建勋实地督查重点项目推进情况。区领导车洁琼、童希铎参加。

24日 黄岩区开展“学党史、践初心、担使命”主题党日活动暨集中宣誓活动。区四套班子领导参加。

25日 台州市统一战线庆祝中国共产党成立100周年主题活动举行。市、区领导李跃旗、陈伟义、朱巧湘、周凌翔、陈建勋、包顺富、蔡康、柯善辉、管江志、潘禹斌、童希铎、章永良、郑菊青、尤匡敏、沈洁参加。

同日 市政协副主席、区委书记陈建勋检查指导疫苗接种工作，看望慰问一线工作人员。区领导金哲蒙参加。

26日 黄岩区举行“朵云书院·黄岩店”标识启用暨“文献中的百年党史”图片展揭幕仪式。市、区领导陈伟义、陈建勋、包顺富、蔡康、柯善辉、梁海刚、龚维灿、车洁琼、林峰、金哲蒙出席。

30日 省委书记袁家军到黄岩调研。省委常委、秘书长陈奕君，市、区领导李跃旗、周凌翔、陈建勋、车洁琼、林自国分别陪同。

同日 黄岩区四套班子领导参观“百年潮起永宁江”黄岩区庆祝中国共产党成立100周年图片展。

7 月

2日 黄岩区委常委（扩大）会议召开，深入学习贯彻习近平总书记在庆祝中国共产党成立100周年大会上的重要讲话精神。区四套班子领导参加。

4日 区委副书记、区长包顺富督查工业4.0首建区建设进度。

5日 市政协副主席、区委书记陈建勋督查台州梦创园建设情况。区领导屠荣彪参加。

同日 区委副书记、区长包顺富赴联化科技开展“三服务”活动。区领导林自国参加。

7日 区委副书记、区长包顺富督查生态环境整改项目工作落实情况。区领导林峰、金哲蒙参加。

7—8日 黄岩区举办学习“习近平总书记在庆祝中国共产党成立100周年大会上的重要讲话精神”专题读书班。区四套班子领导参加。

9日 黄岩区举行黄岩公安庆祝中国共产党成立100周年“忠诚印记——警察故事”主题报告会。区领导陈建勋、包顺富、蔡康、柯善辉、梁海刚、龚维灿、谢焕、车洁琼、潘禹斌、程凌杰、章永良出席。

12日 黄岩区举办国际梦创（台州）活动月开幕式暨台州中德发展动力创新论坛。市、区领导李跃旗、吴海平、周凌翔、陈建勋、包顺富、柯善辉、梁海刚、谢焕、车洁琼、林峰、林自国、程凌杰、屠荣彪、车献晨、金哲蒙出席。

13日 区委副书记、区长包顺富赴厦门开展项目招引工作。

13—14日 市政协副主席、区委书记陈建勋赴乡镇街道指导学习贯彻习近平总书记“七一”重要讲话精神，省委十四届九次全会和省委书记袁家军在台州调研时的讲话精神，调研共同富裕和乡村振兴工作，并召开座谈会。区领导梁海刚、车献晨参加。

14日 市人大常委会主任叶海燕到黄岩调研重大项目、重点企业。区领导陈建勋、包顺富、蔡康、陈灵平分别参加。

16日 市政协副主席、区委书记陈建勋调研联勤共治工作。区领导梁海刚、程凌杰参加。

19日 黄岩区召开理论学习中心组（扩大）学习会。区四套班子领导参加。

同日 清华大学社科院院长彭凯平到黄岩考察共同富裕工作。区领导包顺富陪同。

20日 黄岩区举行青年英才梦创台州行动暨清华大学社会科学学院共同富裕县域城市标准课题研究基地揭牌仪式。市、区领导吴海平、周凌翔、陈建勋、包顺富参加。

同日 市政协副主席、区委书记陈建勋督查长潭水库防汛防台工作，并开展巡河活动。区领导谢焕参加。

20—8月1日 黄岩区四套班子领导分赴各地开展“八一”期间走访慰问驻黄部队和重点优抚对象活动。

21日 市政协副主席、区委书记陈建勋督查官河古道、朵云书院·黄岩店节点提升工作。区领导车洁琼、林峰参加。

23日 市委书记李跃旗到黄岩检查指导防汛防台工作。市、区领导周凌翔、陈建勋参加。

同日 黄岩区举行2021年台州市药物工业发展研讨会暨院士专家项目成果转化对接会。市、区领导赵海滨、陈建勋、包顺富、梁海刚出席。

23—24日 市人大常委会主任叶海燕到黄岩检查指导防汛防台工作。区领导陈建勋、蔡康先后参加。

23—25日 黄岩区四套班子领导分赴联系乡镇街道督查指导防汛防台工作。

24日 市政协副主席、区委书记陈建勋督查防汛防台各项措施落实情况。区领导梁海刚参加。

26日 区委副书记、区长包顺富督查黄岩铅锌矿尾矿库坝区防台工作。

28日 区委副书记、区长包顺富赴城区方舱接种点督查疫苗接种“敲门清零”行动。

30日 区委副书记、政法委书记芮宏到黄岩开展“八一”期间走访慰问驻黄岩部队和重点优抚对象活动。区领导车献晨参加。

8月

1日 市委副书记、市长吴海平到黄岩检查疫情防控工作。区领导包顺富参加。

3日 黄岩区校地合作“彩虹行动”暨百名硕博人才黄岩行活动举行。区领导陈建勋、谢焕出席。

同日 黄岩区举办以“高质量推进永宁江科创带建设”为主题的“请你来协商·崇和协商会”活动。区领导陈建勋、柯善辉、屠荣彪、童希铎、章永良、郑菊青、尤匡敏参加。

同日 市政协副主席、区委书记陈建勋暗访检查疫情防控工作，并主持召开会议。区领导梁海刚、谢焕、车洁琼、程凌杰、屠荣彪、江德华、车献晨、金哲蒙参加暗访检查或会议。

4日 黄岩区中共台州市黄岩区委十三届十二次全体（扩大）会议暨区政府全体会议召开。区四套班子领导参加。

5日 黄岩区学习贯彻习近平总书记“七一”重要讲话精神专题宣讲报告会召开。区四套班子领导参加。

6日 市政协副主席、区委书记陈建勋实地督查朵云书院·黄岩店、官河古道项目优化提升情况。区领导车洁琼参加。

8日 区政协主席柯善辉到西城街道实地走访慰问西城街道应急避灾点群众。

10日 市政协副主席、区委书记陈建勋赴区疫情防控指挥部，看望慰问一线工作人员，并主持召开会议。区领导梁海刚、金哲蒙参加。

11日 黄岩区四套班子领导过军事日活动暨区委议军会议召开。区四套班子领导参加。

17日 市政协副主席、区委书记陈建勋督查疫情防控工作。区领导谢焕、程凌杰、金哲蒙参加。

同日 黄岩区举行政银共建推进共同富裕先行区战略合

作框架协议签约仪式。区领导陈建勋、包顺富、梁海刚、江德华、车献晨出席。

18日 市政协副主席、区委书记陈建勋开展“医师节”走访慰问活动。区领导梁海刚、金哲蒙参加。

19日 黄岩区领导干部警示教育大会暨清廉黄岩建设推进会召开。区四套班子领导参加。

同日 黄岩区属集团公司管理人员警示教育大会召开。区领导陈建勋、王正雷参加。

23日 黄岩区平安黄岩创建工作推进会召开。区领导陈建勋、包顺富、梁海刚、林峰、潘禹斌、程凌杰、屠荣彪、章永良、徐乐盛、余文权参加。

25日 省委常委、常务副省长陈金彪一行到黄岩调研。区领导陈建勋、包顺富、蔡康、谢焕分别陪同。

26日 市政协副主席、区委书记陈建勋赴江口街道督查环保工作。区领导林峰参加。

同日 市政协副主席、区委书记陈建勋开展高温“送清凉”活动。区领导葛久通参加。

同日 市政协副主席、区委书记陈建勋赴东城街道人大代表联络站开展主题活动。区领导蔡康参加。

27日 市政协副主席、区委书记陈建勋调研教育工作。区领导金哲蒙参加。

31日 市委书记李跃旗到黄岩调研企业创新发展。市、区领导周凌翔、陈建勋参加。

9 月

1日 全国文明城市创建工作推进会在黄岩召开。区领导陈建勋、梁海刚、金哲蒙参加。

同日 区委副书记、区长包顺富带队赴利民实业、天翀车灯开展“三服务”活动。

3日 黄岩区开展“两代表一委员”视察重点工程建设活动，并召开座谈会。区领导陈建勋、包顺富、蔡康、柯善辉、梁海刚、林峰、屠荣彪、江德华分别参加现场视察和座谈会。

同日 市政协副主席、区委书记陈建勋调研重大项目推进工作。区领导林自国参加。

6日 2021年黄岩区“中华慈善日”暨“慈善一日捐”活动启动仪式举行。区四套班子领导参加。

同日 黄岩区平安大巡防活动启动仪式举行。区领导陈建勋、包顺富、蔡康、柯善辉、梁海刚、程凌杰、余文权参加。

7—10日 区领导陈建勋、包顺富、蔡康、柯善辉、梁海刚、冯继敏、金哲蒙、郑菊青分赴各地开展教师节走访慰问活动。

8日 区委副书记、区长包顺富赴北京考察居然之家商业发展有限公司，并签订项目投资协议。区领导林自国参加。

12日 市政协副主席、区委书记陈建勋督查防汛防台工作。区领导车献晨参加。

12—14日 市政协副主席、区委书记陈建勋调研文化事业发展工作。区领导柯善辉、车献晨、夏曦参加。

15日 市政协副主席、区委书记陈建勋暗访督查疫情防控工作，并主持召开疫情防控工作会议。区领导程凌杰参加。

17日 市政协副主席、区委书记陈建勋赴新龙县对接对口支援工作。

23日 永宁凤凰学院2020学年总结表彰大会暨2021新学年启动仪式举行。区领导陈建勋、龚维灿、张建新、江德华、童希铎出席。

24日 2021中国创新设

计大会暨第25届全国工业设计学术年会开幕式在黄岩举行。市、区领导芮宏、陈建勋、包顺富、蔡康、柯善辉、梁海刚、龚维灿、江德华出席。

26日 黄岩区—新龙县东西部协作和对口支援联席会议召开。区领导陈建勋、包顺富、蔡康、柯善辉、梁海刚、谢焕参加。

27日 黄岩区人民政府与中国银行台州市分行政银共建推进共同富裕先行区全面战略合作签约仪式举行。区领导陈建勋、包顺富、梁海刚、车献晨出席。

28日 纪念陈叔亮诞辰120周年座谈会在黄岩区召开。区领导陈建勋、柯善辉、梁海刚、金哲蒙、童希铎出席。

29日 黄岩区委检察工作会议召开。市、区领导陈建勋、王美鹏、潘禹斌、程凌杰、章永良参加。

30日 黄岩区举行向烈士敬献花篮活动。区四套班子领导参加。

同日 市政协副主席、区委书记陈建勋开展节前安全检查，重点督查安全生产、疫情防控工作和能耗“双控”工作。区领导谢焕参加。

10月

9日 区委副书记、区长包顺富赴浙江蓝景科技开展入企“三服务”活动。副区长江德华参加。

12日 市政协副主席、区委书记陈建勋暗访检查文明城市创建工作。区领导梁海刚参加。

14日 黄岩区委理论学习中心组学习会召开，深入学习习近平总书记在2021年秋季学期中央党校(国家行政学院)中青年干部培训班开班式上的重要讲话精神。区四套班子领导参加。

15日 全国文明城市创建工作推进会在黄岩召开。区领导陈建勋、包顺富、梁海刚、金哲蒙参加。

同日 清华大学社科学院—浙江台州黄岩“共同富裕课题”项目组到黄岩调研共同富裕——社会善治工作。区领导梁海刚、程凌杰参加。

20日 市政协副主席、区委书记陈建勋暗访检查文明城市创建工作。

27日 五届台州市政协常委会一行到黄岩开展视察。区领导陈建勋、柯善辉、梁海刚分别陪同。

同日 黄岩区人民政府与浙江蓝景科技有限公司合作协议签约仪式举行。区领导包顺富、林自国、谢伟正出席。

28日 黄岩区工商业联合会(总商会)第十次会员代表大会召开。区领导陈建勋、蔡康、柯善辉、梁海刚、管江志、谢伟正、张建新、童希铎出席。

11月

1日 区委副书记、区长包顺富赴南城街道、西城街道督查疫情防控工作。区领导梁海刚参加。

7日 区委副书记、区长包顺富赴北城、西城督查疫情防控工作。区领导夏曦参加。

11日 黄岩区2021年度重点工作推进会召开。区四套班子领导参加。

同日 黄岩区—椒江区山海协作工作联席会议召开。区领导陈建勋、谢焕、谢伟正、管彦良、郑菊青参加。

13日 区委副书记、区长包顺富督查全国文明城市创建工作。

17—19日 上海新民晚

报社党委副书记、总编辑马笑虹一行到黄岩考察。区领导陈建勋、包顺富、姚君丹、车献晨分别参加。

19日 黄岩区领导干部会议召开，传达学习贯彻党的十九届六中全会精神和省、市相关会议精神。区四套班子领导参加。

20日 区委副书记、区长包顺富赴西城街道、东城街道暗访督查文明城市创建工作。区领导谢焕、姚君丹参加。

26日 黄岩区召开学习贯彻党的十九届六中全会精神“六讲六做”大宣讲活动动员部署会。区四套班子领导参加。

28日 区委书记包顺富赴黄岩自然资源和规划分局调研国土空间规划和城市空间规划情况。区领导屠荣彪参加。

同日 区委副书记、区政府党组书记徐礼辉带队赴北城街道、西城街道等地督查疫情防控工作。区领导程凌杰参加。

28日至12月5日 黄岩区四套班子领导分赴各地各单位宣讲党的十九届六中全会精神。

12 月

2日 黄岩区召开“学习贯彻党的十九届六中全会精神”专题学习会，省委党校副校长陈立旭作党的十九届六中全会精神辅导讲座。区四套班子领导参加。

3日 黄岩区委常委（扩大）会议召开，传达学习省委十四届十次全体（扩大）会议精神，以及市委常委（扩大）会议精神，研究部署全区贯彻落实意见。区四套班子领导参加。

4日 黄岩区第三届穆勒论坛暨光电技术研讨会举行。区领导包顺富、谢伟正出席。

6日 区委书记包顺富专题调研全区工业经济转型升级、商贸发展和企业上市谋划工作。

8日 省政府副省长徐文光到黄岩调研。区领导包顺富、徐礼辉、王勇军、林峰、车献晨、夏曦分别陪同。

9日 区委书记包顺富赴东城街道、西城街道督查疫情防控工作。区领导夏曦参加。

13日 黄岩区开展新冠肺炎疫情防控实战演练。区领导包顺富、徐礼辉、王勇军、管江志、胡克礼、林峰、姚君丹、屠荣彪、车献晨、夏曦、胡建中、林小波、徐雨薇参加。

14日 黄岩区召开区委区政府工作务虚会。区四套班子领导参加。

15日 区委副书记王勇军赴锦江之星、格林大酒店督查指导防疫隔离点建设，开展隔离点运行实战演练。

16日 区委书记包顺富暗访检查疫情防控工作。区领导王勇军、林小波、徐雨薇分别参加。

同日 区委书记包顺富赴北城街道、新前街道、西城街道督导人大代表换届选举工作。区领导蔡康，副主任管彦良参加。

17日 中共黄岩区委社会建设委员会揭牌仪式举行。区领导包顺富、徐礼辉、王勇军、林峰参加。

同日 区委书记包顺富赴江口街道、北城街道和澄江街道开展“三服务”活动。区领导林自国参加。

同日 区委副书记、代区长徐礼辉督查文明城市创建工作。区领导徐雨薇参加。

18日 区委书记包顺富督查疫情防控工作。区领导王勇军、林小波、徐雨薇参加。

20日 黄岩区委十三届十四次全会召开。

22日 黄岩区委理论学习

中心组学习会召开。区四套班子领导参加。

同日 区委书记包顺富视频连线各乡镇街道和集中隔离点，研究部署疫情防控、寒潮防御工作，并赴基层督查暗访疫情防控工作。区领导车献晨、夏曦、林小波、徐雨薇分别参加。

同日 区委副书记、代区长徐礼辉调研浙江高澳卫浴有限公司、浙江赛豪实业有限公司、市下控股有限公司。区领导胡建中参加。

28—30日 中国共产党台州市黄岩区第十四届代表大会第一次会议召开。大会批准十三届区委报告、区纪委工作报告，通过关于十三届区委报告的决议、关于十三届区纪委工作报告的决议、关于《中国共产党台州市黄岩区代表大会常任制度（试行）》的决议。大会选举产生新一届区委、区纪委领导班子。

30日 黄岩区委理论学习中心组共同富裕专题（扩大）学习会召开。区四套班子领导参加。

31日 润迅数据总部项目签约仪式在黄岩区举行。区领导徐礼辉、林自国、胡建中出席。

黄岩区概貌

综　述

【位置面积】 黄岩区地处浙江省中部沿海，以山区半山区为主、平原为次的内陆区域。黄岩地处台州中东部，东连椒江区、路桥区，南临温岭市、乐清市，西接仙居县、永嘉县，北界临海市。距省会杭州207公里。全区总面积988平方公里。

【地形地貌】 黄岩区地形狭长，东西长54公里，南北宽25公里，地势西高东低。全区地貌可概括为“七山一水两分田”。中、东部平原，系“温黄平原”的一部分，西部为丘陵山地。括苍山支脉自西入境，经宁溪、头陀至北城马鞍山，最高主峰大寺尖海拔1252.5米。境内江河溪流纵横，第一大河永宁江干流全长77公里，自西向东横贯全境，注椒江入东海；最大支流西江干流长22公里，自南向北流入永宁江。大型水利工程长潭水库设计总库容6.91亿立方米，灌溉黄岩、椒江、路桥、临海、温岭5市（区）百万亩农田，解决200多万人民生活用水问题。

气　候

【概况】 黄岩区属亚热带季风区。四季分明，温暖湿润，雨水充沛，光照充足；夏少酷暑，冬无严寒，雨热同季，气候条件十分优越。全年平均气温17℃，气温以1月为最冷，平均6.1℃，7月为最热，平均27.8℃。平均无霜期259天，年降水量1537毫米。

【气候特征】 由于季风气候的不稳定性，加上地形、地理环境的影响，存在东部和西部以及不同海拔高度上的明显气候差异。灾害性天气也频繁出现，主要有台风、暴雨、伏旱（西部山区）、冰雹、寒潮、洪涝等。

建置区划

【历史沿革】 黄岩区故地在夏、商、西周时为东瓯地，春秋战国时属东瓯王国，秦时属闽中郡。汉初为闽越地，孝惠三年（前192年），重立东海（东瓯）王国，大唐岭南麓古城遗址为王国都城。建元六年（前135年），为东越王封地。元鼎六年（前111年）秋，东越王余善起兵反叛。次年，汉武帝灭东越。

西汉始元二年（前85年），在此设置会稽郡回浦县。东汉建武六年（30年），撤回浦县，并入鄞县，属鄞县回浦乡。章和元年（87年），在原回浦县境置章安县。永建四年(129年),析章安东瓯乡置永宁县,黄岩属之。三国吴太元二年(252年),析章安、永宁置临海县,直至两晋、南朝,黄岩均属之。唐上元二年(675年),析临海县南置永宁县。周武后天授元年(690年),改永宁县为黄岩县,以县西黄岩山而得名,隶属台州。元元贞元年(1295年),因户口5万户,升为黄岩州,下不领县。明洪武二年(1369年)复为县。明成化五年(1469年),析南部太平、繁昌、方岩3乡置太平县(今温岭市)。清代,属浙江省宁绍台道台州府。

民国元年(1912年),撤道废府,各县直属省政府。民国3年(1914年),省下设道,黄岩属会稽道。民国16年(1927年)道废,各县直属省政府。民国24年(1935年)8月,浙江省政府正式设置临海行政督察区,置专员公署,次年改称第七行政督察区。民国37年(1948年),台州划为第五行政督察区;同年7月,改称第六行政督察区,黄岩为其下辖县。

1949年4月,黄乐县人民政府成立。6月,撤销黄乐县,成立黄岩县人民政府,属台州专署。1954年6月,撤台州专署,黄岩划归温州专署。1957年7月,复置台州专署,黄岩归属。1958年12月,台州专署再次撤销,黄岩又隶属温州专署。1962年5月,恢复台州专署。1978年10月,台州专署改称台州地区行政公署,黄岩归属。1980年8月,将黄岩下辖的海门区、大陈镇、山东公社划出,设立海门特区(1981年改椒江市)。1982年至1984年,又将下辖的三甲、洪家两区和金清农场划归椒江市。1989年9月,经国务院批准撤销黄岩县,设立县级黄岩市。1992年,进行撤区并乡扩镇,将55个乡镇合为26个乡镇,1994年8月22日,国务院批准撤销台州地区和县级黄岩市、椒江市,设立地级台州市和县级椒江区、黄岩区、路桥区,黄岩区下辖8镇8乡。原黄岩市所辖的路桥镇、金清镇、横街镇、蓬街镇、下梁镇、新桥镇、峰江镇、桐屿镇、黄琅乡、螺洋乡共10个乡镇划出成立台州市路桥区。2001年2月,撤销城关镇建制,设立东城、南城、西城、北城4个街道。2001年12月,撤销澄江镇、新前镇、江口镇、高桥乡建制,设立澄江街道、新前街道、江口街道、高桥街道。

【行政区划】 黄岩区下辖8个街道5镇6乡。分别是东城街道、南城街道、西城街道、北城街道、澄江街道、新前街道、江口街道、高桥街道、宁溪镇、北洋镇、头陀镇、院桥镇、沙埠镇、富山乡、上郑乡、屿头乡、上垟乡、平田乡、茅畲乡。

自然资源

【生物资源】 黄岩区自然资源十分丰富。东部属温黄平原,是富饶的鱼米之乡;西部是山区,拥有丰富的森林资源,全区森林覆盖率70%,是全省首批绿化合格县。大寺基林场面积2.4万亩,蓄积木材12万余平方米。植物资源有针叶林、阔叶林、混交林、竹林、矮林灌丛等40多科700多种,花卉品种145种,药材近百种。

矿藏储量丰富。探明大型铅锌矿床储藏量150万吨以上,并含金、银、镉等多种金属元素。石矿含有辉绿岩、泡沫流纹岩、沸石、金刚石和大理石。

西部山区河床陡峭,水力资源丰富。主要分布在永宁江上游柔极溪、黄岩溪、半岭溪、小坑溪等流域。1998年建成富山一级电站，其引水隧道至电站，落差484米，为省内第二高水头电站，装机两台8000千瓦电机组，平均0.9立方米的水能发出1千瓦时电，成为全省水利用率最高的电站。

【特产资源】 黄岩区土特名产可分两大类：水果类和其他类。水果类有柑橘、枇杷、杨梅、猕猴桃、梨、桃等，其他类有荸荠、茶叶等。其中，以柑橘和杨梅著称。

柑橘 黄岩是“中国蜜橘之乡”，柑橘种植历史悠久。全区有柑橘种植面积8.7万亩，形成温州蜜柑、橘、本地早、早橘、椪柑五大品种。本地早、宫川温州蜜柑获中国国际农博会名牌产品、浙江省农博会金奖产品等称号。2004年，黄岩蜜橘获国家原产地域产品保护。

杨梅 黄岩在三国时期就种植杨梅。品种有水梅、刺梅、炭梅等。20世纪50年代末，从江口乡东岙村选出大果型良种，大如乒乓球，为国内最大品种，味浓多汁，品质优良，被命名为“东魁杨梅”。现成为主栽品种。“东魁杨梅”荣获浙江省名牌产品和北京国际博览会名牌产品等称号。2001年，黄岩被命名为“中国杨梅之乡”。

2010年，“黄岩蜜橘”“东魁杨梅”“黄岩枇杷”获核准为地理标志证明商标，“黄岩蜜橘”被评为“中国十大名橘”，本地早获省十大名牌柑橘称号。

【城市名片】 中国蜜橘之乡、中国茭白之乡、中国紫莳药之乡、中国东魁杨梅之乡、中国枇杷之乡、全国武术之乡、中国模具之乡、中国节日灯之乡、精细化工王国、中国工艺品之都、中国塑料日用品之都、中国股份合作经济发祥地之一、全球最大的柑橘罐头加工中心、中国模具产业升级示范基地、国家火炬计划塑料模具产业基地、中国电动自行车及零部件产业基地。

经济社会发展

【国民经济】 据初步核算，2021年，黄岩区实现地区生产总值587.47亿元，按可比价格计算，比上年增长6.5%。分产业看，第一产业增加值20.79亿元，增长1.8%；第二产业增加值274.40亿元，增长7.1%；第三产业增加值292.28亿元，增长6.2%。三次产业结构为3.5∶46.7∶49.8。

【农业经济】 2021年，农林牧渔业实现总产值27.99亿元，比上年增长2.6%。其中，农业产值26.08亿元，增长2.5%；林业产值0.29亿元，增长8.2%；牧业产值0.71亿元，增长10.5%；渔业产值0.40亿元，增长3.4%；农林牧渔服务业产值0.51亿元，增长5.2%。

全年粮食总产量37551吨，比上年增长9.2%，增产3177吨。分品种看，早稻产量2946吨，增长23.8%；晚稻产量26936吨，增长7.7%；小麦产量1361吨，增长33.2%；大豆产量1336吨，增长91.4%。经济作物播种面积14070公顷，比上年增长1.1%；油料面积217公顷，下降19.3%；甘蔗面积236公顷，下降24.5%；蔬菜面积12174公顷，增长2.4%；果用瓜面积362公顷，下降23.5%。蔬菜产量35.27万吨，增长4.1%；果用瓜产量1.28万吨，下降6.9%。森林抚育面积392公顷，比上年下降16.9%。林产品中竹笋干产量438吨，增长5.5%；栗子产量67吨，与上年持平。全区森林覆盖率66.37%。

全年，鸡鸭鹅蛋产量1559吨，比上年下降9%。年末，家禽存栏30.67万羽，增长6.5%；

出栏21.05万羽，下降26.7%。猪牛羊禽肉总产量1725吨，增长0.2%；水产品总产量2405吨，增长3.4%。年末，生猪存栏2.09万头，增长33.7%；全年生猪出栏1.43万头，增长4.3%。

全区有省级农业龙头企业7家，市级农业龙头企业12家。农民专业合作社652家。浙江省无公害农产品产（基）地39个。

【工业经济】 2021年，实现工业增加值251.03亿元，比上年增长7.9%。规模以上工业企业470家，实现增加值138.33亿元，增长4.6%。增加值居全区前三的行业中，橡胶和塑料制品业实现增加值45.28亿元，增长14.0%，专用设备制造业实现增加值22.96亿元，下降14%，医药制造业实现增加值13.66亿元，下降3.9%。规模以上轻工业实现增加值77.67亿元，比上年增长9.0%；重工业实现增加值60.66亿元，下降0.6%。轻重工业比例为56.1∶43.9。规模以上数字经济核心产业制造业、战略性新兴产业和高新技术产业分别实现增加值2.29亿元、27.90亿元和92.36亿元，分别增长17.4%、7.0%和2.9%。规模以上工业企业产品产销率97.9%；新产品产值207.27亿元，比上年增长16.0%，新产品产值率37.7%。规模以上工业企业研发费用17.65亿元，同比增长33.4%，实现利税总额53.42亿元，比上年下降21.0%，其中利润总额34.99亿元，下降26.4%。亏损企业数67家，亏损面14.3%，亏损额2.53亿元。

【建筑业】 2021年，建筑业实现增加值23.39亿元，按可比价格计算，比上年下降1.3%。资质以上建筑企业完成房屋建筑施工面积2164.95万平方米；房屋竣工面积241.96万平方米。

【固定资产投资】 2021年，固定资产投资比上年下降10.9%。分产业看，第一产业投资增长235.6%；第二产业投资下降3.0%；第三产业投资下降11.0%。民间投资、工业性投资和交通投资分别下降22.9%、3.0%和48.7%，民间项目投资、制造业投资和高新技术产业分别增长26.6%、6.9%和2.6%。

【房地产业】 全年房地产开发投资比上年下降30.4%。商品房施工面积515.22万平方米，下降7.6%。商品房销售面积80.21万平方米，下降18.7%。

【国内贸易】 2021年，实现社会消费品零售总额262.90亿元，比上年增长6.1%。其中，批发业实现零售额31.23亿元，增长17.4%；零售业实现零售额194.90亿元，增长6.0%；住宿业实现零售额3.01亿元，增长53.4%；餐饮业实现零售额33.76亿元，下降4.3%。从销售地区看，城镇市场实现零售额230.95亿元，增长6.1%；乡村市场实现零售额31.96亿元，增长6.2%。在限额以上批发、零售企业中，汽车类商品实现零售额29.99亿元，比上年增长5.2%；石油及制品类实现零售额14.00亿元，增长24.8%；食品、饮料、烟酒类实现零售额1.28亿元，下降18.3%。全年实现网络零售额122.90亿元，比上年下降10.1%。

全年新设市场主体15959户，其中新设企业4076家，新设个体工商户11863户。年末，在册市场主体81161户，其中企业25332家，个体工商户55201户。拥有各类商品交易市场13个，其中消费品市场6个，生产资料市场7个。

【旅游业】 2021年，黄岩区旅游总收入36.91亿元，比上年下降37.7%，其中国际旅游(外汇)收入55.21万美元；国内旅游收入36.88万元。全年旅游总人数311.72万人次，比上年下降42.5%，其中入境游客人数0.28万人次，下降22.2%。年末，全区有星级饭店3家，客房595间，床位876张。旅行社12家，其中星级旅行社5家。

【对外贸易】 2021年，实现外贸进出口总额240.49亿元，比上年增长20.0%，其中进口总额11.14亿元，增长24.3%；出口总额229.35亿元，增长19.8%。外贸企业出口54.86亿元，增长42.7%；三资企业出口10.05亿元，增长14.5%；生产企业出口163.96亿元，增长14.0%。"一带一路"沿线国家出口61.06亿元。在出口总额中，一般贸易出口197.64亿元，增长11.2%；加工贸易出口16.78亿元，增长22.1%。主要出口产品中，机械电器出口42.46亿元，增长35.8%；模具出口24.43亿元，增长3.4%；工艺礼品出口28.64亿元，增长21.1%；塑料制品出口52.46亿元，增长23.4%；医化产品出口35.75亿元，增长9.7%。分市场看，亚洲和欧洲为主要出口市场，出口亚洲69.86亿元，增长38.3%，出口欧洲60.26亿元，增长4.1%。

全年新批外商投资企业12家，当年实际使用外资额12691万美元。

【交通运输】 2021年，实现交通运输、仓储和邮政业增加值18.11亿元，比上年下降10.1%。

全年全社会货运量5012万吨，比上年增长18.5%，其中公路货运量4578万吨；水路货运量434万吨。完成货运周转量108.18亿吨公里，增长6.4%，其中公路运输67.93亿吨公里，增长29.5%；水上运输40.25亿吨公里，下降18.1%。全年全社会客运量102万人，下降20.9%，旅客周转量11920万人公里，下降12.2%。全年完成沿海港口货物吞吐量256万吨，增长26.1%。年末，全区公路总里程1285.04公里，其中国道36.98公里，省道29.06公里，高速公路21.01公里。全区汽车保有量240790辆，比上年下降4.2%。其中，私人汽车215374辆，增长5.5%。

【邮电业】 2021年，邮电业务收入8.79亿元，比上年下降3.2%；电信业务收入8.63亿元，增长4.9%。年末，移动电话用户95.6万户，固定电话用户9.76万户，宽带用户30.07万户。

【财政】 全年财政总收入74.17亿元，比上年增长10.1%，其中一般公共预算收入43.96亿元，增长10.5%。税收收入39.43亿元，增长10.9%，其中企业所得税和个人所得税分别为6.59亿元和2.41亿元，分别增长30.3%和36.8%；增值税收入16.67亿元，下降3.6%。一般公共预算支出60.38亿元，增长2.5%，其中卫生健康支出6.02亿元，增长3.4%；科学技术支出2.69亿元，增长16.1%，节能环保支出1.11亿元，增长24.1%。

【金融】 年末，金融机构人民币存款余额1204.40亿元，比上年增长9.5%。其中，住户存款846.33亿元，增长14.3%；非金融企业存款251.04亿元，增长11.7%。年末，金融机构人民币贷款余额1020.68亿元，增长25.3%。其中，非金融企业及机关团体贷款446.10亿元，增长26.2%；住户贷款570.58亿元，增长23.8%。住户贷款中，消费贷款39.50亿元，增长8.33%；

经营贷款221.25亿元，增长19.74%。

【科学技术】 2021年，新增国家重点扶持的高新技术企业36家、省级科技型企业108家。列入省级科技计划16项。新增省级高新技术研发中心6家，市级高新技术研发中心28家。建成市级以上众创空间1个。签订各类技术合同146项，技术交易额14.13亿元。专利授权量7943件，增长1.7%，其中发明专利授权量358件，下降18.1%。

【教育事业】 年末，全区拥有幼儿园105所，在园学生数21566人；小学35所，在校生43113人；初中25所，在校生19997人；职业高中2所，在校生4341人。全区学前三年入园率99.23%，小学入学率、巩固率均为100%，小升初比率100%；初中入学率、巩固率均为100%；初升高比率97.82%；高中段教育毛入学率99.66%，九年义务教育完成率100%，十五年教育普及率99.62%。

全年全区拥有在教职工7265人，其中专任教师5864人。小学教师大专以上学历99.31%；初中老师本科以上学历96.00%。

【文化体育】 年末，全区建成农村文化礼堂344家，自办广播节目1套，自办电视节目1套。有线广播电视覆盖用户19万户，数字电视实际用户11.88万户。拥有国家级非物质文化遗产项目1项，省级10项，市级46项。完成与省、市文旅部门沟通对接，“官河古道”南宋特色文化重塑项目列入浙江省传承发展浙江优秀传统文化行动计划项目库；召开沙埠窑考古遗址公园规划评审会，启动沙埠窑考古遗址公园文物本体影响评估工作；申报第六批省级非遗代表性传承人，成功申报第八批市级非遗项目5项；做好第三批省非遗旅游商品申报工作，黄岩非遗馆提升改造设计方案通过专家评审；举办黄岩区2021年“文化和自然遗产日”非遗宣传展示活动暨澄江中学翻黄竹雕火烙画师生作品展活动，组织非遗项目到路桥、温岭、椒江开展走亲活动和参加省第四届“少年非遗说”讲故事比赛，完成曲艺“三进”60场。

全年夺得全省比赛金牌18枚，银牌26枚，铜牌29枚；全市比赛金牌69枚，银牌36枚，铜牌59枚。举办2021年迎新春黄岩区网络围棋大赛、网络军棋大赛及网络桥牌大赛、2021黄岩欢乐健康跑、黄岩区农村文化礼堂运动会等活动，指导行业协会举行第一届“红豆杉杯”气排球邀请赛、喜迎建党100周年系列活动2021年“永宁老班长”杯门球友谊赛、“洲锽杯”桥牌双人邀请赛、2021端午台州市黄岩区少儿围棋定段定级赛、“庆建党百年，展银龄风采”大型老年体育展示活动等各类群众体育活动。

【卫生事业】 年末，全区有医疗机构339家，床位数3302张；卫生技术人员4974人，其中执业医师和执业助理医师2054人，注册护士2065人。产妇住院分娩比例100%，婴儿死亡率1.65‰，3岁以下儿童系统管理人数10452人。全区有11675人次参加无偿献血，无偿献血占临床用血比例100.73%，献血量2335升。卫生户厕普及率100%。

【能耗、环境保护和安全生产】 2021年，全社会用电量45.38亿千瓦时，上升10.9%。其中，工业用电量31.27亿千瓦时，上升10.2%；城乡居民生活用电量7.59亿千瓦时，增长9.1%。

全年空气优良率98.8%，$PM_{2.5}$年均值20μg/m³，比上年下降4.8%。地表水功能区达标率100.0%。城镇生活垃圾无害化处理率100%。污水处理率98.0%。全年发生各类生产经营性安全事故8起，死亡9人。

【人口、就业、社会保障】 截至2021年11月30日，全区户籍总人口61.42万人，比上年末减少1703人，其中男性人口30.66万人，女性人口30.76万人。全年共出生3341人，死亡4338人。人口出生率5.41‰，人口死亡率7.02‰，人口自然增长率-1.6‰。

全年城镇新增就业人数1.40万人。城镇登记失业人数2061人，城镇登记失业率1.12%，比上年下降0.08个百分点。

年末，城镇职工基本养老保险、基本医疗保险参保人数分别为32.80万人、26.43万人；城乡居民基本养老保险、基本医疗保险参保人数分别为12.42万人、39.76万人。失业保险、工伤保险、生育保险参保人数分别为13.30万人、27.22万人、18.77万人。

年末，全区提供住宿的各类社会工作机构37个，床位3885张。社会福利院及敬老院6个，年末在院人数2131人。直接医疗救助117707人次。城市居民最低生活保障人数471人，最低生活保障资金6270.05万元，低保对象月人均补助796.4元。农村五保对象集中供养率33.0%，城镇“三无”人员供养率100%。

【人民生活】 2021年，居民人均可支配收入56182元，比上年增长9.7%。按常住地分，城镇居民人均可支配收入68313元，增长8.3%；农村居民人均可支配收入36184元，增长9.3%。城镇居民人均可支配收入和农村居民人均可支配收入的比值(即城乡居民收入比)从上年的1.906降为1.888。低收入农户人均可支配收入16716元，增长13.3%。

全年居民人均生活消费支出34586元，比上年增长18.3%。按常住地分，城镇居民人均生活消费支出41832元，增长19.1%；农村居民人均生活消费支出22641元，增长12.0%。

年末，城镇居民和农村居民人均现住房建筑面积分别为41.91平方米和60.34平方米。城乡居民每百户家庭分别拥有家用汽车66辆和54辆，拥有空调203台和139台，拥有家用电脑77台和44台。

注：(1)本公报所列各项数据均为快报数据。

(2)公报中生产总值、各产业增加值绝对数按现行价格计算，增长速度按可比价计算；其他指标除特殊说明外，按现价计算，为名义增长速度。

(3)部分数据因四舍五入问题，存在总计与分项合计不等的情况。

(4)规模以上工业企业指年主营业务收入2000万元及以上企业。限额以上批发、零售、住宿、餐饮企业指：

批发业：年主营业务收入2000万元及以上；

零售业：年主营业务收入500万元及以上；

住宿业：年主营业务收入200万元及以上；

餐饮业：年主营业务收入200万元及以上。

中国共产党台州市黄岩区委员会

综　述

【新冠肺炎疫情防控及复工复产】 2021年，区委高效统筹疫情防控和经济社会发展，实现疫情可管可控、经济稳进提质。坚持“外防输入、内防反弹”总策略和“动态清零”总方针，设立1295个防疫微网格，构建起群防群控机制，实现核酸日检测能力10万管，储备隔离房间3932间，达到每万人55.8间标准，实现全年疫情“零”发生。全力打好稳企助企组合拳，深入开展“三服务”，协调解决企业复工复产难题。搭建“永宁企服云”平台，累计服务企业8000多批次，办结各类问题2100余件。全年累计为企业减免税费24.54亿元，出口退(免)税23.02亿元、制造业中小微企业税收缓缴2.37亿元、增值税留抵退税3.26亿元。

【共同富裕示范区建设改革试点】 2021年，联合清华大学社科院发布县域共同富裕“五维一体”指标体系，与省发规院合作编制行动纲要，谋划打造“共富大脑”，率先构建“141”县域共同富裕话语体系。在全省率先实施全域协作，打造77个“小橘灯”暖心工坊，带动2300多名群众家门口就业；在270个村建成1064间“小橘屋”困难群众暖心房，相关做法获省、市领导批示肯定。推动巩固拓展脱贫攻坚成果与乡村振兴有效衔接，推广抱团联购、农民持股、村企结对等模式，水库移民村飞地抱团发展项目入选浙江民政共同富裕示范区建设专项改革试点。创成新时代美丽乡村达标村81个、特色精品村6个。入选全省首批新时代乡村振兴集成改革试点，5个村入选第四批省级引领型农村社区名单，头陀村获评省历史文化(传统)村落保护利用重点村考核优秀，大寺基林场成为全省首个“未来国有林场”试点。

【“城市更新”工作】 2021年，拆除656户11.39万平方米，开工建设6个安置房项目，竣工4个项目共1737套。东浦未来社区开工，方山下社区、南苑社区列入新一批未来社区创建名单。官河古道5.6公里基本贯通，老水厂文创园对外营业，成为城市“金名片”。建成劳动南路南延、九龙街、104国道黄岩头陀至院桥段改建等城市主干道路。

【实体经济转型】 2021年，委托同济大学院士吴志强团队完成永宁江科创带总体规划初稿编制，建成首建区台州梦创园，落地浙江(台州)模塑料产业研究院、中科院工程塑料国家工程研究中心等科创平台，引进王灿云领衔的高可靠性半导体项目。新增“小升规”企业68家，国家级“小巨人”企业3家、国家重点扶持小巨人1家、省“隐形冠军”企业2家，新培育国家高新技术企业34家、省级科技型中小企业92家。引进逻腾科技、飞翼光电等数字经济项目，完成“机器换人”198台，新建5G基站582个，培育市级未来工厂1家、智能工厂数字化车间企业7家。扶持企业股改上市，新增完成上市辅导验收企业2家、报会企业2家、新三板挂牌企业2家。

【深化数字化改革】 2021年，推进数字化改革“152”体系建设，争取到市厅级以上试点项目52个、揭榜挂帅项目6个，模具(塑料)产业大脑，瓜农天下等一批应用场景得到上级领导肯定，提炼总结理论成果13项，编制出台制度成果28项。“亩均论英雄”改革、传承发扬传统文化等两项工作获省政府督查激励通报。“大综合一体化”行政执法改革省级试点，推行“综合查一次”制度，北洋“一支队伍管执法”向长潭库区延伸相关做法获省司法厅厅长陈伟批示肯定。小微企业信用贷款评级入选省级标准化试点，数字赋能推进小微企业信贷评级试点入选全省第一批服务和融入新发展格局“最佳实践”名单。纵深推进“最多跑一次”改革，政务服务“一网通办”居全省首位。

【促进有效投资】 2021年，实施“抓项目、促投资”攻坚行动，省“152”项目落地率66.7%，25个“4+1”重大项目完成率191.45%，48个省市重点建设项目完成率147.9%，三季度获全省投资“赛马”激励。开展产业链招商、平台招商、基金招商，新签约市外5亿元以上产业项目25个，落地项目24个，开工20个，实际到位外资8386万美元。

【民生社会事业】 2021年，坚持把新增财力80%以上用于发展民生事业，民生实事考核连续十年排名全市第一。实施就业创业扶持政策，城镇新增就业1.4万人，城镇登记失业率控制在1.21%。建成6所中小学和5所幼儿园，公办初中办学质量居全市前列，学前教育补短提升工程入选省政府激励项目。完成区医疗卫生中心、高桥街道社区卫生服务中心改扩建工程，健康浙江考核连续三年获优秀等次。朵云书院·黄岩店落户永宁江畔，黄岩博物馆创成AAAA景区，新建40家农村文化礼堂，实现行政村文化礼堂全覆盖。建成投运9个乡镇(街道)示范型居家养老服务中心。连续三年获评无信访积案区，实现“平安黄岩”十四连创。

【从严治党】 2021年，开展党史学习教育，创新“党史百年故事我来讲”“跟着地图去打卡”等载体，举办各类宣讲活动7000余场次。校地合作推进“垦荒精神立心”工程理论研究，6篇理论文章入选市级理论研究成果，数量质量均居全市第一。完善“镇街竞赛、村村比拼”、村级班子成员管理监督、村级重大事项民主决策等机制，推动2794项村级办事清单有序开展，党建联盟、小区党建指导员等工作走在全市前列。“润兰·石榴红家园”提升工程获评全省统战工作实践创新成果，承办“同心跟党走·同行共富路”全市统一战线庆祝建党百年主题活动。纠治“四风”，查处突出问题62起，处理68人，处分55人。“零容忍”惩腐治贪，处置问题线索688起，立案246件，处分161人。

区委办公室工作

【区委办公室工作】 2021年，围绕区委中心工作，发挥综合协调、参谋助手、督促检查等职能，为区委各项工作的有序高效运转提供保障。

政治学习 2021年，定期组织党员干部开展主题党日活动、支部学习会、周一学习夜等活动，系统地学习党史和习近平新时代中国特色社会主义思想。组织中心组学习会8次，其中6次针对学习主题进行充分交流讨论，发挥中心组学习会学习的引领作用。借助学习强国、青年“思享荟”等载体平台，拓宽学习领域，推动学习贯彻往深里走、往心里走、往实里走；严明政治纪律。召开全办机关会，收看纪录片《警钟长鸣》，邀请保密局局长做保密培训、通报相关事件，新进入办公室人员第一时间签订《保密承诺书》《不信教不参教承诺书》，着力增强全办党员干部纪律意识、规矩意识、保密意识。严格落实《关于严肃换届纪律加强换届风气监督的通知》要求，签订换届纪律承诺书，宣传“十严禁”换届纪律，以“零容忍”的政治态度、规范严谨的法定程序、科学有效的工作机制确保换届顺利开展、风清气正。深入开展“我为群众办实事”活动。年内，32名机关干部与宁溪镇炭场头村、方家岙村32户困难家庭开展结对帮扶，走访慰问常态化帮助群众协调解决困难，助力全域协作推进共同富裕。开展“社区吹哨、党员报到”活动，累计开展平安巡防、文明创建、疫情防控等各类活动15批次。区台办发动台资企业参与，鼓励台州添盈工艺制品有限公司以代加工形式，将原本在车间生产的部分劳动密集型工艺品延伸到村“小橘灯”工坊，使当地村民能够在家务工，实现农忙务农，农闲务工，帮扶村民致富，以实际行动助力共同富裕示范区建设。区办公室在编党员道德诚信A级率100%，新时代文明实践志愿服务参与率100%。

信息报道 2021年，深入开展调查研究，精心撰写文字材料，为区委提供精准决策参考。全年共形成综合材料300余篇、调研文章10余篇。数篇文章在省、市级杂志刊登。《黄岩区携手清华大学共建全国首个县域共同富裕标准体系打造共富标杆》获市委书记李跃旗批示肯定。全年上报问题调研类信息、舆情等466篇(条)。其中，省委办公厅录用61篇(条)，省委常委刘小涛批示1篇；市委办公室录用84篇(条)，市委书记李跃旗批示5篇(条)。处理紧急信息100余条，未发生一起错报、漏报、瞒报、迟报事件，获评全市党委信息工作先进单位。

服务接待 全年组织各类会议、活动、调研、接待等395场次。下发各类文件149件，规范性文件备案审查合格率100%，重点精简文件较核定可发文数减少31.25%。发挥督查作用，推进“大督查”体系，对重点事项“一事一督”，对办理期限较长的事项定期“回头看”，确保区委重大决策部署落地生根。

当好“后勤部” 提升管理智能化、服务精细化水平，上线新公文阅办系统，实现文件、会议签发流程上网操作。机要通信保障及时、准确、安全畅通，高效办理重要紧急电报。全年实现全区机关单位保密检查全覆盖。弘扬厉行节约、反对浪费的良好风尚，推进节约型机关建设，带头过“紧日子”，坚决制止餐饮浪费。统筹抓好常态化疫情防控、安全保卫等工作。

数字化改革 2021年，承担数字化改革党政机关整体智治系统总门户建设工作，争取到4个省重大应用场景和试点，排名居全市第二。结合数字化协同工作场景创新，建设并投入运行黄岩区智能文件交换与跟踪系统，实现密件管理工作从“纸质办理模式”向“机要信息化模式”转变，确保政令畅通、安全保密、运转高效。区台办秉持“两岸一家亲”理念，尽心尽力为台胞台商服务，落实落细各级惠台政策。

作风建设 2021年，强化作风建设，完善考核制度。强化日常考勤、月总结和季度考核，并将平时考核与公务员年度考核有机结合，确保制度执行落实到位。优化干部队伍。全年推荐到副科岗位干部1名、到正科岗位干部1名、副科干部交流至重要岗位2名、一般干部到中层副股岗位3名、中层副股到正股岗位5名，激发干部工作积极性。开展AB岗轮岗制度，多岗位、多形式淬炼干部能力，激发年轻干部干事创业活力，打造健康的人才梯队。公开选调公务员1名，公开选聘事业人员2名，充实干部队伍力量。结合党史学习教育活动开展廉政教育，引导党员干部时刻绷紧廉洁自律这根弦，知敬畏、存戒惧、守底线，遵守党章党规党纪和廉洁自律准则。班子成员带头开展廉政约谈，全年开展廉政谈心谈话32次，通过微信群推送“廉情一刻”资讯59条。配合区纪委区监委第一纪检监察组工作，上报重大事项。

（区委办公室　王筱洁）

组织工作

【概况】 2021年，黄岩区党员总数38287人，党组织数量1999个，其中党委65个、总支259个、支部1675个。

【中国共产党成立100周年庆祝活动】 2021年，黄岩区委组织部开展“平安护航建党百年”行动，组织村（社）党员走遍包联网格内住户，为民排忧解难办实事。加强党内关爱，通过制度建设提升“三老”人员的政治和人文关怀。结合党史学习教育，组织党员干部上党课1800余场次，开展党员志愿服务活动2900余次，为全区2955名老党员颁发“光荣在党50年”纪念章。

【干部工作】 2021年，坚持党的领导落实政治标准考评机制，强化立体考察，以事业选干部、凭实绩用干部，完成结构性干部配备指标，高质高效、风清气正完成区乡两级领导班子集中换届工作。强化优秀年轻干部培养选拔体系，完善动态跟踪管理机制，以年轻干部成长“青橘计划”为主要载体，组织“青橘计划”专题培训班、选调生培训班、青橘思享荟等多种形式的学习教育活动，引导年轻干部提高政治判断力、政治领悟力、政治执行力。加强实践锻炼，选派年轻干部到疫情防控、八八战略、换届选举、巡视巡察等中心工作一线历练，增长才干、锤炼作风。加大选调生培养力度，严格落实选调生“2+3”联系帮带制度等机制，加强和改进选调生工作。开展领导干部现代化能力提升行动。紧扣创新驱动、数字赋能、乡村振兴、共同富裕等重点领域，采取专家授课、高校研修、考察调研等形式，长短期结合组织开展专题培训、主题研讨等。将实践平台作为培养专业化干部的主阵地，有针对性地选派业务型干部，到重点岗位学习锻炼，增强运用专业知识解决实际问题的专业能力。推动干部教育培训数字化改革工作，加强党员干部在线学习教育，通过线上推送重大会议精神等学习资料，增强干部素质培养的系统性、持续性、有效性。落实“一把手”和领导班子监督“五张责任清单”要求，常态化做好干部个人重大事项报告、出入境管理等工作，完善监督体系。开展干部选拔任用工作“一报告两评议”、党委（党组）书记履行干部选拔任用工作职责离任检查、领导干部个人有关事项集中报告、干部任前公示等工作，加强干部选拔任用全程监督。开展中层干部选任预审，整治“三超两乱”。

【人才工作】 2021年，围绕永宁江科创带建设，提升模塑产业创新服务综合体、浙江黄岩人才创业园等人才平台。深化人才服务，建成台智汇·人才创新创业服务综合体，承办全市人才创新创业全周期“一件事”改革暨服务综合体现场推进会。新引进顶尖人才3人、领军人才5人、高端人才3人，国家引才计划申报25人，成功入选3人；省级引才计划申报41人，成功入选2人。年内，“一事一议”引进国家领军人才创业项目团队2个，举办第三季穆勒论坛暨光电技术研讨会，承办2021年台州市药物工业发展研讨会暨院士专家项目成果转化对接会。

【基层组织建设】 2021年，开展“头雁领航·村村比拼”活动，制定《黄岩区新时代村干部履职考评办法（试行）》，落实“月述”“季评”“年定”的赛拼机制。以村社干事清单为抓手，激发干事创业热情，吹响村社班子干事“冲锋号”，平田乡桐树坑村被列为红色美丽村庄中央试点，茅畲乡下街村被列为美丽村庄省级试点。相关做法登上《人民日报》《新华每日电讯》。强化全域协作推进共同富裕，实施党建联盟引领片区化组团发展三年行动计划，打造党建联盟27个，相关做法被《农民日报》等媒体多次报道，在《浙江信息》刊发。结合组织部门数字化改革，探索实施不合格党员认定和处置“六全”工作法，打造数字工作平台，推动不合格党员处置精准规范。建强村务工作者队伍，出台工作指导意见，整合现有村级工作人员，设置专职村务工作者，“定人、定岗、定责”全职坐村办公。相关工作被《中国组织人事报》《农民日报》等报道。

【党代会常任制工作】 2021年，按照严把政治关、素质关、结构关、程序关的要求，制定完善党代表资格联审“四步十环节”，完成党代表换届选举工作，区乡两级党代会圆满结束。完善修订常任制度、区级党代会年会制度，强化议事和监督功能。推进乡镇党代会年会制改革，落实街道党员代表会议制度，健全完善乡镇党委会负责制，提高党内决策科学化、民主化水平。

【两新组织党建工作】 2021年,深化两新党建“基层基础建设提升年”行动,探索推行《两新党组织重要事项报告制度》,加强党组织标准化、规范化建设。围绕新领域、新业态党建,完善互联网行业党委运行体系,新建物流快递行业党委,党建工作辐射全区两大行业所有两新组织,打造“黄小哥驿站”30个。新建瓜农协会、天雁管道、新菱电机、添运工艺品等特色鲜明的党群服务中心,相关工作被《中国组织人事报》《农民日报》报道。

【先进名录】

2021年黄岩区受表彰的全国先进集体一览表

表1

获奖单位	获奖称号	授奖单位
黄岩区委组织部	全国组织系统2020年度信息报送先进单位	中共中央组织部

（区委组织部　周琦峰）

宣传工作

【概况】 2021年,黄岩区委宣传部紧扣庆祝建党百年主题主线,服务全区中心工作,开展党史学习教育,做好疫情防控舆论引导,推进共同富裕示范区建设,讲好黄岩故事、凝聚思想共识,各项工作实现新发展、焕发新气象。

【党史学习教育】 2021年,将党史学习教育作为党建工作的“一号工程”,创新培育“跟着党史地图去打卡”“百站千场万人学党史”“基层党史宣讲联盟”等工作品牌,开展“三为”专题实践活动,引领全区上下学党史、悟思想、办实事、开新局。“跟着党史地图去打卡”获评全省党史学习教育“百法百例”创新案例、全市宣传思想文化工作创新项目,获《浙江日报》头版、《浙江新闻联播》等各级媒体报道点赞,经验做法在全市推广。朵云书院红色文化空间、“永宁企管家”助企惠企平台入选台州市“三为”专题实践活动最佳实践案例名单。省委书记袁家军和中央、省、市党史学习教育指导组到黄岩实地调研给予充分肯定。

【理论宣传】 2021年,推进习近平新时代中国特色社会主义思想的学习宣传贯彻,开展区委理论中心组学习17次,落实党委(党组)中心组理论学习“巡听旁听制”,广泛开展《习近平在浙江》大学习大讨论活动。黄岩区创新实施“青橘计划”提升年轻干部理论素养获省委宣传部副部长盛世豪批示肯定。与清华大学社科院合作开展“共同富裕县域城市标准研究课题”,构建县域层面推动共同富裕的理论体系、工作体系、政策体系和评价体系。开展“追寻‘真理的味道’”专题宣讲、学习贯彻习近平总书记“七一”重要讲话精神、十九届六中全会精神“六讲六做”大宣讲活动,举办全区微型党课大赛、“黄岩好故事”宣讲大赛,承办台州市“新时代·青年说”宣讲大会,组织“千名工会主席讲党课”“百名大使颂百年”等宣讲活动

5000多场次。开展“垦荒精神立心”工程理论研究，6篇理论文章入选市级理论研究成果。完成举办台州市社会科学界第四届学术年会分论坛、《橘花》杂志研讨会、“宋韵黄岩”专题座谈会和“永宁史话”文史讲堂100周期座谈会。

【舆论宣传】 2021年，围绕聚焦“学党史、悟思想、办实事、开新局”“共同富裕示范区建设”等重大主题，精心组织“奋斗百年路 启航新征程”大型主题采访报道，营造担当作为的主流舆论氛围。深化区融媒体中心“三比三看”提质赋能行动，成立浙报集团天目融媒体学院台州(黄岩)学院，举办长三角拍客大会短视频大赛，推出“发现美好 遇见黄岩”宣传短片16期。在中央、省级主要媒体刊播黄岩重要稿件3600多篇。其中，《人民日报》刊登14篇，央视《新闻联播》播出2条，《新华每日电讯》刊登7篇，其中头版单条1篇，《经济日报》头版单条1篇，《光明日报》头版单条1篇。推进新闻发布提质增效，建强新闻发言人及联络员队伍，召开区级新闻发布会18场。邀请上级媒体到黄岩采访报道，7月13日，中央媒体“浙江高质量发展建设共同富裕示范区”集中采访团走进黄岩区，集中刊发系列稿件20余篇，用镜头文字记录生动展现共同富裕的“黄岩样本”。

【网络治理】 2021年，召开区委网信委第三次会议，出台《关于重塑网络舆情安全智治体系建设的实施方案》《关于加强网络整体能力建设的实施意见》等纲领性、制度性文件。组建首席网络安全官、网信专岗、网络综合治理工作专班等队伍，实现乡镇街道和区级部门全覆盖。实施网络舆情“清苗”、网络舆情落实主体责任“清源”、网络空间“清朗”、规范机关干部网络行为“清风”等专项行动，维护属地清朗网络空间。推进“永宁瞭望哨”网络生态治理工程，建成“1+5+N”网络综合治理中心，稳妥处置各类热点敏感事件，获市委主要领导批示肯定，并在全市网络综合治理暨依法治网工作推进会上作经验交流。年末，全区未发生重大网络舆情事件。黄岩网络舆情应对整体智治行动获评台州市党建工作优秀项目奖。

【文化引领】 2021年，完善文化阵地建设，引进建成朵云书院·黄岩店，新建、提升农村文化礼堂38家，基本实现行政村文化礼堂全覆盖，入选省级书香、红色文化礼堂和乡村复兴少年宫建设试点3家。区博物馆作为全省首批县级博物馆创成AAAA级景区，区图书馆新馆建设、区文化馆迁建工程有序推进。开展品牌文化活动，承办全省摄影工作会议，举办“朗朗音乐会”“江畔书房分享会”等高端文化活动，开展朵云“驻点作家创作”计划，推出“宋韵黄岩日历”。打造“四万工程”服务菜单体系，开展“我们的节日”“我们的村晚”“我们的村运”等活动。加强文艺精品创作，创作全区首部历史革命史实话剧《信念》，推出党史情景短剧《筑梦》、管弦乐《桐坑星火》、舞蹈《铭记》《东方红》、报告文学《一生奋斗》以及《永宁江丛书》《台州红色诗歌地图》等一批党史主题文艺作品，举办庆祝建党百年系列文艺演出活动，话剧《信念》、歌组《复兴梦想》入围2021年台州市文艺精品扶持项目。大力发展文化产业，“官河古道”文旅项目实现全线贯通，五洞桥、孔庙核心区、委羽山大有宫完成修缮，老水厂文创园、鉴洋湖城市湿地公园首启区对外开放。永小宁动漫公司入选省第六批成长型文化企业。牢牢守住新闻出版行业的意识形态安全底线和安全生产底线，完成中华版本资源征集4000册以上，农村数字电影放映4000余场次，版权作品登记360件。

【精神文明建设】 2021年，深入挖掘培树各行各业先进典型，深化最美典型培树，连续23年开展“橘乡新事双月评”，新推选“浙江好人”2人，“台州好人”3人。陈芳允事迹被评为“百年潮涌　之江楷模”，幼章、陈小兵事迹入选“党在我心中”——台州市“新时代垦荒人”先进事迹报告会。推进“德者有得”典型培育数字化应用场景。深化新时代文明实践活动，打造文明实践示范线20条和诚信宣传示范点38个，坚持“一月一主题”开展“乡村乐享数字化”“文明阅读志愿行”等文明实践活动，全区10万多名注册志愿者开展活动5万多场次。举办黄岩区首届新时代文明实践志愿服务项目大赛。创新推出“百站千场万人学党史”新时代文明实践活动，全区360多家实践中心、所、站累计开展党史学教活动2000多场次，经验做法获市委常委、宣传部部长蒋冰风批示肯定。加强城市动态管理、绩效考核、督促检查机制，推动文明城市管理制度化、常态化。深化新一轮文明单位、村镇创建，推荐全国级文明单位、村镇4家，省级6家，市级41家入选新一轮培育名单。开展《台州市文明行为促进条例》进社区、进家庭等主题宣传活动，加强优秀公益广告创作、刊播与推荐。开展婚丧礼俗整治推动移风易俗，建设乡风文明示范线。

【意识形态工作】 2021年，带头履行主体责任，将意识形态工作作为党的建设和政权建设的重要内容，纳入区委常委会、民主生活会、党建责任制考核、区委巡察和“七张问题清单”范围，区委常委会19次专题研究意识形态及宣传思想文化工作。针对区领导、乡镇街道和区级部门三个层面，制定正负面工作清单，组织开展专项督查和党委书记抓意识形态工作述职会3次，层层压实责任。做好信息调研工作，《要情专报》采用1篇，并获省委常委、宣传部部长朱国贤批示肯定；《浙江宣传》录用4篇，其中2篇分别获得省委宣传部常务副部长来颖杰和副部长盛世豪批示肯定；黄岩区委宣传部获评2020年度全省宣传信息工作先进集体，获评2020年度全省宣传信息工作先进个人1人；《浙江省党史学习教育简报》采用黄岩信息稿件5篇，其中《台州市黄岩区：追着党史地图去打卡》入选全省党史学习教育“百法百例”创新案例集（全市仅3例）；《台州市党史学习教育简报》采用42篇，有4篇信息获市委常委、宣传部部长蒋冰风批示肯定。

【先进名录】

2021年黄岩区受表彰的浙江省先进集体一览表

表2

获奖单位	获奖称号	授奖单位
浙江永小宁动漫有限公司	浙江省第六批成长型文化企业	浙江省文化改革发展工作领导小组办公室

2021年黄岩区受表彰的浙江省先进个人一览表

表3

获奖人	获奖称号	授奖单位
戴冬春	浙江好人	省文明办
吴德标	浙江好人	省文明办
夏盛品	浙江省“最美文化礼堂人”	浙江省农村文化礼堂建设工作领导小组办公室

2021年黄岩区受表彰的台州市先进集体一览表

表4

获奖单位	获奖称号	授奖单位
黄岩区文明办	2021年度弘扬新时代台州城市精神先进集体	中共台州市委、台州市人民政府
黄岩区乡村大使协会	2021年度弘扬新时代台州城市精神先进集体	中共台州市委、台州市人民政府

2021年黄岩区受表彰的台州市先进个人一览表

表5

获奖人	获奖称号	授奖单位
叶　磊	2021年度弘扬新时代台州城市精神先进个人	中共台州市委、台州市人民政府
陈　剑	2021年度弘扬新时代台州城市精神先进个人	中共台州市委、台州市人民政府
章晓佳	2021年度弘扬新时代台州城市精神先进个人	中共台州市委、台州市人民政府
蒋良珍	第八届台州市道德模范	中共台州市委、台州市人民政府
陈冬斐	第八届台州市道德模范	中共台州市委、台州市人民政府
钟永珏	台州市“最美文化礼堂人”	台州市农村文化礼堂建设工作领导小组办公室
陈士君	台州市“最美文化礼堂人”	台州市农村文化礼堂建设工作领导小组办公室

（区委宣传部　孔祥翔）

统战工作

【概况】 2021年，黄岩区民主党派组织6个，分别是民革区总支、民盟区总支、民建区总支、民进区基层委、农工党区基层委、九三学社区基层委。民主党派成员479人，无党派人士259人。区委统战部作为主管部门的统战社团5个，区委统战部(民宗局)主管的统战团体6个。有民族46个，少数民族户籍人口2275人，流动人口近3万人。宗教活动场所212处，民间信仰场所299处，宗教教职人员172人。2021年度黄岩区委统战部全市统战工作考核优秀。区委统战部(区侨联)、区工商联评为全区工作目标责任制考核优秀单位。《黄岩“三共三聚”筑牢主阵地，打造新时代民族工作新样板》获评2021年度全省统战工作实践创新成果。2项区级、1项镇级工作获评2021年度台州市统战工作实践创新成果。黄岩基层统战提质增效行动获评2021年度全市党建工作优秀项目。

【思想政治引领】 2021年，黄岩区委统战部承办“同心跟党走·同行共富路”台州市统一战线庆祝中国共产党成立100周年主题活动。以“同心跟党走·奋进新征程”为大主题，在全区统一战线开展庆祝中国共产党成立100周年系列活动。录制“一百年·一百秒”黄岩区民主党派“同心筑梦”献礼中国共产党百年华诞微视频，庆祝多党合作事业成果，被浙江新闻客户端专题报道。开展全区民族宗教界“庆百年 学四史 跟党走”学习实践活动。开展“黄岩商人永远跟党走”为主题的知识竞赛、竞技球赛等系列活动。在全区统一战线开展学习宣传贯彻《中国共产党统一战线工作条例》(以下简称《条例》)“十个一”活动。

【共同富裕方案实施】 2021年，召开黄岩区统一战线助推共同富裕行动部署会，印发《黄岩区统一战线助推共同富裕实施方案》。全区乡贤联谊会与35个村结对，其中集体经济相对薄弱村25个。筹集各类基金总额1003.1万元现金、1.196亿元冠名基金，建立新乡贤“三助”对象数据库334人。指导区各民主党派、知新社团实施“十大活动助力共同富裕”行动。开展“侨团帮村”活动，与5个相对薄弱村开展结亲带富。

【民主党派和无党派人士工作】 2021年，加强党外代表人士队伍建设。开展党外代表人士“双走访”活动。加大党外干部培训力度，培训达标率100%。分类建立党外人士数据库，2021年新增认定无党派人士93人，建立无党派人士数据库总数153人，党外代表人士数据库150人。政府工作部门领导班子党外正职干部2人，党外领导干部在政府工作部门任职17人。开展民主党派(统战团体)大调研活动，形成调研报告11篇。加强协商民主工作，深化党外代表人士重点协商座谈和基层协商民主工作。指导民革区支部和民盟区总支两个民主党派基层组织完成换届工作。农工党黄岩基层委被农工党中央评为脱贫攻坚先进集体，被农工党省委会评为2020年度先进组织；农工党浙江省助力共同富裕乡村振兴工作推进会暨社会服务基地经验交流会在黄岩召开，黄岩区同心社会服务示范区挂牌“中国农工民主党浙江省委员会社会服务基地”；农工党党员卢云张撰写的《关于加快打造医疗器械制造强国的建议》作为全国人大代表建议提交十三届全国人大四次会议。

【民族工作】 2021年，在全市率先实现县市区一级民族团结进步促进会更名，启动开展“民族齐富”工程，联合台州市黄岩农商银行授信民族团结进步专项贷款5亿元，发出全国首张“民族齐富卡”。打造铸牢中华民族共同体意识坚强阵地。实施黄岩区“润兰·石榴红家园”提升工程。黄岩区屿头乡被评为第四批省级民族团结进步创建重点培育单位。选树屿头乡、台州市第一人民医院、黄岩初级中学、镇东小学、浙江希乐工贸公司为“区民族团结进步创建实践基地”。联系区青企协爱心企业家开展少数民族困难学生导师结对活动。

【宗教工作】 2021年，探索建立基层乡镇街道民宗所数字化管理，打造宗教智慧管理指挥平台。探索宗教场所人员流量监测溯源应用的开发应用，被列入浙江省委统战部重点培育应用场景目录。指导宗教团体、乡镇街道开展以新修订的《宗教事务条例》《浙江省宗教事务条例》为重点的民族宗教政策宣讲119场次，受众10300余人次。开展委羽山大有宫修复工程、瑞岩山等五处场所宗教（民间信仰）文化升级打造工程。开展平安护航建党100周年。深化宗教领域“四治四提升”专项工作。黄岩新前东林寺被评为浙江省宗教活动场所消防安全标准化管理“百优争创”活动优秀单位。黄岩基督教城关堂被评为2021年省级宗教法治宣传教育基地。抓好宗教和民间信仰活动场所疫情防控和有序恢复开放工作。

【非公经济领域统一战线工作】 2021年，推动“清廉民企”向基层拓展。召开黄岩区深化“清廉民企”建设工作现场推进会，并与区纪委、区人民检察院分别合作试点建立作风建设观测点和检企联络点。举办薪火传承研修班，实施“青蓝接力工程”，新华网对黄岩新生代企业家在传承发展中创新企业文化进行专题报道。各基层商会通过捐款、开展爱心事业等奉献爱心，推动光彩事业开展。与区经科局等联合举办“亲清直通车——科技自立自强促发展”政企恳谈会等多场活动。

【知新人士工作】 2021年，加强打造知新人士创新实践基地。新建党外知识分子思想教育基地、新的社会阶层人士统战工作实践创新基地2家。黄岩区“同心共建”基地被评为全市新的社会阶层人士统战工作实践创新基地。

【海外统一战线和侨务工作】 2021年，开展“真心为侨、倾心惠侨”系列活动。扎实开展为侨“三服务”工作，走访困难、重点归侨侨眷、留学生200余户，实地解决各类问题12起。走访侨资侨属、留学生企业，为企业解决困难4起，上报区里协调解决问题4起。向海外华侨华人及留学生发送家乡信息，鼓励回国投资创业，引导海内外同胞参与黄岩建设发展。做好知名侨胞接待工作，年内，接待海外侨领和知名侨胞10余批。开展摸排核对，完善侨情信息库。打造一镇一品特色“侨家小院”，推进区、乡（镇街道）两级18家“侨家小院”建设。奋力推动“双招双引”工作实现新突破，成功招引一家留学生企业（浙江林耀网络科技有限公司）回归落地黄岩。协调上海大学和海归创业创新成果（涉及高新技术41项、能源环境23项、人工智能9项、生物医药22项、新材料17项）与区内相关部门和企业对接工作。向区委人才办推荐有回国工作意向的海外博士以上人才30余人，其中1人被评为省级重点联系专家。该项工作被推荐参评全省侨联系统最具影响力工作。

【新乡贤助调】 2021年，新乡贤助调助推社会治理现代化，实现“新乡贤调解室”入驻区乡两级矛盾调解中心全覆盖，建立村级新乡贤调解室2家。组建新乡贤助调员队伍119名，调处各类社会矛盾218起。

【换届工作】 2021年，紧扣“平稳”主题，统筹做好区政协委员换届、区工商联（总商会）换届、区侨联换届等工作。根据各群体换届工作要求，分类做好代表委员人选资格联审、非公经济人士综合评价等工作，把好政治关、程序关，优化班子结构，稳慎推荐代表人选。

【先进名录】

2021年黄岩区受表彰的浙江省先进集体一览表

表6

获奖单位	获奖称号	授奖单位
黄岩新前东林寺	浙江省宗教活动场所消防安全标准化管理“百优争创”活动优秀单位	浙江省民宗委
黄岩基督教城关堂	2021年省级宗教法治宣传教育基地	浙江省民宗委

2021年黄岩区受表彰的浙江省先进个人一览表

表7

获奖人	获奖称号	授奖单位
罗丙照	全省统战系统先进工作者	浙江省委统战部
秦旺仁增	2021年度浙江省“最美乡贤”	浙江省委统战部

2021年黄岩区受表彰的台州市先进集体一览表

表8

获奖单位	获奖称号	授奖单位
黄岩区委统战部	2021年度全市统战工作先进单位	台州市委统战部
黄岩区民族宗教事务局	全市民族宗教工作先进单位	台州市民宗局

（黄岩区委统战部　潘晨洁）

信访工作

【概况】 2021年，黄岩区信访局为正科级区委工作机关，内设综合科，下属有2个全额拨款事业单位（区信访接待服务站和区12345政务咨询投诉举报中心）。在职在编机关干部20人，其中班子成员5人。全年，区信访局提升信访工作专业化、系统化、法治化、数智化水平，成功实现省级“无信访积案县（市、区）”四连创。

【初信初访调解】 2021年，全年区四级走访登记总数302批次710人次，比2020年分别下降18.40%、25.01%。四级登记占比86.8%（国家信访局登记10批16人次，与上年持平；省信访局登记45批81人次，比2020年分别下降37.50%、35.20%）。收到群众来信283件（其中收到区级初信39件，区主要领导阅批件占区级初次来信总数的43.59%），网上信访6011件。受理12345来电17145件次，重复投诉率0.32%，按期受理率和按期答复率100%，信访部门满意率99.67%，责任单位满意率99.41%，回访核实率99.29%，平均办理时长4.68天。初次来信化解率96.43%，来访和网上信访一次性化解率分别为96.36%和98.38%。

【积案化解】 2021年，开展重复信访治理“百日攻坚”专项行动，坚持领导包案、专班运作、联席会商、综合施策、逐一销号、赛马晾晒的工作要求，160件国家级重复件和70件省级重复件在全市实现率先清零。

化解市级积案8件，历史积案7件，新增积案率0.62%，切实解决一批“骨头案”“钉子案”，维护信访群众合法权益。

【信访机制建设】 2021年，坚持党建引领，构建“党建+信访”工作体系；出台《黄岩区信访工作联席会议工作规则》，健全区—乡两级信访联席会议机制，统筹协调全区各方力量，定期开展信访工作会商，研究分析信访形势，推动矛盾纠纷化解。

【人民建议征集】 2021年，开展人民建议征集工作，出台《关于进一步加强和改进人民建议征集工作的实施方案》，建立建议人队伍，开展人民建议日常征集和专题征集，收集整理高质量人民建议，服务党委政府决策。

【矛调中心建设】 2021年，建成区社会矛盾纠纷调处化解中心，以“最多跑一地”“一次不用跑”为目标，围绕化解能力、分析研判和指挥调度三个方面，完善功能布局、业务运转、机制融合、智能场景建设。走出一条“线下一站式、线上一体化、区乡村网格联动”的特色之路，“黄岩做法”得到省市领导的高度肯定。

【先进名录】

2021年黄岩区受表彰的浙江省先进集体一览表

表9

获奖单位	获奖称号	授奖单位
黄岩区	浙江省2021年度“无信访积案县（市、区）”	浙江省信访工作领导小组

2021年黄岩区受表彰的浙江省先进个人一览表

表10

获奖人	获奖称号	授奖单位
章　波	人民满意窗口工作成绩突出个人	浙江省信访局

2021年黄岩区受表彰的台州市先进集体一览表

表11

获奖单位	获奖称号	授奖单位
黄岩区信访局	2021年度平安台州工作突出贡献集体	中共台州市委、台州市人民政府

（区信访局　汪志鸿）

档案工作

【概况】 2021年，黄岩区档案馆馆藏档案209个全宗，174577卷和230604件（其中，中华人民共和国成立前旧政权档案有7个全宗7329卷），资料21266册，录音录像29盒，照片2198张；开放档案1.36万卷。馆藏档案数字化率96.8%，文件级目录数据280多万条，全文数字化1164万张。全年接待档案利用者2266人次，提供档案资料12897卷(件)次。全年网上档案查阅服务和掌上档案查阅服务178次。

【档案数字化转型】 2021年，数字化改革领导小组，实施专班运行，谋划数字化改革项目。主动对接省、市档案部门和区大数据管理局，向省档案局提出创建国家级数字档案馆的申请，被省档案局列入创建全国数字档案馆名单，并被改革部门列为数字化改革党政机关整体智治市厅级试点项目。实施档案工作数字化提升项目，并将其列入“数字黄岩”智慧城市基础设施提升工程专项债项目，获批建设经费200万元，助推国家级数字档案馆创建工作。推进机关查档直通车和电子档案单套制在线归档试点工作，推动各方平台节点通畅运行。

【档案法治建设】 2021年，推进“互联网+监管”和“双随机”执法检查，综合运用随机抽查、专项检查、联合执法等手段，提高档案治理能力。全年执法检5家单位，跨部门监管率75%，双随机抽查事项覆盖率、省库监管事项覆盖率、应用信用规则率均为100%。新认领浙江省权力事项库(省库)监管事项31项行政检查和13项行政处罚，并做好互联网+国家门户机构名称规范确认工作。建立健全档案制度规范，和区委组织部、区机关党工委联合印发《黄岩区机关党的建设资料档案管理办法》。

【档案资源建设】 2021年，重点聚焦2021年建党100周年、新冠肺炎疫情防控档案、换届选举专项档案收集工作、脱贫攻坚档案和疫情防控档案两类档案归集工作，向公众发布《奋斗百年路 启航新征程黄岩红色档案征集通告》，相继印发要求归集通知文件4个。建立完成“两类档案”专题数据库，归集脱贫攻坚文书档案682件，疫情防控文书档案973件、实物档案5件、录像档案6件。年初印发《关于做好到期档案移交进馆工作的通知》，强化接收前指导及接收后的整理，接收公证处业务档案33333卷、纪委业务档案6703卷、区府办档案1085件。

【基层档案工作】 2021年，加强基层档案收集整理的业务指导工作，建成区首家乡镇档案馆宁溪镇档案馆，“村档乡管”模式初见成效。助力组织换届工作，因地制宜开展组织换届档案工作情况调研、联络，重点对宁溪、澄江新前村(社区)组织换届档案指导工作，确保换届与资料整理工作同步同频，提升换届档案整理规范化水平。完成区人大代表王献春的《关于加强村级组织档案管理的建议》提案答复工作，助推基层档案工作高质量发展和档案治理现代化。

【民营企业档案】 2021年，贯彻落实《关于进一步加强和改进民营经济档案工作的十二条意见》，执行联系和服务民营企业机制，结合党史学习教育“三为”专题实践活动，班子领导常态化联系服务企业，全年开展“三服务”9次，走访企业6家，开展培训3场次，现场解决咨询类问题16个。成立民营企业协作组，吸收协作组成员10家，充分发挥协作组的互学互助作用。推进企业档案示范点建设工作，重点跟进档案示范点建设企业——公元集团进行档案业务指导，帮助其完善档案规范化建设，设置查档点，打造民营企业档案管理升级版。

【档案文化宣传】 2021年，以党史学习教育和建党百年为契机，深挖馆藏档案资源，特别是红色档案资源，举办建党百年主题展览，编写《橘乡百年群英谱》等。用好微信公众号等新媒体，推出档案文化、馆藏珍品线上展厅、“用档案讲党史”等宣传专栏，全年发布信息90多条。制作的微视频《走进档案共谱诗篇》入围全国档案系统主题微视频展播活动作品名录。拍摄“跟着档案去旅行”宁溪古镇宣传片。发挥爱国主义教育基地和中小学生实践教育基地的功能作用，开展“红领巾探索档案馆”“档案第二课堂”等特色活动。联合各部门开展“百年潮起永宁江”黄岩区建党百年大型图片展等党史活动教育活动，累计接待参观单位或团体231批次4550余人。

【先进名录】

2021年黄岩区受表彰的台州市先进集体一览表

表12

获奖单位	获奖称号	授奖单位
黄岩区档案馆	台州市机关党建示范点	中共台州市直属机关委员会
黄岩区档案馆	台州市清廉文化进机关示范点	中共台州市直属机关委员会

（区档案馆　秦　怡）

党史工作

【党史教育基地建设工作】 2021年，协助对平田桐树坑、上郑圣堂、茅畲小学、南城山前的革命纪念馆进行数字化多媒体提升。协助区交旅集团及相关乡镇街道打造红色革命景区，在纪念馆内安装幻影成像、电子翻书、微型雕塑、电子触摸屏等声光电多媒体设施，在桐树坑馆外制作大型革命红色故事三面浮雕及大型红旗雕塑。相关党史资料由区委党史研究室提供。对革命纪念馆党史教育基地作相应数字化多媒体提升。

【党史资料征编研究工作】 2021年，以编纂党史基本著作和资政专题为重点，深入开展党史研究工作。完成黄岩党史三卷重点专题《潮起永宁江》的编印及发行工作。推进黄岩党史三卷的撰写工作。完成《中共黄岩历史大事记(1996—2012)》(第三稿)的修改。

【党史宣传教育工作】 2021年，编印《中共黄岩百年党史(图文版)小红书》。在橘乡传媒App分享，作为党员学习党史的本土辅助资料。编印2000册并发给乡镇街道及各部门、企业、学校等。制作中共黄岩百年党史图文展板2套，到各乡镇街道开展巡回展览。与相关单位合作，在区档案馆一楼大厅举办“百年潮起永宁江”为主题的百年党史大型图片展。除印发《黄岩党史小故事百例》赠送给乡镇街道及各部门外，还专门赠送给中小学校1700本。开设一个“百年党史、百秒阅读”微信公众号学习平台。

与相关单位合作每周推送两次。在《今日黄岩》报上开设党史学习专栏。完善"掌上党史馆"。完善准三维的《黄岩党史地图》。在原来基础上,增加现场教育点。专门设计图标,对黄岩的革命遗址等进行标注,跟有关部门联合开展"追着党史地图去打卡"活动。该新闻报道在浙江头版二条报道,获得各级领导点赞好评。举办一次建党百年党史知识竞赛。编印《橘乡百年群英谱》。推出一期《黄岩党史》庆祝建党百年专题。协助相关单位举办话剧《信念》、交响乐《桐坑星火》及庆祝建党100周年大型文艺晚会演出。协助区党史学教办建立"五位一体"的数字化多跨应用场景。5月26日在"浙里办"上线,9月24日在"浙政钉"数改门户上线驾驶舱,至11月底,访问量1000万次以上,名列台州市第一。

(区委党史研究室　陈佳音)

老干部工作

【概况】 2021年末,黄岩区有离休干部82人,其中抗战时期6人,解放战争时期76人。离休干部中,行政事业单位离休38人,企业离休26人,省市属单位代管的18人。全区有退休干部5379人,其中男性3186人,女性2193人。其中,县处实职退休干部38人,享受县处待遇(非实职)退休干部29人,乡科级退休干部1374人(正科1014人,副科360人)。退休干部中,退休教师、退休医务人员2963人,占比55.08%。

【老干部党建思政工作】 2021年,围绕建党百年,以党史学习教育引领全年老干部工作。组建老干部初心宣讲团,成员13人,顾问9人。邀请老同志进社区、进企业、进校园、进机关、进老党员驿站、进云端宣讲,全年宣讲37场,受众4500多人次。其中,黄岩电大退休教师张欣平的《厉害了,我的黄岩——黄岩籍"两弹一星"元勋陈芳允院士》被市委老干部局选为优秀示范课程推荐到省局。开展"留影""颂史""展史""说史"系列活动,邀请离退休干部与党旗合影,鼓励老同志向党诉说心声,向老同志征集红色传家宝并利用"红色典藏室""家庭红色档案"等平台进行展示。举行"光荣在党50年"纪念章颁发活动。开展"百年回眸·黄岩故事"云接力活动,录制杨明——改革创新精神、吴志远——长潭水库建设精神等8位老党员讲述党史故事短视频。以"规范化党支部示范点"创建为载体,推进离退休干部党建工作,推行离退休干部党支部主题党日"十心工作法"和离退休干部主题党日活动指南。全年,新增省级"规范化党支部"8家,新增市级离退休干部"规范化党支部示范点"3个。年末,全区创建省级规范化党支部18个,市级"规范化党支部示范点"14个。

【老干部发挥正能量】 2021年,以"三服务三助力"为抓手,推动离退休干部发挥正能量。区咨询委、区县处级老干部中心组、区老科协等团队老干部围绕乡村振兴、经济建设、共同富裕等课题开展调研和建言献策。全年下基层调研20多次,完成调研文章30余篇,其中《关于我区"二次城市化"的思考与建议》《黄岩推进共同富裕的实践与思考》等文章获得时任黄岩区委书记陈建勋批示。徐凤华团队及老科协医卫服务团的老专家多次到社区、农村开展惠民服务。全年徐凤华团队组织志愿活动33次，服务群众近千人次。老年大学老干部志愿团队，到村社、党建共享基地、银景驿站等，以老助老，开展智能手机应用普及行动，10多场次，受益老年人700余人次。各老干部社团参与“绘百米长卷”“清廉书画巡展”“建党一百周年文艺演出”等各项活动11场，参与老干部800余人次，并通过书画、歌舞等文体活动助力农村“精神共富”，开展助力近20场次，其中书画“三服务”6场，菊花展、社区微演出等近10场。

【老干部服务管理】 2021年，做好离休干部“一人一策”精准服务工作。将离休干部与老干部工作者一一结对，印制记录本对走访服务离休干部情况进行记录，形成“连心日记”。建立离休干部全面联系机制、上门服务机制和组团解难机制，推进离休干部原单位、社区、老干部工作部门三方“多对一联系”。开展“家庭医生签约服务”“家庭档案整理”“个人上门护理志愿活动”“家电清洗维修”等个性化服务，服务离休干部120余人次。开展“暑期送清凉”“寒冬送温暖”、重大节日慰问等走访活动4批次，上门走访慰问老同志300余人次。开展离休干部生活待遇落实情况检查活动，保证离休干部各项生活待遇落实到位。开展“银尚达人”“银尚之家”典型选树申报工作，财政局退休干部张觉平被省委老干部局命名为“银尚达人”并接受省电台采访，徐凤华家庭被省委老干部局命名为“银尚之家”。黄岩区“连心日记”推动离休干部服务管理精准化和黄岩区开展离休干部红色档案典藏行动两件实事入选“全省老干部服务管理百件大事”。

【老干部活动阵地建设】 2021年，重视老干部活动阵地建设。年内，黄岩老年大学新校区建成投用，新校区占地面积2560平方米，建筑面积3150平方米，有教室6个、排练厅2个、多功能厅1个、运动天台2个、学员优秀作品展示区1个以及党员社团活动室等场所。在册学员1244名，聘请专业教师27名，开设书画、音乐、武术、摄影、舞蹈、智能技术应用等39个班级，每周授课2001人次。投资10万元，建成老年大学教学中心数字化管理“驾驶舱”，录制八段锦、智能手机应用、瑜伽等3门“云微课”并通过微信公众号平台上线发布。新增家门口老年大学3所，全区6所家门口老年大学开设13个班级，招收学员926人。在南苑老干部活动中心投入资金100多万元，拆除原先老旧院门和临时用房，重新设计建造围墙、值班室和大门，安装车辆识别、人脸识别等门禁设备，加装监控系统、跌倒预警系统、人员测温系统、健康码自动报送等数字化防疫设施。打造区级银景驿站，新建露天观景平台——望江台，增设书画创作室、纸质和数字一体化阅览室、购置书籍500余册。

【老干部工作重要会议】 2021年6月4日，黄岩区老干部工作领导小组会议召开，规范区级行政机关和区级事业单位(参照公务员管理单位)离退休人员走访慰问标准，确定区老干部工作领导小组成员单位2021年为老干部办实事项目14件。

【老干部工作重要政策】 2021年，据组通字〔2021〕15号、浙组〔2021〕24号文件精神，明确从2021年开始，抗战前期每年增发3.5个月的基本离休费，抗战后期每年增发3个月的基本离休费。解放战争时期每年增发2个月的基本离休费。为贯彻落实省委组织部和省委老干部局《关于推进离退休干部党支部规范化建设的指导意见》(浙老干〔2020〕14号),3月29日,区委组织部、区委直属机关工作委员会和区委老干部局联合印发《关于在全区推行离退休干部党支部主题党日“十心”工作法的通知》(黄老干〔2021〕4号),把全面从严治党要求落实到每个离退休干部党支部。8月2日,黄岩区老干部工作领导小组办公室印发《关于开展离休干部“一人一策”精准服务工作的通知》(黄老干领办〔2021〕2号),建立在职干部联系离休干部制度和社区离休干部服务专班。

【先进名录】

2021年黄岩区受表彰的浙江省先进个人一览表

表13

获奖人	获奖称号	授奖单位
张根福	全省先进老干部工作者	中共浙江省委组织部、中共浙江省委老干部局、浙江省人力资源和社会保障局
阮丹红	全省先进老干部工作者	中共浙江省委组织部、中共浙江省委老干部局、浙江省人力资源和社会保障局

(区委老干部局　解文雅)

机构编制管理

【概况】 2021年末,黄岩区机构编制办设置党政行政机构35个,其中党委工作机构11个、政府工作部门24个。设置事业单位185个,核定编制数一万余名。

【“大综合一体化”行政执法改革】 2021年,梳理完善《黄岩区乡镇(街道)“属地管理”事项责任清单》,涵盖交通、应急管理、综合执法等19个基层治理重点领域高频事项69项,构建“五个一”工作体系。推进专业执法改革,在组建市场监管、生态环境、文化市场、交通运输、农业等5支专业执法基础上,推进应急管理综合行政执法队伍,实行“局队合一”体制,落实全员执法。整合撤销劳动监察大队,民政执法大队、能源监察大队、水政监察大队,执法职能回归行政机关或划入综合行政执法部门,人员进行分流转隶安置。

【事业单位公益指标体系试点】 2021年,据省里意见,黄岩区在医疗卫生领域开展事业单位公益指标体系试点工作,明确共同富裕和数字化改革两大主题。拟定《黄岩区事业单位公益指数评价实施方案》,提出单维度和多维度两套方案,基本确定三级指标体系,包含一级指标3个、二级指标8个、三级指标24个。纳入黄岩数字化改革重点项目“共富大脑”,归类于“优化公共服务享富”模块,建立公益指数可视化决策平台。

【规范机构设置】 2021年,理顺乡村振兴与扶贫机构设置,在农业农村局增挂区乡村振兴局牌子，将扶贫开发服务中心更名为乡村振兴促进中心，并调整为农业农村局所属相当于正股级事业单位，将移民工作中心调整为民政局所属相当于正股级事业单位。调整开发区管理机构，调整黄岩经济开发区党工委、管委会为区委区政府派出机构，实行合署办公，一套机构，原黄岩经济开发区管委会调整为开发区党工委、管委会所属正科级事业单位。增强科技创新工作力量。按照“撤一设一”要求，批准设立正科级的黄岩区科创服务中心。

【控编减编】 2021年，加强全区行政编制、事业编制总量管理，严控跨层级“逆向”调整编制，严禁挪用、占用或变相占用乡镇（街道）编制，全年审核用编491名。

【机构编制实名制管理】 完善实名制系统“大数据管理”，开展网上机构编制监督检查工作，校准数据信息，提升实名制数据质量。全年审核人员出入编事项1555项，更新信息632人次。对全区486家中的482家单位进行初步核查，核查率99%。梳理问题62条，并函告16家单位责令整改。

【事业单位登记管理】 2021年，有序推进事业单位章程管理，组织召开全区事业单位章程制定工作部署暨培训会，完成第一批94家单位审核备案工作核查分析区10家统一社会信用代码重错码情况，6月中旬重错码纠正完成率100% 。高质量完成2020年度全区事业单位法人年度报告公示243家，办理事业单位法人变更登记120家，涉及开办资金变更106条，单位证书到期换证29家。

【编外用工管理】 2021年，严格规范编外用工审批权限和程序，探索编外用工“一事一议”，弹性核定编外用工控制数，实行“差异”管理。开展编外用工专项检查和清理规范，核减编外用工数80名，核准编外人员控制数6000余名。

【队伍建设】 2021年，组织开展“学党史，颂党恩；铸忠诚，担使命”主题分享会，组建青年宣讲团，开设“红色讲堂”，邀请专家授课、班子讲课，开展集体研学、自学交流等深入开展党史学习教育。做好区委巡察工作，第一时间召开班子会成立整改小组，并专题会议明确整改方案，建立长效机制消除风险和隐患。开展条例及配套法规制度专项督查和机构编制核查，健全合法合规性审查机制。

（区委编办　杨晨媚）

台州市黄岩区人民代表大会

综　述

【概况】 全年共召开常委会会议9次、主任会议12次，听取和审议专项工作报告28个，开展3部法律法规执法检查，作出决议、决定23项，备案审查规范性文件16件，依法任免国家工作人员35人次，任命人民陪审员17人，为推动全区经济社会高质量发展和民主法治建设作出了积极贡献。

重要会议

【区十六届人大五次会议】 台州市黄岩区第十六届人民代表大会第五次会议于2021年2月21日至24日在城区召开。本次会议实有代表248名，其中1名代表暂停执行代表职务，应到247名。会议主要议程有：听取和审查区人民政府区长包顺富关于黄岩区人民政府工作报告；审查和批准黄岩区国民经济和社会发展第十四个五年规划和二〇三五年远景目标纲要；审查区发展和改革局关于黄岩区2020年国民经济和社会发展计划执行情况及2021年国民经济和社会发展计划草案的报告，批准黄岩区2020年国民经济和社会发展计划执行情况的报告及2021年国民经济和社会发展计划；审查区财政局关于黄岩区2020年预算执行情况及2021年预算草案的报告，批准黄岩区2020年预算执行情况的报告及2021年预算；听取和审查区人大常委会主任蔡康关于黄岩区人民代表大会常务委员会工作报告；听取和审查区人民法院院长徐乐盛关于黄岩区人民法院工作报告；听取和审查区人民检察院检察长余文权关于黄岩区人民检察院工作报告；投票表决2021年区人民政府民生实事项目。会议依法选举黄岩区第十六届人民代表大会常务委员会2名副主任和2名委员；通过黄岩区第十六届人民代表大会专门委员会有关组成人员人选名单。

代表们认真审议了各个报告，肯定了区人大常委会和“一府两院”一年来的工作，并对各项报告作出了决议。除选举事项外，本次大会的预备会议和各次全体会议有关事项的表决采用按电子表决器的方式通过。会议期间，代表们还就全区政治、经济、社会发展等各方面工作提出了议案47件(确定其中4件为大会议案)，建议、批评、意见86件。会议期间，还举行了宪法宣誓仪式，新当选的区十六届人大常委会副主任、委员向宪法庄严宣誓。

【区十六届人大常委会会议】 2021年，区十六届人大常委会共举行了9次会议。

第三十二次会议 1月20日，在区行政大楼三楼大会议室举行。会议表决通过了关于召开台州市黄岩区第十六届人民代表大会第五次会议的决定。审议决定了市、区代表辞职补选事项。

第三十三次会议 2月3日，在区行政大楼三楼大会议室举行。会议听取和审议了关于2020年民生实事项目办理、2021年民生实事候选项目征集情况的报告，表决通过了2021年区人民政府民生实事候选项目，提请区十六届人大五次会议票决。听取和审议了关于黄岩区"十三五"规划执行情况、"十四五"规划和二〇三五年远景目标纲要编制情况的报告。审议通过了关于补选的区十六届人大代表的代表资格审查报告。审议提出了区十六届人大五次会议议程(草案)、区十六届人大五次会议主席团和秘书长名单(草案)，提请区十六届人大五次会议预备会议通过。审议通过了区十六届人大五次会议列席人员名单。原则通过了区人大常委会工作报告，提请区十六届人大五次会议审查。审议通过了区人大常委会2021年工作要点。表决通过了区监察委员会、区人大常委会主任会议提请的有关人事任免事项。

第三十四次会议 4月23日，在区行政大楼三楼大会议室举行。会议听取和审议了关于黄岩区2020年生态环境状况和环境保护目标完成情况的报告，东城、西城街道人大工委关于2020年度工作情况和2021年度工作计划的报告，书面审议了南城、北城、澄江、新前、江口、高桥等6个人大街道工委关于2020年度工作情况和2021年度工作计划的报告。表决通过了黄岩区第十六届人民代表大会常务委员会代表资格审查委员会组成人员调整名单。审议并表决通过了区人大常委会主任会议、区人民政府区长、区人民法院提请的代表辞职事项和有关人事任免、辞职事项，并对新任命人员举行了宪法宣誓仪式。

第三十五次会议 6月24日，在区行政大楼三楼大会议室举行。会议听取和审议了关于法治政府建设情况的报告、关于黄岩区企业上市工作情况的报告、关于加强河道综合整治促进防洪排涝的报告、关于黄岩区医疗保障工作情况的报告。审议并表决通过了区人大常委会主任会议、区监察委员会提请的有关人事任免事项。

第三十六次会议 8月30日，在区行政大楼三楼大会议室举行。会议听取和审议了关于黄岩区2021年上半年国民经济和社会发展计划执行情况的报告、关于黄岩区2021年上半年预算执行情况的报告、关于提请批准黄岩区2020年财政决算的议案、关于黄岩区2020年财政决算的报告、关于黄岩区2020年度本级预算执行和其他财政收支的审计工作报告和关于黄岩区2020年财政决算审查结果的报告。表决通过了关于批准黄岩区2020年财政决算的决议。听取和审议了关于提请批准黄岩区老城区历史风貌区、历史风貌建筑保护利用规划(2021—2035)的议案，表决通过了关于批准《黄岩区老城区历史风貌区、历史风貌建筑保护利用规划(2021—2035)》的决定。审议了台州市公安局黄岩分局有关请示。审议并表决通过了区人民法院提请的有关人事任免和人民陪审员任职事项。

第三十七次会议 10月15日，在区行政大楼三楼大会议室举行。会议听取和审议了关于黄岩区法治宣传教育第八个五年规划(2021—2025年)编制情况的报告，表决通过了《黄岩区人民代表大会常务委员会关于开展第八个五年法治宣传教育的决议》。听取和审议了关于提请审查批准黄岩区2021年地方政府债务限额及新增债务预算调整方案的议案、关于黄岩区2021年地方政府债务限额及新增债务预算调整方案(草案)的说明，表决通过了关于批准黄岩区2021年地方政府债务限额及新增债务预算调整方案的决定。听取和审议了关于“永宁江科创带”建设推进情况的报告、关于乡村振兴和美丽乡村建设情况的报告。表决通过了关于区、乡两级人民代表大会换届选举有关事项的决定，关于新一届镇、乡人民代表大会代表名额的决定，关于设立区选举委员会的决定，关于设立各镇、乡选举委员会的决定，关于设立区选举委员会各街道选举办事处的决定。会议对区人民检察院部分检察官履职情况开展了评议，并进行了测评。会议对区人大常委会任命的政府部门正职和“两院”副职开展了2021年度履职监督。审议并表决通过了区人民政府、区人大常委会主任会议、区人民法院和区人民检察院提请的有关人事任免事项，并对新任命人员举行了宪法宣誓仪式。

第三十八次会议 11月29日，在区行政大楼三楼大会议室举行。会议表决通过了区人民政府、区人大常委会主任会议提请的有关人事任免、辞职事项。决定任命徐礼辉为区人民政府副区长；免去江德华的区人民政府副区长职务；接受包顺富辞去区人民政府区长职务的请求；决定徐礼辉代理区人民政府区长职务。并对新任命人员举行了宪法宣誓仪式。

第三十九次会议 12月6日，在区行政大楼三楼大会议室举行。会议表决通过了区人民政府、区人大常委会主任会议、区监察委员会、区人民检察院提请的有关人事任免、辞职事项。决定任命胡建中、林小波、徐雨薇为区人民政府副区长，林小波为台州市公安局黄岩分局局长，胡克礼为区监察委员会副主任，陈晓风为区人民检察院检察员、检察委员会委员、副检察长；免去谢焕、程凌杰、金哲蒙的区人民政府副区长职务，程凌杰的台州市公安局黄岩分局局长职务，余文权的区人民检察院检察委员会委员、检察员职务；接受王正雷辞去区监察委员会主任职务、余文权辞去区人民检察院检察长职务的请求；决定胡克礼代理区监察委员会主任职务、陈晓风代理区人民检察院检察长职务。并对新任命人员举行了宪法宣誓仪式。

第四十次会议 12月27日，在区行政大楼三楼大会议室举行。会议听取和审议了关于打击治理电信网络诈骗违法犯罪工作情况的报告，关于提请审查批准黄岩区2021年第二批新增地方政府债务限额及债务预算调整方案的议案、关于提请审议批准黄岩区2021年财政预算调整方案的议案，关于黄岩区2021年第二批新增地方政府债务限额及债务预算调整方案的说明和关于黄岩区2021年财政预算收支情况及预算调整方案的报告，关于黄岩区2021年第二批新增地方政府债务限额及债务预算调整方案、2021年预算调整方案审查结果的报告，关于2020年度全区国有资产管理情况的综合报告，关于2020年度本级预算执行和其他财政收支审计查出问题整改情况的报告，关于黄岩区十六届人大五次会议大会议案和代表建议办理情况的报告，关于我区区、乡两级人大代表换届选举工作情况的报告。书面审议了企业国有资产、行政事业性国有资产、国有自然资源资产管理情况的专项报告。审议决定批准黄岩区2021年第二批新增地方政府债务限额及债务预算调整方案和黄岩区2021年财政预算调整方案。听取了关于区第十七届人民代表大会代表资格审查的报告，并表决通过了该报告，确认280名区人大代表资格有效。审议并表决通过了主任会议、监委和人民法院提请的有关人事任免、辞职事项。

常委会日常工作

【坚持党的全面领导】 常委会自觉将党的全面领导作为做好人大工作的最高政治原则。持续深入学习习近平总书记“七一”重要讲话精神，开展专题宣讲，推进“我为群众办实事”专题实践活动，推动党史学习教育走深、走心、走实。以“建设清廉机关、创建模范机关”为抓手，推动支部标准化、规范化建设。以区委巡察整改为契机，逐项对标巡察反馈问题，有针对性地研究制定整改措施，为常委会依法履职提供坚强的思想和组织保证。

【助力经济社会发展】 常委会紧紧围绕区委打造“三张金名片”决策部署，找准人大履职的切入点和结合点，助推经济社会高质量发展。紧贴区委中心工作，对永宁江科创带建设、企业上市、乡村振兴和美丽乡村建设等情况开展监督，助推补齐短板弱项。组织委员和代表多次对“官河古道”项目推进情况进行专题视察，持续跟踪监督项目进展情况。专题听取促进模塑产业高质量发展审议意见落实情况报告。班子成员扎实开展“包乡走村深化三服务”“永宁企管家”驻企服务等活动，较好地推动了一批历史难点、节点问题的解决。

【充分发挥代表主体作用】 推动人大代表联络站建设提档升级，全区有18家被评为市级五星级联络站。深化“双联系”制度，扎实开展走访服务选民活动，全年共接待代表100多人次，推动解决群众关心关注的热点问题20多件。推进“善治永宁 代表在身边”系统建设，完善线上线下代表联络站功能。推进省人大群众意见办理系统试点工作，代表通过“代表钉”收集民情民意，及时向系统反映建议意见，积极落实办理。东城街道代表联络站作为市人大首批基层立法联系点，主动配合省、市人大开展立法调研。专题召开代表议案办理工作督办会，听取区政府关于议案办理落实情况的报告和2021年五次大会议案办理进展情况。组织对本届人大历次会议的26件大会议案办理情况进行“回头看”，总结办理经验，巩固办理成果，确保本届议案建议办理工作圆满收官。扎实做好代表换届选举工作，设立区乡两级人大换届选举工作联席会议，建立常委会领导分片联系指导组，加强形势分析研判，制定工作方案，抓好统筹协调。按照“三个坚持两个确保”要求，建立“三张清单”，确保换届选举依法、有序、平稳。

【加强自身建设】 常委会深刻把握新时代人大工作的形势任务，锚定“四个机关”定位目标，全面提升人大干部塑造变革的能力。重视人大数字化改革，专班推进8大任务及16个应用场景建设，立足人大核心业务，将“善治永宁 代表在身边”系统迭代升级为多端融合的代表履职特色应用场景。推进人大街道工委向区人大常委会报告工作制度，审议了8个人大街道工委的工作报告并形成决议，进一步夯实基层人大建设。加大工作宣传力度，黄岩区的美丽街巷改造、绿道建设和文化礼堂建设三项民生实事项目，在浙江省民生实事项目人大代表票决制图文展中亮相。组织乡镇街道人大拍摄“代表联络站的故事”微视频，展示代表履职事迹，优秀作品在省、市人大微信公众号展播。

【代表议案建议办理】 区十六届人大五次会议期间，代表们依法向大会提出议案46件，代表建议86件。经大会主席团讨论决定，并经全体代表表决，将4件议案列为大会议案，其余议案均转为建议办理，建议总数为128件。人代会后，常委会及时召开建议交办会，落实办理责任。召开大会议案督办大会，对大会议案的办理工作进行集中督办，同时落实上门督办、多委联督、回头督查等机制，有效推动一批群众关心关注的突出问题的解决。128件建议已全部答复代表，其中已解决或基本解决的68件，占总数的 53.1 %；正在解决或纳入计划逐步解决的54件，占总数的 42.2 %；受条件限制或其他原因、暂缓解决或留作参考的6件，占总数的4.7%。

【完成区、乡两级人大代表换届选举工作】 黄岩区区、乡两级人大代表换届选举工作自2021年10月12日动员部署后全面展开，到12月底圆满结束。区选举委员会坚持党的领导、坚持充分发扬民主、坚持严格依法办事，将全过程人民民主贯穿于选举工作各环节，依法有序推进人大代表换届选举工作，经过各乡镇街道及各个选区的共同努力，圆满完成了黄岩区区、乡两级人大代表换届选举工作任务。此次换届选举共登记选民53.13万人，全区128个选区，共选举产生区人大代表280名。全区11个乡镇，共选举产生乡镇人大代表685名。

监督工作

【概况】 2021年，黄岩区人大常委会坚持以问题和效果为导向，综合运用视察、审议、执法检查等监督形式，做深做实监督工作。组织开展各类监督30多次，提出务实有效的高质量调研报告10多个。联合浙江理工大学搭建预决算联网智慧监督平台，通过数字赋能人大履职，推进解决预决算监督履职中的重点难点问题，相关工作被省人大常委会以专报形式刊发。

【聚焦社会民生事业发展】 常委会重点审议生态环境保护、医疗保障、医联体建设、河道综合整治、职业教育发展等10多个报告，对保障农民工工资支付、委羽山道文化公园建设、外出农业、就业创业等情况进行专题视察，着力保障和改善民生。将老城区历史风貌建筑保护利用工作纳入监督重点，作出了《黄岩区老城区历史风貌区、历史风貌建筑保护利用规划(2021—2035)》的决定，推动城市有机更新与历史文化保护传承深度融合。对宗教事务“两条例”、浙江省粮食安全保障条例、台州市长潭水库饮用水水源保护条例等法律法规进行执法检查，推动相关法律法规有效实施。完善街道选民代表会议制度，推动10个区级民生实事项目和146个乡级民生实事项目在区乡两级人代会上票决，综合运用多种监督手段，全力推进项目办理落地落实。

【推进企业上市工作】 常委会听取和审议区人民政府关于黄岩区企业上市工作情况的报告，针对黄岩区上市后备企业短缺、企业科创属性不足、上市政策落实不够到位等问题，要求多措并举、梯度安排、重点突破，政企联动推进企业上市；着力培育科技型企业，壮大优质后备企业基本盘，引导企业练好内功，激发企业上市动能；进一步加大扶持和引导力度，建立常态化上市工作机制，打好政策“组合拳”“一企一策”精准对接精细服务，为企业上市提供良好营商环境。

【推动法治政府建设】 常委会听取和审议区人民政府关于法治政府建设情况的报告，针对黄岩区法治政府建设统筹监督需进一步强化、执法规范化水平有待提高、法制机构建设有待加强等问题，要求深入学习贯彻习近平法治思想，站在争创社会主义现代化先行区的高度，统筹谋划、推进黄岩区法治政府建设，进一步增强工作的系统性、整体性、协同性；牢固树立法治就是最好营商环境的理念，突出数字化引领、撬动、赋能作用，进一步完善执法监管机制，有序推进综合行政执法体制和乡镇街道“一支队伍管执法”改革；进一步加强对公职人员特别是领导干部的宪法和法律宣传教育，督促职能部门带头尊法学法守法用法，不断提升依法履职水平。

【推进永宁江科创带建设】 常委会听取和审议区经信局关于“永宁江科创带”建设推进情况的报告，针对规划编制不够完善、整体推进力度不够大、科创平台建设不够有力等问题，要求协同推进、主动谋划提出既有时代产业发展前瞻性又符合黄岩产业特色的目标定位和思路举措，高起点编制科创带建设规划；充分考虑4.0核心园区启动区块与永宁江科创带的整体推进工作的协调性，强化专班推进，完善科创带整体建设协商机制；强化企业创新主体地位，引导技术、人才、资金等各类创新要素向科创带集聚。

【关注医疗保障工作】 常委会听取和审议区人民政府关于黄岩区医疗保障工作情况的报告，针对医保制度不够完善、医保基金监管有待加强、医保政策宣传力度还需加大等问题，要求不断完善多层次的医疗保障体系，实现医疗保障全民覆盖；加大医保政策宣传力度，调动群众参保积极性，提高全民参保意识；提高医保信息化水平，强化医保基金监管，深化医保基金支付方式改革，着力提升医保统筹层次，切实增强参保人员获得感和安全感。

【助力生态环境保护攻坚战】 常委会听取和审议区生态环境分局关于黄岩区2020年生态环境状况和环境保护目标完成情况的报告，针对生态环境整治和保护任务依然繁重等问题，要求要以人民满意为标准，坚决扛起生态环境保护的政治责任，高标准推进生态文明建设，高水平提升环境保护工作；坚持法治思维，依法加强监管，进一步健全源头严防、过程严控、后果严惩的最严格的生态保护制度，构建快速排查、精准溯源、迅速处理的环保监管闭环；加大环保法律法规的宣传教育力度，营造人人尊法守法、全社会关心支持生态环保工作的良好氛围；加强部门之间的协调配合，特别要加强对工业园区的规划引导和行业准入管理，综合运用法律、经济、行政等手段，倒逼企业转型；强化监管能力，增加科技资金投入，提高动态监管水平。

【助推乡村振兴和美丽乡村建设】 常委会听取和审议区农业农村局关于乡村振兴和美丽乡村建设情况的报告，针对产业融合度不高、乡村建设人才匮乏、乡村文化资源发掘不够充分等问题，要求将乡村振兴和美丽乡村建设纳入高质量发展建设共同富裕先行区目标体系，建立健全城乡融合发展的体制机制和政策体系；因地制宜促进乡村产业发展，进一步增加农民收入，提高农民生活水平；要培养造就新型职业农民，持续改善农村人居环境，保护和传承好农村优秀传统文化。

（区人大办公室　邱子娴）

黄岩区人民政府

综　述

【产业转型升级新动能】 2021年，黄岩区政府打造创新平台。推进永宁江科创带建设，委托同济大学吴志强院士团队完成总体规划初稿编制，建成首建区台州梦创园。落地聚合物新型成型装备国家工程研究中心分中心，启动浙大智能产品设计中心、博乐智能家居中心项目、台州学院模具创新研究院等创新平台建设。新引进中科院博导王灿云领衔的高可靠性半导体项目、贺鹤鸣教授领衔的固态动力电池项目。省级模塑产业创新服务综合体累计服务企业2620家次，达成工业设计成果交易1661个。壮大市场主体。搭建“永宁企服云”平台，建立“网格化”服务企业体系，累计服务企业8000多批次，办结各类问题2100余件。推进企业梯度培育，新增“小升规”企业68家，国家级“小巨人”企业3家、国家重点扶持小巨人1家、省“隐形冠军”企业2家。实施高新技术企业和科技型中小微企业“双倍增”行动计划，新增国家高新技术企业34家、省级科技型中小企业92家、国家科技型中小企业评价入库企业28家。强化数字赋能。立足地方产业优势，打造模具(塑料)产业大脑，获得省委袁家军书记调研肯定，入选省第一批数字经济“揭榜挂帅”项目。推进数字产业化、产业数字化，引进光盈光电、绿保、海康威视等数字经济项目，建设模具、塑料两大行业工业互联网平台，完成“机器换人”198台，新建5G基站582个，培育市级未来工厂1家、智能工厂数字化车间企业7家。

【投资扩大开创新局面】 2021年，黄岩区政府大抓项目招引。把招商引资作为推动经济高质量发展的重要举措，出台《黄岩区深化招大引强“借梯攀高、借船出海”行动方案》，通过专业招商、“雇员”招商、商会招商、资本招商、乡贤招商等形式，实施精准招商、靶向招商，招引落地5亿元以上产业项目26个，抗肿瘤合成创新药、智能纳米调光玻璃、OLED光电材料等项目落地孵化，与中交广航局、新南山控股集团等12家企业达成战略合作关系。狠抓项目进度。梳理出重大攻坚项目31个，总投资约839亿元。完成固定资产投资174亿元，增速5.2%。12个市县长项目、5个省“152”项目开工率分别为58.3%、60%。48个省市重点建设项目，1—10月完成投资114.4亿元，完成率129.87%；25

个省市“4+1”项目，1—10月完成投资38.33亿元，完成率165.58%；8个市重大前期攻坚项目开工率50%。紧抓要素保障。2021年以来累计供地1661亩，盘活存量610亩，消化批而未供1051亩，其中工业用地供应645亩，低效用地开发再利用955亩。开工建设智能模具小镇东拓产业园、爱玛定动车产业园、院桥科创园、繁三和联化北区小微园，启动江口工业4.0核心区块整治提升。小微企业信用贷款评级试点工作得到中国人民银行行长易纲、省长郑栅洁和多位副省长批示肯定。

【美好家园建设】 2021年，黄岩区政府深化城市有机更新。推进“城村双改”，拆除609户10.53万平方米，开工建设6个安置房项目，竣工4个项目共1737套。紧抓未来社区试点建设，东浦社区完成核心区块房屋拆除、首启区挂牌出让、展厅主体建设；方山下社区列入省第三批创建名单，一期区块签约率90%以上。加快推进官河古道建设，基本完成11座桥梁工程、东官河路改造、上河廊桥延伸段景观工程，老水厂文创园正式对外营业。劳动南路南延、82省道复线黄岩马鞍山至后洋段公路、104国道黄岩头陀至院桥段改建等一批城市主干道路建成通车，甬台温高速公路改扩建工程完成工可审查。推进乡村美丽蝶变。完成77个省级美丽乡村达标创建村申报，推进沿永宁江和325省道精品线路、西部美丽乡村风景区、环长潭湖乡村休闲风情带等精品线路建设。

【乡村振兴建设】 2021年，黄兴区培育打造“演太线”乡村振兴示范带、裂谷飞瀑精品示范区。入选浙江省首批新时代乡村振兴集成改革试点，被列入全国农业科技现代化先行县共建名单、全省第二批数字乡村建设试点县。坚守稳产保供底线，完成粮食播种7.5万亩、蔬菜种植4.9万亩，加快鑫农规模养猪场项目建设。壮大优势特色农业，基本建成黄岩浙大柑橘科创中心，开展甘平、红美人浅加温技术研究，成熟期提前1个多月，新增罗幔杨梅近3000株。改善生态环境质量。打好碧水、蓝天、净土、治废四大攻坚战，启动长潭水库湖滨缓冲带生态修复，新建、更新长潭水库一级保护区17.5公里防护网，完成全区工业园区污水零直排区建设。完成轻化投资区地下水和土壤在线监测预测预警系统建设，清理完毕并处置中兴沙场固废。谋划推进美丽黄岩·全域生态智治项目建设，打造“超级生态环境大脑”。探索建设生态云仓，推进工业固废分拣、小微企业废油废乳化液收运。

【数字化改革引领建设】 2021年，黄岩区政府向改革要动力。以数字化改革引领牵动各领域改革，推进“152”体系建设，优化数字化改革总门户，上线运行五大系统门户。争取到市厅级以上数字化改革试点42个（其中省部级及以上试点3个）、“揭榜挂帅”项目3个，公租房“一件事”被列为2021年数字社会第二轮“揭榜挂帅”项目。紧盯制约企业发展、行业治理和群众急难愁盼的痛点堵点问题，重点打造模具（塑料）产业大脑、瓜农天下、灯塔工程·幸福安家等应用场景，提炼总结理论成果13项，编制出台制度成果28项，形成具有黄岩辨识度的数改硬核成果。向开放要活力。紧抓长三角一体化重要战略机遇，承接长三角地区优质外溢资源，实现绿地马鞍山CBD项目落地，亿森模具台州制造基地、恒道热流道等产业项目启动建设，起帆电缆、均和产城融合、宝龙城、绿叶科技、林耀科技等项目签约。举办国际梦创月、台州·黄岩第五届全球高层次人才创业大赛、新阶段乡村振兴先锋论坛·黄岩2021、第二届长三角模具行业发展论坛等活动，带动智能模组设计方案开发及产业化、mRNA疫苗与治疗药物研发等一批优质人才项目落户黄岩。朵云书院·黄岩店落户永宁江畔，赢得较高社会美誉度，化身为小城市的新时代宣言。

【共同富裕探索】 2021年，黄岩区政府探索共同富裕路径。创新开展全域协作十二大行动，实施“先带后”“强带弱”全覆盖结对，因地制宜建立“小橘灯”暖心工坊54个，带动1000多名群众在家门口共同致富；建成“小橘屋”暖心房423间，入住低收入农户33户40人。“共富大脑”“小橘灯工坊”两项工作被浙江省农业农村厅选入浙江省首批农业农村领域共同富裕典型案例。携手清华大学社科院开展“共同富裕县域城市标准课题研究”，就指标体系编制完成首轮对接。加大民生保障力度。建成院桥初中、澄江中心幼儿园等6所中小学和5所幼儿园，公办初中办学质量居全市前列，学前教育补短提升工程入选省政府激励项目。深化市一医、区中医院医联体建设，完成区医疗卫生中心、高桥街道社区卫生服务中心改扩建工程主体建设。推进区图书馆新馆、区文化馆新馆建设，沙埠窑遗址入选省级考古遗址公园。提升社会治理水平。推进县域社会治理现代化试点，区矛调中心“最多跑一地”、联勤工作站建设获评市域社会治理A类重点项目。开展“大巡防、大排查、大调处、大整治”行动，排查整治各类公共安全风险隐患7249处，化解矛盾纠纷10088起。四级走访登记总数与上年同期相比减少4.1%，连续三年获评无信访积案区。

办公室工作

【数字化改革工作】 2021年，黄岩区政府办数字化改革工作体系围绕全省“152”体系架构，出台《数字政府建设“十四五”规划》，完成数字政府综合应用门户2.0建设；并以“三张清单”为抓手，打造特色化多跨场景，成功揭榜数字政府第一批“一地创新、全省共享”应用项目，摘获省部级试点项目2个、市厅级试点项目22个，建成全省首批“数字化示范大厅”，“一网通办”等各项指标居全省第一。

加强对重点项目、重大活动、重要工作的综合协调，先后专题协调各类事项200多次，解决工作推进中遇到的困难，确保区政府各项决策落到实处、各项工作顺利推进。在各方努力下，东浦未来社区等一批重大项目取得进展，“五水共治”等一批重点工作扎实推进。

【信息公开工作】 2021年，贯彻落实省、市政府信息公开工作部署，着重抓好政府信息公开工作规范化、常态化、制度化建设，保障群众的知情权、参与权、监督权。印发《2021年黄岩区政务公开工作要点》，制定《2021年黄岩区政务公开工作考核细则》，全区267件现行实施中的有效行政规范性文件在区政府网站公开。加强政务新媒体管理培训和监督，通过排查清理，对全区73个政务新媒体账号开展实时监管。加强依申请公开工作指导，举办全区性业务培训一次，区政府本级办结政府信息依法申请公开46宗。

信息服务 全年上报省市信息1073条，录用203条，获省市领导批示25条，政务信息成绩在全市9个县(市、区)排名第6，在全省90个县(市、区)排名前20。其中，上报的《黄岩区探索推进“信用评级+银行贷款”有效解决小微企业贷款难题》《黄岩区实施全域协作探索“共同富裕”新路径》等多篇信息获得省政府领导批示。

【干部队伍建设】 2021年，黄岩区政府办党组贯彻领导干部选拔任用规定，完善选人用人制度，推动选人用人、全员绩效考核等规范化和科学化，加强干部任用工作。关心关爱干部。推进机关文化建设，支持工会开展各类文体活动，落实干部职工疗休养制度，解决在职干部职工和离退休老干部实际问题，提升机关凝聚力和战斗力。

【党风廉政建设】 2021年，各班子成员认真履行“一岗双责”，制定《全面从严治党责任清单》，规范机关党风廉政建设工作模式，主要领导与班子成员之间，分管领导与科室主要负责人之间逐级约谈，定责明责、知责履责、督责问责，层层压实各级责任，形成责任体系闭环。对照中央八项规定和实施细则精神，持之以恒整治“四风”，解决发文、会议、督查等工作中存在的官僚主义、形式主义等突出问题。

（区府办 蔡如松）

政务服务

【概况】 2021年，黄岩区行政服务中心累计办事60余万件。全区1823项政务服务事项，100%在浙江省政务服务网上公布办事信息，100%开通网上申报，100%实现最多跑一次。

【数字化改革】 2021年，黄岩区行政服务中心15天完成办事大厅数字化改造，数字化改造后办事效率提高50%以上。率先推进政务服务2.0系统应用，优化1414项事项，实现350个办事情形和办事流程精减优化、14819项字段表单自动生成、2445项申请材料秒级共享；实现39项无感智办、130项智能秒办、150项零材料免填表；实现691项乡镇街道可办、442项园区可办、146项村级可办。该项工作被浙江省委改革办和省大数据局在全省推广。智能秒办无感智办的做法获得市委书记李跃旗批示。6月22日，全市数字化示范大厅建设暨政务服务2.0系统应用乡镇全覆盖现场推进会在黄岩召开。

【基层服务体系建设】 2021年，推进乡镇(街道)便民服务中心星级创建，推行现场标准化，规范审批服务行为。制定出台《黄岩区区乡综合受理员一体化管理实施方案》，完成乡镇街道人员划转，实现区、乡两级综合受理员区行政服务中心统一管理、统一调派。建立综合受理员专业化职业化一体化培训制度，开展业务培训、轮岗顶岗等，提升综合受理人员业务技能。全年，区中心成功创建五星县级行政服务中心，并成功创建五星乡镇(街道)便民服务中心3家、四星7家、三星6家。

【便民服务】 2021年，推进“一网通办”向乡镇街道、村居(社区)及其他领域(金融机构、园区)延伸，推行“全流程无纸化”网上办理，实现就近办。在智能模具小镇客厅、开发区管委会等4个园区建立企业服务中心，全省率先延伸政务服务2.0平台。构建政务服务通办体系，推进“跨域通办”，与义乌、上海杨浦、江苏射阳、重庆奉节等流动人员超5000人的10个地区，建立合作关系，推出异地通办事项432项，办理1.45万件，为群众减少往来奔波约20万公里，办理时间平均减少95%以上。

【利企服务】 2021年，破解企业发展难题，打造最优营商环境。了解企业发展中遇到的审批难题，实施针对性强、可操作性强的改革举措。推行“1+1+2”服务和集成服务，帮助代办项目审批各类手续。实施线上审批监管，实现数据共享、部门联审、精准监管、公开透明。围绕优化营商环境“10+N”便利化行动指标，梳理整合涉企政务服务事项，实现企业开办、建筑许可、不动产登记、纳税等业务协同办理。

【先进名录】

2021年黄岩区受表彰的台州市先进集体一览表

表14

获奖单位	获奖称号	授奖单位
黄岩区行政服务中心	台州市营商环境建设先进集体	中共台州市委 台州市人民政府
黄岩区行政服务中心	省域开放型高能级中心城市建设先进集体	中共台州市委 台州市人民政府
黄岩区行政服务中心	2021年度县(市、区)行政服务中心重点工作争先评优优秀单位	台州市人民政府行政服务中心
黄岩区行政服务中心	2021年度全市行政服务中心信息工作先进单位	台州市人民政府行政服务中心
黄岩区行政服务中心党支部	全市机关党建优秀示范点	中共台州市委直属机关工作委员会
黄岩区行政服务中心党支部	市级机关先锋党支部	中共台州市委直属机关工作委员会、中共台州市委直属机关纪检监察工作委员会

2021年黄岩区受表彰的台州市先进个人一览表

表15

获奖人	获奖称号	授奖单位
车英伟	2021年度弘扬新时代台州城市精神先进个人 (营商环境建设先进个人)	中共台州市委 台州市人民政府
柯　艳	2021年度全市行政服务中心信息工作先进个人	台州市人民政府行政服务中心

（区行政服务中心　柯　艳）

机关事务管理

【概况】 2021年，黄岩区机关后勤服务中心践行新发展理念，落实过紧日子要求，建设和保障节约型机关党政机关高效运转，提升机关事务治理效能为根本，推进集中统一管理和标准化、数字化建设，优化机关运行保障方式，创新服务举措，机关事务各项工作呈现良好发展态势。

【办公用房管理】 2021年，黄岩区机关后勤服务中心规范办公用房统一调配，通过盘活存量房、引入增量房的措施，拓宽办公用房房源渠道，完成东城街道、区综合执法局、城东派出所、五水办、就业管理处等单位1.6万余平方米的单位整体搬迁调剂工作以及区民政局等单位办公用房调配工作。开展办公用房隐患排查，重点对老工业局、寺后巷等地办公用房进行实地排查，完成房屋质量鉴定2处，完成19个街道（乡镇）和30个区级单位危房排查工作。推进党政机关办公用房权证变更工作，完成19个街道（乡镇）和109个区级单位31.81多万平方米办公用房信息统计报告。

【公务用车管理】 2021年，根据省公务用车“一张网”要求，完成用车平台更新，全区所有公务车辆全部纳入省公务用车信息化管理平台进行管理和监督，通过组织召开全区公务用车信息化管理服务平台联络员培训会，保证新的公务用车信息化平台顺利运行。严格车辆线上审批，全年公务（业务）车辆更新申请5家，审定4家单位4辆车辆更新，更新资金92.5万元，做到依法依规，程序到位。完成行政大楼一楼大厅西展厅改造，对驾驶员进行集中办公管理。规范重大活动的车辆服务标准以及整体工作流程，提升重大活动车辆保障能力，先后完成区党代会、区“两会”、美丽台州现场交流考察活动、新阶段乡村振兴先锋论坛·黄岩2021、国际梦创月（台州）开幕式暨首届台州中德发展动力创新论坛、2021中国创新设计大会暨第25届全国工业设计学术年会等大型活动600余车次的车辆保障工作，实现车辆保障零事故、零投诉，服务满意率100%。

【节能管理】 2021年，推进节约型机关创建工作，全年节约型机关累计创建率73.33%，超额完成节约型机关创建率60%的目标任务。会同区水利局、区节水办推进公共机构节水型单位创建，完成3家节水型单位创建和71家节水型单位复核工作。保障党政机关用能需求、优化公共机构用能结构，就区行政大楼用能与国网（台州）综合能源服务有限公司达成能源托管战略合作，签订台州市首个公共机构能源托管战略合作协议。开展生活垃圾分类示范单位创建活动，完成创建生活垃圾分类示范单位8家，累计创建率52.38%。根据省、市垃圾分类收集点提升改造工作要求，对区行政服务中心露天垃圾分类收集点进行改造，建造钢结构垃圾分类收集点，并配备冲洗水龙头，提升垃圾分类收集点品质。

【安全保卫管理】 2021年，修订《区机关事务中心内部治安保卫工作规范》《区机关事务中心突发事件应急处置实战方案》等制度，提升应急处置能力。将建党百年安保工作作为日常工作的重中之重，加强消防安全管理、开展安保重要部位大检查和武装巡逻等措施，筑牢机关大院安保防线。落实人员和车辆管控，利用人脸识别系统、智能车牌识别系统、智慧测温仪等设备夯实技防基础，机关大院监控室安防存储设备改造升级，保障机关大院优良的办公秩序。

【膳食服务】 2021年，机关食堂丰富面档种类，推出姜汤面、鸡汤面、肉酱拌面、刀削面等。丰富特色菜，推出河南蒸面、陕西凉皮、荷叶饭、酸菜鱼、竹香鸡等特色美食。提供特色卤味外卖服务，采取“提前预约，定时取餐”的预订销售方式，于每周五推出不同种类的外带卤味。引进特色水果服务，为广大就餐者提供“缤纷果味”。加强节日服务温馨化，在清明、端午、中秋等重大传统节日，免费为用餐人员提供山粉糊、粽子、月饼等特色节日食品。

【会务服务】 2021年，建立“月检查、季评价、年度测评”的会务服务质量监督管理机制，加强日常检查和反馈沟通，推动会务服务规范化建设。优化会议室设施设备，对行政大楼主要楼层会议室数字化改造，提供移动无纸化阅文服务，推进政府数字化转型工作，提高会议效率。会同相关部门新增区文体中心四套电信电视电话会议系统，增强会议保障能力。

【综合服务】 引进自助咖啡和智慧洗衣服务，为干部职工提供24小时便捷自助服务。引进区政府机关小超市，满足机关干部职工的工作和生活需求，超市内设立黄岩本地部分农特产品专柜，作为机关后勤服务的有效补充，在方便机关干部职工的同时助力优化营商环境。

【政府采购】 2021年，黄岩区政府采购中心组织实施采购活动15次，财政预算金额4181万元，实际采购中标金额4102万元，节约率1.89%，最大限度地发挥资金使用效益。

（区机关事务中心　陈宣中）

应急管理

【概况】 2021年，黄岩区发生各类生产安全事故8起，同比下降11.1%；死亡9人，同比上升12.5%。未发生死亡3人以上的较大及以上生产安全事故，全区安全形势总体稳定。

【综合整治】 2021年，黄岩区应急管理局聚焦遏重大、减总量、控较大、固本质、强智控、提素养，紧盯危化品、小微企业和消防、道路交通、交通运输、城市建设、工业园区等功能区、危险废物、特种设备等九大重点领域，抓好安全生产综合整治三年行动，完成121项工作任务。

【风险普查】 2021年，聚焦“摸清安全风险底数、精准管控重大风险、构建动态辨识长效机制、落实企业（单位）主体责任”工作目标，科学评估各企业、行业领域和区域安全生产风险状况，完成不同领域企业风险普查4906家。打好安全生产“遏事故”攻坚战，排查发现隐患79509项，行政处罚848家，罚款金额607.3万元。实施“平安护航建党百年”专项行动，排查发现隐患37419项，均整改完成。开展春节、全国两会、五一、中秋、国庆等关键节点安全防范系列活动，排查发现隐患12195项，均整改完成。推进安全生产全链隐患排查治理，全区企业自查4346家,政府检查企业4297家。推进危化品燃气及相关领域安全专项整治工作,按照“边排查边整治”原则,做好全区25家自建燃气设施的工业企业整改落实工作。

【安全生产行政执法】 2021年,开展一季度企业复工复产、“五一”节前(永宁1号)和护航建党百年(永宁2号)等专项执法行动,打击工矿领域安全生产非法违法行为。全年全区工矿领域立案223起,罚款483.47万元。健全安全生产行政执法与刑事司法衔接工作机制,办理行刑衔接案件3件。

【应急救援】 2021年,组织开展技能培训和联合演练,如防汛防台综合演练、水上救援演练、森林消防演练等。全区开展区级应急演练76场(次),演练投入27.06万元,参与人数3345人(次)。指导督促新培育的社会应急力量,建立14支乡镇综合性应急救援队伍。

【森林防灭火】 2021年,黄岩区14个乡镇(街道)的专职消防队设立区森林消防队下属各中队,和5个街道专职消防巡查队共同履行森林火灾处置职责,有专职队员189人。向各乡镇、街道、林场等半专业森林消防队发放高压水泵24台、高压水带660条、防火头盔552套、防火服、防火靴、防火手套和消防腰带各420套、风力灭火机50台、灭火拖把3000把等物资。

【加大应急管理投入】 2021年,投入9000万元推进区应急中心、消防应急救援能力、安全基础提升等六方面建设,补齐安全应急保障基础设施建设和应急救援装备等方面短板。新购置5辆水陆两栖车和1辆应急救援通信指挥车,配备橡皮艇、冲锋舟、动力船等各类舟船94艘,卫星电话445台、发电机399台、抽水泵462台,重要物资实现全区各行政村全覆盖。

【防御6号台风“烟花”】 2021年7月21日20时—26日08时,黄岩区面雨量171.8毫米,降水分布西多东少,长潭库区207.1毫米,永宁江流域131.0毫米。区防指7月19日19时启动防台风应急响应,7月27日20时解除防台风应急响应。按照“应转尽转、应避尽避”原则,全区转移人员7706人,检查点位14357处,排查整改防汛安全隐患417处,未发生灾情险情。

【开展防灾减灾工作】 2021年,加强避灾安置场所规范化建设,全年新建成规范化避灾安置场所49家,安置点全部按照标准配备防潮垫、行军床、一次性餐具、应急灯、应急生活包等物资,落实相关管理制度。

【推进“数字应急”建设】 2021年,应用大数据管理、形势图标绘、“安全码”及“掌上应急”等应用,改造升级黄岩区应急指挥(会商)系统。推进“村村通”可视化指挥体系建设,全区344个行政村全部配备视频会商终端。投入260余万元采购应急救援通信指挥车,保障重大灾害救援作战现场的指挥通信。投入建设高空瞭望站点52个,把监控平台整合接入公安、水利等部门已建的14000多个监控站点和全区避灾安置场所监控设备,提高区、乡、村三级风险隐患的排查效率。

【宣传教育培训】 2021年,推进应急宣教现代化,整合资源建设5家应急宣教体验馆。推进安全宣传“五进”活动常态化，开展“一把手”谈安全、安全生产月咨询等一系列活动，开展送安全进文化礼堂15场。推进企业员工安全技能大培训，其中线上培训11225人，线下培训4740人。

【荣获表彰的人和事】 2021年，尚杨玉被省委办公厅、省人民政府办公厅评为2021年全省防汛防台先进个人。台州市黄岩区应急管理局被台州市安全生产委员会评为2021年度全市安全生产目标管理责任制考核优秀单位，被中共台州市委、台州市人民政府评为2021年度社会主义现代化先行市建设迈向工业4.0标杆城市建设先进集体，被浙江省委办公厅、浙江省人民政府办公厅评为2021年全省防汛防台先进集体。

【先进名录】

2021年黄岩区受表彰的浙江省先进集体一览表

表16

获奖单位	获奖称号	授奖单位
台州市黄岩区应急管理局	2021年全省防汛防台先进集体	浙江省委办公厅、浙江省人民政府办公厅

2021年黄岩区受表彰的浙江省先进个人一览表

表17

获奖人	获奖称号	授奖单位
尚杨玉	2021年全省防汛防台先进个人	省委办公厅、省人民政府办公厅

2021年黄岩区受表彰的台州市先进集体一览表

表18

获奖单位	获奖称号	授奖单位
台州市黄岩区应急管理局	2021年度全市安全生产目标管理责任制考核优秀单位	台州市安全生产委员会
台州市黄岩区应急管理局	2021年度社会主义现代化先行市建设迈向工业4.0标杆城市建设先进集体	中共台州市委、台州市人民政府

（区应急管理局　苏丽娇）

消防大队

【概况】 2021年，黄岩区消防大队接警2194起，出动车辆3687次，出动人员20936人次，抢救财产价值6958.4万元，实现火灾形势和队伍形势“双稳定”。

【火灾防控】 2021年，黄岩区政府领导带队开展消防安全检查60余次。各部门对照针对行业特点牵头开展排查整治，推动安全生产“三个必须”责任落实。强化乡镇街道属地监管职责，常态开展区域消防安全网格化排查。打击高层建筑内单位消防违法行为15起，消除各类隐患160余处。全年火灾隐患防控工作贯彻分级分类，重点检查，督察整改，针对九小场所、大型商业综合体、电动自行车、电气火灾等场所开展“两随机，一公开”。严格执法，保持高压查处态势，聚焦火灾隐患严重、火灾风险高的场所，督促整改火灾隐患1400余处。组织针对性集中检查7次，办理行政处罚147起，罚款1176万元，行政强制20家、“三停”28家。

【开展消防宣传培训】 2021年，对203家重点单位微型消防站人员和消控室人员进行培训，受众人次3000余人。建立消防公益宣传机制，发展消防志愿者队伍，做精“开学第一课”“我心中的消防”等品牌活动，广泛发动报刊、广播、电视、网络等媒体媒介加强消防常识普及、火险提示、隐患曝光。大队先后发展消防志愿者9700余名，发送各类消防安全提醒短信3万余条，滚动播放消防安全广告3000余次，发放消防宣传手册4000余册，走进企业、单位开展培训200余次，培训人员1万余人。

【消防业务能力建设】 2021年，利用战术研讨室开展“点菜式”理论授课11次，组织学习典型火灾扑救案例以及灭火救援典型战例50多个，开展示范性桌面推演11次。对辖区内不放心区域和安保涉会场馆强化熟悉和演练工作，开展六熟悉203家次，实战演练138次。联合区防指、区应急局、区水利局等部门开展防汛抗旱综合应急演练1次，协同联化化工、天宇药业等重点单位开展石油化工联合演练11次。

【城乡消防力量】 2021年，将政府专职消防队训练纳入大队实战化训练计划，乡镇专职队在全市多种形式队伍比武竞赛中获得团体总分第二名，村居志愿队获得团体总分第一名。构建以大队为核心，以14支乡镇专职队、26家社区微型消防站、203家重点单位微型站、4支企业队和民间社会力量为补充的力量布设和救援响应机制。

【先进名录】

2021年黄岩区受表彰的浙江省先进集体一览表

表19

获奖单位	获奖称号	授奖单位
黄岩区消防救援大队	2021年度安全先进大队	浙江省消防救援总队
黄岩区消防救援大队朝元路站	2021年度先进队站	浙江省消防救援总队

2021年黄岩区受表彰的浙江省先进个人一览表

表20

获奖人	获奖称号	授奖单位
张勇钢	优秀党务工作者	浙江消防救援总队

2021年黄岩区受表彰的台州市先进个人一览表

表21

获奖人	获奖称号	授奖单位
林　星	个人三等功	台州市消防救援支队
朱新伟	个人三等功	台州市消防救援支队

（黄岩消防大队　许赟赟）

大数据发展

【概况】 2021年，黄岩区大数据发展中心贯彻落实全省数字化改革大会精神，推进数字政府系统建设。一体化智能公共数据平台优化，综合评价位列全省第六、全市第一，全省数据开放创新应用大赛荣获三等奖。

【数字政府建设编制方案】 2021年，编制出台黄岩区《数字政府建设“十四五”规划》，黄岩区《一体化智能化公共数据平台建设方案》和《数字政府系统建设方案》。

【数字政府综合应用门户数据贯通】 2021年，精准聚焦省定12条浙里系跑道，做好省市重大任务承接和区级核心业务梳理，梳理任务356项，构建指标330项，挂接任务127个，上线功能板块42个，建成数字政府综合应用门户2.0版，实现12个重大应用全上线，数据全贯通。

【“瓜农天下”入选省数字政府系统最佳应用】 2021年，围绕全省“一本账S1”清单，打造“瓜农天下、生态云仓、极端天气灾害短临预警应用”等一批黄岩本地特色应用，其中“极端天气灾害短临预警应用”成功揭榜全省数字政府系统第一批“一地创新、全省共享”应用项目，“瓜农天下”成功入选全省数字政府系统最佳应用。

【“一网通办”居全省首位】 2021年，全年获批省部级试点项目2个，市厅级试点项目22个。其中，“数字化示范大厅”项目建设完成，为全省首批、全市首个政务服务“一网通办”示范大厅，经过改造升级，大厅办事效率提升50%以上，政务2.0占比84.03%，居全市第一，“一网通办”等各项指标，均居全省首位。

【大数据条线综合评价考核】 2021年，县（市、区）大数据条线综合评价考核18项指标，用户体系质量、应用目录质量、动态管理机制等9项指标获全省第一，一网通办、运营运维、数据共享等13项指标获全市第一，年度综合考核位列全省第六、全市第一。

【数据支撑】 2021年，推进IRS数据资源系统目录编制，登记信息系统92个，编制目录2114个，应用目录69个，归集数据表1541张，记录数据超1.17亿条，实现数据关联率100%，编制率100%。建成区级数据仓1个，“诉源治理、疫情防控、统一时空基准平台”等特色主题仓17个，为五大系统各场景应用提供支撑。

【数据开放】 2021年,参加全省数据开放创新应用大赛,两个作品入围省决赛(模来模往、小微共富金融),其中"模来模往—模具产能协同"荣获三等奖。

【数字赋能】 2021年,黄岩区大数据发展中心对全区所有行政权力事项和办事指南梳理比对,精减申请材料895份,取消兜底条款281项,减少审批环节426个,承诺时限比法定时限缩短98.23%以上。优化整合1426项政务服务事项的办事流程、办事情形、办事材料、表格表单等内容,将350多个办事情形和办事流程再次精减,实现14819项字段表单自动生成、2445项申请材料秒级共享,文化程度变更、租房提取公积金等150个事项实现办事零材料、免填表。

【"浙政钉""浙里办"】 2021年,"浙政钉"上架应用15个,全年日均活跃率91.47%,其中"黄岩协同办公"累计服务用户数超21万次。全年"浙里办"上架应用11个,日均活跃用户数18518人,其中"黄岩党史学教"累计服务用户数超1300万次,居全市第一。

【数字驾驶舱】 2021年,建成区级驾驶舱1个,部门级驾驶舱4个(区文明办、区水利局、区行政执法局、区退役军人事务局),并接入"政务展示大厅""智慧果园""永宁企管家"3个应用场景,覆盖政治、经济、文化、社会、生态五大领域综合应用,助力区治理能力和水平提升。

【网站维护更新】 2021年,发现整改僵尸栏目722个,无效地址711个,政策解读关联问题60个,办事服务问题25个,功能设计问题16个,严重表述错误305个。做好政府网站和政务新媒体维护更新工作,压实责任,强化日常监测,常态化开展网站"日巡+抽查"工作,定期发布巡检报告和问题通报,督促各部门完成问题整改,政府网站安全稳定、高效运行。

【网络安全】 2021年,开展全区应用信息系统安全自查工作,安装终端安全防护软件4842套,完成病毒查杀率94.39%,漏洞修复率85.26%,政务外网、门户网站、办公系统等关键领域基础设施的网络安全,推动全区网络安全治理格局日渐完善,网络安全防线巩固。

【先进名录】

2021年黄岩区受表彰的台州市先进个人一览表

表22

获奖人	获奖称号	授奖单位
陶斌升	数字化改革工作先进个人	台州市委、市政府

(区大数据发展中心　陶斌升)

侨联工作

【概况】 黄岩区侨联是区委领导的由全区归侨侨眷组成的区一级人民团体，是正科级独立单位。区侨联的基本职能是“群众工作、参政议政、维护侨益、海外联谊”。黄岩侨务资源丰富，据不完全统计，2021年黄岩区登记在册的侨务工作对象4000余人，海外人员主要分布在美国、加拿大、澳大利亚和摩洛哥等40多个国家和地区。有侨资企业70余家，行业主要分布在塑模、汽车配件、酒店、房地产、工艺品、机械设备等领域。有侨社团3个，分别是澳大利亚黄岩同乡会（商会）、香港黄岩同乡会、刚果（金）黄岩同乡会（商会），黄岩籍侨胞担任海外市级以上侨社团会长的有5人。

【“侨团帮村”活动共同富裕】 2021年，实施“侨团帮村”活动，协调巴西台州同乡会、罗马尼亚台州同乡会、柬埔寨台州同乡会与北洋镇瑞岩村开展结亲带富，与加工企业对接，帮助建立来料加工坊，为瑞岩村集体经济增收、农户共富创造有利条件。促成侨团、侨企与5个集体经济相对薄弱村开展结亲带富。

【海外人才技术引进】 2021年，引进一家留学生企业（浙江林耀网络科技有限公司）回归落地黄岩。协调上海大学和海归创业创新成果（涉及高新技术41项、能源环境23项、人工智能9项、生物医药22项、新材料17项）与区内相关部门和企业对接工作。参加台州市侨联主办的“500精英计划”申报张江对接会，对接2家机构和多名在模具、机器人、产业园区经营等各方面的高端人才。向区委人才办推荐有回国工作意向的海外博士以上人才30余人，其中1人获评省级创新人才。举办2021年台州海外侨领“台州行”中秋主题现场考察活动，考察人才创业园、模具小镇等地。

【“侨家小院”建设】 2021年，推进区、乡（镇街道）两级18家“侨家小院”建设，打造一镇一品特色“侨家小院”，各级侨家小院利用春节、中秋、重阳、七一等节日，采取召开座谈会、文艺会演、专家授课、观看爱国影片等形式，开展形式多样的各类活动100余场次。

【侨界委员参政议政】 2021年，政协台州市黄岩区第十四届五次会议期间，参加会议的6名侨界委员参政议政，向会议递交团体提案1件，个人提案8件。

【侨务服务工作】 2021年，开展为侨“三服务”工作，走访困难、重点归侨侨眷、留学生200余户，侨资侨属企业20余家，实地解决各类问题20项。做好海外知名侨胞的接待工作，接待10批次。开展“普法护侨进小院”暨涉侨法规政策现场咨询活动，结合“12·4”国家宪法日开展侨法宣传活动，宣传1000余人次，发放资料1500余份，在全社会营造知侨尊侨护侨的良好氛围。

【侨服务工作先进典型人物培育】 2021年，加强对一批具有时代精神、勇于奉献、吃苦耐劳、为侨服务先进典型的培育。以新加坡华侨杨文鑫“我与祖国共成长”为主题录制的短视频被学习强国App录用。以俄罗斯台州商会名誉会长、中垭建设集团有限公司董事长徐孔森，巴西台州同乡会(商会)会长徐定伟回乡创业为主要题材的稿件“浙江黄岩新乡贤‘归家记’：最美风景在‘回家路上’”在中新网首页、《南美侨报》、《中国新闻报》、省委统战部官网刊登，并被《人民日报》海外网转载。邀请澳大利亚台州商会副会长郑金标参与录制“侨心向党话百年”，推荐章亮炽、管鹏飞两位海外院士参与省侨联“百年百侨”征集评选活动。

(区侨联　王　锐)

涉台事务

【对台交流】　2021年，开展以叙亲情、促融合为交流主题的“在台台商台青看黄岩”活动，邀请台商台青参访台资企业、台胞文创设计中心等，体验黄岩人文历史，感受经济社会发展成就。充分发挥“台胞台属之家”枢纽作用，在朵云书院·黄岩店举行“黄岩台湾同乡云上交流”活动，通过网络直播连线的形式，在“云端”共迎中秋，畅叙亲情，共话发展。促成台商捐资助学。台州市台资企业协会会长、深圳添好实业有限公司董事长吴发彬，向灵石中学、灵石初级中学捐赠奖学奖教金93600元，惠及学生132名，教师47名。引导台资企业参与“共同富裕”行动，其中台州添运工艺制品有限公司以代加工形式，将生产加工延伸到“小橘灯”工坊，帮扶村民致富。

【服务台胞】　2021年，走访台胞台属台企，了解其工作、生活中存在的实际困难和问题。先后协调解决台胞证遗失补办、核酸检测报告补办、台胞子女在黄入学转学、台企有序用电等事宜。面对新冠肺炎疫情的影响，摸排台企需求，宣传各级惠台暖企政策，协调有关部门对各级各类纾困扶持政策措施在台企落实落细。协调落实房租减免、退税等帮扶措施。落实各级决策部署，做好疫情防控工作，为在黄台胞做好新冠病毒疫苗预约、接种提供优质服务。利用春节、中秋等传统节日，走访慰问定居台胞、困难台胞台属，关心了解他们的工作、生活情况，对其反映的困难问题给予协调解决。

【涉台宣传】　召开区台联会会长会议及理事会议，学习领会习近平总书记在庆祝中国共产党成立100周年大会上的重要讲话精神，以及在《告台湾同胞书》发表40周年纪念会上的重要讲话精神，开展党史学习教育实践活动，提高政治站位，增强使命感、责任感。主动向台胞台商台企宣传对台方针政策、惠台政策措施，扩大惠台利民政策措施在台胞台企中的知晓面，促进惠台政策措施落实落细。利用交流活动等时机，向台胞台商台企宣传黄岩经济社会发展取得的新成果，吸引更多台湾地区青年前来就业创业。

(区台办　王　雷)

中国人民政治协商会议台州市黄岩区委员会

综　述

2021年，黄岩区政协开展党史学习教育，用好本土红色资源，推动党史学习教育走深走实走心；紧扣主责主业，围绕区党委区政府中心工作，聚焦全区重点领域、转型综改、热点难点、社会民生，履行“政治协商、民主监督、参政议政”三大职能，履职能力提升；拓展履职平台，高质量办好“请你来协商·崇和协商会”，高标准打造“委员会客厅”，深化建言资政与凝聚共识双向发力；弘扬政协“和文化”，“和文化”实践载体丰富，实现文史讲堂“双百”目标，推动新时代政协事业创新发展。

重要会议

【政协台州市黄岩区第十四届委员会第五次会议】 2021年2月20—23日，政协台州市黄岩区第十四届委员会第五次会议在黄岩城区举行。会议听取和讨论市政协副主席、区委书记陈建勋代表中共台州市黄岩区委所作的讲话；审议批准柯善辉主席所作的区政协十四届常委会工作报告，提案工作报告；委员们列席区十六届人大五次会议，听取并赞同包顺富区长所作的政府工作报告，听取区人民法院、区人民检察院工作报告和其他报告，讨论《台州市黄岩区国民经济和社会发展第十四个五年规划和二〇三五年远景目标纲要(草案)》。区委、区政府领导亲临会议并参加分组讨论。区委、区政府主要领导批示肯定在委员发言大会上，17位委员分别代表各党派、团体和界别，就黄岩区“二次城市化高地”建设、智能模具特色小镇发展、职业教育发展、现代服务业发展、“永宁江科创带”建设等内容发言。在提案协商会上，区政协邀请区委、区政府和有关部门领导就政协提案进行协商座谈。2月23日，政协台州市黄岩区第十四届委员会第五次会议胜利闭幕。

【区政协常委会会议】 2021年，黄岩区政协常委会会议召开6次。

区政协十四届二十四次常委会会议 1月6日召开。会议听取区委书记陈建勋关于区委2020年度工作情况及2021年度工作思路的通报；听取区住建局关于年度提案办理情况的汇报；听取区政府办公室关于年度提案办理及区政协常委会建议案办理情况的汇报。

区政协十四届二十五次常委会会议 2月3日召开。会议通过关于召开区政协十四届五次会议有关事项和人事事项；审议通过区政协常委会工作报告和提案工作报告；审议通过《区政协2021年工作要点》及《区政协2021年协商工作计划》。

区政协十四届二十六次常委会会议 2月22日召开。会议听取区政协十四届五次会议各组讨论情况汇报；审议通过区政协十四届五次会议决议（草案）；审议通过区政协十四届五次会议提案审查情况的报告（草案）。

区政协十四届二十七次常委会会议 6月24日召开。会议审议通过区政协常委会建议案；审议通过有关人事事项。

区政协十四届二十八次常委会会议 8月9日召开。会议传达学习习近平总书记在庆祝中国共产党成立100周年大会上的重要讲话精神；听取区委副书记、区长包顺富关于2021年度上半年黄岩区经济社会发展和下半年主要工作安排的通报；听取区人民法院、区人民检察院半年度工作情况通报。

区政协十四届二十九次常委会会议 11月24日召开。会议视察区应急指挥中心；传达学习党的十九届六中全会精神；听取副区长夏曦关于区政府深入推进大数据融合创新、提升社会治理能力现代化水平的通报。

履行职能

【"等你来协商"】 2021年，聚焦主责主业，发挥专门协商机构职能作用，高质量办好"请你来协商·崇和协商会"。按照"精选主题、丰富形式、规范机制"的原则，结合全区中心工作、群众反映强烈的热点难点问题，精选立意深、切口准、质量高的协商主题。将专题协商、对口协商、界别协商、提案协商等各类形式的协商活动统一纳入"请你来协商·崇和协商会"平台，推动协商协同联动。建立全流程、规范化的"请你来协商"平台运行机制，制定考核办法，要求全区19个乡镇街道每年必须有3场次的"请你来协商"活动，并纳入全区党建工作责任制考核。用好数字化工具，拓宽协商渠道，在"橘传媒"搭建网络协商平台，扩大协商覆盖面、影响力。全年，区政协举办"打造一流营商环境""黄岩民营经济高质量发展"等主题的6场"请你来协商·崇和协商会"活动，举办各类专题协商27次，乡镇街道举办协商活动60余场次，解决一批区委区政府中心工作和基层民生难题。

【"委员会客厅"】 2021年，坚持思想引领、凝聚共识的功能定位，高标准建设"委员会客厅"平台。围绕"浙江典范、全国样板"目标，注重思想政治引领，凝聚共识。发挥委员引领作用，策划各类活动，通过委员影响界别群众，影响有影响力的人。少数民族"委员会客厅"开展联络联谊，成为台州市各族人士联谊交流中心、全国各地政协来访考察的"打卡点"；民营经济"委员会客厅"开展"促进黄岩民营经济高质量发展"等协商活动，助推区民营经济逆势而上。9月份浙江省政协首次"委员会客厅"星级评定活动中，"台州少数民族政协委员会客厅"被评为"四星级政协委员会客厅"，"黄岩民营经济政协委员会客厅"被评为"三星级政协委员会客厅"。

【提案工作】 2021年，把提案工作作为一项全局性工作，发挥委员独特视角优势，紧扣黄岩区经济社会发展谏真言，出实策。区政协十四届五次大会以来，收到委员以提案形式反映的意见建议199件。经审查，立为提案180件，其中集体提案69件。经主席会议审定，《关于高质量推进“永宁江科创带”建设的建议》等8件提案为2021年度重点提案，由书记陈建勋、区长包顺富等区委区政府领导分工领办、区政协领导分工督办。对立案的所有提案按照归口办理原则，分别送交57个承办单位办理。围绕提案办理工作召开专题协商座谈会以及民主监督协商会，组织委员开展提案督办活动22次，内容涵盖建筑渣土消纳场建设、农业绿色发展等。所有提案办复。提案所提意见建议被采纳的80件，占比44.4%；部分采纳或列入计划采纳的96件，占比53.3%。经推荐联评，《关于“二次城市化”高地建设的建议》等14件提案被评为优秀提案，区住建局等12家单位被评为提案办理工作先进单位。

【调研视察】 2021年，紧扣全区中心工作，服务改革发展大局，组织各类视察调研43场，履行政协职能。区政协常委会围绕“弘扬千年永宁文化”开展重点课题调研，挖掘富有本地特色的历史文化内涵，推进黄岩历史文化传承发展；专题视察区应急指挥中心，了解区大数据改革创新落实情况。区政协各专委会围绕“抢救保护修缮历史名人故居”“‘二次城市化’高地建设”“高质量推进永宁江科创带建设”“优化营商环境发展我区新能源电动车产业”等课题开展“请你来协商·崇和协商会”前期调研；围绕全域旅游、乡村振兴、律师行业高质量发展、职业教育发展、消防应急管理、“未来社区”建设、养老院建设、台侨资企业运营等开展专题调研；围绕共同富裕推进工作、长潭库区水质安全、中药材基地建设、小微园区建设、东官河治理、建筑工程质量安全、医疗保障工作、城市停车设施建设等开展专题视察；围绕行政服务中心营商环境优化工作、人防工程建设和管理、“智慧医保”公共服务创新平台建设、生态环境保护工作等开展民主监督。

【服务民生】 2021年，将推进民生改善作为履职为民的切入点，提升民生福祉。以打造“三服务”2.0版为主抓手，开展“我为群众办实事、我为企业解难题、我为基层减负担”专题实践活动。区政协各委办深入乡镇基层、企业等开展各类调研20余次；在开展“党员领办一件事”工作中，为低保群众、困难学生、企业、老党员等领办32件。区政协之友志愿者服务队组织政协委员120人次、各方专家130人次，开展“送文化、送卫生、送教育、送科技、送法律”等活动10余次，印发各类宣传资料2000余份。把反映社情民意信息作为关注民生、维护民利的重要内容，反映带有全局性、倾向性、苗头性的情况和问题，协助党委、政府了解民意、畅通民情、凝聚民心。全年编发社情民意信息66篇，被市政协采用21篇、省政协采用6篇。其中，《三项举措保障儿童安全用药》得到省政府主要领导批示，《建议将“五一”劳动节同步设立为全国性“工匠日”》被全国政协录用。

政协活动

【党史学习教育】 2021年，黄岩区政协组织开展学习贯彻

“七一”重要讲话精神专题宣讲，开展党组理论中心组学习、专题组织生活会。全体机关党员干部赴林泗斋纪念馆、新桥五凤楼、陈安宝烈士陵园、解放一江山岛军事遗址开展党史学习教育。召开庆祝黄岩政协成立65周年座谈会，回顾65年来的光辉历程，总结经验，展望未来，推动新时代政协事业创新发展。挖掘本土红色文化资源，与清华大学美术学院共同举办陈叔亮诞辰120周年系列纪念活动，提升党史学习教育实效。举办党史学习教育专题讲座，“永宁史话”文史讲堂授课10次，“崇和讲堂”授课3次，组织各层次学习研讨30余次。探索“互联网+学习”新模式，用好“学习强国”学习平台，通过机关“和家园”微信群、“黄岩政协”微信公众号等搭建学习交流平台。

【“和文化”宣传与传承】 2021年，以“和文化”凝聚共识，推进双向发力，“和文化”理论实践、文史工作走深走新。挖掘“和文化”内涵，提炼出“和”作为政协文化关键字，完善并充实政协“和文化”创新的独特样本，形成《政协“和文化”的独特魅力——基于黄岩区政协“和文化”创新样本的分析》论文，专报省政协，得到省政协主要领导批示肯定。举办第五届政协“和文化”征文活动，收到20余篇论文，提升“和文化”理论探索的深度与高度。举办第五届“政协文化月”活动，内容包括“纪念陈叔亮诞辰120周年座谈会”、“陈叔亮诞辰120周年诗词专题书画展”、“和文化”书法、摄影展、“和文化”研讨会、“和文化”展演等。在沙埠镇设立“和文化”展示馆及主题公园，全区创建“和文化”基地30家、“和文化”展示馆2家、“和文化”主题公园2家。“和文化”基地影响力逐渐增大，“六和（和谐、和合、和睦、和善、和顺、和美）”理念深入人心，“和文化”引领社会风尚作用显现。倡导“爱黄岩、先知史”理念，“永宁史话”文史讲堂“四进”活动开展，挖掘黄岩本土深厚文化内涵，组织政协文史专员、讲师进机关、学校、企业、农村文化礼堂宣讲45场次，区级层面全年举办24期。完成文史资料《永宁史话4》、图册《黄岩政协2021》编撰工作，发挥政协文史工作在“存史、资政、团结、育人”等方面的重要作用。

【联谊交流】 2021年，发挥政协统一战线功能，加强同各民主党派、工商联、无党派和民族宗教界代表人士的联系沟通。通过安排政协大会发言、办理党派提案、参与基层协商等形式，鼓励他们踊跃发表真知灼见，求同存异、聚同化异，促进同心同向。发挥政协联系广泛优势，加强与海内外乡贤的联络联谊，完善异地商会会长、区外农业代表人士、港澳台侨代表人士等乡贤建言献策机制。宣传推介家乡建设新成就，牵线搭桥，以乡情乡愁为纽带，吸引和凝聚各方乡贤关注家乡发展、支持家乡建设。注重发挥界别优势，建立完善界别召集人和联系界别工作机制，拓展活动形式，丰富活动内容，鼓励委员以界别名义撰写集体提案，报送社情民意信息。

【自身建设】 2021年，加强自身建设，提升工作水平。以党的建设为引领提高政治素质，学习贯彻习近平总书记关于加强读书学习的重要论述，树牢读书学习就是履职的理念，巩固思想政治基础。以党建为统领，完善政协委员“三联结对”

制度，发挥党员在政协履职中的引领示范作用，实现党建工作与履职同频共振、相互促进。狠抓党风廉政建设，改进机关作风，严守纪律规矩，确保政协机关风清气正。以规章制度为重点提升工作质效，制定《自身建设季活动》文件，开展“学党史 转作风 提效能”自身建设季活动，将党史学习教育与改变工作作风、提升工作效能紧密结合。结合年度机关巡察，以问题为导向，制订完善并贯彻执行《机关党组议事规则》等制度。

【先进名录】

2021年黄岩区受表彰的浙江省先进集体一览表

表23

获奖单位	获奖称号	授奖单位
黄岩区政协	2021年度全省政协联谊报宣传工作先进单位	浙江省政协办公厅

2021年黄岩区受表彰的浙江省先进个人一览表

表24

获奖人	获奖称号	授奖单位
牟　奕	2021年度反映社情民意信息工作先进个人	农工党省委会

2021年黄岩区受表彰的台州市先进集体一览表

表25

获奖单位	获奖称号	授奖单位
黄岩区政协	2021年度全市政协反映社情民意信息工作先进单位三等奖	台州市政协

2021年黄岩区受表彰的台州市先进个人一览表

表26

获奖人	获奖称号	授奖单位
辛　涌	2021年度全市政协反映社情民意信息工作先进个人二等奖	台州市政协
牟　奕	2021年度全市政协反映社情民意信息工作先进个人三等奖	台州市政协
许学政	2021年度全市政协反映社情民意信息工作先进个人三等奖	台州市政协

（区政协办公室　许　超　梅建群）

中国共产党黄岩区纪律检查委员会

综 述

【正风肃纪】 2021年，坚持落实中央八项规定及实施细则精神，紧盯重要节点、重点对象开展专项整治，既抓违规发放津补贴、违规收送礼品礼金、违规吃喝等面上普遍性问题，又抓“天价茶”“烟票”等苗头性、倾向性、潜在性问题，全年查处违反中央八项规定精神问题75起，处理83人，处分70人。紧盯政法、国企、教育、医疗、开发区、金融、供销系统、粮食购销等领域，开展专项整治，查处各类问题59个，处理75人，处分35人，采取留置措施3人；开展党员干部违规参与赌博、酒驾醉驾专项治理，处理60人，处分56人。紧盯国有房产领域突出问题，建设国有房产领域公权力大数据监管场景，形成监督模型83个，入选首批浙江省公权力大数据监督应用“一本账”。紧盯“四风”问题背后的制度、机制成因，推动相关部门健全药品器械采购等方面制度12项。发挥关键少数引领效应，推动领导干部带头厉行节约制止餐饮浪费，带头从严治家、弘扬良好家风。

【政治监督】 2021年，开展项目化监督，查处形式主义、官僚主义问题42个，处理47人，处分38人。推进区委巡察全覆盖，开展常规巡察区级单位21家，专项巡察拆迁拆违、意识形态等重点领域，抽取42家单位进行巡察“回头看”和回访检查，发现重点问题线索21条，立案27件，处分24人，挽回经济损失200余万元。压实管党治党政治责任，落实政治生态分析评估、领导干部政治“画像”、廉情分析报告等制度，创新提级报告评议制度；协助区委细化“五张责任清单”，加强对各级“一把手”和领导班子的监督，构建照单实施、及时提醒、年度报告的监督链条。协助区委制定纵深推进清廉黄岩建设实施意见，督促各牵头部门主动履责，形成清廉示范单元标志性成果。丰富清廉文化产品供给，开展清廉文化系列活动，清廉微视频、微电影分别获全国“玉琮杯”、全市“和合杯”清廉微电影微视频大赛大奖。严肃换届纪律，严把党风廉政意见回复关。

重要工作

【反腐败工作】 2021年，保持反腐败高压态势，各级纪检监察组织处置问题线索767起，立案268件，处分218人，移送司法机关9人，其中，查处乡科级干部11人，股级干部33人，严肃查处北城街道党工委原书记王某，区应急管理局原党委委员、总工程师林某达等一批严重违纪违法案件，追回违纪违法所得463.5万元。坚持受贿行贿一起查，建立行贿人信息库，涉嫌行贿罪被移送司法机关2名。强化案件审理的审核把关和监督制约职能，提升乡镇案件质量。做好查办案件"后半篇文章"，发出纪检监察建议书96份，回访教育受处分人员111名，为受到不实举报的党员干部澄清正名28人。做深做细警示教育，拍摄警示教育片《激浊》，召开全区领导干部警示教育大会，形成有效震慑；做实个案警示，发放警示教育建议书101份，督促全区各级各单位召开警示教育大会152场次。坚持把思想政治效果贯穿始终，运用监督执纪"四种形态"处理708人次，第一、第二、第三、第四种形态分别占比69%、24%、3%、4%，75名党员干部主动向纪检监察组织投案或交代问题，放大"三效"叠加效应。

【基层治理】 2021年，深化信访举报"三清三提升"活动，全年受理检举控告件174件次，同比下降41.2%，信访举报检举控告总量、初次举报量、重复举报量、农村涉纪信访量连续两年稳步下降，省级"三多件"和市级"挂牌销号件""督办件"办结。开展漠视侵害群众利益问题专项治理，选取侵占集体资产资源等16个项目开展整治，查处各类问题32个，处理48人、处分16人。深入实施基层监督"提质增效年"活动，建立村（社）监察联络站廉情直报、交叉检查、工作例会等制度，建立乡镇、村两级监察信息员队伍，报送廉情信息522条，提出整改意见105条，转问题线索93条。深化纪检监察片区协作机制，综合运用提级办理、指定管辖、联合监督等形式，连续两年实现19个乡镇（街道）自办案件全覆盖。建立并运用基层"小微权力"数字化监督平台，产生预警信息197条，处理10人，追缴资金54.55万余元。

【队伍建设】 2021年，坚持把政治建设摆在首位，忠诚拥护"两个确立"，坚决做到"两个维护"，健全完善学习习近平总书记重要讲话和指示批示精神"第一议题"制度，常态化开展理论中心组学习，把牢意识形态"风向标"。推进机关党史学习教育，开展"我为群众办实事"实践活动，参加全市纪检监察系统"礼赞百年·清风同行"歌咏比赛并获金奖，组织开展"党史知识竞赛""听老纪检党员讲故事"等活动。深化派驻"六个一体化"改革，建立区纪委常委会听取派驻机构工作情况汇报等工作机制，探头作用得到有效发挥。高质量开展全员培训，组织各类业务培训21批次400余人次。树立重实干重实绩用人导向，交流提拔或转任重要岗位21人。贯彻《关于加强新时代纪检监察干部监督工作的意见》，实施"五张清单一张网"，压实"一岗双责"。印发纪检监察干部违纪违法典型案例汇编，加强"八小时"外监督，促使纪检监察干部以案为鉴、警钟长鸣。

（区纪委　王安琪）

中国国民党革命委员会黄岩区支部委员会

【概况】 2021年，民革黄岩区支部有民革党员23人，其中女性党员6人，律师3人，企业高管7人，医药卫生界3人，有高级职称的7人，有市政协委员、区人大代表和区政协委员9人。

【学习宣传】 2021年，民革黄岩区支部党员学习贯彻习近平新时代中国特色社会主义思想和十九届六中全会精神、学深悟透习近平新时代中国特色社会主义思想，毫不动摇坚持党的全面领导，履行参政党职能，加强自身建设，完成年初提出的任务。在建党100周年之际，深刻领会习近平总书记提出的牢记初心、践行使命；将结合巩固深化“不忘初心、牢记使命”主题教育成果。5月和6月连续两次在平田桐树坑红色革命老区教育基地接受教育学习。组织民革党员利用App开展“党史学习教育”，民革党委定期召开理论中心组学习会、专题学习会，参加省市组织的学习培训活动，5月13日联合市直支部开展党史教育活动；组织民革党员观看“七一建党100周年直播”。领导班子成员和广大会员增强“四个意识”，坚定“四个自信”，做到“两个维护”。

【参政议政】 1月完成区政协大会发言2篇，团体提案9篇。4月召开第一季度参政议政工作总结会暨下季度参政议政工作部署，讨论部分信息和提案。6月民革党员参加省民革参政议政工作总结下半年工作部署。5月和6月，先后两次到瑞岩村开展共同富裕村集体经济发展调研活动。

【社会服务】 3月20日，支部党员开展高桥小学学子助学慰问。5月组织民革党员参加疫情防控“疫苗接种宣传动员”“台州站防疫值班”志愿者工作。10月31日，组织开展助力文明城市绿道公益系列活动。11月12日，走进长寿养老院开展“老有所养、乐有所医”的活动。12月12日，联合中心医院开展敬老义诊慰问活动。

【组织建设】 2月启动支部人才“领雁工程”和“初心强化工程”。5月参加“同心筑梦”献礼中国共产党百年华诞系列活动。11月13日，组织开展2021年度组织生活会，党史教育会。12月17日，开展年度工作会议，会上总结2021年在党和政府的领导下开展活动，取得丰硕的成果。

【组织联谊】 3月14日，支部派党员参加"台台两地青年交流分享会"。4月与台商潘国征"台台吃货"及产业设计院园区调研及配套宣传等工作。

【先进名录】

2021年黄岩区受表彰的浙江省先进集体一览表

表27

获奖单位	获奖称号	授奖单位
民革黄岩区支部	2021全省先进集体	民革浙江省委

2021年黄岩区受表彰的浙江省先进个人一览表

表28

获奖人	获奖称号	授奖单位
林斌	民革浙江省2017—2021年度先进个人	民革浙江省委

2021年黄岩区受表彰的台州市先进个人一览表

表29

获奖人	获奖称号	授奖单位
顾士理	先进党员	民革台州市委
张巧巧	先进党员	民革台州市委

（民革黄岩区支部　张荣清）

中国民主同盟黄岩区总支部委员会

【概况】 2021年，民盟黄岩区总支部盟员75名，其中女盟员33名。教育界盟员20名，占比28%；医药卫生界11人；科学技术界44人。中级以上职称70人（其中高级职称25人）。全年民盟黄岩区总支部加强思想建设，巩固组织基础，提升履职水平，投身助推共同富裕的实践中，建发展之言，做惠民之事。

【思想建设】 2021年，坚持理论学习制度，以理论中心组学习会、培训、讲座等形式，组织班子成员和盟员深入学习习近平新时代中国特色社会主义思想、《中国共产党统一战线工作条例》、中国共产党黄岩区十三届历次全会和十四届一次全会精神等；创建台州首家民主党派传统教育基地——"浙江省盟员传统教育基地"王启东展示馆；开展盟史教育，开展中共党史系列学习和"走基地、悟初心"活动。

【组织建设】 2021年，做好换届工作。11月，黄岩区总支部下属的教育支部、科文卫支部、经济支部、老盟员工作委员会分别召开盟员大会，进行换届选举，选举产生新一届委员会。12月4日，召开中国民主同盟台州市黄岩区第六次盟员大会，选举产生民盟黄岩区总支部第三届委员会。加强班子建设。确定班子工作分工，调整班子成员联系支部制度。先后召开班子成员学习交流会、班子谈心会、总支委员扩大会，谈学习，理思路；讲问题，话整改。开展"星级支部"考评。开展盟员履职考核，规范总支部组织生活，引导各支部围绕建盟日等重要时间节点开展主题活动，明确基层组织盟务工作方向和重点。深化"盟员之家"内涵，提高"盟员之家"的使用率和影响力。坚持老盟员月例会制度，做好"五必访"，走访慰问老盟员以及部分生病盟员。

【履职尽责】 2021年，参加中共黄岩区委、区政府和有关部门举行的区《党代会工作报告》和《政府工作报告》征求意见会、重点协商会、专题座谈会等，参加区党外代表人士重点协商，参加西城街道民主议事协商。调查研究黄岩区旧城改造所面临的困境和发展城市布局提出建议。围绕中共黄岩区委、区政府工作重点，通过提案履行职能，建言献策。全年总支部向大会提交提案团体提案7件，其中重点提案1件。

【社会服务】 2021年，发扬民盟重视教育的优良传统，依托盟内丰富的教育资源，贯彻民盟中央通知精神，开展"农村教育烛光行动"，做好平田学校和谐社会服务点支教工作。通过名师讲座、教师结对、课堂互动交流、专家点评等方式，教师之间相互取长补短，共同提高处理教材、备课教研、安排教学、驾驭课堂、灵活处理课堂突发事件等职业素养，发挥名师示范引领作用，并以此为契机加快提升农村偏远和薄弱学校教师队伍的教学、教研能力，促进基础教育均衡发展，助推共同富裕。农历大年初二，民盟黄岩区总支组织部分盟员到台州市绿心方山牛游塘"民盟绿色基地"开展义务植树。年内，民盟黄岩区总支和悦兴家园工疗站协商深化同心助残服务活动，增加服务内容，签订同心助残服务协议，定期有重点地开展长期助残服务活动。

【先进名录】

2021年黄岩区受表彰的浙江省先进集体一览表

表30

获奖单位	获奖称号	授奖单位
民盟黄岩区总支部	脱贫攻坚先进集体	中国民主同盟浙江省委员会

2021年黄岩区受表彰的浙江省先进个人一览表

表31

获奖人	获奖称号	授奖单位
金　鑫	脱贫攻坚先进个人	中国民主同盟浙江省委员会
潘佳丽	社会先进个人	中国民主同盟浙江省委员会

（民盟黄岩区总支部　卢　震）

中国民主建国会黄岩区总支部委员会

【概况】 2021年，民建黄岩区总支部有支部4个，会员88名，企业界38人，占比43.2%；经济部门34人，占比38.6%；其他行业人士16人，占比18.2%。会员中有市人大代表2人，副县级1人，区级部门正科级1人，副科级3人，乡镇街道副级1人，区政协委员14人，其中区政协常委2人。

【参政议政】 2021年，总支部在区政协十四届五次会议上提交团体提案10件。卢晶峰委员代表民建黄岩总支作题为《关于加快推进"永宁江科创带建设"的建议》大会发言，并荣获黄岩区政协2021年度优秀提案。会员赵阳撰写的社情民意信息《当前传统农业生产存在三大问题，建议加大农业"数智"赋能，推动田间管理效能最大化》等6篇被民建中央单篇录用，《基层反映浙东南地区寒潮天气下农业领域御寒存在三方面短板》等10篇被民建省委会录用。围绕区委、区政府的中心工作开展调查研究。组织调研小组赴黄岩西部山村开展关于中药材产业发展情况的调研并形成调研报告；前往三门潘家小镇，在共同富裕中建设新农村开展实地调研。按照区党外人士协商活动安排，参加区政协举办的"高质量推进永宁江科创带建设""区政府民生实事""优化黄岩营商环境"等党外代表人士重点协商座谈会，参加对口联系乡镇街道组织的协商议事会，为全区绿道建设、老旧小区改造、社区基层管理等工作建言献策。

【思想建设】 2021年，总支部组织开展党史教育，在屿头同济·乡村振兴学院召开中共党史教育学习会；录制民主党派庆祝建党一百周年、"一起来读史"视频；组织会员赴三门亭旁开展党史教育座谈。组织召开理论中心组学习会，传达学习《中国共产党第十九届中央委员会第六次全体会议公报》和《中共中央关于党的百年奋斗重大成就和历史经验的决议》。组织骨干会员参加民建青年企业家培训班、省社会主义学院举办的民建全省基层工作研讨班、市民建举办的全市民建基层支部考核工作培训会和信息员培训会、反映社情民意信息研讨会、全市政协信息暨理论研究工作会、骨干会员培训班等各类培训。

【服务社会】 2021年，总支部与宁溪镇牌门村进行结对，开展助力共富行动，并设立"永宁思源·共富基地"，建成"同心书吧"。开展对口扶贫地区消费帮扶，企业家会员董祖国、徐毓敏、王晖、汪正国、施菊兰、柴力向四川省新龙县、阿坝县购买近5万元农特产品。关注困难户，在春节前，郑晖、卢晶峰、董祖国走访南城街道三位困难户并送上慰问金；柴力、柯燕萍、程官军资助省内外困难学生4名，每年捐助15000元；汪正国、徐琼喜、陈道方、林丹到北洋镇参加送科技下乡活动。

【组织建设】 2021年，民建黄岩区第一、四支部与赴丽水与民建丽水综合三（龙泉）支部开展联谊交流活动。总支妇女委员会组织前往三门潘家小镇开展新农村建设走访调研；总支企业委员会在台州梦创园开展"工业4.0"主题沙龙活动，会员於铁远在活动上分享互联网销售经验；邀请会员尤加标为企业家会员举办税法知识讲座、多次开展“永宁思源·共富基地”建设座谈会，为助力共富献计献策。响应市委会“红心向党·同心奋进”学习月主题活动，各支部结合自身实际及中共党史学习教育活动相关内容，召开学习会，加强学习型参政党建设。民建台州市第六次代表大会，总支部26名会员代表出席，郑晖、施菊兰、王奋远、梁正华高票当选民建台州市委会委员。

【先进名录】

2021年黄岩区受表彰的浙江省先进个人一览表

表32

获奖人	获奖称号	授奖单位
赵　阳	民建浙江省委会2021年度信息工作先进个人	中国民主建国会民建浙江省委员会

2021年黄岩区受表彰的台州市先进集体一览表

表33

获奖单位	获奖称号	授奖单位
民建黄岩区总支	民建台州市委会2020年度信息工作先进集体一等奖	中国民主建国会台州市委员会
民建黄岩区总支	民建台州市委会2021年度“台州民建”微信公众号宣传工作先进集体二等奖	中国民主建国会台州市委员会
民建黄岩区第二支部	民建台州市委会2020年度优秀基层组织	中国民主建国会台州市委员会
民建黄岩区第一支部	民建台州市2020年度疫情防控先进集体	中国民主建国会台州市委员会
民建黄岩区第二支部	民建台州市2020年度疫情防控先进集体	中国民主建国会台州市委员会

2021年黄岩区受表彰的台州市先进个人一览表

表34

获奖人	获奖称号	授奖单位
王奋远	民建台州市委会2021年度参政议政先进个人	中国民主建国会台州市委员会
牟建芳	民建台州市委会2021年度参政议政先进个人	中国民主建国会台州市委员会
董祖国	民建台州市委会2021年度社会服务先进个人	中国民主建国会台州市委员会
施菊兰	民建台州市委会2021年度社会服务先进个人	中国民主建国会台州市委员会
汪正国	民建台州市委会2021年度岗位建功先进个人	中国民主建国会台州市委员会
卢卫平	民建台州市委会2021年度会务工作先进个人	中国民主建国会台州市委员会

（民建黄岩区总支部　卢卫平　郑佳宁）

中国民主促进会 黄岩区基层委员会

【概况】 2021年，民进黄岩区基层委下设综合、科技、艺术、教育、医卫5个支部，会员88人，其中文化、教育、出版界会员49人，占比56%，经济、科技、医卫会员39人，占比44%；中高级职称会员78人，占会员总数的89%。

【学习宣传】 2021年，基层委组织会员学习习近平在庆祝中国共产党成立100周年大会上的讲话。5月，开展主题教育学习活动，组织会员们参观茅畲乡革命老妈妈故居陈列馆等革命旧址。加强学习培训，定期召开理论中心组学习会、专题学习会，参加省市组织的学习培训活动，提高"五种能力"。领导班子成员和广大会员增强"四个意识"，坚定"四个自信"，做到"两个维护"。

【参政议政】 2021年，基层委加强信息报送、反馈和激励机制建设，建立业绩考核机制，分解目标任务到基层组织，将信息工作列入全年支部考核并作为年度评先的重要依据。收到14篇社情民意，其中3篇被省委会录用，3篇被市政协录用。基层委提交台州市级政协提案4篇（其中1篇为大会发言材料）；区政协提案18篇，包括12篇团体提案和6篇个人提案（其中2篇为大会发言材料）。其中，2篇团体提案《关于发展我区新能源电动车产业的建议》和《关于加强永宁江两岸规划的建议》被评为区政协优秀提案。王英姿的提案《关于加强民营经济发展人才保障的建议》被评为市政协五届四次会议以来优秀提案。成立专题调研小组，开展以"关于黄岩区初中崛起的建议"为重点课题调研。党派班子成员3次参加党外代表人士重点协商座谈会，建言献策。

【社会服务】 2021年，黄岩开明画院成员义务开展"春联万家"服务活动，何常曦、王坚、胡素芳、楼智恩等会员开展春联进万家书写活动，在茅畲乡、北城文化礼堂免费义务书写春联400多副。黄岩开明画院本着为群众搞展览的出发点，全年不间断举办各类静态艺术展览，开展书画摄影展8次，如在正道上行—庆祝中国共产党建党100周年黄岩民进开明画院书画作品展、黄岩区教职工庆祝中华人民共和国成立71周年书法作品展、陈叔亮诗词书画作品展等。教育支部发挥教育人才优势，关注农村基础教育。4月，基层委带上图书捐赠给茅畲小学图书室；医卫支部的牟吉医生为五年级的学生开展心肺复苏培训；艺术支部的林一岚老师为学生带来精彩的劳技课——生活中的纹样（纸盘画）；科技支部带来向日葵种子、月季花，教学生们播种、植树，学生们都种下自己的小树，提升"小山鹰"阳光向上的精神，充实素质教育的内涵。6月，基层委组织会员在茅畲小学开展"西瓜品鉴会"主题班会。民进浙江省委会副主委王滨梅，民进市委会主委、市政协常委、秘书长陈金华，区委副书记梁海刚，民进市委会专职副主委王海军、区统战部部长管江志等省市区领导受邀出席活动。

【组织建设】 2021年，以《民进台州市委会支部工作及优秀会员考评办法》为准则，开展创建规范化基层组织活动，强化对五个支部的达标考核，组织建设取得丰硕成果。1月，民进黄岩区基层委支部换届选举，教育支部、综合支部、医卫支部会员调整并选举产生新的支部主委。10月，组织退休会员们考察柑橘博览园、宁溪镇等地的乡村振兴成果。发展考察优秀会员4名，为民进区基层委注入新鲜血液。

【先进名录】

2021年黄岩区受表彰的全国先进个人一览表

表35

获奖人	获奖称号	授奖单位
王金满	2021年度民进全国服务暨脱贫攻坚工作先进个人	民进中央

2021年黄岩区受表彰的台州市先进集体一览表

表36

获奖单位	获奖称号	授奖单位
民进黄岩区基层委	2021年度民进台州市委会综合先进支部	民进台州市委会

2021年黄岩区受表彰的台州市先进个人一览表

表37

获奖人	获奖称号	授奖单位
周建灿	论文《破除应试教育桎梏，推进县域重点高中高质量发展》荣获2021年度民进浙江省委会开明教育论坛征文一等奖	民进台州市委会

（民进黄岩区基层委　管芬霜）

中国农工民主党黄岩区基层委员会

【概况】 2021年末，农工党黄岩区基层委党员154名，其中女党员73名，占比47%；医药卫生界党员66名，占比43%；教育界党员29人，科学技术界党员28人；中高级职称131人（其中高级职称75人）。下设8个支部。年内，农工党黄岩区基层委被农工党中央委员会评为脱贫攻坚工作先进集体。11月28日，《浙江日报》第3版刊登《农工党黄岩区基层委员会助力乡村共同富裕“同心服务”不打烊》一文，点赞农工党黄岩区基层委员会在乡村共同富裕工作上的贡献。

【思想教育】 2021年，基层委以理论中心组学习会、培训、讲座等形式，组织班子成员和党员学习习近平新时代中国特色社会主义思想、全国“两会”精神、习近平总书记在庆祝中国共产党成立100周年大会上的重要讲话精神、中共十九届六中全会精神，省委书记袁家军讲话《扎实推动高质量发展建设共同富裕示范区》《中国共产党统一战线工作条例》，以及中国共产党黄岩区十三届历次全会和十四届一次全会精神等。邀请市委会主委沈洁为党员骨干进行中共十九届六中全会精神宣讲。在中国共产党建党百年的重要时间节点，开展中共党史系列学习，4月，召开中共党史学习会暨参政议政信息培训。5月，组织新党员赴南京农工党创始人邓演达烈士墓园和雨花台烈士陵园，开展中共党史多党合作史和农工党史现场教育活动。6月，组织全体党员赴农工党临海市委会党史陈列馆开展“不忘初心、继续前进”党史教育活动。加强宣传报道和信息报送工作，外宣取得历史性突破，符贝贝报送的关于黄岩农工党同心社会服务新闻稿件被《浙江日报》刊登。

【庆祝中国共产党成立100周年】 在中国共产党百年华诞重要时刻，开展一系列主题鲜明的庆祝活动。创作编排情景剧《在橘花飘香的地方》，描述在农工党黄岩同心社会服务示范区发生的故事，彰显新时代农工党人的伟大事迹和精神风貌。此情景剧参加农工党浙江省委会“同心筑梦　再创辉煌”庆祝中国共产党成立100周年会演，获得各方好评。6月，基层委组织人员在澄江、头陀等地组织开展庆祝中国共产党成立100周年社会服务活动，创作100秒展现相关工作微视频，话多党合作初心，展多党合作成果。在中共台州市委统战部、中共黄岩区委主办的“同心跟党走·同行共富路”——台州市统一战线庆祝中国共产党成立100周年主题活动中，沈洁参加诗朗诵《同心跟党走　奋进新征程》演出，蔡求妮表演独唱《江山》，章燎颖参与主持节目，表达“永远跟党走”的坚定信念和对中国共产党百年华诞的美好祝福。

【协商调研】 2021年，基层委负责人参加区委、区政府和有关部门的协商会，对于民生实事绿道建设、老旧小区改造等重点议题提出许多具有针对性、可操作性的意见和建议。围绕“刘祖舜故居将军府修缮保护”等议题，参与澄江街道等举办的基层协商活动。5月，组织调研组调研区体育健身事业，实地考察区体育中心、江北社区百姓健身房、城新大桥下运动场、篮球场、门球场、气排球场等，提出通过“体医融合”“体旅融合”等模式，推进全民健身与全民健康深度融合。8月，基层委负责人参加区党外代表人士民生实事调研活动，同月，参加区政协推进“二次城市化”高地建设实地调研，提出可行性意见建议。

【“两会”议政】 2021年，基层委党员中的区政协委员17名、市政协委员5名，以及市、区人大代表2名参加政协区十四届五次会议和市政协五届五次会议，提交大会发言材料2篇、集体提案13件，委员提案17件。管康华主委代表基层委作题为《对标“二次城市化”高地提升我区城市建设水平》的大会发言。《进一步发挥电子商务服务模塑产业转型发展的建议》书面发言在会上进行交流。基层委被区政协评为2020年度社情民意信息工作先进单位二等奖，团体提案《关于提升黄岩蜜橘品质的建议》（吴韶辉、任琳供稿）和陈绍荣提案《关于建筑渣土消纳场建设的建议》被评为优秀提案，李雪军、郑丹、章燎颖、郑丹红等党员被评为区政协抗疫优秀委员，牟奕被评为反映社情民意信息工作先进个人。基层委团体提案《关于“二次城市化”高地建设的建议》被定为2021年度区政协重点提案，冯尚坤、胡定波提案

《关于加强青少年身心健康教育的建议》被列为专委会督办重要提案。在台州市政协五届五次会议上，录用为市政协团体提案5件，委员提案13件，大会书面发言3篇（关于促进台州中医药事业发展的建议、聚焦短板，精准施策，打造医疗器械产业高地、健全干预机制，增强青少年抗逆力）。黄茜斌向市人大五届五次会议提交《关于对农业政策性保险提标扩面的建议案》。

【提案工作】 2021年，基层委先后与区发改局、区卫生健康局、区文明城市创建办、区委改革办、区行政审批中心等部门，就团体提案《完善信用修复制度，助力市场经济发展》《关于进一步促进低收入农户增收的建议》《关于进一步优化基层医务人员工作环境的建议》《数字化时代给老人保留个慢选项的建议》《关于发展中医事业的建议》《注重环境卫生常态化、精细化管理，巩固全国文明城市创建成果》等，开展集中面商活动，促进提案建议落实。基层委有关负责人参加区政协、区住建局等单位召开的议提案交办会，就提案《推进官河两岸城市改造》《关于二次城市化高地建设的建议》《关于加强共享单车管理的建议》以及委员提案《高标准打造老旧小区改造惠民工程的建议》等，与各有关部门进行充分协商。11月，基层委举行参政议政学习沙龙，提高党员撰写提案水平。

【履职实效】 2021年，台州市政协副主席、区委书记陈建勋在管康华委员代表基层委的区政协大会发言《对标"二次城市化高地"提升黄岩区城市建设水平》上批示指出：黄岩区要打造"二次城市化高地"任重而道远，该发言有一定的针对性和实践性。区长包顺富批示：该发言材料切题精准、分析到位、意见务实。陈建勋书记对书面发言《进一步发挥电子商务服务模塑产业转型发展的建议》作了批示。卢云张《关于加快打造医疗器械制造强省强国的建议》被农工党浙江省委会录用为省政协十三届四次会议团体提案，转化为全国人大代表议案（2021年3月十三届全国人大四次会议）。符贝贝参加2021年第二期全省民主党派参政议政工作专题研讨班，围绕"建议加快实施'两进两回'回头看，夯实高质量发展建设共同富裕示范区人才基石"等进行研讨，其执笔撰写的课题《加快数字化"未来乡村"建设 引领2.0版乡村振兴》被农工党省委会立项并结题。年内，党员向各级报送反映社情民意信息38篇（包含统战信息5篇），其中全国政协办公厅录用1篇，省政协录用1篇，省领导作出批示1件，省委会录用7篇。牟奕信息《建议把五一劳动节同步设立为全国性工匠日》被全国政协办公厅录用并转送各部委办局。

【同心服务】 2021年5月，基层委与头陀镇党委政府和头陀镇乡贤联谊会联合成立共同富裕共建基地。6月，基层委联合头陀乡贤联谊会在头陀老街开展环境与健康宣传周大型为民服务活动，为群众现场提供医疗义诊、健康知识宣讲、疾病筛查、视力防护、农技指导、法律建议、企业咨询等服务。8月，基层委组织党员在澄江横屋村开展庆祝中国共产党成立100周年社会服务活动，为横屋村及下灰洋村、临古村等周边村庄的村民义诊体检300余人次、指导用药100余人次、测量血糖120余人次、测量血压200余人次、免费发放含有常用保健品的健康包100只，健康资料200余份。9月，农工党省委会社会服务部部长张红一行3人，到黄岩考察调研社会服务基地创建工作。10月，市一医支部与中医院支部在横屋村开展义诊活动，通过发放宣传资料，设立易拉宝等，开展智慧医疗宣传，推行云急救。

【公益慈善】 春节前夕，基层委组织党员开展迎新春走访困难群众活动，到澄江街道横屋村走访困难家庭，为他们送去大米、食用油、口罩等慰问品。台科院支部为甘孜藏族自治州新龙县学生捐赠过冬物资和学习用品价值5000元。综合一支部郑丹红情系过年不回家的外来民工，拿出政府奖给她的“2020年台州好人”奖励，为南城街道企业民工买过年礼品。朱万平医师开展鼻炎免费用药治疗特别奉献公益行动。符贝贝、章燎颖编导主持黄岩区“艺连民心 文润永宁”文艺宣讲志愿服务活动，讲好中共党史和黄岩红色故事，庆祝中国共产党建党百年，人民网及浙江各级媒体都进行报道。

【换届选举】 2021年2月28日，农工党黄岩区基层委召开第八次党员大会，选举产生农工党黄岩区总支第五届委员会，管康华当选为主委，张凌、李雪军、蔡志华当选为副主委，章志坚、潘海英、方曦、卢云张、冯尚坤、罗金明、徐毅为委员。4月7日，农工党台州市委会发文同意农工党黄岩区基层委更名为农工党黄岩区基层委员会。基层委一届委员会由刚选出不久的总支五届委员会连任。并做好班子分工，任命基层委秘书长，建立班子成员联系支部制度，进行届中支部班子成员调整选举。

【组织建设】 2021年，基层委先后举行班子成员学习交流会、班子谈心会、工作务虚会等，学习《中国农工民主党纪律处分办法(试行)》等文件规定，谈学习、理思路，讲问题、话整改。区委常委、区委统战部部长罗丙照出席班子成员学习交流会。副科级以上党外领导干部参加区党外领导干部“同心会”。在三八妇女节到来之际，组织女党员开展花艺培训及观影活动。5月选派党员参加台州市民主党派主题趣味运动会并获得季军。在九九重阳节开展老年节系列活动，举行老党员座谈会，组织老党员赴茅畲红色党史教育基地参观学习。做好“五必访”，节日走访慰问老党员。科技支部等先后召开迎中秋、庆国庆活动，综合一、二支部等组织党员开展党史学习活动，台科院支部赴玉环干江镇教育基地开展爱国主义教育。开展评先创优，表彰2020年度先进先进集体和个人。2021年发展新党员7名。

【承办省会议】 2021年10月，基层委协助承办在黄岩召开的农工党浙江省助力共同富裕和乡村振兴工作推进会暨社会服务基地建设经验交流会，来自全省各地的专家、服务团成员、各地市委会专职干部以及台州各级组织等90余人参加会议，黄岩在会上作先进典型介绍，黄岩同心社会服务示范区被命名为农工党浙江省委员会社会服务基地。在省交流会召开之际，基层委组织党员专家配合农工党省委会服务团开展分组服务。来自浙江大学医学院附属第二医院支部的党员在头陀老街开展义诊活动。来自浙江农科院、浙江大学的农技专家在头陀共同富裕共建基地召开农技服务座谈会，围绕实施科技助富、先进农技成果转化应用，推动农业产业发展等开展对接交流和农技指导。

【党员业绩】 党员李军进参加黄岩区统一战线“主题日”活动暨《中国共产党统一战线工作条例》知识竞赛，荣获一等奖。李江月、李雪军、郑丹红口述政协文史入选台州市政协和市委统战部主编的《同心向党》。蔡求妮作为台州第十批第二期援疆人才教师到达新疆阿克苏红旗坡、新疆生产建设兵团第一师阿拉尔职业技术学校支教，助推第一师阿拉尔市教育事业发展，创新音乐课堂教学获得好评。符贝贝创编情景诵读参加农工党省委会庆祝中国共产党成立100周年“同心同行——经典传唱”文艺会演，被区委、区政府授予2020年度“美丽黄岩”建设（城市美丽行动）突出贡献个人、区住房和城乡建设系统信息宣传工作先进个人荣誉称号。郑丹红关爱儿童携手同行未成年人视力保护服务项目荣获台州市和合姊妹巾帼志愿服务项目大赛三等奖，抗疫事迹短视频在“学习强国”浙江栏目播放。朱万平被聘为广西药物研究所方剂研究室特约研究员，获得中国中医药信息学会、中国国家人事人才培训网联合颁发中医传承非遗技师称号员，书法作品入选澳门佛教总会庆祝中国共产党成立100周年书画展。方曦《基于核心素养探索高中生历史图片解读能力的培养》获2021年台州市直中小学教师教育科研论文一等奖。屠慧芬、杨金利被区委、区政府评为2020年度奋进“永宁江时代”先锋榜“打好疫情防控总体战打赢经济发展攻坚战”先进个人，陈绍荣获2020年“美丽黄岩”建设突出贡献个人荣誉称号，江超超获2020年度区住房和城建系统先进个人。张云被台州市第一人民医院评为2020年度2021年优秀住陪指导老师。任茜指导的节目获得区14届中小学生艺术节二等奖，并被区教育局评为艺术节优秀指导教师。陈盛珂指导学生在区中小学生综合实践成果评比中荣获三等奖，《初中美术深入赏析教学实践》在2021年黄岩中小学论文比赛中获得三等奖。另有杨京燕、冯尚坤、孙立方、吴韶辉、蔡英华、林颖、卢晨、张云等党员课题结题、立项，或论文在省级以上报刊发表。

【先进名录】

2021年黄岩区受表彰的全国先进集体一览表

表38

获奖单位	获奖称号	授奖单位
农工党黄岩区基层委员会	脱贫攻坚工作先进集体	农工党中央委员会

2021年黄岩区受表彰的浙江省先进集体一览表

表39

获奖单位	获奖称号	授奖单位
农工党黄岩区基层委员会	2021年度社会服务工作先进基层组织	农工党浙江省委员会
农工党黄岩区基层委员会	庆祝中国共产党成立100周年活动先进集体	农工党浙江省委员会

2021年黄岩区受表彰的浙江省先进个人一览表

表40

获奖人	获奖称号	授奖单位
吴韶辉	2019—2020年度省科技特派员工作成绩突出个人	浙江省农科院
聂振朋	2019—2020年度省科技特派员工作成绩突出个人	浙江省农科院
管康华	2021年度社会服务工作先进个人	农工党浙江省委员会
符贝贝	2021年度宣传工作先进个人	农工党浙江省委员会
	2021年度参政议政工作先进个人	农工党浙江省委员会
	原创剧目《灯塔》获建党100周年经典诵读比赛三等奖	浙江省司法厅
卢云张	2021年度参政议政工作先进个人	农工党浙江省委员会
	执笔的调研课题《关于加快打造医疗器械制造强省的建议》被评为2021年度参政议政优秀成果三等奖	农工党浙江省委员会
牟　奕	2021年度反映社情民意信息工作先进个人	农工党浙江省委员会
吴韶辉	2019—2020年度省科技特派员工作成绩突出个人	浙江省省农科院
聂振朋	2019—2020年度省科技特派员工作成绩突出个人	浙江省省农科院
潘海英	浙江省第四届体育大会龙舟比赛第二名	浙江省第四届体育大会组委会

2021年黄岩区受表彰的台州市先进集体一览表

表41

获奖单位	获奖称号	授奖单位
农工党黄岩区基层委员会	2015—2021年度参政议政先进集体	农工党台州市委会
农工党黄岩区基层委员会	2015—2021年度社会服务先进集体	农工党台州市委会
农工党黄岩科技支部、农工党黄岩综合一支部、、农工党黄岩教育支部、农工党黄岩中医院支部	2015—2021年度先进支部	农工党台州市委会

2021年黄岩区受表彰的台州市先进个人一览表

表42

获奖人	获奖称号	授奖单位
牟　奕	2015—2021年度参政议政先进个人	农工党台州市委会
卢云张	2015—2021年度参政议政先进个人	农工党台州市委会
吴洲斌	2015—2021年度参政议政先进个人	农工党台州市委会
杨京燕	2015—2021年度参政议政先进个人	农工党台州市委会
朱雪平	2015—2021年度参政议政先进个人	农工党台州市委会
章燎颖	2015—2021年度参政议政先进个人	农工党台州市委会
管康华	2015—2021年度参政议政先进个人	农工党台州市委会
陈卫民	2015—2021年度参政议政先进个人	农工党台州市委会
章志坚	2015—2021年度社会服务积极分子	农工党台州市委会

续表42

获奖人	获奖称号	授奖单位
李雪军	2015—2021年度社会服务积极分子	农工党台州市委会
章燎颖	2015—2021年度社会服务积极分子	农工党台州市委会
	2021年台州市应急救护技能大赛演讲比赛一等奖	台州市卫生局
朱爱娥	2015—2021年度社会服务积极分子	农工党台州市委会
方　曦	2015—2021年度社会服务积极分子	农工党台州市委会
	2020学年市直优秀教师	台州市教育局
	市直中小学名教师	台州市教育局
郑丹红	2015—2021年度社会服务积极分子	农工党台州市委会
喻勤军	2015—2021年度社会服务积极分子	农工党台州市委会
林建伟	2015—2021年度农工党党务先进工作者	农工党台州市委会
潘海英	2020年第四季度台州好人	市委宣传部、市文明办
郑丹红	最温暖和合姊妹巾帼志愿者	台州市妇联
林　颖	全市市场监督管理系统“三比一讲”争先创优竞赛“攻坚月”行动先进个人	台州市市场监督管理局

（农工党黄岩区基层委　章金锭　张　凌）

九三学社黄岩区基层委员会

【概况】 2021年，九三学社黄岩区基层委员会（简称社基层委）设九三学社黄岩区第一支社、第二支社、第三支社。年末有社员51名，其中大学本科以上学历45人（博士1人、硕士3人），高级职称33人。有市人大代表2名，市政协委员2名，区政协委员7名（其中兼政协常委2名）。

【思想建设】 2021年6月6日，社基层委在上郑乡召开庆祝建党100周年“七史”主题教育学习会，学习中共党史、新中国史、改革开放史、社会主义发展史、统一战线史、多党合作史、九三学社社史。6月19日、20日，社基层委在主委黄燮军，副主委王敏、章斌秋的带领下赴大陈岛开展“学党史·守初心”主题教育活动。6月27日，喜迎建党百年华诞，社基层委在黄岩区财政局羽毛球场，举行羽毛球联谊赛。

【参政议政】 2021年，在区政协十四届五次会议上，提交大会发言材料2篇、团体提案12件，其中《关于加快我区建筑消纳场建设的建议》被列为2021年度政协重点提案，由区委常委、副区长林峰领办；《关于新冠肺炎疫情防控期间促进商事纠纷调解的建议》被评为优秀提案。社基层委被区政协评为反映社情民意信息工作先进单位，张晓晖被评为区政协抗疫优秀委员和反映社情民意信息工作先进个人，杨玲萍被评为区政协优秀委员，罗加亮被评为优秀政协之友。根据区委统战部统一部署，组织开展民主党派大调研活动，由李贵执笔完成《科学打造“模具产业大脑”，擦亮“模具之都”金名片》，上报区委、区政府决策参考。

陈耀撰写的《加快推进三区融合，在江口板块创建“台州未来生态科技城”的建议》专报区委、区政府，获时任区长包顺富的批示。

【社会服务】 2021年5月14日，社基层委联合黄岩区启智学校开展庆祝全国第31个“助残日”主题活动，主委黄燮军、副主委章斌秋和秘书长张晓晖等参加。应小明为启智学校的老师和家长们作“认识儿童自闭症”的专题讲座。6月6日，庆祝中国共产党建党100周年，提高人民群众健康水平，实现全体人民“共同富裕”的宏伟目标，社基层委在主委黄燮军的带领下，组织社内医疗专家赴上郑乡洋头庄村开展“送健康”社会服务活动，把健康送到老百姓身边。12月3日，社基层委组织社内医疗专家前往宁溪镇金岙村开展送医送药送健康同心社会服务活动，将优质医疗资源和服务送到群众家门口，用实际行动助力基层医疗卫生事业。

【组织建设】 2021年11月19日，社基层委和九三学社浙工大委员会建立合作共建单位。社基层委荣获社省委2021年度组织建设先进基层组织，社市委2017—2021年度先进集体和社市委2021年度示范基层组织。朱碧宏获温州医科大学硕士研究生导师资质，获评浙江省医坛新秀培养对象；陈学毅被评为2021年全省社会服务工作先进个人；黄燮军被评为2019—2020年度台州市政协优秀委员；张晓晖、许海英荣获社市委2017—2021年度优秀社务工作者；应小明、罗加亮、严永冬、彭婵蓉荣获社市委2017—2021年度优秀社员。朱辉军的油画《竹》获得首届“倪云林”全国美术作品（中国画、油画）奖。2021年发展新社员2名。

（九三学社黄岩区基层委 张晓晖）

黄岩区工商业联合会

【民营经济发展】 2021年，黄岩区工商联助力“两个健康”发展。服务会员企业，实现企业转型升级。以技术创新推动节能降耗。精诚时代集团获第四届“中国质量奖提名奖”证书，是浙江唯一获得该奖项的中小企业。副主席梁正华获2021年“浙商年度创新人物”、2021年“浙江民建年度人物”。

“政企面对面”系列活动 与区经科局联合举办“亲清直通车——科技自立自强促发展”政企恳谈会，与区税务局联合举办“学党史、办实事——2021年‘便民办税春风行动’政企恳谈会”，与区商务局联合召开“融入新格局、助力双循环”为主题的“亲清直通车·政企恳谈会”。有36家民营企业代表参加各场恳谈，收集问题提交相应职能部门闭环处理解决。与区司法局联合召开黄岩区深化“千所联千会”机制现场推进会，打造更优法治化营商环境。

营商环境优化提升 相继开展“工商联怎么干，企业家说了算”、企业家说营商环境等系列调研活动，撰写调研报告供区委、区政府决策参考。政协会议上，区工商联提交团体提案5件，个人提案42件，副主席陈辉代表区工商联在大会上作《关于加快现代服务业发展的建议》发言。与区人民法院、区矛调中心、区司法局联合出台《关于推进民营经济领域纠纷多元化解机制建设的实施方案》，建立“共享法庭”，实现诉前调解。

“清廉民企”建设 召开黄岩区深化“清廉民企”建设工作现场推进会，与区纪委、区人民检察院分别合作试点建立作风建设观测点和检企联络点，推动“清廉民企”工作向镇、街道拓展。全年建立清廉民企示范单位13家。公元塑业集团、精诚时代集团荣获台州市清廉民营企业。

【商会建设】 组织各行业协会会员企业参加展销会、博览会等10余次，赴外地市场学习考察6次。微商协会在屿头沙滩村建立农产品直播基地，14家农村电商中心荣获2021年浙江农村电商示范服务站（点）。各协会开展各类业务培训，提高会员企业及员工技能素质，全年累计46场次，受训2700余人。食品行业商会参与制定全省首个小微食品生产地方性标准。电动车塑件协会参与制定的《电动自行车用塑料零部件通用技术要求》通过送审。模具加工协会开展加工联盟申讨老赖活动，为会员企业挽回500多万元损失。

【“青蓝接力”工程】 2021年，构筑交流平台，助推联谊会创新发展。新吸收会员17名，各小组开展互访活动，递交人大建议和政协提案10余件。加强与兄弟协会的互动联系，与市内各新企联联合举办“百年热血 青春热炼”红色运动会。与四川黄岩商会开展“凝心聚力，携手共进”主题交流会。参加第六届全能星战，创造该系列赛事的三连冠佳绩。开展“礼献建党100周年——垦荒精神 薪火相传”致敬百年红色教育活动，40余名会员走进大陈岛，重温垦荒精神。与区委组织部、区委统战部联合组织70名会员赴四川大学举办薪火传承研修班。在吉林省突发疫情时，第一时间向他们捐赠2000套防护服、2000对脚套，总价值10多万元。召开助力院桥镇上桥洋村共同富裕对接会，参与结对帮扶，帮助宣传当地马蹄知名度。向新龙县如龙镇卡鲁村捐赠结对帮扶资金1000元。

【助力产业发展】 2021年，用“授人以渔”方式，助力产业发展。执委企业台州一罐食品与上垟乡合作，定点采购白沙枇杷，帮助农户有效拓宽农产品销售渠道，延长农副产品产业链。执委企业金山陵酒业每年优先向当地农户采购40余万元原材料，为宁溪镇附近村民创收致富，并创新探索村集体购置本地优质企业优先股方式，实现村集体经济稳定增收。

城乡协作 助力飞地抱团，实施“飞地抱团”联合购置物业项目，打破村域界限，让原来“单打独斗、分散资源、粗放式管理”变身为“抱团联建、投资股本、市场化运行”，惠及149个移民村。

村企合作 助力“3+1+100”行动。引导民营企业以产业投资形式反哺社会，东西部扶贫协作项目总投资2.6亿元，超额完成全年指标。开展“百家商会兴百村”行动，组织12个区外商会和直属商会结对区内12个集体经济相对薄弱村，以产业投资带富、文旅开发润富等六大举措推动乡村振兴事业发展。

招商引资 助力招商引资工作。利用春节、清明等节日召开乡贤座谈会，引导区外商会回乡投资。其中上海黄岩商会副会长企业亿涨模具公司、广东浙江黄岩商会副会长企业恒海科技模具生产车间项目落地施工。引进的恒德兴邦乡根一叶项目、起帆电缆制造、爱玛台州制造基地项目、上海钢联台州市钢材交易中心及钢贸物流园区项目、绿叶科技项目等，正在有序推进中。

【慈善公益事业】 2021年，走访慰问璜山头新村，送去慰问金1万元，并慰问院桥5家困难户。与西安市黄岩商会共同走访富山乡畴路村，为村里15名困难户送去每人500元的生活补助。联合南苑社区和同仁堂药店开展“夏季送清凉”活动，为奋战在户外一线的工作人员送去清凉和关怀。上海黄岩商会组织16位在沪黄岩籍医疗专家到黄岩开展义诊，为黄岩百姓创造不出家门享受高品质医疗服务的机会。装饰建材行业协会在头陀镇中学开展第五届“爱心助学，为梦想护航”爱心助学活动，为优秀学子颁发奖金和学习用品。河南郑州等地发生严重内涝后，第一时间引导会员企业捐款捐物，驰援河南。上海黄岩商会常务副会长企业起帆电缆载满12辆灾区所需电缆的物资货车运往河南灾区，协助抗洪救灾和灾后重建工作；西安市黄岩商会捐款5.6万元，商会支部党员、常务会长黄利满企业向灾区捐赠100箱消毒液。

【民营经济人士党史学习教育】 2021年，开展“思想政治引领凝聚共识”学习活动。把民营经济人士的思想政治引领放在各项工作的首位，多次组织机关干部和民营经济人士参加“习近平‘七一’重要讲话”“党的十九届六中全会精神”报告会、宣讲会，并请企业家们谈感想、谈体会，相关文章在总商会微信公众号刊出。开展“跟着红色课堂学党史”活动。打造丰富多彩的“红色课堂”，通过专家讲、领导干部讲、企业家讲等形式，组织各类宣讲300多场次，受教育1万多人次。举办“学党史、颂党恩、跟党走”线上知识竞赛活动，推动党史学习教育走深走实。开展“追着红色地图学党史”活动。组织机关干部和各商会党员赴上郑乡浙东浙南部队会师纪念馆、大陈岛、中共一大会址、遵义等红色基地，开展各类党史教育活动30余场次。

【自身组织建设】 2021年，召开黄岩区工商联（总商会）第十次会员代表大会，选举产生第十届执委会(理事会)领导班子，为全区民营经济健康发展和民营经济人士健康成长提供组织保证。帮助指导模具加工行业协会、义乌黄岩商会顺利换届。区工商联党组成员戴世忠在全省民营企业调查点暨亲清直通车工作培训班上作《发挥新优势 再上新台阶 奋力打造社情民意信息工作的黄岩样板》交流发言。与上海市张堰镇人民政府、山东省滨州市工商联等开展交流合作。丰富会员企业文化，举办区工商联(总商会)第二届“天宇股份杯”乒乓球联谊赛和第四届“天宇股份杯”篮球联赛。组织会员企业分批赴杭州康大夫体检中心、台州第一人民医院和台州恩泽医院开展免费健康体检。召开两场退休老干部座谈会，增进新老干部交流。

【先进名录】

2021年黄岩区受表彰的全国先进集体一览表

表43

获奖单位	获奖称号	授奖单位
黄岩区工商联	2020—2021年度全国“五好”县级工商联	全国工商联

2021年黄岩区受表彰的浙江省先进集体一览表

表44

获奖单位	获奖称号	授奖单位
黄岩区北洋商会	2021年度浙江省“四好”商会	省工商联

2021年黄岩区受表彰的台州市先进个人一览表

表45

获奖人	获奖称号	授奖单位
区工商联党组书记毕建勇	台州市中国民营经济示范城市建设先进个人	市委、市政府

（区工商联　陈　赟）

群众团体

黄岩区总工会

【概况】 2021年末，黄岩区总工会有基层工会1513家，其中单建工会1382家、联合工会131家，覆盖企业6134家，会员123632人。

【工会党史学习教育】 2021年，发动全区1400多名基层工会主席在生产一线为职工讲述党史人物事件、劳模工匠故事，引导广大职工传承“红色根脉”，做法被《浙江日报》、浙江新闻等多家媒体报道，在省总工会简报专篇刊发。结合建党100周年纪念活动，开展“忆初心·传承红色精神”“话当下·凝聚红色力量”“畅未来·永续红色基因”三大系列20多项活动，包括劳模工匠先进事迹巡回宣讲17场次，百部红色电影进企业50场次，党史故事云展播100期等。实施非公企业“先锋领队”培育工程，开展基层工会会员“推优入党”工作，实现近百名职工“推优入党”，在19家产改试点企业打造“红色车间”和“先锋班组”，在10个区级重点工程立功竞赛工地打造“红色工地”“硬骨头班组”。党史学习教育市委第二巡回指导组充分肯定区总工会党史学习教育工作。

【工会组织建设】 2021年，黄岩区新建工会组织125家，发展会员12392人（其中新业态、新就业群体建会70家，覆盖企业648家，会员7602人）。深化基层工会规范化建设，打造台州传化洲锽公路港工会联合等一批规范化试点单位。加强“职工书屋”规范化建设，新建市级“职工书屋”3家，创建市级以上职工书屋99家，其中国家级6家。加强工会志愿者队伍建设，建立工会志愿服务队伍188支，涵盖志愿者23170人。

【产改工作】 2021年，召开全区产业工人队伍建设改革协调小组会议、产改经验交流会等，建立产改协调机制，确立非公企业产改试点单位18家，其中省级试点单位2家，市级试点单位2家，并在规模以上企业推开。推进产教融合，与台州科技职业学院、浙江新菱电机等达成产教融合战略合作。推进劳模工匠创新工作室结对共建，主导结对创新工作室12家，关联企业15家。

【技能竞赛】 2021年，联合区发改局开展重点工程立功竞赛，在104国道头陀至院桥段、区医疗卫生中心建设工程等10

个重点工程项目开展“六比六赛”竞赛活动。承办全省模具设计、模具工和工业机器人应用与维护3项技能竞赛、3项市级技能竞赛，举办36项区级职业技能竞赛，带动镇（街道）开展技能竞赛21场。职工安全隐患随手拍线上参与率全市第一，在市安全生产合理化建议评选中荣获特等奖1个、二等奖1个。

【劳模工匠】 2021年，新推评“浙江工匠”3名，“台州工匠”11名，创建省级高技能人才（劳模）创建工作室1家，市级高级技能人才（劳模）创新工作室3家，区级劳模工匠创新工作室8家，杨文杰劳模创新工作室被评为中国长三角地区劳模工匠创新工作室，“浙江工匠”陈主锐的“缝纫机研发技术”入选“长三角工匠绝活”。联合人社、市场监管、经信科技等单位，举办培训科目45项，培训各行业职工1万多人次。开展“名师带徒”活动，结对109对，举办“劳模工匠夜话”论坛8期，参与劳模工匠120人次。

【工会普法维权】 2021年，劳动争议巡回维权调解室入驻黄岩区矛盾调解中心。打造“职工说法”品牌，建立规上企业“职工说法”工作室13家，开展“职工说法”活动16场，开展劳动法律监督、法律体检322次，调处劳动争议37件，为职工讨回经济补偿、工伤赔偿等85.6万元，调处率100%。加强协调劳动关系三方机制，培育和谐企业创建示范点6家，培育行业和区域集体协商示范点2家，全区签订集体协商协议950份。开展“尊法守法·携手筑梦”法律服务行动，动态完善镇（街道）以上工会法律服务队伍14支，开展法律服务43场，发布普法专栏60期。

【工会帮扶职工促就业】 2021年，开展“关爱帮扶促就业，稳岗留工促发展”主题就业服务月活动，线上线下举办招聘会23场，为351家企业发布2099个岗位信息，拟招聘职工6587人，达成就业意向3486人。开展转岗、再就业职工技能培训，使用资金9.48万元，培训职工361人。联合中国移动公司黄岩分公司建设户外劳动者服务站点“爱心移站”16家，与中国电信黄岩分局合作建立“爱心翼站”，建立爱心港湾11家，开展职工心理讲座11场，台州传化洲锽公路港联爱心驿站被中华全国总工会评为2021年“最美工会户外劳动者服务站点”。

【职工医疗参保、慰问、公益活动】 2021年，黄岩区医疗互助参保职工82304人次，金额206.3万元。组织8批221名一线职工和优秀企业工会干部疗休养。开展“送清凉、暖人心”活动，走访企业53家，慰问职工1.62万多人，慰问资金24万元。开展两节“送温暖”活动，全区各级工会慰问困难职工655人次，发放慰问金34.9万元。开展“为留黄外来职工”送温暖活动，慰问外来职工242人，发放慰问金9.58万元，赠送年货礼包205份。全区新建“妈咪暖心小屋”6家，其中市级示范点1家。开展公益交友活动4场次，其中省、市、区三级工会联合举办“浙工缘”交友活动1场，开展暑期爱心托管3场。

【工会队伍建设】 2021年，落实从严治党主体责任，按期完成巡察回访整改工作，深化“清廉机关、模范机关”建设，机关党支部成功创建第二批“市级机关先锋党支部”。打造“三服务"2.0版本，常态化开展"当一周工人、体工会初心"活动。推进数字化改革，依托"浙里办"平台，打造职工驿家服务平台，开展新业态入会、思想引领、普法专栏、职工普惠等服务。建成区总工会职工活动中心，规范管理制度。落实小微企业工会经费支持政策，做到应返尽返。

【先进名录】

2021年黄岩区受表彰的全国先进集体一览表

表46

获奖单位	获奖称号	授奖单位
台州传化洲锽公路港联爱心驿站	2021年"最美工会户外劳动者服务站点"	中华全国总工会

2021年黄岩区受表彰的浙江省先进集体一览表

表47

获奖单位	获奖称号	授奖单位
杨文杰劳模创新工作室	中国长三角地区劳模工匠创新工作室	中国长三角地区职工劳动技能创新立功竞赛组委会
陈小兵劳模创新工作室	第十一批浙江省级高技能人才（劳模）创新工作室	浙江省总工会、浙江省科学技术厅

2021年黄岩区受表彰的浙江省先进个人一览表

表48

获奖人	获奖称号	授奖单位
王　成	2016—2020年全省普法工作先进个人	中共浙江省委办公厅　浙江省人民政府办公厅
王金熙	浙江省优秀工会工作者	浙江省总工会

2021年黄岩区受表彰的台州市先进集体一览表

表49

获奖单位	获奖称号	授奖单位
黄岩区总工会	台州市工会工作考核优秀单位	台州市总工会
黄岩区总工会机关党支部	第二批市级机关先锋党支部	中共台州市委直属机关工作委员会

2021年黄岩区受表彰的台州市先进个人一览表

表50

获奖人	获奖称号	授奖单位
陈逸歆	台州市创建和谐劳动关系先进个人	台州市构建和谐劳动关系工作领导小组办公室

（区总工会　韩　慧　金　鹏）

共青团黄岩区委员会

【概况】 2021年,共青团黄岩区委员会(简称共青团黄岩区委)承担省级试点1项、市级试点1项,承办省级活动2场,市级活动7场。共青团黄岩区委获得台州市共青团工作综合评价优秀县市区和全市共青团工作、青年工作创新奖单位。

【青年创业培训】 2021年,依托国家级众创空间——“本地早”青年孵化园开展“青年工匠分享会”“创业不惑”“拿云行动”等各类培训交流活动,培训创业青年980人次。承办“青年英才 梦创台州”行动,开展2021年“青燕归巢”寒假实习季、暑期毕业季活动,为430名黄岩籍在外大学生提供实习就业岗位。黄岩区青年企业家协会获评AAAAA级社会组织、2020年浙江省青年企业家协会工作先进单位、2021年度浙江省品牌社会组织。组织黄岩籍在外大学生携手清华学子共同探索县域层面推动共同富裕的理论体系、工作体系、政策体系和评价体系。发动青年企业家将企业生产线搬入西部山区村庄,助力构建“小橘灯”共富产业链。联手爱心企业家投资10万元在宁溪中心小学打造“红领巾书屋”。

【青年理论宣讲】 2021年,承办追寻“真理的味道”台州市“新时代 青年说”宣讲大会,“学党史、强信念、跟党走”2021年台州市党团队知识竞赛。推出“红色朗读亭”“红色留声机”系列活动。推出黄岩青年红色研学地图,开展浙江红领巾公益基金“红暖一冬”系列活动。打造“小青橘”青年理论宣讲品牌,并孵化“畲小川”“小红花”“小翠笋”等一批“8090”特色宣讲队伍。“小青橘”双语讲解志愿者先后为全国工业年会、中德台州论坛等各级现场会提供讲解服务。

【青少年关爱工作】 2021年,连续6年发起“微爱圆梦 点亮心愿”活动,为120名困境儿童点亮心愿。连续5年发起“温暖光影庆六一”行动。抓好青少年零犯罪零受害社区(村)市级试点工作,12355青少年服务平台和青少年维权岗整体功能得到提升。

【青年志愿服务】 2021年,发起“七彩课堂”公益行动,助力双减,探索将托管服务纳入自主研发的“青春社区”程序平台,在全区11个社区试运行。连续6年发起暑期社会实践活动,推出系列社会实践项目。连续5年发起“暖冬行动”,为西部群众提供“上门式”志愿服务。发起“百场志愿服务活动献礼建党百年”志愿服务活动。承办2021年浙江省亲青帮“三禁三防三自”主题活动。开展“开学法治第一课”宣传活动,百名团干、青年志愿者深入全区13所中小学开展法治教育。组建防疫青年志愿者队伍,开展助力疫苗接种、致敬一线战疫人等系列助力疫情防控系列志愿服务。推出“阿早带你创文明”系列志愿服务行动,累计发动青年志愿者1500余人次,开展系类活动300多场次。

【青年干部人才培训】 2021年,共青团黄岩区委造“青马工程”,推出全区年轻干部青马培训班。联合区委组织部“荐”“挑”“比”吸纳全区40名1995年后出生的年轻干部,将考核成果纳入干部全周期培养档案。50名青年企业家协会会员赴上海交大开展为期一周的集中培训。开展青年人才亲青恋工作，承办“心动了一夏”台州市高科技青年人才交友活动，举办“穿越百年，我是否还能遇见你”活动，覆盖青年群体近500人次。

【青少年综合服务】 2021年，完成区级青少年活动中心选址。设立“黄岩区青少年服务中心”。召开全区青年联席工作会议第二次全体扩大会议，出台《黄岩区青年发展“十四五”规划》。打造青年文化街区，以“青年路，一路青年”为主张，在永宁江畔打造以“共青团影厅”“朵云书院”青年志愿者礼遇基地、“冰山咖啡”青年“冰山一角”议事厅为地标的全区青年文化街区。着力打造e厘米支部——黄岩青年网上服务平台。上线6大类，涵盖16项场景应用。

【共青团队伍建设】 2021年，共青团黄岩区委机关团组织负责人走上讲台，为团员青年送上“学习套餐”。组织在黄岩区青联委员、部分区青联委员开展重点工程调研活动。支持和鼓励各直属机关团委团结凝聚二级团组织和体制外的团员青年来充实活跃机关团的工作力量。以“一二三四五”致远工程为主阵线，开展“一机关一品牌 一支部一特色”行动，形成“YPC青警突击队”“税小橘”“跑小青”等为代表的黄岩机关团建工作品牌矩阵。打造特色团干凝聚品牌：一季度一主题，开展“犇跑吧，团团子”“battle吧，团团子”等“团团子”系列活动。在台州市青年社会治理微创新项目大赛中，黄岩“灯塔工程”“青年报到 请您点单”“小桔e站 益站益家”分别获银奖、优秀奖。

【先进名录】

2021年黄岩区受表彰的浙江省先进集体一览表

表51

获奖单位	获奖称号	授奖单位
黄岩团区委	浙江省中长期青年发展规划实施试点	团省委
黄岩区青年企业家协会	2021年度浙江省品牌社会组织	浙江省民政厅

2021年黄岩区受表彰的浙江省先进个人一览表

表52

获奖人	获奖称号	授奖单位
林怡涵	浙江省“新时代好少年”	共青团浙江省委
周正富	2021年度浙江省社会组织领军人物	浙江省民政厅
杨王伟	2021年浙江省成绩突出共青团干部	共青团浙江省委
何英豪、郭振、刘艳力、蔡宇 王金剑、何宁	2021年浙江青年工匠	浙江省人力资源和社会保障厅、 共青团浙江省委

2021年黄岩区受表彰的台州市先进个人一览表

表53

获奖人	获奖称号	授奖单位
叶天健、陈小兵	台州市最美垦荒青年	共青团台州市委
何曼琪、林俊敏	台州市优秀垦荒青年	共青团台州市委

（团区委　陈慕涵）

黄岩区妇女联合会

【概况】 2021年，黄岩区妇联对接省妇儿基金会“留守巾帼当自强”项目在黄岩试点实施，第一期工程在茅畲、宁溪两地铺开。年内，举办妇女技能培训约100场次，惠及3660人次，发放农村妇女创业小额贴息贷款403万元，惠及43名创业妇女。完成东西对口结对援助资金18.2万元，超额完成区里下达任务5万元。

【妇女儿童困难帮扶】 2021年，帮扶助力民生享富，完成市、区交办的两项民生实事项目，为2316名低保低边妇女购买女性健康公益保险，做到低保低边妇女应保尽保；完成22个儿童之家创建的全年目标。区妇联本级全年帮助困难妇女儿童、留守妇女儿童等特殊群体逾50万元。精准帮扶助共富，关注“一老一小”，项目化关爱70周岁以上离退职老妇女主任和自闭症等精神障碍儿童。组织防疫巾帼志愿者主动参与到核酸检测、秩序维护、政策宣传等防疫工作中，联动社会专业力量，提供维权帮扶、心理疏导、情绪安抚等服务；线上推出“我们在‘疫’起”等家庭教育微课堂，传播家庭和谐、共抗疫情的正能量。

【妇女儿童权益保护】 2021年，建立“家+合”婚姻家事调解品牌工作室，被评为浙江省首批品牌婚调工作室。构建区乡村三级婚调阵地，闭环式婚姻家庭危机干预服务体系。与法院联动，推进妇女儿童权益保护合作机制建设，联合出台《关于建立妇女儿童人身权益保护衔接工作机制的意见》，创新建立涉妇女儿童人身权益保护案件快速响应机制和涉妇女儿童家庭暴力案件申请、审查便捷机制。与公安部门联动探索反家庭暴力工作新举措，开展“全民反诈骗 共建平安家”系列活动，推进反诈骗宣传。以《中华人民共和国未成年人保护法》《中华人民共和国预防未成年人犯罪法》出台为契机，与检察院、法院等多部门联合商议建立预防侵害未成年人、维护女童权益全程化关护机制。

【妇女创业发展】 2021年，推进新业态、新就业群体党建带妇建试点工作，在垃圾焚烧发电厂、模具博览城等永宁江北岸两新组织建立“宁江风韵”妇建示范带，在快递、物流、网络等行业成立妇联组织，在55家“小橘灯”暖心工坊成立巾帼联盟，协调商圈等资源建立女大学生创业创新孵化基地、女性创业就业实践基地、网红孵化基地等女性创业平台，推进区域妇女创业资源共享、市场互通、合作共进。

【廉洁家风家庭建设】 2021年，出台黄岩区家庭教育“十四五”规划。推进家庭建设综合平台进村社工作，在北城街道后庄村建成“和合传万家”家庭建设服务中心示范点；线上研发“橘乡她e家”云服务平台，将家庭服务“尽收掌上”。打造“以爱之名，清风徐来”家风传家主题，通过举办草坪清廉故事会、家风家训书画展、征集清廉家书等形式，倡导廉洁家风。

【女科技工作者联盟】 2021年，落实省科技创新六大巾帼行动方案，筹备成立黄岩区女性科技工作者联盟。与区科协联合举办黄岩区“爱在五月 缘起湖畔”科技人员公益交友大会。发挥永宁江科创带、梦创园等创新创业服务平台优势，通过项目联动、巾帼入驻、资源共享等形式孵化、培育、扶持巾帼科技创新基地、女大学生实践基地等，为女科技工作者成长进步、施展才华提供帮助和服务。健全在外黄岩籍女科技工作者数据库，搭建女科技工作者“+引智、+资源、+人才、+共富”等平台，引导在外女科技工作者回报桑梓、反哺家乡。

【先进名录】

2021年黄岩区受表彰的浙江省先进集体一览表

表54

获奖单位	获奖称号	授奖单位
黄岩区妇联	浙江省实施妇女儿童发展规划成绩突出集体	浙江省人民政府妇女儿童工作委员会

（区妇联　许樱子）

黄岩区科学技术协会

【承接高层次论坛】 2021年，黄岩区科协与黄岩区委人才办联合承办2021台州市药物工业发展研讨会暨院士专家项目成果转化对接会。承办2021中国创新设计大会暨第二十五届全国工业设计学术年会。区科协、区委人才办、区人力社保局和区经信科技局联合承办台州·黄岩第五届全球高层次人才创业大赛决赛。区科协和区委人才办共同承办的第三届穆勒论坛暨光电技术研讨会在台州黄岩成功召开。

【科学协会工作】 2021年，围绕建党100周年开展学会党建活动，以科技人才联谊会为抓手，组织全区各条战线的科技工作者去安吉开展“迎七一，学党史，铭初心，讲奉献”红色教育活动；开展“全国科技工作者日”系列活动，联合市科协举办第十三届科技人员暨黄岩区第七届公益交友大会。召开学会工作会议并发文部署组织开展“百家学会联千企（村），千名专家助万企（村）”活动103场。

【“三长项目”】 2021年，评选“三长项目”示范项目11个，分别为老年人中医药养生保健知识普及教育项目，新冠肺炎疫苗的宣传与接种项目，“儒家特色文化”的德育创新项目，实施“学与做”科学项目，提高学生科学核心素养项目，富山乡高山水果产业发展项目，农技培训助力乡村振兴项目，加州鲈山塘生态养殖技术推广项目，幼树柑橘园套种旱地水稻技术模式研究项目，红心猕猴桃蔬果增效技术应用项目，大棚柑橘套种甜瓜优新品种模式项目，茭白田套养甲鱼项目。

【科普惠农】 2021年，筹措资金10多万元，为全区文化礼堂送去近千本科普书籍，为居民送去近万本科普读物；组织科技人才开展课题研究、建言献策，为党和政府科学决策提供参考，年内，收到3篇建言献策文章，分别为《关于黄岩障碍土壤调查及生态修复的建议》《关于振兴黄岩杨梅产业的思考与建议》《关于"黄岩模具小镇"建设的几点意见》，并在《橘乡科普文艺》上发表；组织农函大培训15场。

【科普宣传】 2021年，举办黄岩区"全国科普日"活动。开展科普教育基地创建活动，年内，完成市级科普基地认定2家，区级科普基地认定1家；完成科普大篷车"三进"活动60场；完成"科普中国"App新增注册量4032人、传播量150多万次，月活榜1.94万人；获中国科协2021年度科普中国信息员队伍建设优秀单位表彰；完成科技志愿服务注册566人，招募并开展志愿服务6场；开展"银龄跨越数字鸿沟"科普专项行动，区科协联合中国移动黄岩分公司创新工作方式方法，"银龄跨越数字鸿沟"（教老年人用电子产品）活动160多场，培训1万多人。

【少年科学院和科普进校园活动】 2021年，开展大篷车校园行活动28场次；组织师生160余名参加科学嘉年华活动；组织开展少年科学院和科普进校园活动；完成中科院老科学家科普进校园巡讲12场；组织开展区第二十二届科技创新大赛活动；在浙江省青少年科技创新大赛中，黄岩区获得一等奖5名，二等奖5名。

【博士创新站院士合作项目】 2021年，新建顺丰（黄岩）智慧物流实训中心、台州民新科技有限公司、黄岩甜口福家农场、台州市向上农业有限公司、黄岩蓝康家庭农场5家博士创新站；新增瞿金平院士"2800吨高精密注塑节能注射成型机项目"和李德群院士"精密注塑模具智能化设计成型技术应用"2个院士合作项目；促成中国机械工程学会与黄岩模具设计基地共同设立中国好设计台州分中心。

【先进名录】

2021年黄岩区受表彰的全国先进集体一览表

表55

获奖单位	获奖称号	授奖单位
黄岩区科协	2021年科普中国信息员队伍建设优秀组织单位	中国科协

（区科协　陈悠悠）

台州市黄岩区文学艺术界联合会

【概况】 2021年，黄岩区文学艺术界联合会（简称黄岩区文联）开展"艺连民心　文润永宁""到人民中去"党史教育文艺宣讲志愿服务活动。创作独唱《永远跟党走》、黄岩评书《长征路上》、排舞《橘乡鼓韵》、舞蹈《永不磨灭的印记》、话剧《信念》、民乐《桐坑星火》等一批文艺精品，全区组织开展文艺宣讲活动72场，服务群众1.5万多人次。百场党史小故事宣讲60多场。

【文艺助力】 2021年，动员发动各类文艺名家走进乡村，探索文艺、助力“共同富裕”。先后在北洋潮济老街、富山半山村、屿头布袋山村等地设立文艺创作基地，组织文艺家深入乡村采风创作，因地制宜打造一批民间舞蹈、民间音乐等乡村文艺作品和乡村文艺品牌活动，为乡村振兴提供智力支持和精神动力。先后邀请《星河》《中国小诗》等全国知名刊物主编到黄岩开展采风活动，举办“台州山海行”浙江省摄影名家走进黄岩、“千年古镇 魅力台州后花园”全省摄影大赛以及“千年永宁 中华橘源 模具之都”摄影作品展，记录黄岩城市新变化，讴歌家乡建设新成就，感受乡村新面貌。

【文艺活动】 2021年，举办庆祝中国共产党成立100周年戏曲专场晚会、庆祝中国共产党成立100周年交响合唱音乐会，让观众在戏曲音乐声里重温党的光辉历程。开展“百年风华”庆祝中国共产党成立100周年书法、美术、摄影作品展以及永宁畅想——庆祝中国共产党成立100周年永宁画社书画作品展，并在各农村文化礼堂进行巡展。举行“池幼章文学奖”颁奖典礼，承办上海之春——张觉平独奏音乐会，“新三百六十行”——沈雷、沈扬剪纸作品展，文笔宋韵——王坚个人作品展。开展“艺”心向党系列文艺活动，全区各乡镇街道文联聚焦“建党百年”这一主题，开展200余场文艺活动，向建党百年献礼。

【文艺惠民】 2021年，送文艺下乡。组织书法家协会书法家20余名，集中书写春联800余幅，送给基层群众；举办拍摄“新黄岩人全家福”活动，在黄岩各街道、乡镇及企业拍摄70组“新黄岩人”家庭全家福，丰富留在黄岩过年的“新黄岩人”的春节文化生活，感受黄岩“家”的团圆与温暖。举办“在黄过大年”新黄岩人摄影大赛，让在黄岩的新黄岩人过一个有意义的春节。区文联下属11个协会的骨干文艺人才，与基层建立结对关系定期授课，多层次、针对性地解决基层群众最为迫切的文化需求。全年开展文艺授课118节，受惠群众近3000人次。

【文艺人才培养】 2021年，培育发现一批青年文艺人才。3人作品入选浙江省青年书法大展，2人作品获得浙江青年美术作品展优秀奖，2人作品入选全国青年美展。王跃国作品入选第28届全国摄影艺术展览、梁雷斌作品入选中国18届国际摄影艺术展，余智伟喜获2021年“浙江商业摄影十杰”提名。沈扬入选浙江青年文艺人才“新峰计划”。据不完全统计，全区370人(次)在各级赛事获奖或发表。全区新增国家级会员3名，省级会员12名。

(区文联　张妙婷)

黄岩区残疾人联合会

【概况】 2021年，黄岩区残疾人联合会(简称黄岩区残联)有机关工作人员18人，内设办公室、综合科，下设黄岩区残疾人事务中心1个事业单位及5个专门协会，各乡镇(街道)、村居(社区)均设有残联组织，各乡镇(街道)残联均配备专(兼)职理事长和残疾人专职委员。年末，全区有持证残疾人18740

人，其中肢体残疾8172人，视力残疾921人，听力残疾5078人，言语残疾169人，智力残疾1880人，精神残疾1526人，多重残疾994人。

【残疾人康复服务】 2021年，开展残疾人精准康复工作。为2315人次符合条件的残疾人免费提供基本康复服务，残疾人精准康复服务率100%。全年完成白内障免费复明手术59例，验配助视器、助听器10台，安装假肢2例，残疾人辅助器具适配26件。实施残疾儿童康复，为101名0～8周岁的残疾儿童开展基本康复服务，补助金额206多万元。开展精神病防治工作，开展免费服药2046人次，享有住院治疗补贴559个疗程，补助金额约68万元。

【“残疾人之家”建立】 2021年，建成“残疾人之家”20家，经市残联委托的第三方机构评定验收，沙埠凯志“残疾人之家”从“三星级”提升至“四星级”，其余19家“残疾人之家”全部保星定级，完成年度民生实事任务。全区20家“残疾人之家”与党支部进行结对，完成党员志愿服务357人次。

【残疾人社会保障实施办法】 2021年，修订出台新的《台州市黄岩区残疾人社会保障实施办法》（黄政办发〔2021〕21号）完善残疾人社会保障、就业等方面的政策。完成重度护理补贴7784人次，资金发放1682.3万元；困难生活补贴4769人次，资金发放1420.75万元。实现城乡居民基本医疗保险全覆盖2621人，补助146.776万元。发放残疾人个体工商户和灵活就业参加基本养老保险补贴147.203万元，惠及792名残疾人。实现区18992名残疾人重大疾病及人身意外伤害商业保险全覆盖，149.992万元。

【残疾人就业】 2021年，审核165家安排残疾人就业企业，安置残疾人912人，为41家超比例安置残疾人企业拨付奖励金额118.152万元。全年为60人次残疾人发放就业贴息资金23.5887万元。培育市级种养大户13家、区级大户2家，补助8.4万元。组织抖音短视频、油画创作、中西面点师等培训，全年新增培训人员214人；组织残疾人参加省、市盲人按摩培训、电商培训、仙居针刺无骨花灯制作等培训29人次。全年为残疾学生647人次，贫困残疾人子女140人次发放教育补助资金118.75万元；为14名残疾人大学生发放2021年学费和住宿费减免救助资金17.066万元。

【残疾人宣传活动】 2021年，以“全国助残日”“国际残疾人日”“全国残疾预防日”“全国特奥日”“爱耳日”“爱眼日”等残疾人重大节日为契机，围绕主题开展专题活动。以农村文化礼堂为平台、以“四万工程”建设为主抓手，举办残疾人文体进农村文化礼堂活动24场。联合黄岩区委宣传部，组织无障碍观影16场，观影残疾人1180人次；联合宣传部、乡镇（街道）党宣办、文化站，向视力、听力和重肢残疾人发放收音机、赠送耳机，开展“红色听书”活动。

【残疾人运动会】 2021年，备战台州市第四届残疾人运动会，组建一支残疾人运动员46人、教练员5人、工作人员和志愿者10人的体育代表团，参加田径、游泳、乒乓球、飞镖、旱地冰壶等8个项目，其中飞镖、旱地冰壶为特色项目。

【无障碍进家庭】 2021年，实施无障碍进家庭，为64户困难残疾人家庭实施无障碍家庭改造，投入资金31万元。指导东城街道砚池社区成功创建省级无障碍社区，开展省级无障碍社区宣传服务活动。

【残联基层组织建设】 2021年，出台《关于加强和改进村级（社区）残疾人协会工作的通知》（黄残工委〔2021〕4号）文件，借助区级换届代表选举的有利时机，完成组织体系建设、专职委员队伍建设和19个乡镇（街道）、343个村居社区残协组织的规范化建设。选配主席343名、副主席340名、委员755名、专职委员343名，村（社区）残疾人协会建成率、专职委员配备率100%。

【残联数字化改革】 2021年，完成台州市残联数字化改革"揭榜挂帅"项目3个：低收入残疾人预警帮扶平台、"残疾人维权"系统、"助明——白内障"系统，实现上线运行。争取全市唯一、全省仅12个县市区参与的"浙江省智能化残疾人证试点"地区，全年完成全区18714名残疾人三代智能证的换发工作。争取台州唯一、全省仅3个县市区参加的省级"残疾人居住品质提升先行区"，以无障碍进家庭为基础，探索"残疾人公寓"建设和实施"净居亮居"工程，提高残疾人居住品质，实现残疾人共同富裕。

【先进名录】

2021年黄岩区受表彰的台州市先进集体一览表

表56

获奖单位	获奖称号	授奖单位
黄岩区残疾人联合会	台州市残疾人工作突出贡献集体	中共台州市委　台州市人民政府

2021年黄岩区受表彰的台州市先进个人一览表

表57

获奖人	获奖称号	授奖单位
洪铭婉	台州市残疾人工作突出贡献个人	中共台州市委　台州市人民政府

（区残联　王雅楠）

红十字会

【概况】 2021年底，黄岩区19个乡镇街道、46所公立中小学建立红十字组织，有村级红十字会95个，发展团体会员12家，成人会员4142名，青少年会员9216名，志愿者838名。

【红十字会组织建设】 2021年，黄岩区红十字会完成《黄岩区红十字事业发展"十四五"规划》编制。新建57个村居（社区）红十字会，重点打造西城街道迎春社区、新前街道前洋方村等红十字博爱家园和九峰公园、柔川等AAAA级景区红十字救护站，全区新增红十字会员1580名，收缴会费19070元。红十字基层组织示范引领作用更加凸显。西城、澄江街道“党建领红建”，江口街道红十字会助力养老服务，南城、新前街道红十字会参与社会治理网格化服务等一批红十字工作站示范点，特色明显，形成示范带；西城街道迎春社区红十字会，建有红十字志愿服务队，定期开展救护培训、人道慰问、志愿服务等活动，搭建群众互亲、互助、互爱平台，“小阵地”做出“大文章”；院桥中心小学打造红十字教育示范基地，融素质教育、劳技实践、课堂教育为一体，创新推进红十字人道精神传播与德育工作的有机结合，被评为浙江省突出贡献红十字基层组织；与人防办协作，在黄岩九峰公园建设生命教育体验馆，向民众普及红十字运动历史和应急自救互救知识，引导群众树立良好的应急安全防范意识，扩大红十字工作影响力。

【造血干细胞捐献工作】 2021年，规范造血干细胞捐献工作流程，加强服务保障，“两捐”人数增长，全年实现造血干细胞新增入库92人份，反悔率为零，完成目标任务的153%。新增造血干细胞捐献3例，保持高增长，累计捐献16例。台州市第一人民医院医生郑挺、红十字救援队队员王海斌等志愿者，成功捐献造血干细胞，这些“生命种子”给远方素不相识的血液病患者点燃生的希望。

【应急救护培训】 2021年，提质拓面，推动应急救护培训普惠民生。推进应急救护培训名师工作室建设，年内新增2家，构建“群众身边”的红十字应急救护服务阵地。组织参加2021年台州市红十字应急救护大赛活动，荣获团体二等奖；全年累计普及培训31025人次，新增注册红十字救护员2910人，完成率居全市前列。开展应急救护培训进文化礼堂活动，实行群众下单点课，红会上门授课，针对不同人群、不同地域、不同时间段的差异化需求，采取“必修课”加“选修课”相结合的灵活方式，服务基层更具实效。针对外贸出口型企业必须配备红十字救护员要求，开设企业应急救护培训“绿色通道”，实行“妈妈式”服务，主动为企业“送课”。全年在永高公司、黄岩二职校等地增设配置13台AED(自动体外除颤器)，全区设置26台AED，并对管理人员进行操作培训，以便为心搏骤停者获得黄金抢救时间。

【救灾救助】 2021年，加强备灾救灾仓库标准化建设，科学规范管理物资装备。重新整编区红十字应急救援队，招募吸收有技能特长的热心爱心人士加入队伍，壮大救援力量，协同区住建设局(人防办)举办应急救援演练活动。台风期间，区红十字应急救援队前往长潭水库参与巡防和救援，确保安全度汛。各乡镇(街道)红十字会组建应急救援、应急救护、后勤保障临时工作组，组织会员、志愿者冲锋在前，加入危房人员转移、隐患点排查、物资储备、巡逻宣传防台抗台工作中去，最大限度保障人民生命财产安全。精准帮扶，满足群众日益增长的人道需求。全年累计收到社会各界爱心机构、人士常规性捐款101万元。连续10年开展“红十字博爱送万家”暨送医送药下乡活动，提供医疗服务，关爱困难家庭，年内问富山、茅畲、平田等地100余户困难家庭，款物5.9万元；拓展“蔚蓝天空”青少年帮扶活动，帮助贫困青少年“爱心圆梦”；用好毛源昌光学眼镜助学基金，对4

名贫困大学生进行爱心资助；参与东西部对口扶贫援助，参与对新龙县开展扶贫助学助医等活动。

【志愿服务】 2021年，汇聚社会爱心力量，以服务暖人心、以成效得口碑。年内常态化开展志愿服务活动21次。红十字博爱月期间，围绕“关爱生命、‘救’在身边”主题，开展造血干细胞宣传动员、防灾避险知识竞赛、急救培训、“我是红十字人”主题宣誓等活动。红十字志愿者多次开展“文明城市创建、红十字在行动”志愿服务活动，参与卫生清理、文明劝导、交通治堵等活动；开展暑期防溺水知识宣传，构筑防溺水安全网；做好台风防御工作和灾后援助等工作。

【先进名录】

2021年黄岩区受表彰的全国先进集体一览表

表58

获奖单位	获奖称号	授奖单位
黄岩区红十字会	2021年中国红十字应急救护知识竞赛单位组织一等奖	中国红十字会总会

（区红十字会　朱　斌）

人民武装

【理论学习】 2021年，坚持用习近平强军思想武装头脑、建部育人，开展党史学习教育和学习贯彻习近平主席"七一"重要讲话活动，组织庆祝中国共产党成立100周年系列活动，拓展"六史"教育（中央党史、新中国史、改革开放史、社会主义发展史、人民军队史、民兵史）和"永远跟着党走"岗位实践，开展政治氛围布建整改，民兵政治教育紧实推进。全年中央级媒体刊登用稿4篇，省级用稿6篇，市级用稿316篇，发表理论调研成果6篇。

【党管武装】 2021年，落实党管武装七项制度，着力解决2类5项制约武装工作难题（专武干部队伍建设、增加人武部机关和民兵训练基地事业编职工编制、职工使命、购买用工服务、补充应急装备经费）。组织乡镇机关宣布基层武装部政治教导员宣布命令大会。每月编辑《黄岩武装（国动、国教）工作简报》分送四套班子主要领导，建立部委局办武装工作联系人制度，将国动、国教系统成员单位纳入武装工作考核范畴，全区上下党管武装意识明显增强。

【训练战备】 2021年，推进战备建设，强化陆上情报侦搜，修订完善兵要地志，制订完善19套专项任务方案体系，定期检验拉动应急连排民兵全员额全内容全要素紧急出动演练。坚持实战化标准，抓实干部、文职、专武干部等6支队伍军事训练，提升组织指挥和应急处突维稳能力。全年参加各类集训21次，落实训练时间111天888小时。出动民兵紧急处置新冠肺炎疫情防控、防抗台风"烟花""灿都"、扑灭山火等各类任务13起（次），遂行多样化军事任务的能力提高。民兵应急分队战备状态保持好，作用发挥突出。

【国防动员】 2021年，完成"台州动员"——2021国防动员演习，探索以支援保障陆上方向作战国防动员为课题的5项研究成果；启动乡镇（街道）武装部、民兵营连部"评星挂牌"建设向村居延伸；完成退役军人档案移交工作（1739分）；探索"一年两征"模式，协调区委、区政府出台《黄岩区大学毕业生入伍奖惩实施办法（实行）》《黄岩区处置兵役违法行为督行规定》，完成新兵征集任务，大学生比例100%，大学毕业生比例49.1%，理工科类大学毕业生比例35.3%。

【国防教育】 2021年，全区建成国防教育日暨省第10个国防教育宣传周系列活动，国防教育进文化礼堂230场次，地方19所中学开展“国防在我心中”中学生主题演讲比赛和27所中小学“十大英模”进学校，建好闹市主街国防教育长廊建设，促进国防教育普及。

【后勤保障】 2021年，推进民兵训练基地（国防动员训练中心）建设，完成一期升级改造项目，推进二期工程建设；加强营院日常维护管理，探索物业社会化保障、民兵集训伙食住宿、实弹射击、车辆运输、卫生勤务保障新模式，开展资产大清查，重建部机关伙食保障、营院卫生、营门管理和基地守卫模式，组织枪支弹药拉网过筛式大排查，完善常态化防控措施，新冠肺炎疫苗接种率100%。

【安全管理】 2021年，学习贯彻《军队安全管理条例》，严格落实风险评估、形势分析、安全教育、自查自纠等安全管理制度，组织每月军警民联防和反恐防暴演练和每季度安全法规条令考试，开展“百日安全活动”，完善10类应急预案，规范保密工作秩序，落实安全制度。彻底清查清理流毒信息，保证绝无遗存。严格政治考核，组织开展形势政策教育、隐藏斗争和“四反”工作，单位政治安全得到有效保证。

【先进名录】

2021年黄岩区受表彰的浙江省先进集体一览表

表59

获奖单位	获奖称号	授奖单位
黄岩区人武部	全省征兵工作成绩突出单位	浙江省军区
黄岩区民兵应急连	先进民兵分队	浙江省军区

2021年黄岩区受表彰的浙江省先进个人一览表

表60

获奖人	获奖称号	授奖单位
胡文东	2021年度优秀党务工作者	浙江省军区
梁庆功	2021年度民兵工作先进个人	浙江省军区

2021年黄岩区受表彰的台州市先进个人一览表

表61

获奖人	获奖称号	授奖单位
王　振	2021年度军分区嘉奖	台州市军分区
谷　莹	2021年度优秀职工	台州市军分区

（区人武部　张雨兴）

退役军人事务管理

【概况】 2021年，黄岩区有退役军人服务中心(站)362家，创建完成32家“枫桥式”服务中心(站)，171家获评“示范型”退役军人服务站，5家红色退役军人服务站，4家企业(行业)退役军人服务站。

【服务体系改革】 2021年，在军人退役“一件事”的基础上，打造未来社区(乡村)退役军人场景微应用(市厅级试点)。对8项高频事项业务办理流程进行重塑，在浙里办设立“永宁兵站”，形成“退役军人办事专区”及“未来社区服务专有窗口”。年内，通过浙里办退役“一件事”办理退役的士官和义务兵，100%实现2个小时内办结。研制“督考一体”工作落实机制，梳理6大项主要任务，34项小任务，录入浙政钉“兵永宁”督办事项管理系统。

【优抚安置】 2021年，做好年度军转干部和士官安置工作。打造退役军人创业孵化园并成立就业创业导师队伍。举办退役士兵专场招聘会，对自主择业的退役军人，给予政策扶持。建立黄岩区退役军人关爱协会，设立区级退役军人救助基金，成立退役军人法律援助站。全年走访慰问重点优抚对象、企业军转干部、困难退役军人等600余人。

【先进名录】

2021年黄岩区受表彰的浙江省先进集体一览表

表62

获奖单位	获奖称号	授奖单位
黄岩区	退役军人全生命周期管理保障工作成绩突出集体	浙江省退役军人事务厅
黄岩区退役军人服务中心	先进单位	浙江省委退役军人事务工作领导小组

2021年黄岩区受表彰的台州市先进集体一览表

表63

获奖单位	获奖称号	授奖单位
黄岩区	台州市争创全国双拥模范城突出贡献集体	中共台州市委、市人民政府
黄岩区退役军人服务中心	2020年度美丽台州建设突出贡献集体	中共台州市委、市人民政府

2021年黄岩区受表彰的台州市先进个人一览表

表64

获奖人	获奖称号	授奖单位
葛伟莹	台州市争创全国双拥模范城突出贡献个人	中共台州市委、市人民政府
万　祥	2020年度美丽台州建设突出贡献个人	中共台州市委、市人民政府
葛伟莹	台州市2021年三区中青年干部培训班优秀学员	中共台州市委党校(台州行政学院)

(区退役军人事务局　鲍嘉敏)

政法委与社会治安综合治理

【平安黄岩创建】 2021年，黄岩区政法委坚守“平安连创”工作主线，以“大巡防、大排查、大调处、大整治”行动为抓手，完善风险闭环管控的大平安机制，分系统、分领域推进平安黄岩建设“十五连创、金鼎加星”风险闭环管控12个专项行动，深化“平安校园”“平安医院”“平安企业”等系列平安创建，创新“九无”平安村居(社区)建设活动。全区全年未发生一起死亡3人以上的较大及较大以上事故；全口径道路交通事故亡人数同比下降7.02%；工矿商贸安全事故(亡人)数同比下降50%；火灾事故同比下降26%，实现平安黄岩“十五连创”，捧回“平安一星金鼎”，排名位列全省第十六名。

【维护社会稳定】 2021年，围绕“六个严防、三个确保”要求，落实涉稳风险闭环管控工作机制，实行“5+X”区乡村三级每周会商、每月研判、每季分析。完善区风评项目库报备机制，推动重大决策社会风险评估工作细化、指标化，全年完成风险评估27件。建立全市首个路地融合警务机制，加强对危爆物品、寄递业、散装汽油销售等监督管理，对党政机关、客运站、火车站、水电油气及危化企业等重点目标检查力度加大。开展防范邪教宣传月活动，每年宣传1000场次以上，提高群众识邪、防邪、拒邪能力。做好重点人员走访帮扶，维护建党100周年大会、党的十九届六中全会等重要节点期间社会大局稳定。

【县域社会治理】 2021年，以县域社会治理现代化试点工作为主线，创新发展新时代“枫桥经验”。推进“一中心四平台一网格”建设，打造县级矛调中心样板点，推广“善治永宁”元治理平台，场景用户注册人数12万人，发起任务1905件；推进乡镇街道社会矛盾纠纷综合调处化解分中心标准化建设，与乡级综治工作中心融合，实现窗口化、综合性、“一站式”服务功能；启动网格重塑工程，实行城市网格、城郊网格、乡村网格精准分类，优化治理资源配置，提升精细化管理服务水平。全区各级综治工作人员通过基层治理四平台录入处置事件20余万件，化解各类矛盾纠纷14248起，实现90%以上矛盾纠纷化解在基层，“民转刑”案件数同比下降22%以上。

【数字法治建设】 2021年，对标全省数字化改革数字法治跑道，组建数字法治系统建设工作专班，推进区级数字法治门户建设，培育重大试点项目，形成一系列具有黄岩特色的实践成果、理论成果、制度成果。区级政法各单位全年争取到省数字法治系统揭榜挂帅项目1个、省部级试点项目1个和5个市厅级试点项目。将数字赋能与业务提升紧密结合，通过改革项目、多跨场景串联的制度和理论，梳理出“已建、修改完善、新建”三类14项制度，3项理论成果，以数字法治“三大成果”推动全区政法工作高质量发展。

【执法监督工作】 2021年，履行政法委执法监督职能，组织开展重点案件评查工作，区级政法各单位采用“二人评查制”，对2018年以来容易滋生司法腐败、执法不公的案件进行评查，全年评查重点案件5170件，排查涉案警情3377

起。开展涉法涉诉信访案件化解专项行动，严格落实省、市交办27件涉法涉诉信积案的化解责任，采取沟通协商、案件评查、帮助教育、依法处理等各种有效措施予以化解。加强和规范国家司法救助工作，坚持公开公平公正、专款专用、管用分离、小额适时救助的原则，明确救助程序，做到应援尽援，全年办理司法救助申请24起，发放司法救助金42.68万元。

【政法队伍教育整顿】 2021年，把从严治警摆在更加突出位置，提升政法队伍整体素质。举办全区政法干警政治轮训班和英模事迹报告会，引导广大政法干警增强“四个意识”、坚定“四个自信”、做到“两个维护”，提高“政治三力”。定期组织全区政法信访工作业务培训班，提高队伍的专业技术、群众工作、科技运用、社会沟通等能力。开展政法队伍顽瘴痼疾专项整治行动，推动政法队伍在刮骨疗毒中自我净化。贯彻落实“八项规定”“六个严禁”等戒规铁律，建立健全政法干警警示教育、廉政党课等制度，推动政法系统作风转变，2021年政法队伍教育整顿群众满意率测评排全市第一。

【先进名录】

2021年黄岩区受表彰的浙江省先进集体一览表

表65

获奖单位	获奖称号	授奖单位
台州市黄岩区委政法委	2020—2021年度浙江平安建设先进集体	省委、省政府

2021年黄岩区受表彰的浙江省先进个人一览表

表66

获奖人	获奖称号	授奖单位
曾体国	平安护航建党100周年成绩突出个人	省委、省政府

2021年黄岩区受表彰的台州市先进集体一览表

表67

获奖单位	获奖称号	授奖单位
黄岩区	平安台州工作突出贡献县(市、区)	台州市委、市政府
台州市黄岩区委政法委	平安台州工作突出贡献单位	台州市委、市政府

2021年黄岩区受表彰的台州市先进个人一览表

表68

获奖人	获奖称号	授奖单位
王　晖	平安台州工作突出贡献个人	台州市委、市政府
周　辛	2021年度社会主义现代化试点先行市建设(全国市域社会治理现代化示范城市建设)先进个人	台州市委、市政府

（区委政法委　周　辛）

公　安

【概况】　2021年，黄岩区公安分局接有效警情101945起，同比上升8.73%。其中刑事类警情2311起，同比上升15.72%；治安类警情5441起，同比上升16.16%；纠纷类警情17357起，同比上升21.08%；涉黄举报线索303起，同比上升4.48%；涉赌举报线索5458起，同比下降20.83%；交通类警情51571起，同比上升15.94%。全年立（受）案件8891起，同比上升9.64%。全区打击处理各类违法犯罪嫌疑人2923人，同比下降7.09%，其中刑事打击处理1210人、行政打击处理1713人。

【新冠肺炎疫情防控工作】　2021年，做好新冠肺炎疫情防控工作，对全区8个隔离点进行安保改造并派驻警力值守。压紧压实公安监管场所疫情防控主体责任，依法关停防疫措施不到位的旅馆、棋牌室、邮寄递等行业场所254家次。做好流调溯源工作，核查涉疫数据14118条，核查密接、次密接人员409人，保障1164名涉疫人员有序隔离转运，成功配合处置黄岩水果市场涉疫事件。

【刑事犯罪打击】　2021年，常态化开展扫黑除恶斗争，全年打击恶势力团伙3个，抓获恶势力团伙涉案人员16人，刑拘九类犯罪嫌疑人125人。推进“云剑”“断卡”“亮剑”等专项行动，有效打击涉网新型犯罪，全年电诈案件受理数同比下降14.16%，高于全市平均降幅，打击处理电诈、跨境网络赌博、“黑灰产”犯罪嫌疑人412人，同比上升62.72%，冻结涉案资金超2.3亿元。

【黄赌违法犯罪整治】　2021年，打击整治黄赌违法犯罪，全年查处黄赌刑事案件44起、行政案件361起，对181名犯罪嫌疑人采取刑事强制措施，行政处罚1232人（其中行政拘留695人）。推广应用集群打击、“云上禁毒”等技战法，严打涉毒违法犯罪，全年破获毒品刑事案件14起，起诉58人，打击贩毒团伙6个，查获吸毒人员72人。

【基层社会治理】　2021年，由黄岩区委政法委牵头、区公安分局具体实施，先后完成小东门、新前模具小镇和吾悦联勤工作站建设，吸引行政执法、司法等8个区级部门和13个社会团体入驻，共同开展反诈宣传、纠纷调解、群防群治等工作。3个工作站自建成运行以来，组织开展联勤行动60次，帮助解决群众求助120余起，开展各类宣传1万余人次，化解矛盾纠纷331起，片区内治安纠纷重复报警率同比下降12.8%，黄赌类警情数同比下降17.6%，联勤工作站建设模式在全市推广。

【护航经济发展】　2021年，制定《台州市公安局黄岩分局“护航2021”打击侵害民企经济犯罪专项治理行动方案》，加大对侵犯知识产权、商业秘密犯罪打击力度，强化对企业债务、资金链以及民间借贷、非法集资等风险的预测预警。落实“驻企警官制”，为企业维权开辟绿色通道，破获侵害企业利益案件9起，为企业挽回损失250余万元，查办涉税案件25起，协助税务部门追缴税款920余万元。

【交通安全】　2021年，围绕“减量控大”中心目标，强势执行百日行动、逢五、逢十统一行动、事故防控大会战、秋冬季百日会战行动，梯次组织开展新建道路宣传、电动自行车集中整治等系列行动，严查"两客一危一货一面""双百十"重点车辆，开展各类集中整治10余次，查获百吨王12例，危化品车辆违法4例。开展示范路创建和道路隐患常态排查，"销号式"推进隐患整改，全年排查隐患301处，完成治理301处。

【法治建设】 2021年，依托"三位一体"执法管理机制，实行局领导、法制部门、单位领导、法制员四级监督管理，落实网上巡查、领导督查、视频督查等"三查"刚性监督措施，提升执法办案质量。常态化开展庭审旁听、出庭应诉等模拟实训，提高民警法律实务水平，全年有21名民警出庭作证，140批532人次参加庭审旁听。制定出台《取保候审对象监管及保证金管理规定》《涉案财物管理规定》等5项规章制度，规范涉案财物、取保候审保证金等方面的管理，提升执法规范化水平。

【公安政务服务数字化改革】 2021年，推进公安政务服务数字化改革，建立16个公安政务2.0综合窗口，实现交警、出入境、户籍业务一窗通办，通办覆盖率100%。推广"浙里办"App等线上平台，全年受理网办掌办事项20162件，受理办结率100%，平均用时缩短80%。推广长三角跨省通办、"一件事"联办等创新举措，解决群众办事"多地跑""折返跑"等难题，军人退役"一件事"联办做法在全省推广，办理台州市首例"长三角区域跨省(市)新生儿入户"服务事项。公安分局人像比对工作室比中涉拐线索60余条，帮助125个流浪、滞留人员找到家人，会同公安部专家比中电影《失孤》中被拐人物原型，产生较大社会影响力。

【智慧警务】 2021年，以"公安大脑"建设为载体，坚持"技术、机制、体制"三轮驱动，构建现代警务模式。依托情报指挥中心探索设立情指行一体化合成作战中心，提高警务效能。在全省率先研发推广反诈类小程序"永宁反骗码"，被列为"省公安厅数字化改革第一批试点"，注册人数63万余人，发送预警信息3.2万余条，拦截涉诈涉赌网站6.3万余次，为群众挽回直接经济损失450余万元。分局"灯塔工程"场景应用入选全市多跨应用场景重点培育清单，配套打造的服务端应用"智慧寻求救助"上架"浙里办"，系省内首个寻亲类功能应用。开发"人像滤镜"场景应用模型，获计算机软件著作版权，并在全省公安机关第四届信息化实战应用模型大赛中获得金奖。

【公安基础建设】 2021年，推动警力下沉，将31名民警充实到派出所，基层警力明显增强。刚性落实派出所办理刑事案件"负面清单"，推动派出所回归治安管理和群众服务主责主业。完成城南派出所改造项目和城东派出所选址，建成城西派出所新业务用房，基层软硬件水平提升。推进警用装备智能管理中心建设，建成公安分局警用装备智能管理中心和11个派出所警用装备智能管理室，承办全市公安警保工作会议暨全市警用装备全寿命管理机制建设现场会，并作经验介绍。

【公安队伍建设】 2021年，深化学习教育，梯次推进党史学习教育、政法队伍教育整顿、“三能”主题教育实践，开展队伍建设“护堤固基”工程、全警实战练兵、“共享课堂”活动。加强人才梯队建设，提拔中层正职12人、副职3人，完成局团委换届选举，打造“青警之家”等团属阵地。落实“暖警爱警”措施，严格执行民警带病工作强制休息制度，深化公安机关“内部跑一次”改革。维护民警权益，全年查处侵害民（辅）警执法权威案件15起，慰问执法执勤中受侵害民（辅）警13人次。

【先进名录】

2021年黄岩区受表彰的浙江省先进集体一览表

表69

获奖单位	获奖称号	授奖单位
黄岩公安分局	浙江省文明单位	省委、省政府
黄岩公安分局	全省公安机关执法质量考评优秀单位	浙江省公安厅
北洋派出所	最美浙警·最美警队	浙江省公安厅
城东派出所小东门联勤工作站	全省公安派出所工作“百佳”（二十佳联勤警务站）	浙江省公安厅

2021年黄岩区受表彰的浙江省先进个人一览表

表70

获奖人	获奖称号	授奖单位
胡协军	个人二等功	浙江省公安厅
翁燕敏	个人二等功	浙江省公安厅
汪海康	最美浙警·最美辅警	浙江省公安厅
吴晨曦（许信权妻子）	最美浙警·最美警嫂	浙江省公安厅

2021年黄岩区受表彰的台州市先进集体一览表

表71

获奖单位	获奖称号	授奖单位
黄岩公安分局	集体嘉奖	市政府
黄岩公安分局	2021年度防范和惩治统计造假弄虚作假专项工作考评优胜单位	台州市公安局
黄岩公安分局	打击治理电信网络诈骗工作优胜单位	台州市公安局
黄岩公安分局	打击传统侵财工作优胜单位	台州市公安局
黄岩公安分局	2021年度数字化改革工作优秀单位	台州市公安局
城东派出所党支部	市级机关先锋党支部	市委直属机关工作委员会
头陀派出所	市级青年文明号	市“双争”活动领导小组
城北派出所党支部、城西派出所党支部	全市政法系统“最强党支部”	市委政法委
城东派出所党支部“平安联盟”工作室	全市政法系统优秀党建品牌	市委政法委

2021年黄岩区受表彰的台州市先进个人一览表

表72

获奖人	获奖称号	授奖单位
陈尧祥、翁燕敏	全市公安机关"最美青警"特别奖	台州市公安局
李慧星	全市公安机关"最美青警"	台州市公安局
胡才本、蒋　鹏、叶　振、王　景、吉　利、林　峰、戴成满、陈春琳、袁江明、王秩福、叶蒙获、张学华、陈亦楠、叶　丰	个人三等功	台州市公安局
陈尧祥	台州市优秀共产党员	市委
黄　琛	市级青年岗位能手	市"双争"活动领导小组
徐　斌、陈亦楠	反洗钱突出贡献个人	中国人民银行台州市中心支行、台州市公安局
郑庆伟	"护航2021"打击侵害民企经济犯罪专项治理成绩突出个人	台州市公安局
徐　恩	全市公安机关"昆仑2021"专项行动先进个人	台州市公安局
张中一	2021年度全市公安海防系统十佳船管民警	台州市公安局
王仁杰、蒋忠慧	全市公安机关宣传报道能手	台州市公安局
王颖星、浦　俊	全市公安机关网络宣传能手	台州市公安局
刘冰菲	全市公安机关视频宣传能手	台州市公安局
袁尤龙、徐方华、何　凯、黄　琛	2021年度全市公安文联先进个人	台州市公安局

（黄岩公安分局　何凯）

检　察

【概况】 2021年，黄岩区人民检察院受理提请审查逮捕403件513人，受理移送审查起诉927件1387人，批准逮捕246件296人，提起公诉576件819人。荣获全国检察机关优秀短视频创作单位、"护航2021"打击侵害企业利益经济犯罪专项行动优秀集体等荣誉，11人荣获省、市级个人荣誉，其中个人三等功3人，区级政法英模2名。

【刑事检察】 2021年，将办案作为服务群众的核心环节，严厉打击各类严重破坏社会治安、危害人民群众生命财产安全的犯罪活动，办理电信网络诈骗和"两卡"犯罪案件94件221人，推进扫黑除恶常态化，打击黄赌毒、盗抢骗、食药环等突出违法犯罪。监督侦查机关立案4人，纠正漏捕9人，追诉1人。加强侦查行为合法性监督，发出纠正违法通知书和侦查活动监督通知书5份，均回复并被采纳。加强刑事审判监督，提起刑事抗诉4件4人，获改判决1件1人。加强刑事执行法律监督，发出检察建议书4份，纠正违法通知书10份，对5件重大案件侦查终结前讯问合法性进行核查，提出核查意见函1件。

【民事检察】 2021年，优化生效民事裁判监督，向法院发出再审检察建议22件，法院作出再审裁定。民事执行监督力度加大，依托驻法院执行局检察官办公室，与法院执行局建立虚假诉讼线索移送、拒执案件会商研判工作机制，收到执行局虚假诉讼线索4件，共同会商研判拒执案件移送公安机关侦查70余件，形成刑事犯罪惩治与民事监督的打击合力。加大对民事审判程序违法监督力度，调阅民事审判卷宗130余件，就公告送达违法、审判程序适用违法、诉讼保全违法等开展监督，达成检法办案共识，提出合理化建议。

【行政检察】 2021年，着力完善工作协同机制，深入开展"行政争议实质性化解"专项活动，受理行政裁判监督1件，受理行政非诉执行监督案件32件，发出检察建议32件，回复采纳率100%，参与行政争议实质性化解4件，化解率100%。针对法院执行程序不规范问题，向法院发出检察建议4件。加强涉企行政非诉执行监督，强化受理、审查、裁定和执行的监督。

【公益诉讼检察】 2021年，办理公益诉讼案件54件，发出检察建议40件。聚焦生态环境和资源保护，以磋商、检察建议等方式督促非法捕捞水产品的当事人赔偿渔业资源损失。紧盯食品药品安全，开展冷鲜禽食品安全公益诉讼专项监督，督促行政机关加强监督管理，落实冷链食品管控机制。着眼国有财产保护，开展财政惠民资金领域专项监督，排查出12人违规领取精减退职和遗属生活困难补助并责令退回补贴，推动惠民补贴依规发放。开展守护红色军事文化史迹专项行动，摸排红色军事文化史迹26处，对发现的多处不规范线索，要求相关部门整改。

【服务民营经济】 2021年，审慎处理企业涉嫌犯罪案件，坚持少捕慎诉慎押的司法政策，对12家企业22人作出不起诉决定，诉前羁押率19.1%，不起诉率59.7%。会同市场监督管理局开展知识产权日宣传，与区纪委、区工商联、区经信局开展"清廉民企"建设，会同工商联开展"优化营商环境 护航民营经济"专项监督，编制《民营企业防范经营法律风险案例选》，出台《办理涉及民营企业刑事案件若干意见》，主动探索企业合规建设，精准对接企业需求，彰显服务民企成效。

【反腐败工作】 2021年，黄岩区人民检察院与市区监委、法院加强衔接配合，完善协作机制，形成反腐合力。办理市区监委移送职务犯罪案件11件11人，均起诉，其中副处级干部1人，正科级干部1人，所有被告人均认罪认罚无一上诉。依法履行查办司法工作人员相关职务犯罪职责，侦查的基层派出所民警滥用职权案判决生效，立案两起公安交通警察涉嫌滥用职权、徇私枉法案，向纪检监察部门移送线索3件。

【检察院队伍建设】 2021年，严字当头，严明纪律规矩，以机制为杠杆，建设忠诚干净担当的检察队伍。抓学习教育筑牢理想信念，结合队伍教育整顿，融合党史教育，开展全员政治轮训，赴桐树坑基地接受红色教育，举行"光荣在党50年"纪念章颁发活动，组织干警读党史、参加党史知识竞赛等主题活动，引导干警传承红色基因；狠抓从严治检保障纪律作风，规范化开展防止干预司法“三个规定”排查，强化“三个规定”制度解读，以刀刃向内的态度排查整治“大顽瘴痼疾”问题；抓队伍建设提升专业素能，坚持党管干部原则，调任“80后”班子成员，开展员额检察官遴选。依托青年干警联欢会，举行“教学练战”一体化岗位练兵活动，开展辩论赛、精品微课、岗位技能争优等活动，补齐能力素质短板。

【检察院接受监督】 2021年，坚持党对检察工作的绝对领导，贯彻《中国共产党政法工作条例》，落实意识形态责任制，将政治责任融入监督办案各项工作。自觉接受人大监督，主动将检察工作置于人大监督之下，落实人大决议，配合开展员额检察官评议，推进规范性文件报送人大常委会备案审查常态化。开门纳谏，办理代表建议23条，走访或邀请代表委员参与听证、调研、座谈、开放日等活动30人次。自觉接受社会舆论监督，通过案件信息平台，发布案件程序性信息1794条，重要案件信息2件，公布法律文书778份。通过“两微一端”和抖音等新媒体平台，发布检察工作信息514条，多篇稿件获中央、省级媒体发表，其中包括中央政法委“长安剑”报道的双李诈骗案，微博阅读量过亿的杨某某彩礼诈骗案。

【先进名录】

2021年黄岩区受表彰的全国先进集体一览表

表73

获奖单位	获奖称号	授奖单位
黄岩区人民检察院	2021年度全国检察机关优秀短视频创作单位	最高人民检察院

2021年黄岩区受表彰的浙江省先进集体一览表

表74

获奖单位	获奖称号	授奖单位
黄岩区人民检察院	浙江省检察机关第五届优秀官方微信栏目《检察观》	浙江省人民检察院
黄岩区人民检察院第二检察部	浙江省检察机关“护航2021”打击侵害企业利益经济犯罪专项行动成绩突出集体	浙江省人民检察院

2021年黄岩区受表彰的浙江省先进个人一览表

表75

获奖人	获奖称号	授奖单位
彭红鹏	第一届全省检察机关控告申诉检察业务竞赛能手	浙江省人民检察院
凌　月	全省扫黑除恶专项斗争先进个人	浙江省人民检察院

2021年黄岩区受表彰的台州市先进个人一览表

表76

获奖人	获奖称号	授奖单位
吴晶晶、王萍、刘世界	记三等功	台州市人民检察院
吴晶晶、凌　月	市政法委"百名执法办案标兵"称号	台州市委政法委
彭红鹏	2021年度"台州、宁波、金华、衢州、舟山"五地检察机关控告申诉业务联合竞赛业务标兵	台州市人民检察院

（区人民检察院　陈　爽）

法　院

【概况】 2021年，黄岩区法院全年受理各类案件12264件，同比下降10.2%，办案质效向好，案均审理天数缩短至29.35天(全省第5)、案均执行天数缩短至62.65天(全市第1)。浙江法院诉源治理工作推进会、浙江"全域数字法院"改革推进会先后在黄岩召开，改革创新亮点纷呈，4个项目列入省级试点，"一站式"多元解纷、司法事务集成集约等特色工作走在全省前列，初步形成具有鲜明辨识度和影响力的新时代现代化法院工作模式。

【刑事审判】 2021年，全年审结刑事案件593件，判处罪犯797人，同比分别下降17.98%和29.53%，其中危险驾驶罪、盗窃罪、开设赌场罪列结案数前三位。审结故意伤害、抢劫、聚众斗殴等暴力犯罪案件47件，维护社会治安稳定；审结电信网络诈骗、侵犯公民个人信息、帮助信息网络犯罪活动等案件53件，维护网络信息安全；审结台州首例袭警罪案件，维护法治权威；法检"两长"同庭办案成常态，审结台州首例高空抛物罪案件。构建防范和打击虚假诉讼、"套路贷"的长效机制，发布虚假诉讼失信人名单，移送公安18件，1起法律工作者虚假诉讼案件被《人民日报》刊载。始终保持对黑恶势力打击的高压态势，获评全国法院扫黑除恶专项斗争先进集体，系浙江省唯一一家获此殊荣的基层法院。

【民商事审判】 2021年，一审审结民商事案件5969件，解决诉讼标的额10.07亿元。其中，审结买卖、租赁、承揽等合同纠纷案件1061件，维护公平竞争市场秩序；审结婚姻、继承等家事纠纷662件，化解家事纠纷；依法保护劳动者合法权益，审结劳动、人事争议案件59件，其中涉及拖欠农民工工资案件16件；建立妇女儿童人身权益保护衔接工作机制，依法发出2份人身保护令；加大司法救助力度，为当事人减免诉讼费9.6万元，为9名被害人和困难当事人发放救助金24万余元；平等保护各类市场主体产权，审结涉企纠纷2187件；主动为黄岩制造业转型升级提供法律指引，发布的《涉模塑行业司法数据分析报告》获最高法司法大数据专题研究示范应用三等奖；聚焦破产审判专业化建设，全年受理破产类案件71件，审结40件，破产审判工作综合评定全市第一；数智赋能个人债务清理工作，获得省高院党组成员、副院长徐亚农批示肯定。

【行政案件】 2021年,审结行政案件75件,服判息诉率72.73%,位居全市首位,行政机关负责人出庭应诉率保持100%。妥善处理涉众型、集团性行政案件,协调和解撤诉行政案件31件,和解撤诉率41.33%。发布行政司法白皮书,发送司法建议8篇,反馈率100%。

【案件执行工作】 2021年,执结执行案件6512件,执行到位金额5.72亿元。开展"秋实行动"等攻坚活动,传唤到案被执行人61人,拘留25人,执行到位标的951.6万元;重点打击"拒不交车"行为,发布查封车辆名录38人次;加大拒执打击力度,全年拒执移送95件101人,同比增长111%,居全省前列。横向联动12家机关单位、22家银行、4家保险公司搭建"执行一件事"平台,实现查封、扣划等20项高频事项"不见面、当日结"。遵循善意文明执行理念,1起综合运用拍卖变卖措施助企平稳过渡的执行案件,入选最高法院"我为群众办实事"典型案例。

【"全域数字法院"改革创新】 2021年,制定全省基层法院首个"全域数字法院"行动方案,创新打造"两台三中心"工作架构。2021年5月,浙江高院院长李占国亲自专题调研,7月14—15日,浙江"全域数字法院"改革推进会在黄岩召开,黄岩法院作现场经验介绍。全省率先打造审判辅助集约服务中心,整合涵盖全案件周期的22项辅助事务,案均审理天数较2017年缩短15.13天,辅助事务工作时效提升35.3%。省高院党组会专题研究,明确黄岩法院为"司法事务集成集约改革"全省样板,入选省数字化改革重大应用S1一本账目录。全省首创执行指挥集智中心,建立"456"执行模式,与改革前相比,案均执行天数缩短26.97天,实际执结率提升8.37%。被省高院评为"十佳执行创新项目"、司法改革"微创新"示范案例。承担省高院指定的智能绩效试点,实现可视化展示,激励干警高效履职,受市委组织部邀请在省委组织部绩效考核调研会上交流经验。

【审判管理】 2021年,狠抓案件质量,建立案件交叉评查制度,组织常规评查案件480件。完善"4+1"类案件监管机制,全年纳入"4+1"类案件49件,通过智能化监管提升依法依规办事的规范化水平。专业法官会议全流程模块化,审批、记录会签均在线上流转,实现会议成果转化即时可见。每月定期编发《审判管理工作动态》,每季度开展审判执行运行态势情况研析和专项提升;运用智能报表提取"八升五降"中的重点指标,以雷达图形式直观展示办案法官质效优势与薄弱项,实现质效数据可视化。组建"1+1+X"的审判团队,试行司法雇员等级管理办法,择优选录法官助理,从严考核辅助人员,打造专业化、职业化的司法辅助人员队伍。

【诉源治理】 2021年,发挥诉讼服务中心成建制入驻优势,推动完善"信访打头—调解为主—诉讼断后"的递进式矛盾纠纷分层过滤体系,参与实现诉源治理。入驻以来,一审民商事收案数连续4年下降,与2017年相比,降幅近50%。全省法院诉源治理工作推进会在黄岩召开,"走进一个厅,诉讼'一站清'"获全市法院"十三五”期间典型案事例。延伸司法服务，推进“巡回智慧法庭”向“共享法庭”迭代升级，实现辖区乡镇（街道）全覆盖，模具小镇、工商联、金融、道交四家特设“共享法庭”及90%的村（居、社区）“共享法庭”相继揭牌成立，运用信息化手段推进“共享法庭”融入区域社会治理“一中心四平台一网格”体系。

【法院队伍建设】 2021年，推动党史学习教育走深走实，开展建党百年系列活动，各支部每月开展“诵读红色经典 传承红色精神”活动，组织青年干警开展“走近桐树坑 传承红色精神”教育实践活动等。做优做强“永宁法苑”学习品牌，全年通过云学堂完成政治理论、党史学习、警示教育等各类培训80余期，在线考试30余次。强化党支部实质化功能，打磨执行局“红信”党建品牌，获得“台州市先进基层党组织”荣誉。全院全覆盖自查自纠，高质量召开专题民主生活会；制定顽瘴痼疾专项整治方案，重点整治防止干预司法“三个规定”、审判执行工作等六大方面的突出问题；根据自查和相关部门线索转交，充分体现宽严政策，对涉及违规违纪的干警运用“四种形态”处理；全年发布警示教育15期，剖析案例30余件，院班子成员上廉政教育课8次，各支部书记上廉政党课8次。

【法院接受监督】 2021年，主动向人大、政协汇报和通报工作，贯彻区人大及其常委会的决议决定，做好对法官履职评议反馈问题的落实整改。配合人大、政协开展专题调研，市政协常委会组织60余名常委专题视察数字化改革工作；加强沟通联络，每季度向代表委员寄送《永宁法苑》刊物，常态化开展“代表委员进法院”、旁听庭审、见证执行等活动。自觉接受检察机关的法律监督，落实检察长列席审委会制度。深化司法民主，新选任人民陪审员17名，一审普通程序案件陪审率100%。广泛接受社会监督，常态化组织“公众开放日”活动，法官参与法治宣讲、“法治云课堂”等活动20余场，召开新闻发布会3场次，在省级以上媒体发表各类稿件141篇。

【先进名录】

2021年黄岩区受表彰的全国先进集体一览表

表77

获奖单位	获奖称号	授奖单位
台州市黄岩区人民法院刑事审判庭	人民法院扫黑除恶专项斗争先进集体	最高人民法院
台州市黄岩区人民法院	司法宣传和通联工作先进单位	人民法院新闻传媒总社

2021年黄岩区受表彰的全国先进个人一览表

表78

获奖人	获奖称号	授奖单位
徐乐盛	全国法院先进个人	最高人民法院

2021年黄岩区受表彰的浙江省先进集体一览表

表79

获奖单位	获奖称号	授奖单位
台州市黄岩区人民法院立案庭（诉讼服务中心）	二等功集体	浙江省高级人民法院
台州市黄岩区人民法院法警队	全省法院司法警察信息宣传调研工作先进集体	浙江省高级人民法院
台州市黄岩区人民法院	全省法院信息工作先进集体	浙江省高级人民法院

2021年黄岩区受表彰的浙江省先进个人一览表

表80

获奖人	获奖称号	授奖单位
张孔文	全省平安建设先进个人	中共浙江省委、浙江省人民政府
周红希	全省扫黑除恶专项斗争先进个人	中共浙江省委办公厅、浙江省人民政府办公厅
周红希	荣誉天平纪念章	浙江省高级人民法院
刘开怀	全省最美法官	浙江省高级人民法院
黄丽娟	全省法院司法警察信息宣传调研工作先进个人	浙江省高级人民法院
陈章霖	全省法院信息工作先进个人	浙江省高级人民法院

2021年黄岩区受表彰的台州市先进集体一览表

表81

获奖单位	获奖称号	授奖单位
台州市黄岩区人民法院立案庭（诉讼服务中心）	全国市域治理现代化示范城市建设先进集体	台州市委、市政府
中共台州市黄岩区人民法院第九党支部	台州市先进基层党组织	台州市委
台州市黄岩区人民法院	2021年度台州市反洗钱突出贡献集体	中国人民银行台州市中心支行、台州市中级人民法院、台州市人民检察院、台州市公安局
台州市黄岩区人民法院综合办公室	三等功集体	台州市中级人民法院

2021年黄岩区受表彰的台州市先进个人一览表

表82

获奖人	获奖称号	授奖单位
张心成	2021年度台州市反洗钱突出贡献个人	中国人民银行台州市中心支行、台州市中级人民法院、台州市人民检察院、台州市公安局

续表82

获奖人	获奖称号	授奖单位
洪金献	三等功个人	台州市中级人民法院
陈贝	三等功个人	台州市中级人民法院
郑莎莎	三等功个人	台州市中级人民法院
张小俊	2021年度司法拘留矛盾化解先进个人	台州市中级人民法院
鲍罗亭	台州市2021年度好评法官	台州市中级人民法院
柯澄川	民建台州市委会2016—2021年度岗位建功先进个人	中国民主建国会台州市委员会

（区法院　叶慧萍）

司法行政

【概况】 2021年，黄岩区有基层司法所10个。全区有律师事务所14家、执业律师102名，公司律师4名，公职律师69名，基层法律服务所9家、基层法律服务人员38名。

【法治政府基础建设】 2021年，谋划“十四五”时期法治建设战略方向，构建公平正义的执法司法环境，为法治浙江建设提供“黄岩经验”。做好“大综合一体化”行政执法改革，构建纵向贯通、横向协同的执法监管结构。年内，黄岩区综合行政执法指导办公室成立，成立北洋、宁溪综合行政执法队。启动“八五”普法工作，做强做好“957与法同行”“黄岩普法”微信公众号以及黄岩电视台《永宁说法》栏目，组织区民法典讲师团成员。夯实法治阵地建设，建成金带路民法典主题街巷、西江公园民法典主题公园、北城街道后庄村法治文化公园。

【社区矫正数字化改革】 2021年，推进社区矫正数字化建设，争创部级“智慧矫正中心”作为展示“重要窗口”的重大标志性成果，构筑“大平台共享、大系统共治、大数据慧治”的信息化新格局，打造社区矫正工作的县域样板。列入省部级数字化改革试点，是台州唯一的，全国仅5家。创新打造“七彩矫正”帮教一体化平台，紧盯12类帮教需求，实现帮教一件事、全贯通、一体化综合应用。年内，完成浙政钉、浙里办“两端上架”申请，并完成浙江省社区矫正综合管理平台、“浙里连心”等数源平台的对接，在基层一线开展试运行。该项目成功入围省司法厅第一批“数字司法好应用”。

【社会治理体系建设】 2021年，坚持和发展新时代“枫桥经验”，推进人民调解品牌化建设，宁溪镇人民调解委员会阿瑞调解工作室获评省级金牌调解人民调解室。实践“法雨春风进万家”活动，年内，全区各调委会开展集中排查66次，成功调解各类矛盾纠纷4172件，涉及金额2.78亿元，其中调处非正常死亡案件68件。推动行政争议实质性化解，全区受理行政调解案件3127件(其中部门2076件，乡镇1051件)，调解成功2141件，涉案金额1579.61万元，其中履行2116件。健全人民群众直接参与法治监督机制，组织开展人民监督员专题学习，增选补任人民陪审员17人。

【法律服务体系建设】 2021年，整合法律服务资源，开展企业法治体检“清患”专项行动，建立145名法律服务人员组成的专业化法律服务队伍，线上线下开展企业法治体检1550家。在模具小镇企业服务综合平台连续举办“规则、诚信、风险——优化营商环境下的企业风控”企业合规系列法治讲座，提升企业主体法治意识。以“法护瓜农”为小切口，协同参与黄岩区“瓜农天下”应用场景建设。选任群众信任度高的律师组建“瓜农天下”法律服务团队，负责法律咨询解答和平台运维解答，为分布在全国23个省(市、自治区)的逾4.3万黄岩籍外出瓜农提供法律服务。接受瓜农各类涉法咨询2500人次，挽回金额447万余元。

【先进名录】

2021年黄岩区受表彰的全国先进集体一览表

表83

获奖单位	获奖称号	授奖单位
黄岩区司法局宁溪司法所	全国模范司法所	司法部

2021年黄岩区受表彰的浙江省先进集体一览表

表84

获奖单位	获奖称号	授奖单位
黄岩区	2021年度法治浙江(法治政府)建设优秀单位	中共浙江省委全面依省委员会办公室
黄岩区司法局	“法雨春风进万家爱民实践活动”表现突出集体	浙江省司法厅
黄岩区宁溪镇人民调解委员会阿瑞调解工作室	省级金牌人民调解工作室	浙江省司法厅

2021年黄岩区受表彰的浙江省先进个人一览表

表85

获奖人	获奖称号	授奖单位
陈烨青	全省司法行政系统2021年度政务信息工作考核优秀个人	浙江省司法厅
郑　英	全省“七五”普法工作成绩突出个人	浙江省普法办

2021年黄岩区受表彰的台州市先进集体一览表

表86

获奖单位	获奖称号	授奖单位
黄岩区司法局	第二批“台州市清廉文化进机关示范点”	中共台州市委直属机关工作委员会
黄岩区司法局	台州市档案工作推进突出贡献集体	中共台州市委、台州市人民政府

(区司法局　陈烨青)

经济管理

发展和改革

【概况】 2021年，黄岩区发展和改革局聚焦聚力高质量发展、竞争力提升、现代化先行和共同富裕先行区建设，强化“争先创优、大干快上”的工作导向，全力以赴谋发展，争分夺秒抓项目。总体来看，各项工作都有力推进，全年实现全区生产总值587.5亿元，增长6.5%；城镇居民人均可支配收入68053元，增长8.7%；其他规模以上营利性服务业实现营收11.57亿元，同比增长18.3%。

【项目攻坚完成率】 2021年，聚焦省市县长项目。省“152”项目落地率66.7%，市县长项目落地率60%。重点项目攻坚。25个“4+1”重大项目，完成率191.45%；48个省市重点建设项目，完成率147.9%；20个省“六个千亿”产业投资项目，完成率172.67%。三是投资“赛马”（浙江省推动各地大抓项目、抓好项目，推动有效投资制定的全省投资比拼机制）成效显著。三季度，黄岩区在全省“赛马”考核比拼结果中居全市第一，全省前列，获得土地指标奖励100亩以及能耗指标、中央预算内专项资金等激励奖励。

【经济发展规划编制】 2021年，完成一批重大规划方案。编制实施《黄岩区国民经济和社会发展第十四个五年规划和二〇三五年远景目标纲要》《黄岩区公共服务“十四五”规划》。审查发布《黄岩区制造业高质量发展“十四五”规划》等45个专项规划，确保专项规划有序编制、尽早落地实施。打造县域共富标准体系。借智借力清华大学课题组、省发展规划研究院等智库，围绕政治制度、经济发展、社会民生、精神文化、生态环保等方面，搭建“五维一体”指标架构，12月17日，全国首个县域共同富裕标准体系——“黄岩区共同富裕指标体系”正式发布。谋划长三角一体化发展。招引起帆电缆、均和产城融合等6个重大项目签订合作框架协议。东浦社区、官河古道等4个项目列入2021年度浙江省大都市标志性项目。朵云书院黄岩店项目获2021年度浙江省推进长三角一化发展奖补资金125万元。

【数字化改革深化】 2021年，数字社会创新。黄岩方山下未来社区同时入选省“智慧旅游”“智慧教育”2个社会事业应用场景，全市唯一。公租房申请

“一件事”、永宁兵站等6项应用在“浙里办”完成上架。10月29日，在全省90个县（市、区）数字社会综合评价中，黄岩区位列全省第九，全市第一。二是营商环境优化。实施“10+N”指标便利化2.0版，开展“量化提升”等十大行动。其中，中小微企业创业前期政务服务帮扶引导，获副省长朱从玖批示肯定。行政服务大厅线下营商环境无感监测应用项目列入全市唯一的“一地创新全省共享”试点。营商环境省评价较上年上升4名。审批改革纵深。推出“标准地”指标确认“一件事”，拟出让地块的9项控制性指标全部实现全程网上留痕，办理时限压缩至5个工作日以内。2021年，推出标准地19宗，出让面积554.6亩。重点推进低风险小型项目套餐制审批，实现从赋码备案到竣工验收全过程审批“最多15个工作日”。黄岩区首个低风险小型项目从申报到办理施工许可证用时6天。

【新兴产业培育】 2021年，加快发展战略性新兴产业。全年战略性新兴产业增加值27.9亿元，同比增长7%，占规模以上工业增加值20.2%。16个战略新兴产业项目列入2021年市重大工业项目，总投资80.55亿元；5个项目列入2020年市高技术产业发展计划，总投资33.28亿元，超额完成年度投资。加快推动大花园建设。10个项目列入2021年市大花园建设重大项目实施计划，年度投资完成率151%；9个项目列入2021年台州市椒（灵）江生态旅游区重大项目计划表，年度投资完成率137%。委羽山文化遗址修复工程作为省级诗路“珍珠”项目向上争取2021年省诗路文化带建设专项资金286万元。加快创建省级试点平台。推荐浙江赛豪、天宇药业申报2021年省级工程实验研究中心，其中赛豪实业工程研究中心成功列入省级工程研究中心，全市仅有两家列入。推荐台州（黄岩）人才创业园申报省级双创示范基地；推荐的浙江凯华模具汽车制造和全生命周期服务全链条深度融合项目列入市级两业融合试点。

【低碳能耗管理】 2021年，推动发绿色低碳行动。科学有序推进“碳达峰”“碳中和”。推进废塑料污染治理专项行动，制定并印发《黄岩区塑料污染治理三年攻坚行动重点工作责任清单》，加快整治“白色污染”。落实“能耗双控”行动方案。前三季度，单位GDP能耗0.30吨标准煤/万元，比上年同期上升2.6%，上升幅度比上半年明显收窄。

价格收费管理 开展价格收费管理。做好城区供水、供气、污水处理、民办教育，景区门票等成本监审；做好重要商品和服务价格收费核定等工作，年内，对1个水利工程供水、4个停车场所收费，2家民办学校学费和全区的课后托管费标准进行核定。配合公检法等部门出具价格认证结论书，为执法机关办案提供依据。

【对口工作】 做好对口支援。累计引导黄岩企业到帮扶地区投资兴业项目6个，实现投资3.89亿元；专题培训新龙县党政干部254人、专技人才556人；出台黄岩区2021年推进消费帮扶专项方案。全年购销帮销对口地区农副产品5293万元；筹集社会帮扶资金和物品374.3万元。对口支援工作市对区考核所涉及的4大类22项指标均超额完成或完成。做好山海协作。椒江区开展山海协作，合力帮扶区西部山区相对薄弱乡镇，确定由椒江帮扶黄岩区上垟乡（由椒江区白云街道、前所街道结对）、上郑乡（由椒江区海门街道、章安街道结对）、富山乡（由椒江区葭沚街道、下陈街道结对）。

【先进名录】

2021年黄岩区受表彰的浙江省先进个人一览表

表87

获奖人	获奖称号	授奖单位
王　璐	“十三五”全省能源“双控”工作先进个人	浙江省人民政府办公厅

2021年黄岩区受表彰的台州市先进集体一览表

表88

获奖单位	获奖称号	授奖单位
区发改局	中国民营经济示范城市建设先进集体	市发改委

2021年黄岩区受表彰的台州市先进个人一览表

表89

获奖人	获奖称号	授奖单位
蔡　义	省域开放型高能级中心城市建设先进个人	市委、市政府
罗兴剑	营商环境建设先进个人	市委、市政府
陈婉妮	“双循环”节点城市建设先进个人	市委、市政府
王朝昕	健康台州建设先进个人	市委、市政府

（区发展和改革局　蒋晓晖　杨姚姚）

自然资源和规划管理

【概况】　2021年，黄岩自然资源和规划分局围绕地区经济社会发展的中心工作，坚持统筹发展和资源保护并举，推进共同富裕示范区建设，完成全区“三区三线”划定试点第二轮试划和城镇开发边界划订方案，全年上报农转用总面积1307亩，完成供地2076亩，土地出让金41.319亿元，完成全域土地综合整治省级试点1处，“码上有地”列入省“数字国土空间”试点。

【国土空间规划】　2021年，黄岩区自然资源和规划分局配合开展《台州市国土空间总体规划》编制。协同深化市区空间布局方案，统筹“三条控制线”等空间管控要求，完成“三区三线”划定试点第二轮试划和城镇开发边界划订方案，划示村庄建设用地边界，引导村庄集中集聚建设。做好各项研究性规划和专项规划编制。完成《永宁江科创带概念规划、总体城市设计及重点地区详细城市设计》初方案；完成M4.0首建区方案设计，为工业4.0要素复合、园区产业数据中枢建设、区域三生融合有机更新提供实施样板，引爆引领打造具有台州地域特色的工业4.0标杆园区；加强文保和历史建筑保护工作，配合相关部门完成《沙埠窑文物遗址保护规划》、黄岩区第三批35处、第四批7处区级文保单位划定工作；开展黄岩传统文化廊道研究，通过整合优秀文化资源，打造台州独具特色的人文景观长廊。推进黄岩东浦未来社区的城市设计及控规调整修编。完成20项控规编制(含修编)，并按标准要求入库。启动各乡镇国土空间总体规划编制。完成11个乡镇的前期对接、现场调研和基础资料收集，结合黄岩国土空间规划"零增长"方案同时研究各乡镇建设规模边界。

【耕地保护】 2021年，谋划永久基本农田集中连片开发项目。加快推进全域土地综合整治与生态修复工程。完成院桥镇梁湖桥村全域土地综合整治与生态修复工程。落实耕地占补平衡。土地整治项目完工10个，涉及新增耕地指标730.9亩，水田指标366亩，产能指标37.4万公斤。黄岩区2015年以来垦造耕地涉林问题项目，完成生态复绿并通过验收。

【资源要素支撑】 2021年，挖潜增效聚力土地集约利用。向上争取新增建设用地指标1077亩，完成供地2076亩，其中消化"批而未供"土地1303亩，盘活存量773亩，低效用地再开发1172亩。为工业、房地产等提供用地保障。完成工业用地供应792亩，其中以"标准地"模式出让758亩；经营性用地供应465亩，科学调控住宅用地供应规模、时序、节奏，完成商品房出让315亩。加强村留地开发管理。引导村集体经济组织对村留地开发利用规范化报批，完成11宗277亩村留地商业用地选址手续。保障台州市区机制砂市场需求，新兴产业基地模具产业园矿地综合开发利用项目4591.65万吨采矿权成功出让。

【优化营商环境】

不动产登记改革 推进不动产登记改革。开展不动产登记"全流程无纸化"网上办理新模式，实现不动产登记全业务网办和掌办。强化部门对接，逐步达到不动产登记信息与纳税信息实时共享，实现"网上核税、网上缴税、网上共享"。实现企业间不动产转移登记收取材料1份以内，实现"一窗进一窗出""当场缴税""当场领证"；转移登记、抵押登记、首次登记1天内办结。增设"不动产制证一体机"，提供不动产权证书、不动产登记证明和不动产登记材料三大类业务的自助打印，创新线上线下功能互补、融合发展模式，实现实体窗口、网上平台、移动客户端、自助终端"四端"有机结合，24小时不打烊。

"多审合一、多证合一、多测合一"改革 年内，推进"多审合一、多证合一、多测合一"改革。核发建设项目用地预审与选址意见书26项、建设用地规划许可证57项。相关事项纳入浙江省自然资源行政审批管理信息系统、投资项目在线监管3.0系统办理。开展城市地下市政基础设施普查工作；对全区所有竣工综合测绘单位进行抽查，并在行业范围内推广合同示范文本，确保竣工综合测绘的质量；开展2021年测量标志普查；推进“天地图”建设与应用工作，强化地理信息公共服务。

【地质矿产管理与修复】

地质灾害综合治理 加强地质灾害综合治理。2020年以来，黄岩区启动利奇马台风新发生62处地质灾害（隐患）点综合治理，13处避让搬迁全部完成，49处治理工程完成治理44处。推进乡镇地质灾害风险评价。完成全区1:5万地质灾害风险普查成果验收和富山乡、上郑乡1:2000地质灾害风险评价成果验收工作；开展屿头乡1:2000地质灾害风险评价项目。强化地质灾害日常防治。更新划定184处风险防范区[含地质灾害（隐患）点]，完成多参数专群结合监测点建设10处。完善群测群防体系，组织全区地质灾害防治工作业务培训，推广使用地灾智防App，开展进农村文化礼堂宣传活动41场。

矿业权管理和废弃矿山治理 年内，落实矿业权管理和废弃矿山治理职责。完成采矿权注销2处，采矿权延续1处，废弃矿山治理并通过市局验收3处。

【自然资源领域数字化改革】 2021年，推进自然资源领域数字化改革。承建“数字黄岩”智慧城市基础设施提升工程项目中的一项基础工程——统一时空基准平台建设项目，该项目中的全区实景三维制作（全省首个）和平台的三个应用（数字化业务管理，移动掌上钉，一码智治）全部完成，可为多部门提供地理空间服务，打破各科室业务垂直模式，实现业务闭环管理。开展自然资源统一确权工作。制定自然资源统一确权登记三年工作计划。黄岩区自然资源统一确权工作涉及风景名胜区、河流、水库、森林、湿地公园五个类型九个登记单元，完成鉴洋湖湿地登记单元调查确权工作。开展首次全民所有自然资源资产清查工作，价格体系和实物量数据库上报省厅。

【违建重大专项整治】 2021年，推进“大棚房”、违建别墅清查整治专项整治“回头看”工作，保持高压态势。开展农村乱占耕地建房问题整治，完成全区19个乡镇街道的外业核查及数据上报。落实2020年度土地卫片执法检查整改和2020年土地例行督查反馈问题整改，开展2021年卫片遥感图斑外业核查和查处工作。

【自然资源所职能职责建设】 2021年，印发《黄岩区自然资源所规范化建设实施方案》，成立领导小组，出台《黄岩区自然资源所职能职责规定》，整合梳理基层所职能，推进建设规范化基层所。通过内提素质、外塑形象，增强自然资源所工作人员能力素质，夯实各项工作基础，提升服务水平。

【党建工作】 2021年，印发《黄岩自然资源和规划分局党史学习教育实施方案》，以理论中心组、主题党日、机关学习会等活动为载体开展学习，以重温入党誓词、重走“红色足迹”、专题实践活动等多种方式深化党史学习教育成果。印发黄岩分局《“六大清廉建设行动”2021年度工作方案》《关于开展“六个一”专题警示教育活动的通知》，举办“清风讲堂”纪法宣讲活动，开展“每月一案一析”。落实区委和市局党委联合巡察整改工作，联合巡察组反馈的3方面38个问题完成整改38个，制定整改措施94项，完善制度

6件，教育提醒10人；挽回经济损失74758元。落实“三重一大”事项全部由分局党组研究决定和主要负责人“五不直接分管”、末位表态、重大事项请示报告等制度，制定完善《中共台州市自然资源和规划局黄岩分局党组议事规则》《中共台州市自然资源和规划局黄岩分局党组落实意识形态责任制工作方案》《黄岩自然资源和规划分局抓机关党建工作责任清单》《党风廉政建设主体责任与监督责任清单》等制度。

【先进名录】

2021年黄岩区受表彰的浙江省先进个人一览表

表90

获奖人	获奖称号	授奖单位
包　昂	浙江省第三次全国国土调查成绩突出个人	浙江省第三次全国国土调查领导小组办公室

2021年黄岩区受表彰的台州市先进个人一览表

表91

获奖人	获奖称号	授奖单位
卢晶峰	2021年度社会主义现代化先行市建设(迈向工业4.0标杆城市建设)先进个人	中共台州市委、台州市人民政府
黄灵恩	2021年度社会主义现代化先行市建设(省域开放型高能级中心城市建设)先进个人	中共台州市委、台州市人民政府

（黄岩自然资源和规划分局　管依真）

财　政

【概况】 2021年，黄岩区实现生产总值587.47亿元，按可比价格计算，增长6.5%。其中，第一、二、三产业增加值分别为20.79亿元、274.40亿元、292.28亿元，分别增长1.8%、7.1%、6.2%。三次产业结构比3.5:46.7:49.8。全区固定资产投资增速下降10.9%。社会消费品零售总额262.91亿元，增长6.1%。外贸进出口总额244.04亿元，增长20.1%。居民人均可支配收入56182元，增长9.7%，其中城镇常住居民人均可支配收入68313元，增长8.3%，农村常住居民人均可支配收入36184元，增长9.3%。全区财政总收入74.17亿元，增长10.1%；一般公共预算收入43.96亿元，增长10.5%，其中税收收入39.43亿元，增长10.9%；一般公共预算支出60.38亿元，增长2.5%。全区财政收支平衡。

【财政收入】 2021年，黄岩区财政局加强收入调节力度，解决组织收入中存在的问题，完成省市下达的收支目标任务数。全年，全区一般公共预算收入占地区生产总值的7.5%、占财政总收入的59.3%，税收收入占一般公共预算收入的89.7%。全区非税收入45.98亿元，下降16.9%，其中纳入一般公共预算收入管理的非税收入4.53亿元，增长7.2%。做好专项债券申报工作，全年发行专项债券29.06亿元。其中，棚改专项债券14.30亿元，其他项目收益专项债券14.76亿元。

【财政支持实体经济发展】2021年，支持实体经济发展。兑付涉企补助资金3.02亿元，为实体经济创业创新、转型升级、科学发展注入动力。落实各项减税降费政策，帮助企业减负增效，全年减免各类税费24.54亿元，有效为企业发展释放活力。支持留工稳产。累计兑现规模以上工业企业电费奖励和达产奖励、限上批零住餐企业达产奖励、2021年新春红包和特产年货969万元。加大产业转型扶持力度。针对技改、信息化、节能、工业设计、亩均税收、科技等项目资金均兑现到位，累计兑现推进民营经济高质量发展政策资金1.32亿元。成立黄岩区政府产业基金，首期3.00亿元的母基金设立到位。发挥"政采云"引导作用。全年有22家企业入驻"政采云""精品馆"。

【财政支出】2021年，黄岩区民生支出49.21亿元，增长4.7%，占一般公共预算支出的81.5%。保障教育优先发展。全区教育支出13.84亿元，增长0.2%。支持教育基础设施建设，落实义务教育经费保障机制，加强对"双减"后义务教育学校托管服务的经费保障。提高社会保障水平。全区社会保障和就业支出完成10.46亿元，增长9.2%。主要用于城乡居民最低生活保障、城乡居民社会养老保险、孤儿基本生活保障、促进残疾人事业发展、促进就业创业等。促进健康黄岩建设。全区卫生健康支出6.02亿元，增长3.4%。主要用于基本公共卫生服务、推进县级公立医院改革、提高基层医疗卫生机构服务、加强常态化疫情防控资金保障、落实全民免费接种新冠肺炎疫苗所需经费等。促进文化体育旅游事业发展。全区文化旅游体育与传媒支出完成1.47亿元，下降18.8%。保障区图书馆、文化馆新馆建设经费，落实公共文化免费开放补助资金，逐步扩大博物馆、纪念馆免费开放财政补助范围。

【财政改革】2021年，推进财政票据电子化改革。全区有299家财政票据领用单位上线，开具31万张电子票据。推进医疗收费电子票据2.0系统应用，区级公立医院、乡镇卫生院全部上线运行，开出医疗电子票据554万张。推进财政预算管理一体化进程。成立预算一体化建设工作专班，规范基础信息管理，对标业务规范和技术标准，优化预算管理流程，探索本地建设路径，上线预算管理一体化系统，实现对预算管理全流程的动态反映和有效控制。

【国有资产管理信息化建设】2021年，推进国有资产管理信息化建设。联合搭建黄岩区国有房（地）产智慧监督平台，解决现有国有房（地）产量大面广、管理不规范、统筹利用率低等难点、痛点问题，该项目纳入浙江省公权力大数据监督应用场景"一本账S1"，基本完成一期的整体内容。

【政府采购数字化共建共享改革试点】2021年，推进政府采购数字化共建共享改革试点。区政府采购预警监控管理项目被列入浙江省财政厅第一批政府采购数字化共建共享改革试点项目清单，入选数字经济系统第一批优秀省级重大应用，该项目运用"数据分析、数据监管”，便于提前发现政府采购领域违法违规的苗头。

【财政资金竞争性存放工作】 2021年，推进财政资金竞争性存放工作。全年组织2期财政资金竞争性存放招投标，累计存放金额11.45亿元，增加收益951万元，帮助24家行政事业单位完成公款招投标。

【财政监管】 2021年，开展绩效考核。以单位自评为主、财政抽评为辅对62个主管部门进行绩效考核评分。报送绩效目标1678个，涉及财政资金44.00亿元。加强政府采购监管。全年累计完成政府采购有效项目303个，采购预算金额7.06亿元，实际采购金额6.53亿元，节约资金5300万元，节约率7.5%。加强重点项目监管。全年审结备案1454个政府投资项目，送审金额122.92亿元，审定金额119.21亿元，净核减金额3.71亿元。防范化解政府性债务风险。压实压紧化债职责，加快推动国有企业融资平台市场化转型，累计筹集20.90亿元财政资金用于化债。

【干部队伍建设】 履行从严治党主体责任，将政治建设摆在首位，抓好党的建设各项工作，财政干部的红线意识和底线思维强化。夯实党建基础。通过日常提醒、集体警示教育、集体谈话、个别谈话等方式，推进全局党员干部作风建设。加强日常监督管理，对工作中不作为、乱作为、慢作为的行为采取“零容忍”。实施“考勤+工作日志”方式，不定期监督检查干部的工作情况，提升干部的自律意识和工作自觉性。深化清廉机关品牌。打造“五廉五财”工作品牌，在办公楼呈现廉政文化、警示案例、习近平金句等内容，增设布置“翠屏守望者”党建书吧和“甘泉亭”文化水吧。成功创建第三批“台州市清廉文化进机关示范点”。弘扬财政廉政文化。成立财政青年宣讲团，利用微信平台推出“青橘读史”栏目，全年开展青年上党课2次，推出10期青橘读史活动，推出“清明祭英烈”烈士家书诵读会3期，成功举办“庆祝建党100周年主题晚会”，联合黄岩区纪委拍摄微电影《网》。强化内部管理。做好财政网络信息安全建设，稳步推进信息化项目实施，支持“数字黄岩”建设。加强规范性文件管理，完善财政管理责任制度体系建设，铺开浙政钉掌上执法系统应用。

【先进名录】

2021年黄岩区受表彰的浙江省先进个人一览表

表92

获奖人	获奖称号	授奖单位
张欢红	全省财政资产管理人才库	浙江省财政厅

2021年黄岩区受表彰的台州市先进集体一览表

表93

获奖单位	获奖称号	授奖单位
黄岩区财政局	2021年度全市财政系统绩效考核优秀单位	台州市财政局

（区财政局　杨　卫　刘慧珺）

税　务

【概况】　2021年，黄岩区税务局组织税费收入122.46亿元，同比增长27.76%。其中，税收收入70.69亿元，社会保险费收入35.9亿元，非税收入14.52亿元。地方级税收40.29亿元，增长12.96%。

【税费政策落实】　2021年，推进煤电保供和制造业中小微企业延缓缴纳税费工作。推出减税测算、专题咨询辅导等直通服务，有效为市场主体纾困解难。全年累计实现税费减免24.54亿元，出口退（免）税23.02亿元、制造业中小微企业税收缓缴2.37亿元、增值税留抵退税3.26亿元。

【税务法治】　2021年，应对浙江中钢置业有限公司对黄岩区税务局提起的两起行政诉讼，两审均胜诉。加强对行政复议诉讼案件评析和总结，建立行政复议、行政诉讼典型案例库，通过以案释法提升执法水平。

【税种管理】　2021年，成品油行业税收专项整治有序开展，机动车发票新规有序实施，十项非税收入征管平稳划转，所得税管理更加精细，行政事业单位个人所得税管理更加规范。深化“亩均论英雄”改革，推进土地增值税清算。

【办税缴费服务】　2021年，完善“1+4+N+1”（即1个电子税务局、4个业务中心、N个“税e站”+1个办税服务厅）“非接触式办税”服务体系，打造“1个号码+8个固定座席+N个潮汐工位”的云税服务中心，优化非接触办税服务体验。打造亲清直通车，设立“税小橘”育苗专员，解决纳税人、缴费人“急难愁盼”问题。全年，通过“税小橘”直播间、纳税人学堂等解决328户纳税人涉税“中梗阻”。

【征收管理】　2021年，落实两办意见和浙江实施方案，统筹“六治协同”，迭代升级“六大工程”。申报5大项目揭榜挂帅，其中“税企亲清”平台自主创新项目获国家税务总局浙江省税务局党委书记、副局长龙岳辉批示。

【税务监管】　2021年，以垃圾桶产业为试点探索一条符合当地制造企业税务风险精准识别、年中风险提醒、年后风险进一步应对机制，推行无感、自行改正等执法方式的应用，减少纳税评估等方式的应用，有助于提高企业纳税遵从度和社会满意度。该风险模型入选浙江省税务局风险管理计划。

【电子税务】　2021年，紧抓自然人电子税务局各项建设，累计为215名人员配置相应的4600多条权限，满足使用自然人电子税务局税务端的工作需求。

【税收经济分析】　2021年，定期刊发《税眼看经济》，深化财税合作，成立“凤凰助力团”，开通“税收直通车”，实施“四百行动”，助力总部经济、特色板块发展，打造最佳税收营商环境。

【大数据和风险管理】　2021年，紧抓数字化改革建设，承担黄岩区数字化改革、黄岩公共数据平台建设、黄岩区党政机关整体智治系统建设、打击非法社会组织、清廉医院建设等相关工作。

【税务纪检】　2021年，执行“两个责任”，实行“三为主一报告”，打造税务系统一体化综合监督体系。加强“以案为鉴”，建成“税企亲清”监督新平台。

【政务管理】 2021年，基层减负推进，常态化疫情防控严格落实，办理信访155件，通过网站主动公开信息96条，未引发网络舆情问题。

【基层建设】 2021年，建成“1+5”党建综合体，即一个党建文化长廊和讲习所、学习社、初心堂、清风室、志愿站5个党建活动阵地。

【先进名录】

2021年黄岩区受表彰的浙江省先进集体一览表

表94

获奖单位	获奖称号	授奖单位
国家税务总局台州市黄岩区税务局、国家税务总局台州市黄岩区税务局东城税务所	浙江省文明单位(复评)	浙江省精神文明建设委员会
国家税务总局台州市黄岩区税务局“税小橘”青年党员工作室	全省税务系统“十佳党员工作室”	中共国家税务总局浙江省税务局委员会

2021年黄岩区受表彰的浙江省先进个人一览表

表95

获奖人	获奖称号	授奖单位
黄　浩	全省税务系统先进工作者	国家税务总局浙江省税务局 浙江省人力资源和社会保障厅

2021年黄岩区受表彰的台州市先进集体一览表

表96

获奖单位	获奖称号	授奖单位
国家税务总局台州市黄岩区税务局“税小橘”青年党员工作室	2021年度台州市级青年文明号	台州市“双争”活动领导小组
国家税务总局台州市黄岩区税务局收入核算股	2021年度台州市巾帼文明岗	台州市妇女联合会
国家税务总局台州市黄岩区税务局	台州市清廉文化进机关示范点	中共台州市委直属机关工作委员会 中共台州市委直属机关纪检监察工作委员会
中共国家税务总局台州市黄岩区税务局第一税务所支部委员会	全市税务系统“十佳基层党组织”	国家税务总局台州市税务局委员会
国家税务总局台州市黄岩区税务局“税小橘”青年党员工作室	全市税务系统“优秀党员工作室”	国家税务总局台州市税务局委员会

2021年黄岩区受表彰的台州市先进个人一览表

表97

获奖人	获奖称号	授奖单位
周玲巧	2021年度市级青年岗位能手	台州市"双争"活动领导小组
黄　浩	全市税务系统"十佳共产党员"	国家税务总局台州市税务局委员会
林　佳	全市税务系统"十佳党支部书记"	国家税务总局台州市税务局委员会

（国家税务总局台州市黄岩区税务局　汪禹序）

金融业

【概况】 2021年末，黄岩区金融机构本外币各项存款余额1224.74亿元，同比增长9.72%，全区金融机构本外币各项贷款余额1030亿元，同比增长25.88%，小微企业贷款保持增长，余额456.25亿元，占全部贷款余额的44.30%，余额同比增幅23.1%。12月末银行业不良贷款余额5.07亿元，较年初上升0.92亿元；不良率0.49%，同比下降0.02个百分点，各银行机构不良贷款处置金额8.17亿元。

小微企业信用评级 2021年，开启全国投放的首笔"标准贷"。市下控股有限公司获得标准融资项目授信8000万元。全年新增人才服务型支行1家、科技支行1家。在2020年开展省小微企业信用评级推进信用贷款试点基础上，将评价对象扩大至个体工商户，并实施评级数据扩充升级，截至12月31日，黄岩区评级成功3534户，贷款授信家数3042户，合同45.40亿元，贷款余额28.83亿。实施"金融+"工程，支持保民生促经济的项目，引导更多金融资源投向经济社会发展重点领域和薄弱环节。

【银行业监管】

政银合作推动共同富裕 2021年，深化政银合作、推动共同富裕，黄岩区人民政府与农业银行台州分行、中国银行台州市分行签订战略合作框架协议，未来三年农业银行将提供人民币200亿元意向性信用额度、5年内中国银行将向黄岩区新增投入（引进）资金300亿元，支持黄岩区共同富裕重大行动、重点工程、重大项目，全方位满足农业农村发展多样化金融需求，中国银行台州市分行与黄岩区签署全国系统内首个"推进乡村振兴学堂战略合作协议"，成功举办"和合共富"中银乡村振兴学堂。创新飞地保险，选定勐海县作为首个区外政策性大棚西瓜种植保险财政补贴试点地，试点面积1万亩，保费由财政补贴资金50%，助力政府共同富裕数字化改革创新项目，签约"瓜农天下"政策性农业保险合作，实现跨省补贴异地共保全国首创。上线黄岩首个以西瓜产业人群为标的的财政补贴保险——瓜农人身意外险，由黄岩区财政给予50%保费补贴，为黄岩籍瓜农提供风险保障。引导融资担保公司为中小微企业提供低成本融资担保服务。2021年末，信保基金承保黄岩区域发放信保基金贷款在保户数2327户，在保金额15.05亿元，融资余额13.9亿元。推动政银企村深度合作。会同人行、银监等部门，组织开展银行机构"大走访、大调研、大服务"行动、银企对接会、金融进农村文化礼堂等活动,全年开展银企专场对接会2次,完成72场金融进农村文化礼堂活动,累计服务4600余人次。

【其他金融业】

地方民间金融组织发展 2021年,继续发挥小额贷款公司、典当公司、民间融资服务公司等地方金融组织对满足小微和“三农”等重点领域融资发展的补充作用。截至12月末,全区3家小额贷款公司贷款余额25422万元,3家典当公司贷款余额4526万元,1家民间融资服务中心匹配余额54081万元。

金融风险排查 2021年,推进涉稳风险处置化解,完善防范处置非法集资工作协调机制,开展全区金融风险排查,对存在问题的金融企业,一案一策处置化解,确保金融稳定。依托省“天罗地网”地方金融风险监测防控平台,运用互联网、大数据加强对非法集资等金融风险隐患监测预警,全年排查黄岩区内企业200多家。坚持“边查边化解”原则,全覆盖排查金融领域风险隐患,摸清私募基金领域风险底数,排查整治融资租赁公司网约车业务、美容消费贷款、小额贷款公司涉房地产贷款业务。

【证券】

对接资本市场 2021年,实施“凤凰行动”计划,打造最优营商环境,激发企业上市“内生动力”,推动企业上市。全区有5家上市公司,年末,新增新三板挂牌企业2家(朔翔科技、尊工科技),新增上市报会(报交易所)企业2家(青蛙泵业、丰立科技),在省证监局辅导企业1家(宏鑫科技)。

(区金融工作中心　厉悦)

市场监督管理

【概况】 2021年,黄岩全区在册市场主体突破8万户,新增市场主体1.63万户;其中,新增公司4498家,同比增长53.6%。新增注册资本141.75亿元,同比增长23%。常态化实施企业开办公章刻制、税务Ukey费用财政买单,每年为新开办企业节约成本260余万元。

【商事登记改革】 2021年,在全省首创商事主体住所承诺“互联网+审批+监管”闭环管理模式,打造“宽进、快办、严管”政务服务新生态。年内,企业“一件事”环节总事项数9个,居全省榜首,商事登记网办率99%;企业开办时间压缩至2小时内,远低于全国平均4个工作日要求;电子营业执照下载率87%,位居全省首位,企业群众办事效率大幅提升。

【“小微(个体)共富”信用评价体系建立】 2021年,全国首创“小微(个体)共富”信用评价体系,打造“政府数据+货币政策+财政政策+小微评级+信用贷款”新金融服务模式。全年累计出具信贷评级报告5000余份,助力3450家小微企业和个体工商户获得信贷支持41.01亿元。“创新小微(个体)数字化金融服务”获评2021年度全省市场监管系统改革创新最佳实践和浙江省第一批服务和融入新发展格局最佳实践,“基于大数据的台州小微企业风险评价服务”和“黄岩区小微企业信用贷款评级”分别获浙江省金融数据综合应用试点和2021年省级标准化试点项目。

【企业信用监管】 2021年,创新开展“精细化”+“数字化”智慧年报，企业、合作社、个体工商户年报率分别为97.15%、98.62%、99.46%，企业、合作社连续两年创历史新高，企业年报率和年报综合绩效均在全市排名第一。开展部门“双随机、一公开”联合监管，全市率先制定跨部门全覆盖的联合抽查清单，并对医疗美容行业、校外培训机构开展跨部门联合抽查，立案查处3起相关案件。

【质量提升】 2021年，以政府质量奖和“品字标浙江制造”品牌建设为抓手，打造模塑产业全国质量品牌提升示范区。全国首创“标准融资增信”机制，浙江精诚模具有限公司获得省政府质量奖和中国质量奖提名奖（全省首个获奖中小企业），永高公司获批省级首批国际标准化试点项目，为全区首个“标准化良好行为AAAA企业”。指导洲锽实业通过智慧仓储物流国家级服务业标准化试点验收。

【知识产权保护中心设立】 2021年，设立台州市黄岩区知识产权保护中心并申报中国台州黄岩模塑产业知识产权快速维权中心。全年，全区累计有效注册商标量4.01万件，有效发明专利拥有量1681件，同比增长6.2%，每万人发明专利拥有量23.78件，质押融资金额28.08亿元。永高股份“复合材料”获评中国专利优秀奖，实现全区中国专利奖的零突破。

【食品安全】 2021年，推进食品生产经营主体“浙食链”系统应用及“阳光工厂”建设，在产食品生产企业“上链”激活率100%。开展餐饮环节数字化提升工程，建成网络餐饮“阳光厨房”1300余家，“浙江外卖在线”小程序有效使用家数1400余家，占全区在册网络餐饮经营单位90%以上。启动“台农链”试点工作，黄岩蜜橘、茭白等特色农业产品列入试点项目。推进小作坊整规提升，牵头出台全省首个食品小作坊市级地方标准规范；参与台州食用农产品销售经营者风险分级全省试点，实现食品销售风险分级管理100%全覆盖。推进食用农产品、保健食品、粮食市场、“一打三”等各类食品专项整治，守牢食品安全底线。

【药械、化妆品监管】 2021年，在全省首创“药e通”微信小程序和便民共治平台，打造药学服务、质量监管、社会共治的“数智化”药品流通社会共治体系。参与省数字药监“揭榜挂帅”应用场景建设，对医疗器械重点创新项目提供个性化帮扶，济民健康预充式导管冲洗器（III类）取得全省首家药械组合装医疗器械注册证；拱东医疗成为全市首家试点医疗器械注册人制度的受托企业，主动实现一次性真空采血管和人体末梢血样采集容器UDI赋码。启动化妆品注册人备案人规范提升行动，推进化妆品“百千万”美丽消费示范提升工程，全年创建提升示范街1条、示范商场2家和示范经营单位13家，黄岩吾悦广场示范街代表台州参加全省化妆品“百千万”创建验收。

【特种设备赋码及安全整治】 2021年，大力推进特种设备赋码及安全整治，全区11753台在用特种设备实现100%赋码，5868台电梯全部实现扫码维保，开展专项检查20余次，检查特种设备使用单位1156家次，排除安全风险隐患496条。

【消费维权】 2021年，加强消费投诉举报处置力度，采取行政处罚与行政指导并行方式，有效提升维权成功率和群众满意度。全年接收各类投诉举报7230件，其中投诉3968件，举报3262件，处置率100%，帮助全区消费者挽回金额158.51万余元。开展放心消费“三服务”活动，培育放心消费单位2030家，创建奥特莱斯广场、吾悦广场2处放心商圈，引导规范消费大环境。

【营商环境优化执法】 2021年，开展“亮剑 2021”系列综合执法行动，严格落实各类专项整治，全年立案1148件，其中大要案256件，移送公安机关16件，案件数量为上年同期2.97倍。查处食品案件618件、药械化案件57件、特种设备案件37件、产品质量案件145件，罚没款金额1077.25万元，为上年同期1.83倍。在行政执法领域首创“认罚择轻”制度，规定对违法当事人配合调查、承认违法事实并纠正的违法行为可依法从轻处罚，推动全区法治营商环境优化升级。年末，适用“认罚择轻”制度办理案件135件，占同期办案量65%，罚没款主动履行率100%，实现行政处罚案件零复议、零诉讼。

【党史教育】 2021年，落实党委理论学习中心组学习制度，全年开展集中学习研讨9次，组织开展党史教育专题学习140余次。邀请专家授课2次，开设党史学教微信公众号专栏，发布专栏文章105篇。以建党一百周年为契机，开展微党课、党史故事会，组织80余人参加全市系统主题文艺会演，开办市场监管局年轻干部成长培养班，开班7期，开展团队素质拓展1次，完成理论调研文章4篇，获全市系统“红色领航、红盾护航”优秀党建案例一等奖。

【队伍建设】 2021年，完善党委主抓直管机制，各科室（所、队）和下属单位主要负责人签订《党风廉政建设责任书》《意识形态责任书》144份。落实班子成员“一岗双责”，全年开展廉政约谈60余人次。把好用人导向，优化年轻干部梯队配备，创新实施“党建红引领市监蓝”年轻干部成长培养“青橘计划”，推进系统队伍共建。严把选人用人政治关、品行关、能力关、作风关、廉洁关，坚持德才兼备、以德为先、事业为上、人岗相适、人事相宜原则，全年调整转任干部5人、免去中层干部职务3人。

【食品安全责任】 2021年，完成省市民生实事工程，创建民生药事服务站4家，其中沈宝山国医馆被评为五星级中药特色“民生药事服务站”。完成食责险运营服务黄岩分中心建设，重点区域食品安全责任保险投保率100%；实现学校食堂“阳光厨房”建设全覆盖，新增全程可追溯食品生产经营主体572家、食品生产企业“阳光工厂”35家、农村家宴“阳光厨房”28家、学校食堂“智能阳光厨房”20家。

【新冠肺炎疫情防控】 2021年，巩固疫情防线，严格按照“外防输入、内防反弹”的总体要求，慎终如始聚焦进口冷链食品、农贸市场、药店等重点行业，督促市场落实“四个一律”和“三个到位”，确保相关人员疫苗应接尽接、核酸检测应测尽测。加强日常督导，对全区371家冷链主体实施分类色标管理，推动“浙食链”系统应用落地，累计赋码4382张，扫码11万余张，实现赋码率、扫码率双100%。

【先进名录】

2021年黄岩区受表彰的浙江省先进集体一览表

表98

获奖单位	获奖称号	授奖单位
台州市黄岩区市场监督管理局	2021年度地方市场监管工作评价结果优秀等次	中共浙江省市场监督管理局委员会
台州市黄岩区市场监督管理局	创新小微(个体)数字化金融服务被评为全省系统改革创新优秀实践	浙江省市场监督管理局
台州市黄岩区市场监督管理局	全省市场监管系统“三比一讲”争先创优竞赛一等奖	中共浙江省市场监督管理局委员会
黄岩区消费者权益保护委员会	2021年度全省消保委系统信息工作先进集体	浙江省消费者权益保护委员会

2021年黄岩区受表彰的浙江省先进个人一览表

表99

获奖人	获奖称号	授奖单位
朱　弦	浙江省知识产权保护工作成绩突出个人	浙江省知识产权强省建设工作联席会议办公室
屠冰心	2021年度全省消保委系统信息工作先进个人	浙江省消费者权益保护委员会

2021年黄岩区受表彰的台州市先进集体一览表

表100

获奖单位	获奖称号	授奖单位
台州市黄岩区市场监督管理局	争先创优工作先进集体	中共台州市委、台州市人民政府
台州市黄岩区市场监督管理局	台州市全国文明城市“两连创”工作有功集体(集体嘉奖)	台州市人民政府
台州市黄岩区市场监督管理局院桥市场监督管理所党支部	台州市市场监督管理系统先锋支部	中共台州市市场监督管理局委员会
台州市黄岩区市场监督管理局城西市场监督管理所党支部	台州市市场监督管理系统先锋支部	中共台州市市场监督管理局委员会

2021年黄岩区受表彰的台州市先进个人一览表

表101

获奖人	获奖称号	授奖单位
杨永兴	中国民营经济示范城市建设先进个人	中共台州市委、台州市人民政府
王　帆	疫情防控工作先进个人	中共台州市委、台州市人民政府
林　颖	全市系统“三比一讲”争先创优竞赛“攻坚月”行动先进个人	台州市市场监督管理局

续表101

获奖人	获奖称号	授奖单位
李英姿	全市系统“三比一讲”争先创优竞赛“攻坚月”行动先进个人	台州市市场监督管理局
任　耀	全市系统“三比一讲”争先创优竞赛“攻坚月”行动先进个人	台州市市场监督管理局
张一多	全市系统“三比一讲”争先创优竞赛“攻坚月”行动先进个人	台州市市场监督管理局
林潇潇	台州市市场监督管理系统先锋党员	中共台州市市场监督管理局委员会
杨　扬	台州市市场监督管理系统先锋党员	中共台州市市场监督管理局委员会
王　帆	台州市市场监督管理系统先锋党员	中共台州市市场监督管理局委员会
陈　敏	台州市市场监督管理系统先锋党员	中共台州市市场监督管理局委员会
蒋呈剑	台州市市场监督管理系统先锋党员	中共台州市市场监督管理局委员会
章　旭	台州市市场监督管理系统先锋党员	中共台州市市场监督管理局委员会
柳欣琪	台州市市场监督管理系统先锋干部	中共台州市市场监督管理局委员会
何成忠	台州市市场监督管理系统先锋干部	中共台州市市场监督管理局委员会
梁　兴	台州市市场监督管理系统先锋干部	中共台州市市场监督管理局委员会
章白云	台州市市场监督管理系统先锋干部	中共台州市市场监督管理局委员会

（区市场监管局　许其琪）

审计监督

【概况】 2021年，黄岩区审计局完成审计(调查)项目25个，查出主要问题金额17.63亿元，其中违规金额0.35亿元，管理不规范金额17.28亿元。审计处理处罚金额0.31亿元。审计促进整改落实有关问题金额5.29亿元。移送纪检监察机关、有关部门处理事项3件，移送处理人员1人。审计提出建议59条，被采纳59条。向社会公告审计结果11篇。黄岩区财政局具体组织的2019年度本级预算执行和决算(草案)情况审计、黄岩区人防工程易地建设费征收和支出管理情况审计调查获得全市表彰审计项目；黄岩区财政局具体组织的2020年度本级预算执行和决算(草案)情况审计报告获全市优秀审计报告一等奖。

【财政审计】 2021年，实施黄岩区财政局具体组织的2020年度本级预算执行和决算(草案)情况审计，以及4个单位2020年度部门预算执行情况审计和4个乡镇(街道)2020年财政决算审计，揭示资金拨付、管理、支出中存在的问题，推动上缴财政资金3.41亿元，促进财政资金规范使用0.44亿元，归还原渠道573万元，追回损失233万元，助推财政资金提质增效；推动黄岩生态环境分局和财政局联合出台《黄岩区省级以上生态环境保护专项资金项目管理办法》，加强和规范黄岩区省级以上生态环境保护专项资金管理，提高专项资金使用效益。负责起草的审计结果报告、审计工作报告，得到区人大常委会的肯定。

【经济责任审计】 2021年，对5家单位7位领导干部任期经济责任进行审计。继续推进领导干部报送年度经责报告制度，完成全区130多家单位年度经济责任报告表的报送审核，强化对领导干部经济责任的任中监督。区委审计委员会办公室出台《区经济责任审计工作联席会议议事规则和办公室工作规则》，规范经济责任审计相关规定，完善领导干部监督机制。

【资源环境审计】 2021年，实施江口街道领导干部自然资源资产任中审计，将乡镇财政决算审计、领导干部经济责任审计、自然资源资产审计等3个审计任务统筹结合实施，利用浙江大学在地理信息、遥感技术、GIS系统应用等方面的技术优势和学术优势，以政府购买服务方式，探索自然资源资产审计"政校合作"新模式，发现侵占基本农田、水环境治理、污染工作防治等方面的问题线索，针对问题提出街道要与主管部门协同，严格规划编制要求，建立部门联动和协作监管机制，履行自然资源资产管理责任。

【企业投资审计】 2021年，实施82省道复线黄岩马鞍山至后洋段公路工程、黄岩智能模具小镇客厅工程、黄岩江北片大桥花园安置房工程等3个项目预算执行审计，纠正一批管理、绩效、损失等问题。通过审计，黄岩经开集团追回多付工程进度款326.98万元，收回为3家施工单位垫付的水电费75.1万元。实施黄岩区公办幼儿园建设情况专项审计调查，提出出让幼儿园用地要细化条件设置，提高用地管理前瞻性的审计建议得到区级领导批示肯定。实施黄岩区粮食收储有限公司2016至2020年度资产负债损益审计，揭示企业财务管理中存在的问题，规范企业财务收支行为。

【政策执行审计】 2021年，在开展黄岩区财政局具体组织的2020年度本级预算执行和决算（草案）情况审计时，以专题形式对黄岩区优化区域营商环境及疫情防控财政支持情况实行审计，从而达到规范涉企执收的审计目的。通过审计，推动下达"小升规"企业区级财政奖励资金130.62万元，清退1家单位人防保证金331万元等；督促相关部门收回6家被税务稽查处罚企业享补贴96万元，收回多付相关补贴等8万元。

【审计整改】 2021年12月9日，黄岩区审计局召开全区2021年度审计整改工作会议，会议要求，被审计单位要压实主体责任，健全长效机制，改深改实改透问题，探索构建以数字化改革为核心的闭环监督机制，以更高要求保证整改成效。人大财经工委会同审计局实地走访财政局、黄岩自然资源和规划分局等单位，对2020年度本级预算执行和其他财政收支审计工作报告反映问题的整改落实情况进行跟踪督查，指导相关问题整改落实。

【审计内部管理】 2021年，印发《台州黄岩区审计局审计业务电子数据管理办法》，从审计业务电子数据的采集、验收、移交、存储、使用范围、输出管理等方面进行归纳和总结，强化审计数据的归集使用。出台《关于加强审计业务全流程质量控制的通知》，从审计计划、审计准备、审计实施、审计报告、审计整改、审计成果运用、审计归档等7个阶段35个方面对审计业务整个流程进行详细的梳理，建立起贯穿审前、审中和审后的全过程审计质量控制体系。

【审计队伍建设】 2021年，对标巡察反馈的3方面14个问题，成立整改领导小组，抓好问题导向，逐一改细改实巡察反馈问题，印发《黄岩区审计局党组议事规则》和《局长办公会议议事规则》，提升整改成效。全年累计选派审计干部24人次参加省市局项目审计，1人被省审计厅抽调参加省委巡视工作，2名业务骨干参加区委巡察工作。年初，严格按照中层（股级）干部选拔任用工作流程，提拔2名干部担任科室负责人，大胆起用年轻干部担任项目主审，使年轻干部在责任和压力中快速成长。

（区审计局　王月树）

统计管理

【概况】 2021年，黄岩区统计局专业编制统计报表填报指南，更加精准地对基层、企业进行业务指导。在工业、能源、投资项目、房地产、建筑业、服务业、贸易、劳动工资等专业继续开展“一专业一档案”制度，规范企业数据生产流程。在乡镇（街道）推荐和企业自荐相结合的基础上，选取44家单位参加企业统计基础规范化建设星级评定工作。做好统计教育培训工作，分期分批组织开展工业、服务业、固定资产投资、科技、劳动工资、统计法治等业务培训，累计培训1189人次。开展单位名录库日常维护，确保新增单位（项目）申报入库，全年完成单位申报76家。

【统计调查】 2021年，做好第七次全国人口普查后续工作。发布《黄岩区2020年第七次全国人口普查主要数据公报》与黄岩区第七次人口普查分乡镇（街道）数据。制订第七次人口普查资料开发计划，编辑第七次人口普查基础数据资料汇编。开展统计年、定报和各项统计调查。贯彻国家、省、市统计报表制度，严格按照制度规定的填报范围、口径、计算方法和标准，高质量高标准完成农业、工业、建筑、能源、固定资产投资、贸易、服务业、城乡住户等专业统计年、定报的收集、汇总、上报、数据审核、查询和比对，提高统计数据质量。开展各类专项统计调查。组织春耕备耕情况调研、耕地抛荒撂荒及冬闲田使用情况开展调查、农业社会服务基本情况调查、小麦稻谷成本收益调研、企业创新调查、新设立小微跟踪调查等多个专项调查。

【统计宣传】 2021年，编印《黄岩区简明统计资料》，展示黄岩区人口、劳动力、农业、工业、国内贸易、对外经济、财政金融、科教文卫、人民生活等各方面的发展情况。对接高质量发展要求，优化改版月报资料，扩充部分内容及项目，更加突出实用性和有效性。每季度收集综合、工业、贸易、投资、服务业、劳动工资专业经济形势分析，编印《2021年黄岩区经济运行报告》。“黄岩统计”微信公众号开展数据“微”发布、“微”解读，实现最新统计数据随手查，满足社会各界对统计数据需求，初步形成社会共享统计成果的良好局面。编印《你好，统计2020》画册与《黄岩统计精编2020》，总结回顾局机关全年工作风貌，并作为向外界宣传展示机关文化建设成果的重要载体。

【统计服务】 2021年，编发统计服务产品。编发《统计年鉴》《统计简明资料》《统计月卡》和《领导干部手册》等统计资料，推陈出新，升级更新产品内容，并通过微信公众号、黄岩区人民政府门户网站向社会公布。分层次提供区情数据、高质量发展主要指标、分县(市、区)主要经济指标等资料,编印《黄岩区主要经济指标数据台账》。推动数字化改革。建立现代化先行统计监测体系和完整统一的现代化先行基础数据库。做好"数据浙江"系统数据加载工作。组织经济形势和统计工作新闻发布会,向社会公众提供经济运行和第七次人口普查工作进展情况。加强统计分析研究。全局编发统计分析67篇,统计信息39篇,统计专报11篇。推出献礼建党百年系列文章,开展"十三五"时期黄岩经济社会发展回顾,制定综合、农业、工业、服务业、贸易、收入、科技7个回顾主题。

【统计法制】 2021年,构建依法治统的法治环境。开展五大行动,严格落实主体责任,强化督查核查,列明领导干部和统计人员责任清单,压实防惩造假责任制和问责制,保证统计数据实事求是。严格统计执法检查,主动加大执法监督力度。通过实施法律顾问制度,探索建立网上行政执法、统计工作约谈、被执法企业回访等制度,通过联合执法等途径加强整改督导,巩固监督检查成效。以"双随机"抽查和专项检查相结合的模式,抽取全区58家单位开展执法检查,警告并罚款5家,罚款1.5万元。提高统计法治的服务意识。创新统计普法形式,拓展统计普法平台,营造依法统计氛围。在统计执法检查时,根据实情现场说法,发放普法宣传资料,提高单位负责人和统计人员的法律意识。

【统计队伍】 2021年,加强党建工作。规范组织"三会一课",增强党员身份意识和党性意识。坚持党建工作和业务工作同部署、同落实、同检查、同考核,推进党建与业务工作的融合。加强党风廉政建设。严格履行"一岗双责",党组成员严格落实"双重组织生活"制度。加强干部教育。制订统计业务知识培训计划,举办"数智赋能·聚势前行——黄岩区统计业务能力提升班(第一期)"。组织干部职工参加"智行统计·服务先行"活动暨"我为群众办实事、我为企业解难题、我为基层减负担"专题实践活动,年末,全局为群众办实事20件,为企业解难题247个,为基层减负担77件。

(区统计局　张　从　江晓靖)

工业·电力

工业经济

【概况】 2021年，黄岩区470家规模上（产值2000万元以上）企业实现工业总产值453.3亿元，同比增长3.6%；实现销售收入447.7亿元，同比增长12.2%；利税总额18.4亿元，同比降低8.4%；实现出口交货值145.8亿元，同比增长11.9%。

【工业性投入】 2021年，黄岩区实现规模以上工业性投资37.2亿元，同比负增长3%。2021年备案技改项目226项，比上年同期减少4项，总投资33.5亿元。全年备案亿元上技改项目5个，总投资8.5亿元，较上年同期增长104%。2021年零增地技改项目24项，总投资2.8亿元，土建投资2.1万元，新增建筑面积18.9万平方米。

【土地资源综合利用】 2021年，按照区政府《关于完善黄岩区重点工业性项目供地工作的意见》（黄政发〔2011〕30号）继续落实工业用地向特色产业重点项目倾斜的政策，全区工业项目新供地23宗，净地面积588亩。改革黄岩码头工业区为工业4.0首建区，改造提升水泥制品加工厂，建设台州梦创园推动工业4.0转型升级之路。出台并实施各类资源要素差别化政策，完成亩均税收3万元以下低效企业改造提升任务，整合提升屿新、繁荣一期和二期、繁三等近300亩的老旧工业点，清退企业“低小散企业”48家，引入“专精特新”型企业近100家。

【规模企业培育】 2021年，产值超亿元的企业有107家，销售收入超亿元的企业有109家；其中产值5亿元以上19家（含10亿元以上7家）。分别是：永高股份（44.9亿元），黄岩供电公司（25.4亿元），天宇药业（16.7亿元），金宇机电（14.0亿元），爱玛车业（13.5亿元），联化科技（12.7亿元），诚远食品（9.9亿元），利民实业（9.5亿元），宏鑫科技（8.0亿元），聚丰机车（6.5亿元），永宁药业（6.4亿元），精诚模具（6.4亿元），公元太阳能（6.1亿元），丰立智能科技（5.9亿元），誉隆科技（5.4亿元），上峰水泥（5.3亿元），精细化学品（5.1亿元）。2015年，按照《关于印发黄岩区小微企业规范升级工作实施意见的通知》（黄政办发〔2013〕60号），完善小微企业配套保障机制，全年净增85家规下转规上工业企业。塑料制品行业增速领先，位居各行业之首，达到21.6%，工艺美术、机械电器、电动车及汽摩配、食品饮料、医药化工、模具制造行业增速分别为20.3%、17.5%、17.3%、5.2%、0.3%、-6.9%。

【特色产业提升】 2021年，加强行业调研及规划落实工作，重点做好产业集群培育工作，将模具与塑料、医化、电动车三大产业列入培育对象。加强企业安全生产监管工作，特别是把民爆行业安全生产放在重点位置上来。推进小微企业创业园建设，新开工院桥科创园、繁三和联化北区小微园，新增省乐成、繁荣2个小微园为省小微企业园管理平台认定园区，山前小微园年前完成认定。模塑工业设计基地认定为三星级园区。立足模具产业优势，利用产业功能最齐全、专业化程度最高、配套体系最完善的产业链，建设模具行业产业大脑，于8月11日正式上线。

【模塑工业设计基地建设】 2021年，加快推进模塑工业设计基地建设，强化设计引领、产业对接、人才集聚、成果转化。2021年底累计有24家工业设计企业10家公共服务平台正式入驻基地，有从业人员766人。全年举办36场各类活动，接待各参观考察人员在60班次以上，接待总人数超700多人。基地服务企业数从2018年的2158家次到2021年的3869家次，增长79%。工业设计服务收入21147万元，申报各项专利470项，工业设计成果交易2408项，成果转化95亿元。

【中小企业创业创新】 2021年，浙江精诚模具机械有限公司成功申报省级企业技术中心，浙江神钢赛欧科技有限公司成功申报市级企业技术中心。浙江万诺建设有限公司企业技术中心、浙江华鼎市政建设有限公司企业技术中心、浙江广鑫建设集团有限公司企业技术中心等3家企业成功申报市级建筑业企业技术中心。台州市黄岩精英设计有限公司、台州市黄岩区汉思工业设计有限公司、台州市黄岩有道创意设计股份有限公司、台州市奕帆帝门工业设计股份有限公司等4家企业列入省级工业设计中心。浙江赛豪实业有限公司被认定为国内首台(套)装备，西诺控股集团有限公司被认定为2021年度浙江省首台(套)装备，区台州市黄岩达意隆模具有限公司、浙江日成模具有限公司、台州市彩之源新材料科技股份有限公司等6家企业被认定为2021年台州市装备制造业重点领域首台(套)产品。

【企业现代化技术改造实施】 2021年，继续实行《关于推进“机器换人”加快企业现代化技术改造的实施意见》(黄政发〔2014〕6号)，明确“机器换人”专项奖补措施。2021年完成“机器换人”198台，新建5G基站582个。培育市级未来工厂1家，智能工厂数字化车间企业7家。全年，黄岩区打响永宁凤凰学院培训品牌，组织安排19期主题活动，1500多人次企业高管参加。对企业开展不同性质的岗位培训，年内，组织专业技能培训2500人次以上，新培育高技能人才406名。组织重点企业负责人参加企业卓越团队管理研修班、同济大学“工业4.0和科技创新”黄岩企业家研修班、华东理工电动车塑料制品产业工业设计高级研修班等主题班次。

【高新、中微科技型企业“双倍增”行动计划】 2021年，实施高新技术企业和科技型中小微企业“双倍增”行动计划，新增国家重点扶持高新技术企业36家、重新认定34家，新增省级科技型中小微企业148家。年末，全区高新技术产业实现增加值92.36亿元，同比增长2.9%，高新技术产业增加值占规上工业增加值比重66.78%，比2020年提高2.21个百分点。

【研发机构】 2021年，区经信科技局支持企业加强研究院、研发中心、实验室等研发机构建设，新增省级企业研究院1家、省级高新技术企业研发中心6家、省级工业设计中心4家、市级高新技术研发中心28家。以项目实施为载体，推动产业关键技术攻关，组织实施一批科技创新专项，组织申报市级以上科技计划项目49项，入选省级新产品试制计划26项；立项区级工业类科技计划项目31项、农业社会发展类科技计划项目34项。

【模塑产业创新服务综合体】 2021年，模塑产业创新服务综合体累计获得省级专项激励资金1亿元。综合体现有面积2.3万平方米，集聚各类创新服务机构86家，创新服务人员889人，为区域模塑中小企业提供“创意设计、快速成型、模具开发、检验检测、成果转化、智能制造”等全链式产业创新服务。全年，黄岩模塑产业创新服务综合体各创新机构为企业开展技术服务5031家次，工业设计成果交易2408个，实现服务收入21147万元。综合体内浙江省模具产品质量检验中心对外出具检测报告1283份，开展专业实验室开放检测服务241批次。

【科创项目创新平台】 2021年，区经信科技局围绕区模塑产业高质量发展，推进同济大学设计创意学院·台州黄岩设计创新中心、上海交通大学·台州黄岩模具成形制造联合研究中心、武汉理工大学黄岩高性能复合材料产业技术研究院落地。引进浙大智能产品设计中心、博乐智能家居中心项目、可降解塑料项目、固态动力电池项目、高可靠性半导体及电子系统的应用人才科创项目5项。区政府常务会议通过推进杭州“科创飞地”建设，组织南科大博士走访企业和凯华、浙爆等企业参加“台州企业进浙大”活动，对接浙大机械学院、计算机学院。着力完善科技企业成长孵化链条，新增省、市级众创空间各1家（神灯众创空间）。

【科技合作与成果转化】 2021年，区经信科技局发挥科技大市场作用，促进高校院所科技成果在黄岩区区转化、产业化，年内，推出黄岩成果推介三期，43项高校院所科研成果，促进成果转化产业化。抓好科技大市场运营，充分发挥作用，黄岩科技大市场实地走访企业96家次，更新通知公告栏信息34条，发布科技成果43项，发布技术需求44项，促成技术交易额105万元。新增省级科技进步三等奖1项。立项各级科技计划项目45项，其中省公益技术应用研究计划项目1项、省科技特派员专项7项、台州市科技计划项目4项，区级科技计划项目34项。谋划创建省级高新区，以黄岩经济开发区西区和江口区域为主体，委托省信息技术研究院编制申报方案，完成指标测算。参与台州湾科创走廊编制，完成台州湾科创走廊月评价3次。

【外国专家】 2021年，经信科技局组织企业参加各类专题交流对接活动6场［浙江省海外高层次先进制造业人才对接交流活动、中俄新材料技术对接交流会、日本名企云参访(第一、二、三、四期)］。入选省级海外工程师3人(全市并列第二)、市级2人，新增市级引智项目1项，兑现外专补助103.55万元。

【科技兴农】 2021年，区经信科技局围绕柑橘产业振兴和农产品质量提升，聚焦区柑橘、茭白、杨梅、枇杷等优势农业以及农产品深加工、农机智能装备、工厂化植物工厂等关键技术研究，组织开展技术攻关，新增市级以上科技计划项目立项12项，引进新品种21个，示范推广新技术31项。举办科技培训3次，现场会5场，专家实地技术指导70次，联合农业农村、科协、民主党派等单位开展送科技下乡活动2次，免费向群众发放种养植实用技术资料4000份以上，现场咨询160人。会同有关部门举办台州市第十三届科技人员暨黄岩区第七届公益交友活动。完成《浙江省粮食安全保障条例》执行情况汇报材料。

【创新券发放助企业购买技术】 2021年，区经信科技局扩大创新券发放范围，资助中小微企业共享省内外高校院所、检验检测机构等创新载体的科技资源，降低企业技术创新成本。全年发放创新券1228.18万元，资助69家企业购买技术服务148次。

【先进名录】

2021年黄岩区受表彰的浙江省先进集体一览表

表102

获奖单位	获奖称号	授奖单位
区经信科技局	2021年度中小微企业培育工作成绩突出集体	浙江省促进中小企业和民营企业发展工作领导小组办公室

2021年黄岩区受表彰的浙江省先进个人一览表

表103

获奖人	获奖称号	授奖单位
王奋远	浙江民建为全面建成小康社会做贡献成绩突出个人	民建浙江省委
陈忠义	浙江省中小微企业培育工作成绩突出个人	浙江省促进中小企业和民营企业发展工作领导小组办公室

2021年黄岩区受表彰的台州市先进集体一览表

表104

获奖单位	获奖称号	授奖单位
区经信科技局	2021年度通讯报道工作优秀集体	台州日报报业传媒集团
区经信科技局	2021年度经信系统工作目标责任制考核优秀单位	台州市经济和信息化局

2021年黄岩区受表彰的台州市先进个人一览表

表105

获奖人	获奖称号	授奖单位
方金春	2021年度社会主义现代化先行市建设（国家创新型城市）先进个人	中共台州市委、台州市人民政府
卢滨宁	2021年度社会主义现代化先进市建设（迈向工业4.0标杆城市建设）先进个人	中共台州市委、台州市人民政府

（区经信科技局　李星雨）

经开集团

【概况】 黄岩区经开集团于2019年1月成立，与开发区合署办公，负责黄岩经济开发区70平方公里范围内的开发、建设及运营，是一家主体和债项信用等级为AA的区属国有企业。集团下属子公司19家。2021年12月实行政企分离，开始独立实体化运行。

【融资】 2021年，取得金融机构授信额度68亿元。到位资金66.46亿元。1月成功发行第二期10亿元非公开公司债券。2021年，继续谋划专项债，下达续建项目专项资金3.5亿元，申报新增专项债3个。

【规划设计】 配合经开区做好新前七里村留地、王林洋联岛路北侧地块、江口北师大高中南侧地块等地块的经营性土地出让工作及集团负责实施区块的前期做地工作，包括区块土壤污染调查、规划论证等，推进跃进闸工程、站西大道品质提升工程等立项工作。完成模具小镇模创路北侧、新江路两侧12宗土地的出让。完成头陀电动车产业园首启区约129亩土地征用并于2021年12月6日挂牌出让。

【区块建设】 2021年，完成江口永宁江科创带工业4.0首建区建设。台州梦创园项目于2021年7月完成建设，举行青年英才梦创台州行动暨清华大学社会科学学院共同富裕县域城市标准课题研究基地揭牌仪式、2021年台州市药物工业发展研讨会暨院士专家项目成果转化对接会、2021中国创新设计大会暨第25届全国工业设计学术年会等重大会议活动。江口商业综合体项目完成桩基施工。王林洋综合体项目完成桩基施工。未来社区A-01区块桩基施工进场。一期、二期过渡房全部建成，其中二期建设交付17幢122套，安排100户拆迁户入住，三期过渡房开工建设。城市展厅基本完成主体建设并同步推进布展。黄岩科创园项目完成并投入使用，2021年与13家企业签订框架合同，出租厂房建筑面积18364.13平方米。小镇累计完成固定资产投资93.2亿元，其中特色产业投资58.3亿元。小镇客厅改造基本完成，模具小镇基础设施完善，小镇形象基本打造。引进国内12家模具高端企业，全部开工建设。高桥联丰螺屿绿色产业孵化园A区块完成3幢标准厂房，B区块完成施工招标，C区块完成可施工区域桩基施工，部分厂房进入主体施工阶段。永宁江绿道全线贯通。

【安置房项目建设】 2021年，完成下洋郑安置，江山一品安置房、红四安置房开展分房前的准备工作，全部完成洋头、王林、王林施主体施工、净土岙地下室施工。天长北路外迁工程桩完成，进入压桩阶段。

【市政建设】 2021年，基本完成祺祥街跨永宁江桥梁工程，内环8号立交放射线项目开工建设，3条下穿铁路道路工程取得农转用批复，完成预算审核，完成王林洋连接桥工程桥面铺装。新江路南段、拱新大道（二期）基本完成，新江路北段完成总工程量的70%。污水综合治理项目完成工程量的80%；高架污水管网完成工程量的35%；白石关隧道提升完成招标。跃进闸改建工程完成水工方案评审、施工图设计，管理用房和景观设计方案。

【投资运营】 2021年3月，黄岩区经开集团与浙江五洲工程项目管理有限公司合作成立台州经开工程项目管理有限公司。2021年签订监理合同总数16份，代理经开区范围内以及其他工程项目代理有14个。10月区四大国有集团公司合资成立台州市黄岩宏腾物资贸易有限公司，与省物产中大国际贸易集团有限公司开展建筑材料销售业务。11月集团下属全资子公司特新建设与浙江亚厦未来建筑科技有限公司合作成立亚厦建筑科技（台州）有限公司。2021年推动完成合作协议签订，完成亚厦建筑科技公司注册工作。

【园区服务】 2021年，以物业公司为主体，负责园区的保洁、绿化、工程维修等基础物业管理。物业公司全年累计签订各类合同87个，其中道路保洁21个，绿化养护5个，工程施工45个，物业管理2个，多城同创14个。

（区经开集团 周颖）

国投集团

【概况】 2021年，黄岩国投集团建立"直投+基金"的股权投资组合模式，完成5个直投项目，投资金额1.6亿元，涉及光电材料、3D打印、工业物联网、智能电池组制造等不同领域；实现一期产业基金组建和二期产业基金筹建。发行第一期企业债8.2亿元。

【资产管理】 2021年，完成未确权的经营性资产梳理，并对其中一处资产（原橡胶助剂集团厂房）进行修复改造，于12月底交给台州市爱德邦智能科技有限公司，实现资产价值提升。推进繁荣创业园区建设，该项目总投资3.4亿元，打造先进制造业产业基地、高端人才集聚基地和新型智能科创产业基地，计划2023年6月交付使用，是黄岩区首次采用市场化工业地产模式来解决村留地安置和消薄的问题。

【类金融业务】 2021年，利用永宁融资租赁公司业务牌照开展融资租赁业务，全年完成投放融资租赁业务2笔，金额6000万元。

【数字化改革】 2021年，推进资产管理数字化改革，以"资源共享、运行高效"为原则，联合区纪委区监委、区财政局（国资办）建设国有房地产智慧监督系统。提升了监管部门对国有房地产资源的管理、决策能力，促进了权属部门对国有资产的合理使用。

【咨询造价业务】 2021年，主要对接区财政预算审核中心开展财政项目复审业务，为全区政府工程提供管理咨询业务。全年共完成工程造价编制及审核工程量8.87亿元，项目数量102个。

【园区运营】 模塑工业设计基地是国家中小企业公共服务示范平台。2021年，基地累计24家工业设计企业10家公共服务平台正式入驻。举办36场各类活动，实现各类收入2.36亿元，其中设计服务收入1.3亿元，工业设计成果交易2408项，成果转化95亿元，申报各项专利551项，授权291项，服务企业数3869家(次)。

【队伍建设】 2021年，以“学党史、强党建、抓落实”为主题部署党史学习教育，通过组织党员干部参观革命遗址、红歌大合唱、党史知识竞赛和专家宣讲等形式让党史学习教育走深走实。做好区委巡察工作，第一时间召开班子会成立整改领导小组，并专题会议明确整改方案，建立长效机制消除风险和隐患。通过邀请专家授课、会议交流、实际操作等多种形式深化业务和法律知识的学习。开展文明城市创建活动、“结对共建”进社区服务，参加“平安黄岩”消防大巡防等。

【先进名录】

2021年黄岩区受表彰的全国先进集体一览表

表106

获奖单位	获奖称号	授奖单位
台州市黄岩模塑工业设计有限公司	2021年度国家中小企业公共服务示范平台	工信部

2021年黄岩区受表彰的浙江省先进集体一览表

表107

获奖单位	获奖称号	授奖单位
台州市黄岩模塑工业设计有限公司	浙江省省级中小企业公共服务示范平台	浙江省经信厅
台州市黄岩模塑工业设计有限公司	浙江省工业文化旅游示范基地	浙江省经信厅、浙江省文化和旅游厅

2021年黄岩区受表彰的台州市先进集体一览表

表108

获奖单位	获奖称号	授奖单位
台州市黄岩模塑工业设计有限公司	科技新长征先进集体	市委、市政府
台州市黄岩模塑工业设计有限公司	制造业高质量发展先进集体	市委、市政府
台州市黄岩模塑工业设计有限公司	台州市三星级小微企业园	台州市经信局

（黄岩国投集团　解安妮）

招商引资

【概况】 2021年，黄岩区投资促进中心新签约市外5亿元以上产业项目25个，签约率100%，落地项目24个，落地率96%，开工20个，实际到位外资8386万美元。

【项目招引】 2021年，坚持全产业链+供应链+创新链招商，依托模具小镇、台州市新兴产业基地、“永宁科创带”等投资平台，招引一批“补链、强链、延链”项目。实现新华网、亚厦、林耀科技等项目集中签约，涵盖3D打印、科创、网络科技、新型材料、智能制造等多个行业领域。开展“上门招商”，由区领导带队分别赴北京、天津、重庆、江苏、上海、深圳等地开展上门招商，对接爱玛、百丈、安信铝业等一批重大产业项目，通过区领导挂帅、区级部门联系、招商政策支撑的方式，精准对接产业项目。

【项目推进】 2021年，建立在谈重大项目库，分为待落地、待签约、盯引三块内容。区四套班子领导领衔联系重点项目，主动介入跟进，全程协调指导，牵头解决项目推进过程中的各种问题。各乡镇街道和各部门明确工作目标和时间节点，制定时间表、路径图，挂图作战，加快推进项目签约、落地。投促中心全体全过程对接、洽谈，全力以赴推进项目。

【招商机制完善】 2021年，出台《黄岩区深化招大引强“借梯攀高、借船出海”行动方案》，抢抓长三角一体化发展机遇，加强市场要素对接，开展招商引资、招才引智，着力提升招商引资的精准度和成功率，推动战略新兴产业和传统优势产业集聚。通过实行专业招商、“雇员”招商、商会招商、资本招商、乡贤招商等形式，广泛吸收体制外优秀人才，与国际知名专业机构合作，通过聘请专业机构知名人士，打造“精干专业、善作善战”的招商团队。

【招商队伍建设】 2021年，选派优秀的招商干部赴北京、上海、杭州、深圳开展驻外招商，开展驻点区域项目信息收集工作，对接企业洽谈项目，强化人员管理和绩效考核，实现招商人才资源优化配置。选调2名招商专员充实招商队伍，负责各类招商信息收集、项目初判、联系接洽等，打造一支精干、高效的专业招商队伍。

（区投资促进中心　虞聪）

电力工业

【概况】 2021年，黄岩区供电公司完成固定资产投资1.22亿元，全社会用电量45.38亿千瓦时，同比增长10.86%，售电量43.49亿千瓦时；综合线损率2.42%。全社会最大用电负荷80.5万千瓦，同比增长5.3%，网供最大负荷78.45万千瓦，同比增长3.24%。

【电力安全生产】 2021年，推进应急响应体系建设，联动温岭、玉环公司开展跨区域防台互援实战演练。承接省公司“配电网建设效益评价和项目需求管控平台系统”试点开发工作，辅助实现配网项目精准投资。首次独立完成110千伏变电站综合检修。落实高故障线路整治“一线一策”，完成高故障线路治理20条。深化配电自动化应用，配电自动化有效覆盖率87.43%。建设“零碳源”高弹性有源自愈配电网，提升山区故障线路快速自愈能力。强化带电作业综合应用，拓展带电作业方式，全市率先应用“绝缘平台作业法”。强化政企联动，联合区执法部门率先发布《关于进一步加强电力设施保护工作的通知》，提升电力防外破能力。

【电网建设】 2021年，开展三侧储能为示范的永宁江科创带零碳自愈新型电力系统示范区试点方案编制，完成用户侧储能示范项目三方签约，共同参与用户侧储能项目的开发建设。开展整区分布式光伏规模化开发，签订《关于黄岩区推进分布式光伏开发建设的会议纪要》，完成屋顶光伏发电项目能源管理合同指标。召开2021年黄岩电网建设大会，与乡镇签订“站址廊道保护暨电力基础设施高质量发展”战略合作框架协议，共同推进电网项目落地、电力线路廊道保护。结合十四五配电网规划滚动修编，开展市区融合专项规划编制，以杭州宁波为目标，高标准规划配电网。推动220千伏高桥变、110千伏沙埠变工程列入区破难攻坚重点项目，完成高桥变110千伏送出工程、110千伏东部城区补强工程项目核准4个。投运110千伏松兴输变电工程，完成110千伏东部城区补强工程土建施工，新建10千伏线路44.43公里，0.4千伏线路23.37公里，变压器数量138台。做好防台“一线一策”线路联络项目，完成与永嘉三条线路跨区互联，对接路桥、临海和仙居公司，完成现场方案踏勘及项目储备，预计新增七条线路跨区互联。完成“为民办实事”工程17个村低压电网改造项目。完成“官河古道”、王西“未来社区”等线路迁改。

【电力经营管理】 2021年，加强重大决策合法合规性审核，出具意见书82份，重大决策合法性审核率100%。推进供电所绩效落地，制定供电所绩效管理提升“一所一策”试点计划表并逐步推进“精益积分制”内部考核，促使绩效内部差异化分配机制逐步落地。强化线损管理，公司入选县公司线损管理示范区全省30强，参加30进10评选，东江供电所作为全省典型供电所，参加全省降损增效三年专项提升行动交流发言，南城供电服务区连续两个月以满分入选百强供电所，排名与国网并列第一。1项QC成果获2021年浙江省能源业联合会优秀QC成果一等奖。黄斌超代表市公司参加省公司2021年配电带电作业机器人专项比赛获团体二等奖，个人第二名。制定2021年法律风险控制重点计划及部门责任清单，全年处理诉讼案件2起。做大做强集体企业，健全完善永恒公司“三重一大”决策配套制度，施工企业能力标准化建设通过国网公司审核并达标。

【电力优质服务】 2021年，推广1250千伏安及以下高压业扩报装现场立答。打通政府投资3.0平台，完成“数字政府”建设，深化一证受理，实现居民“刷脸办电”。开展“三零”“三省”服务，累计服务客户2307户，减少客户投资1630万元。落实供电所提质增效工作。推动工商业用户参与电力市场化改革，通过电话、短信开展业务告知2800余户，协助省综合能源公司完成72户优质客户市场化售电合同签订，累计签约电量约5.4亿千瓦时。有序开展电力市场业务，深挖综合能源潜力，新增电能替代项目12个，累计电能替代电量9221万千瓦时。

【先进名录】

2021年黄岩区受表彰的浙江省先进集体一览表

表109

获奖单位	获奖称号	授奖单位
国网台州市黄岩供电公司	“内部审计促进组织贯彻党委政府重大政策措施”经验三等奖	浙江省内审协会
国网台州市黄岩供电公司	2021年度先进集体	浙江省电力学会用电专委会

2021年黄岩区受表彰的浙江省先进个人一览表

表110

获奖人	获奖称号	授奖单位
郑则诚	新时代浙江工匠	浙江省人力资源和社会保障厅、浙江省总工会
吴德标	浙江好人	浙江省委宣传部、浙江省文明办、浙报集团
应子震	先进个人	浙江省市政行业协会城市照明专业委员会
侍江南	2021年度先进个人	浙江省电力学会用电专委会

2021年黄岩区受表彰的台州市先进集体一览表

表111

获奖单位	获奖称号	授奖单位
国网台州市黄岩供电公司	台州市内部审计协会内部审计促进组织贯彻党委政府重大政策措施经验二等奖	台州市内部审计协会

2021年黄岩区受表彰的台州市先进个人一览表

表112

获奖人	获奖称号	授奖单位
钟　诚	台州工匠	台州市总工会、台州市人力资源和社会保障局
叶　翔	台州市2020年度部分重点工作推进突出贡献个人	中共台州市委、台州市人民政府

（区供电公司　陈宇渊）

富山电站事务中心

【概况】 黄岩区富山电站事务中心前身为富山电站管理局（2019年5月更名），位于宁溪镇石洋路2号，组建于1996年12月，属于自收自支公益二类事业单位。事务中心内部机构设置有：综合科、人事科、技术科、工程科、运行科，负责富山一级电站、三级电站以及外金水库的运行与管理。

富山一级电站总装机容量2台8000千瓦的机组，设计年平均发电量3280万千瓦时，多年以来，实际年平均发电量3500万千瓦时，年收入1800万元左右。电站水头486米，系台州最高，平均每0.96立方米水发1千瓦时电，具有显著的水能效率；富山三级电站原总装机2630千瓦（1000千瓦/台×2，650千瓦/台×1），年可发电200万千瓦时左右，2016年，进行增效扩容改造与重建。经由改造，三级电站成为黄岩第一家无人值守电站，也是黄岩第一家完成调度数据传输的小水电；外金水库库区集雨面积26.7平方千米，水库正常蓄水位582米，相应库容796万立方米，设计运行控制最低水位563米，相应库容114万立方米，调节库容682万立方米，有重要的调节气候功能和明显的社会效益。

【安全生产管理】 2021年，安全生产情况良好，机组设备运行稳定，累计连续安全运行9912天，实现连续25年安全生产无事故。中心落实安全生产法律法规，实施项目安全生产标准化建设。每月对各班组制度落实情况和安全生产情况进行考核；每季度召开一级水电站安全生产运行分析会；每年开展消防现场演练和事故应急演练；定期组织职工开展安全教育培训和专业技能培训；严格落实设备主人检查报告制度。在全年的安全生产和管理工作中，保障人身健康和设备安全，完成年度各项安全工作任务，并在2021年度黄岩区水利工程管理考核中，外金水库获得优秀。安全生产标准化管理工作的扎实开展，使得一级水电站取得多年安全生产无事故的佳绩，2021年发电量超4700万千瓦时，创近年来新高，为电网的稳定运行、缓解地方用电紧张、下游村镇供水做出重要作用。

【农村水电站安全生产标准化】 2021年，按照水利部《农村水电站安全生产标准化评审标准（暂行）》里的8类28个项目112个评审内容每一项、每一条、每一款之规定，收集相应的支撑材料（包括文件、记录、表格、图片等），对支撑材料的真实性和完整度进行标准化自评打分，年度自评得分97.5分。4月6日，富山一级电站通过水利部复评为水利安全生产标准化一级单位。

【生态保护宣传】 2021年，在水库区域放养鱼类为达到水体净化的效果，在“世界水日”“中国水周”期间以广播、电话等形式对居民普及水法水规，并悬挂横幅10幅，发放印有“推进地下水超采，综合治理复苏河湖生态环境”为主题的宣传册等200余份。

（区富山电站事务中心 周灵宝）

农村工作

【概况】 2021年，黄岩区农林实现总产值27.99亿元，按不变价格计算，比上年增长2.6%；两年平均增长2.7%。其中，农业(种植业)、林业、牧业、渔业和农林牧渔专业及辅助性活动产值分别为26.08亿元、0.29亿元、0.71亿元、0.40亿元和0.51亿元，分别增长2.5%、8.2%、10.5%、3.4%和5.2%。全年粮食总产量37551吨，比上年增产3177吨，连续2年实现增产，连续8年总产保持在3万吨以上。其中，秋粮产量31173吨，增长12.2%。粮食播种面积85600亩，比上年增加131亩，增长0.2%。全年生猪出栏1.43万头，同比增长4.3%。年末，生猪存栏2.09万头，同比增长33.7%，其中能繁母猪存栏0.38万头，增长94.8%。同年，争取到全国农业科技现代化先行县共建单位(全省唯二)、2021年度省级乡村振兴集成创新示范建设县、省“未来国有林场”建设试点(全省首个)、第二批省数字乡村建设试点县、2021年“乡村人才振兴先行县”培育项目、省厅“肥药两制”改革数字化应用试运行单位(全省5个)、省厅多跨应用场景第一批“先行先试”单位等七大试点。开展国家农业绿色发展先行先试支撑体系试点县、全省新时代乡村集成改革试点(第一批)等创建工作，承办2021年全国化肥减量增效工作推进会、省西甜瓜良种育繁推科技创新平台现场考察会，“瓜农天下”入选浙江省农业农村厅关于公布全省农业农村数字化改革第一批“优秀应用”。

【农村居民人均可支配收入】 2021年，推动乡村振兴战略，多措并举促进农民增收。2021年，农村居民人均可支配收入36184元，同比增长9.3%。

【美丽乡村建设】 2021年，黄岩区81个行政村被认定为第一批新时代美丽乡村，其中26个村为精品村。全年推进共同富裕新时代美丽乡村集成示范带建设、省级乡村振兴高山罗曼东魁杨梅集成创新示范建设、柔川片区未来乡村改造提升建设、“中华橘源”沿线美丽乡村精品村建设等。上郑乡、上垟乡获评省级美丽乡村示范乡镇，黄岩区“中华橘源”观光风景线获评浙江省美丽乡村风景线，宁溪镇牌门村、上郑乡圣堂村、头陀镇新界村、平田乡桐岭村、院桥镇见塘村、新前街道三合村获评省级美丽乡村精品村。上郑乡上郑村、上垟乡上垟村等2个村创建市级美丽乡村精品村，北洋镇小里桥村创建市级美丽乡村提升村，澄江街道创建市级美丽乡村示范乡镇。沙滩村作为浙江省美丽乡村11个样板村之一，列入省社科重点课题（浙江文化研究工程第二期第二批）。开展美丽庭院建设，全年实施示范村31个，受益农户1.2万户。

【农村生活垃圾分类处理】 2021年，黄岩区农业农村局完成90%行政村生活垃圾分类“三化”处理覆盖工作，创建南城街道蔡家洋村、上郑乡圣堂村为省级高标准农村生活垃圾分类处理示范村，建成市级示范村5个。

【保护利用历史文化村落】 2021年，实施第七至第九批省级历史文化村落保护利用重点村1个（江口街道江口村）、一般村5个。其中，第七批省级历史文化村落保护利用重点村——江口村通过省级验收。

【农村指导员工作】 2021年，完成第十一批指导员任期考核和第十二批选派；发布《关于进一步加强农村工作指导员（第一书记）管理和选派工作的若干意见》（黄组通〔2021〕27号）《黄岩区农村指导员年度考核办法》（黄农指办〔2021〕2号）等文件。10月13—15日，黄岩区农业农村局组织全区农村工作指导员进行业务培训。

【创建省级善治示范村】 黄岩区沙埠镇横溪村被认定为第二批全国乡村治理示范村；全年申报省级善治村15个，善治示范村4个；部署开展乡村治理积分制工作，其中上郑乡开展积分制模式治理。

【盘活利用闲置农房】 2021年，盘活闲置农房6845平方米，发放盘活利用奖励资金52万元。

【农民建房“一件事”与宅基地管理】 2021年，完成农民建房需求调查，编制农民建房计划。落实宅基地管理职责，完善宅基地审批管理体系。黄岩区各乡镇有从事宅基地管理工作人员85人，“农民建房一件事”审批办理软件正常运行。通过农民建房数字化场景办理310户宅基地审批，土地面积1.9万平方米。

【“三位一体”改革】 2021年，成立富山乡高山果蔬产业农合联；建设数字产业农合联平台，上线微信小程序和浙里办平台；开展农合联会员培训4期；开展新型特色农业保险工作；开展春节期间“情暖寒冬·助农惠民”农产品进社区活动；开展“蜜橘贷”贷款工作，完成资产经营公司、农民合作基金组建并正常运行。

【集成改革】 2021年，以农业绿色发展集成改革为主题制订《黄岩区新时代农业绿色发展集成改革实施方案》。农业绿色发展“4+5+1”模式长期固定观测试验站设施安装完毕并进入试运行阶段；黄岩智慧果园一张图信息服务平台通过验收并投入使用；建成“肥药两制”改革示范农资店11家，培育“肥药两制”改革试点主体86家，肥药实名购买和定额施用活跃指数排名全省前列。

农村经济

【集体经济巩固提升】 2021年，黄岩区行政村集体经济总收入5.80亿元，村均收入195.35万元，其中村均经营性收入142.63万元,年总收入20万元且经营性收入10万元以上的村占96.3%,年经营性收入超50万元的村占34.01%,73个相对薄弱村中有62个村完成目标任务。

【农村集体经济管理】 2021年,联合黄岩农商银行在屿头乡完成农村集体经济数字管理系统应用试点。经过人员培训、数据录入、数据迁移、重新建账等工作,推动全区农村集体经济数字管理系统启用、运行,推行"无纸化"审批、"非现金"收付,对村级账目和资金链实行全程信息化监控,规范村级财务运行,提升财务公开水平。

【农村集体"三资"管理领域问题专项整治】 2021年,对侵占农村集体资产资源问题,按照四大专项治理行动检查要求,进行对照检查,对发现的问题开展整改,查出问题94件,涉案金额计3.5655万元;在专项行动中全部整改到位,处理人数9人,退赔金额3.5655万元。根据发现的问题区级完善制度1个,乡镇级完善制度2个。组织培训20期,培训人数1479人次。

【新型农业经营主体】 2021年,黄岩区农民专业合作社652家,市级及以上示范性农民专业合作社48家,台州市黄岩官岙茭白专业合作社获评国家农民合作社示范社;家庭农场436家,区级及以上示范性家庭农场40家;台州市黄岩北坪家庭农场、台州市黄岩晨湖果蔬家庭农场2个案例入选《浙江省家庭农场百佳案例》。

种植业

【概况】 2021年,黄岩区粮食作物播种面积85600亩、单产438.7公斤、总产量37551.1吨。按统计分类,谷物:种植面积62066.1亩、单产512.4公斤、总产量31805.3吨。其中,稻谷55049.5亩、单产542.8公斤、总产量29881.6吨。早稻种植面积7516.4亩、单产391.9公斤、总产量2945.5吨;单季晚稻种植面积39130.6亩、亩产579.5公斤、总产量22676.7吨;连作晚稻种植面积8402.5亩、亩产506.9公斤、总产量4259.4吨。豆类:面积12283.3亩、单产173.6公斤、总产量2132.8吨,其中大豆面积7303.7亩。薯类:面积11250.6亩、单产321.1公斤、总产量3613吨。油料:油料作物3256亩,其中油菜籽面积2310亩。

【经济作物生产】 2021年,全区甘蔗种植面积3547亩、单产4186公斤、总产量14846.4吨。特种农作物:花卉2089亩;草莓种植面积467亩;中草药材种植面积6216.6亩,收获面积4516亩,折干后产量263吨,产值5607万元。

【蔬菜】 2021年,全区蔬菜播种面积105682亩,环比增1.25%;总产量174802.9吨,环比增0.24%;总产值81633.71万元,环比增9.59%。

【黄岩茭白】 黄岩茭白有悠久的栽培历史。据史志记述,明《万历黄岩县志》记载的63种蔬菜中就包含了"茭手(即茭白)"。在以粮为纲的时代,黄岩茭白仅作为一种田间点缀主要出现在河边沟角。从1978年开始,黄岩大力发展茭白商品化规模生产。20世纪90年代初开始推广了茭白"三改二优化"技术,推动了黄岩茭白迅速发展。黄岩围绕"保供给、保安全、提质量、促增效"的目标,充分利用温黄平原地区土壤肥沃、雨水充沛的自然资源优势，形成了黄岩茭白“体形均匀，色泽洁白，嫩茎肥大，质地脆嫩，口感鲜美”的独特品质，多次获浙江省农博会金奖、省优质农产品金奖等荣誉。还与金华市农业科学院合作选育了‘浙茭8号’和‘浙茭10号’两个主栽品种。2010年黄岩被命名为“中国茭白之乡”。2020年，黄岩茭白获全国农产品地理标志登记保护。黄岩茭白远销江苏、上海、湖北、安徽、湖南等20多个省市自治区的主要大中城市，在国内有较高知名度。2021年，黄岩茭白种植面积2万亩，总产量28870吨，总产值17370.24万元。其中，夏茭面积1万亩，平均亩产量2032公斤，环比减0.23%；平均亩产值10818元，环比减28.09%；秋茭面积1万亩，平均亩产量855公斤，环比减13.03%；平均亩产值6602元，环比增157.36%。

番茄　面积2000亩，总产量12224.9吨，总产值1881.1万元；平均亩产量6112公斤，环比减4.38%；平均亩产值9457元，环比减69.66%。番茄种植面积扩大，供大于求，市场行情低迷。

红茄　面积2200亩，总产量4401.9吨，环比增10.67%，总产值2455.6万元，环比增13.25%。

食用菌　种植规模92.9万棒（袋），环比增15.9%；总产量（鲜）677.48吨，环比增23.34%；总产值783.71万元，环比增32.31%。其中，香菇16.9万棒，秀珍菇1.95万袋，平菇13.45万袋，金针菇60.6万袋。

甜瓜　种植面积500亩，平均亩产量1510公斤，环比增0.93%；平均亩产值5432元，环比增0.63%。

西瓜　面积2000亩，平均亩产量1870公斤，环比减10.3%；亩产值5741元，环比增11.4%。

2021年，全区重点推广浙茭8号、浙茭10号，大棚综合保温、嫁接苗、肥水一体化、茄果和茭白有机缓释专用肥等新品种、高效技术。成功申报登记“黄岩茭白”农产品地理标志，并授权三家主体使用。在头陀镇新下岙村茭白基地开展茭白田套养中华鳖示范（10亩），该模式被CCTV-17《致富经》栏目专题报道。农业农村部重大技术协同推广“茭白良种繁育及大棚早熟高效栽培技术示范”项目北洋镇官岙村双季茭白百亩带夹苗繁育基地通过验收；完成省蔬菜产业技术项目“蔬菜病虫害绿色防控技术示范”，完成市基金会项目“茭白新品种引进与示范”。建立蔬菜生产信息监测点位20个，价格监测蔬菜品种39个。“品辛”牌西瓜获浙江精品西瓜评选金奖产品，“曦上润禾”牌番茄获浙江精品番茄评选银奖产品，“北洋清水”牌茭白获浙江网上农博会金奖产品。

【肥药双控】　2021年，全区农业农村局推广以“有机替代、测土配方、科学用肥、水肥一体”的减肥减药技术；推进肥药两制改革，完成中央环保督察涉肥涉药问题年度整改任务。补贴销售有机无机配方肥1300余吨，推广按方施肥1200余吨。商品有机肥3100余吨、菜籽饼3000余吨。全年发放性诱剂28620个，绿色防控实施面积6.2万亩，完成主要农作物病虫专业化统防统治3.3万亩，统防统治覆盖率45%以上。开展肥料废弃包装物回收试点，全年完成农药废弃包装物回收47吨，回收率100%；无害化处置45.12吨，处置率100%。4月，黄岩区承办全国化肥减量增效工作推进会。

【种子管理和技术推广】 2021年，全区种子市场秩序保持良好，基本符合规范要求，生产用种数量供求平衡，种子价格总体与上年基本持平。种子质量管理方面，加强市场日常监管，确保市场主体经销行为、种子标签标志符合法律法规，并经常性开展种子市场专项检查，对不符合的经营主体进行教育批评并督促其改正，出动检查人数约28人次，未发现种子违法销售事件。储备种子管理方面，规范落实风险（救灾）种子储备工作。全区风险救灾储备种子任务4万公斤，委托浙江龙游县五谷香种业有限公司和浙江勿忘农种业股份有限公司两家单位代储杂交稻。全年储备分别为"甬优9号"2000公斤、"甬优1540"2000公斤、"中早39"2万公斤。因新冠肺炎疫情及天气影响，黄岩区的早稻市场供应略显不足，动用储备"中早39"种子1.0925万公斤，保障黄岩区种植主体的用种需求。组织实施水稻新品种试验和示范展示。落实主导品种推广面积任务，并引进早稻新品种"中组143"，分别在院桥镇、上垟乡、澄江街道、头陀镇等地设立水稻新品种展示点，加快优质品种示范推广。全区扩大西甜瓜及番茄优质绿色新品种展示示范点，引进瓜菜新品种103个，其中引进甜瓜新品种39个，西瓜新品种64个。5月25日，浙江省西甜瓜良种育繁推科技创新平台现场考察会在黄岩召开。9月16日，浙江省农业职业技能大赛种子质量检验项目省决赛在黄岩召开，全省10个市代表队45名选手参赛。做好种质资源保护收尾工作。黄岩区调查人员会同省农科院完成第三次全国种质资源普查调查县的各项收尾工作，对有些极具地方特色的种质进行资源收集。全区种子种苗生产持证企业2家。黄岩灵华种子有限公司企业生产经营收入1000万元以上，主要种子销售品种为美都、早佳8424以及早春红玉等。黄岩区农发种子有限公司全年经营收入500万元以上，主要种子销售为西瓜辉煌。

畜牧业

【概况】 2021年，黄岩区生猪存栏2.4万头，其中能繁母猪0.4万头，肉猪出栏1.75万头；家禽存栏25.1万羽，其中鸡存栏19万羽、鸭存栏6万羽；出栏家禽36万羽，其中鸡出栏32.5万羽、鸭出栏3.3万羽；牛存栏991头，其中奶牛129头；羊存栏5900只；兔存栏7900只；蜂存箱7700箱；肉类总产量2105吨；禽蛋产量2461吨；牛奶产量307吨。

【生态畜牧业】 2021年，全区农业农村局在黄岩能信生猪养殖场和黄岩丰水畜禽养殖公司建成畜禽长期观察试验站。

【生猪增产保供】 2021年，位于平田乡车里岙村的台州黄岩鑫农农业有限公司年出栏5万头的现代化生猪养殖示范场建成。经核定产能4.8918万头。

【动物防疫】 2021年，全区免疫猪瘟5.39万头次、口蹄疫5.31万头次、高致病性猪蓝耳病4.85万头次、牛口蹄疫1115头份、羊口蹄疫2604头次、小反刍兽3268头次、免疫家禽禽流感鸡27.12万羽次、鸭5.72万羽次、鹅1035羽次、其他禽类216羽次。全年犬类免疫1.79万只。

抗体监测 猪口蹄疫免疫抗体监测161份，猪瘟免疫抗体监测161份，猪高致病性蓝耳病抽样监测71份。H5(Re-

11)免疫抗体监测1375份，H5(Re-12)免疫抗体监测1375份，鸡新城疫免疫抗体监测580份，H7N9(Re-2)株疫苗免疫抗体监测668份，H7N9(Re-3)免疫抗体监测705份。羊口蹄疫抗体监测812份，小反刍兽疫抗体监测808份，抗体合格率均达到省定要求的70%以上。

疫病监测 布鲁氏菌病监测632份，结核病监测122份，血吸虫病监测357份，结果均为阴性。“非洲猪瘟”监测1087份。

【检疫监管】 2021年，全区产地检疫生猪9440头、家禽49720羽、牛51头、犬4只、猫11只、蜂110箱。屠宰检疫生猪322196头，屠宰环节无害化处理不合格动物产品69451公斤。开展调运备案监管工作，加强对外调动物及产品的登记备案，按照日常监管常态化要求，开展动物卫生工作，对发现的动物卫生违法行为，转告执法队跟进。全年核查省外调运生猪287432头、家禽41000羽、动物产品7155.3825吨。

【无害化处理监管】 2021年，全区农业农村局巩固无害化处理监管长效机制。全年全区养殖环节无害化处理病死猪21408头。

【畜牧投入品管理】 2021年，全区养殖场监督巡查过程中瘦肉精尿样检测280批次，检测结果全部合格。屠宰环节“瘦肉精”检测15748批次、非洲猪瘟检测3381批次，出具报告617份。全区开展定量畜产品安全检测66批次，检测结果全部合格。

水产业

【水产品生产概况】 2021年，黄岩区养殖面积2010亩，稻田养殖1275亩，渔业总产量2405吨，其中捕捞产量380吨，养殖产量2025吨，渔业总产值4650万元，渔业产量和产值同比增3.44%和2.2%；实施“三项记录”制度；推行初级水产品合格证使用制定；开展初级水产品质量安全专项整治活动，抽检初级水产品38批次。

农业产业化

【农业龙头企业】 2021年，黄岩区有农业龙头企业23家，其中国家级1家(浙江黄罐食品股份有限公司)，省级7家(浙江白鸽实业有限公司、黄岩柑橘果品副食品综合市场、浙江广益食品有限公司、浙江海之梦水产有限公司、浙江联盟食品工业有限公司、浙江诚远食品有限公司、浙江台州一罐食品有限公司)，市级12家。销售额上亿元农业龙头企业7家，实现销售收入34.47亿元，出口创汇1.29亿美元，建立基地3.402万亩，带动农户6.7925万户。

【农业特色产业小镇】 2021年，对照台州市农业特色产业小镇创建导则，进行《台州市农业特色产业小镇(高桥米面小镇)概念性规划及实施方案》编制，通过区级评审，完成市级创建申报。

【区外农业】 2021年，成立外出瓜农产业推进领导小组，筹划“黄岩现代农业发展中心”(瓜农天下大楼)建设，打造“瓜农天下”应用场景。联合财政局、司法局等7部门出台《扶持黄岩西瓜产业在全国高质量发展的政策意见》。黄岩区茅畲乡、平田乡等乡镇有大量瓜农在外种植西瓜，全年有4.3万名瓜农在海南、江苏、陕西、甘肃等23个省、市承包种植57万亩（超过全区耕地面积总和），创造产值近50亿元，年创净收入20亿元。

农业机械化

【概况】 2021年，黄岩区拥有农业机械总动力41247千瓦，其中耕作机械9030千瓦（其中大中型拖拉机60台，4350千瓦，小型拖拉机217台，2008千瓦）；种植机械77台，790千瓦；收获机械150台，6397千瓦；谷物烘干机械104台，批次烘干能力1164吨；植保机械2664千瓦；排灌机械4865千瓦；运输机械175千瓦；主要农作物耕种收综合机械化率68.92%，其中主要粮食作物水稻耕种收综合机械化率80.12%。全区各类农业服务组织和农户购置农业机械投入302.3万元，享受中央财政补贴84.846万元，享受地方财政补贴10.65万元。开展中央农机报废更新补贴新政策，老旧高能耗高污染低效率农业机械加速淘汰，农业机械结构优化。植保无人机、风送喷雾机、山地单轨运输机等先进适用机械快速发展。

【农业能源】 2021年，黄岩区在院桥沙门村完成一条氮磷生态拦截沟渠，建设长度1000多米，主要建设内容包括硬质沟渠生态修复、土质沟渠生态修复、小微水体生态化改造、绿色防控植物建设、配套环保设施建设等。对全区所有在册的53家沼气工程进行现场排查，进行安全生产宣传指导、发放宣传资料和签订责任书；废弃沼气工程22家，现场查看封存情况，防止出现安全生产事故，因各种原因自行拆除的20家。完成全年农作物秸秆资源台账统计和网上申报，秸秆综合利用率96.44%。

【农产品质量安全】 2021年，黄岩区农业农村局完成定量检测1022批次，全区地产食用农产品合格率98.02%，食用林产品合格率100%，初级水产品合格率100%；新增有机农产品18个（台州曦禾生态农业发展有限公司的番茄、青椒、马铃薯、莴苣、生菜、甜菜、洋葱、芹菜、菠菜、韭菜、白菜、甘蓝、胡萝卜、草莓、南瓜、丝瓜、黄瓜、蚕豆）；新增绿色食品12个（台州市黄岩品美农场的黄岩蜜橘、台州市黄岩熙慧家庭农场的黄岩蜜橘、台州市黄岩深山源乡果蔬专业合作社的黄岩蜜橘、台州市桔利果业专业合作社的黄岩蜜橘、台州市黄岩鑫禾源葡萄专业合作社的黄岩蜜橘、台州市黄岩良军茭白专业合作社的黄岩蜜橘、台州市黄岩官岙茭白专业合作社的黄岩蜜橘、台州市黄岩诚德家庭农场的黄岩蜜橘、台州市黄岩老树王柑橘专业合作社的黄岩蜜橘、台州市黄岩新峰果树种植场的黄岩蜜橘、台州市黄岩文标家庭农场的葡萄、台州市黄岩瑞岩果业专业合作社的桃）。完成黄岩蜜橘地理标志保护工程建设。全区未发生重大农产品质量安全事故。黄岩被列为浙江省农业标准化生产示范创建县，黄岩茭白被列为全国第一批现代农业全产业链标准化试点产品。《人民日报》、CCTV-7《谁知盘中餐》栏目、中国食品安全网对黄岩区农产品质量安全监管工作进行报道。

农业行政执法

【概况】 2021年，黄岩区农业农村局出动针对农产品常规检查执法人员120人次、实施农产品监督抽检423批，查办10

起农产品案件，罚没款2.249万元。推动肥药两制改革、促进实名制要求落地。铺开农资“刷卡刷脸实名购销”网络，累计采集2.4万多名农户的人脸识别实名信息；平台收录30万单销售记录，总计有66万多项农资销售明细。参与涉肥替代整改、力保来源去向可追溯，开展“配方肥替代平衡肥”行动。在实施“绿剑”系列等专项行动过程中，全年出动执法人员1100多人次，抽检农业投入品112个，调处农业生产事故7起，受理并处置各类投诉举报64件，核查运物调运信息867条，捣毁私宰窝点3个，切割报废拖拉机7台，清理取缔涉渔“三无”浮具载具72条，查获销售违禁渔获物11家，开展多部门联合执法行动12次，组织各类培训16期，新闻媒体宣传10多次。2020年遗留森林督查案件全部销号，其中5起破坏森林资源案件移送公安机关。全年办结普通程序案件108起、简易案件2起，其中种植业案件22起，养殖业案件22起，农机类案件1起，渔政案件21起，林业案件44起，罚没款总额120.24万元。办理宅基地违法案件1起，进入申请法院强制执行阶段。

【重大植物疫情防控】 2021年，黄岩区农业农村局做到新发疫情不蔓延危害，已有疫情不暴发成灾，危害损失控制在3%以内的目标。开展柑橘木虱的春季、夏季、秋季和冬季防治；全年，柑橘黄龙病发病株数4091株，同比减少8.04%，病株率0.12%，普查率、病树挖除率100%；柑橘木虱防控面积22.5万亩次，发生区化学防治平均4次以上，虫口减退率93.1%；建立多个植物疫情防控示范区，面积3100亩。做好柑橘无疫种苗基地建设的服务工作，对柑橘苗取样送检，送样327个，合格率100%。首次在黄岩区发现红火蚁疫情，面积25亩，位于西城街道永江府小区，做好取样送检确认工作，联合住建、行政执法和西城街道等相关单位对疫情进行处置。强化植物疫情调查监测，在区内设立10个疫情监测点，主要监测柑橘黄龙病（木虱）、红火蚁和扶桑绵粉蚧等外来有害生物，落实专人负责，并建立疫情监测档案。同年8月，原“黄岩区防治动物疫病指挥部”与“黄岩区重大农业植物疫情防控指挥部”撤销，合并成立“黄岩区防治农业动植物疫病指挥部”，指挥部办公室设在区农业农村局。

【植物检疫宣传】 2021年，全区开展植物建议宣传月活动，在全区范围内发送植物检疫法规知识20万条次；在黄岩电视台连续播放《植物检疫是农业生产安全的保护伞》等系列检疫动画宣传短片9次；发放相关资料1000多份。

林 业

【概况】 2021年，黄岩区新增百万亩国土绿化验收面积5132亩，完成省市计划任务4560亩的112.54%。森林抚育验收合格面积4965亩，完成省市计划任务2000亩的248%。全年全区完成一村万树示范村4个（黄岩区北城街道王林施村、江口街道上研村、北洋镇瑞岩村、屿头乡金廊村），推进村10个。全区建设生态文化基地2个（黄岩区大寺基林场、黄岩区宁溪镇乌岩头村）。完成食用林产品省级监测45批次，市级41批次，区级16批次，完成率100%。“一亩山万元钱”推广任务中新发展林下经济以及林下旅游等用地面积1059.65亩、辐射2979亩、巩固深化7330.9亩，完成率：新建106%、辐射106%、巩固深化118%。完成“千村万元”林下经济增收帮扶工程3个（上郑乡美丰村、上郑乡干坑村、北洋镇联丰村），基地面积1500亩。

【名果产业】 2021年，全区新发展水果良种430亩，其中柑橘品种结构调整348亩，全区柑橘产量60791吨，杨梅产量36264吨，枇杷产量7238吨。全年投入水果资金6930万元，建设果园运输道、操作道、连栋避雨大棚、杨梅罗幔钢架、果园水肥一体化设施，促进园区提档升级。开展市级培训1场次，网上培训5次，现场培训5场次，受训果农800余人次，发放各种技术培训资料1000余份。开展黄岩区东魁杨梅母树开采仪式、中国杨梅科创中心揭牌仪式等活动，“蔡家洋牌”黄岩蜜橘（本地早）荣获浙江省农博会金奖。

【森林资源管理】 2021年，全区农业农村局加强森林资源管理，开展森林督察工作。按照“十四五”期间省政府下达的黄岩区年森林采伐限额，印发《黄岩区集体林森林采伐限额分配管理办法》；全年国家林业和草原局下发森林督查变化图斑333个，面积4447.68亩，涉及全区19个乡镇（街道）和大寺基林场、方山下林场和长潭水管事务中心，全部完成现地核实；浙江省林业空间管理平台数据更新和森林督查结束并上报省林业局审核，全区森林覆盖率66.41%，同比上升0.04个百分点，林木蓄积量413万立方米，同比增长6.44%；根据国家和省林业局的统一部署，开展全区打击毁林专项行动，核实疑似图斑101个，全部整改到位；全年林木采伐作业设计实行在线申报、在线发证，自动提取浙江省林业空间管理平台数据，重要因子自动校验，审批数据上传“一张图”数据库，1—11月发放林木采伐许可证27份，发证蓄积5045立方米，出材量3032立方米；开展黄岩区林地、草地、湿地数据与“三调”数据对接融合，构建黄岩区林草资源“图数库”，形成综合监测统一本底。加强林地管理，做好占用林地审核审批。按照省林业局部署，实现征占用林地落地上图，林地审批数据统一传输到浙江省林业空间管理平台，完成各类占用林地审核审批35起，面积72.7075公顷，收取森林植被恢复费1363.163万元；2020年查处森林督查案件后，符合补办条件的一律进行补办，补办林地征占用手续15起，面积4.3791公顷，使用林地定额1.3745公顷；云尚小镇、台州市新兴产业基地模具产业园等区重点项目林地报批顺利完成，其中台州市新兴产业基地模具产业园（一期）向省局申请追加省级林地定额498亩。加强自然保护地建设和管理。8月2日台州市黄岩区人民政府批准《台州鉴洋湖省级湿地公园总体规划（2020—2025年）》（黄政函〔2021〕49号），鉴洋湖湿地公园按照批准的总体规划实施，完成入口区景观工程建设；黄岩区编制的新一轮《台州方山省级森林公园总体规划（2020—2029）》于5月13日上报省林业局审批（黄政函〔2021〕27号）；黄岩佛岭和上堂山省级森林公园完成总体规划编制，其中上堂山省级森林公园基本完成申报材料准备，由区政府行文上报省林业局命名；大寺基“未来国有林场”获省林业局试点，新命名省森林人家1家，省森林氧吧2个。完善公益林和天然林管理。根据《浙江省林业局关于开展2021年浙江省林草生态综合监测评价和省级以上公益林优化工作的通知》(浙林资〔2021〕42号)文件要求和有关技术规程,优化后省级以上重点公益林面积566243亩,减少23040亩,其中国家级公益林375242亩,减少14170亩,省级191001亩,减少8870亩;全年省级以上重点公益林集体和个人补偿资金计1650万元,现集体补偿资金发放完成;自9月份起,全区护林员包括公益林护林员184人和商品林护林员54人监督管理职责,包括"护林人员管护费用",即全区每亩公益林面积3.5元(年资金约206万元)全部移交区农业农村局防火科管理;按照省委办公厅、省政府办公厅印发的《关于加强天然林保护修复的实施意见》,停止天然林商业性采伐,全区国有天然林签订管护协议,集体天然林配备护林员,实现全区天然林管护全覆盖,发放国有天然林停伐管理资金(2021年中央林业草原生态保护恢复资金)84.39万元。下发林长制工作实施方案。根据中共中央办公厅、国务院办公厅《关于全面推行林长制的意见》和省委办公厅、省政府办公厅《关于全面推行林长制的实施意见》精神,起草《台州市黄岩区林长制工作实施方案》,经征求意见后,区委办公室和区政府办公室于10月9日印发,是全市首个印发实施方案的县(市、区)。

【野生动植物保护管理】 2021年,全区农业农村局开展全区野生动物肇事公众责任保险工作。开展野生动物救护,完成野生动物救护政府采购。处理110警转同步信息处置100多次,救护(放归)国家保护野生动物132只(头),省级重点保护的野生动物128只(头)。4月的野生动植物保护宣传月暨"爱鸟周"活动期间,于江北公园开展野生动植物保护宣传和科普咨询活动,悬挂宣传条幅2条、展板10块,展出野生动物标本50多件,发放宣传资料280多份、保护野生动植物倡议书280余张。

【森林病虫害防治】 2021年,全区农业农村局全年投入资金412.76万元,对松材线虫病、松褐天牛、柳杉毛虫、樟萤叶甲等林业有害生物进行防治。全年应施调查监测面积3276865亩,实际调查监测面积3276865亩,监测覆盖率100%。依靠区乡村三级测报网络对松材线虫病、马尾松毛虫、柳杉毛虫、樟萤叶甲、山竹缘蝽等主要森林病虫害进行系统监测调查并发布虫情通报,指导面上防治工作。全年组织开展马尾松毛虫虫情3次,松材线虫病疫情调查2次,根据病虫害发生情况开展综合防治。全区各种林业有害生物发生面积55440亩,无公害防治面积54800亩,无公害防治率99%。全区应施产地检疫种苗面积1280亩,实际检疫面积1280亩,种苗产地检疫率100%。全年签发植物检疫证书184份,办理木材433立方米,苗木847746株。清理松枯死木659.5002万公斤,注射树干注射液1万瓶,建设健康森林1.83万亩;开展山竹缘蝽、柳杉毛虫等森林病虫害的防治,总防治作业面积50327亩,无公害防治作业面积49823亩,无公害防治率99%。开展森林医生服务年活动,开展现场技术指导6次,救助和预防古树名树32棵,指导苗圃地的病虫害防治,指导樟树、松树、杨梅、桂花、毛竹等树木的病虫害防治，开展松材线虫病疫木检疫执法专项行动。全年组织检疫执法培训16次，发放宣传资料261份，检查涉松企业24家，非松企业26家，使用松木企业13家，组织执法行动10次，出动执法人员55人次，处理案件1起。全年发布虫情简报5期，上报信息5条。

【先进名录】

2021年黄岩区受表彰的浙江省先进集体一览表

表113

获奖单位	获奖称号	授奖单位
台州市黄岩区农业农村局	浙江省消除集体经济薄弱村工作成绩突出集体	中共浙江省委、浙江省人民政府
台州市黄岩区农业农村局	2021年度高质量森林浙江建设目标责任制考核优秀单位	浙江省林业局
台州市黄岩区种子发展中心	浙江省农业丰收二等奖	浙江省农业农村厅
台州市黄岩区农业农村局	全省农村土地承包经营权确权登记颁证成绩突出集体	中共浙江省委农村工作领导小组办公室、浙江省农业农村厅
台州市黄岩区农业技术推广中心	浙江省农业丰收一等奖	浙江省农业农村厅

2021年黄岩区受表彰的浙江省先进个人一览表

表114

获奖人	获奖称号	授奖单位
王　琪	生猪增产保供成绩突出个人	浙江省人民政府办公厅
许伟敏	浙江省消除集体经济薄弱村工作成绩突出个人	中共浙江省委、浙江省人民政府
卢金宝	全省松材线虫病防治工作和全面禁止非法交易滥食野生动物工作突出贡献个人	浙江省政府办公厅
於江晖	全省“最美公务员”称号	中共浙江省委组织部、中共浙江省委宣传部
潘　丰	浙江省农业和渔业执法工作先进个人	浙江省农业农村厅
陶永刚	2021年浙江省农业职业技能大赛种子质量检验一等奖	浙江省人劳厅、农业厅
袁　颖	全省农村土地承包经营权确权登记颁证成绩突出个人	中共浙江省委农村工作领导小组办公室、浙江省农业农村厅

2021年黄岩区受表彰的台州市先进集体一览表

表115

获奖单位	获奖称号	授奖单位
台州市黄岩区畜牧兽医所	台州市生猪增产保供工作成绩突出集体	中共台州市委、台州市人民政府
台州市黄岩区农业农村局	台州市农业农村信息工作先进集体	台州市农业农村局

2021年黄岩区受表彰的台州市先进个人一览表

表116

获奖人	获奖称号	授奖单位
唐文升	台州市生猪增产保供工作成绩突出个人	中共台州市委、台州市人民政府
袁　颖	台州市消除集体经济薄弱村工作成绩突出个人	中共台州市委、台州市人民政府
王溢桢	台州市农业农村信息工作先进个人	台州市农业农村局
陶永刚	2021年台州市种子检验技能大赛一等奖	台州市人劳局、农业农村局

（区农业农村局　王溢桢）

水利水电

【概况】 2021年，黄岩区境内有大小水库山塘189座。其中水库28座，分别为大型水库1座（长潭水库）、中型水库2座（秀岭水库、佛岭水库）、小(1)型水库9座和小(2)型水库16座。在册山塘161座（包括高坝山塘11座、屋顶山塘28座）。水电站31座，总装机容量5万千瓦。规模以上水闸46座，其中大型水闸1座（永宁江闸），中型水闸6座（西江闸、九溪闸、元同溪闸、城西河闸、跃进新闸、永仙闸），小型水闸39座。全区河道1447条，河道总长1673.6公里。按等级划分，省级河道1条，市级河道7条，区级河道16条，区级以下河道666条，其他沟渠757条。

【水旱灾害防御工作】 2021年，拟定防汛大检查方案，组织开展检查督查，查出隐患点50处，对重点的4个隐患问题跟踪抓好督办整改；完善《黄岩区水利局防汛防台抢险救灾应急工作预案》《黄岩区超标准洪水防御预案》《水库山塘应急预案》和《预警方案》，应急保障能力得到提高。新（改）建水文测站33处、雨量站22处，超额完成省市下达的民生实事考核任务。整合区域内其他水利技术力量，组建水利应急抢险技术指导专家库和抢险突击队，备足应急抢险物资；落实24小时防汛值班值守、监测预警工作，向全区各相关责任人发放预警短信3万余条次。督促水利工程管理单位严格执行控运计划，抓好全区水库、河网的调度，特别是梅雨集中降雨期和6号台风、14号台风影响过程的调度工作，确保度汛安全。在6号和14号台风期间，各类蓄水工程拦蓄台风暴雨来水约1.8亿立方米，通过永宁江大闸及坝头、黄沙闸等预排预泄约1.63亿万立方米，充分发挥水利工程的防灾减灾作用。

【重大水利项目】 2021年，台州市永宁江闸强排工程（一期）主体工程于4月开工建设，工程正在加快建设中，完成永宁江闸除险加固提升的检修闸门制作和安装、左岸2孔改造提升和管理区改造；完成王林洋西闸灌注桩和高压旋喷桩、王林洋东闸灌注桩和搅拌桩施工。黄岩区海塘安澜工程（椒江黄岩段海塘前期工作加快推进）省水利厅出具了可研报告行业审查意见，省发改委进行了可研评估审查。

【河湖建设与管理】 2021年，推进永丰河综合整治（二期）、黄岩溪（宁溪段）、日溪（宁溪段）、小坑溪、半岭溪、元同溪中上游段等河道综合整治工程，完成上垟溪、小坑溪等河道整治21.6公里，完成河湖库塘清淤24.2万方。创建美丽河湖2条（柔极溪、上垟溪），水美乡镇1个（宁溪镇），美丽池塘14个。压紧压实河（湖）长责任，推进各级河（湖）长履职尽责。完成涉河涉堤建设项目（含占用水域）审批28件。

【水库山塘除险整治】 2021年，实施佛岭水库除险加固工程，完成总工程量的60%，完成龙潭头水库、柔极溪二级水库除险加固工程建设，完成蔡龙水库除险加固工程招投标工作，完成沈岙、黄杜岙等水库除险加固工程的竣工验收。完成20座山塘综合整治。提前谋划2022年山塘水库除险加固工作。

【农村饮用水达标提标工程】 2021年，黄岩水厂二期工程完成60%，11个联村水厂和46个单村水站建设完成，"一户一表"工程进入扫尾阶段，创建规范化水厂两座，完成投资2.5亿元。加强农饮水建后长效管护措施落实，经区疾控中心对全区各乡镇35个点位的出厂水和末梢水进行水质检测，合格率100%。

【水资源管理和水土保持监管】 2021年，落实水资源管理"三条红线"，保障台州市大水缸"长潭水库"的水源安全。编制并印发《黄岩区节约用水"十四五"规划》。完成节水行动年度实施计划任务，6家单位获"浙江省节水标杆单位"称号，创建3家区级节水型公共机构，创建3家水利行业节水型单位。落实取用水管理专项行动整改提升工作，42个整改任务均按要求完成。完成水资源费征收4966.7569万元。治理水土流失面积1.17平方公里，超额完成市下达的考核任务。完成生产建设项目水土保持方案审批87件，取水许可50件。

【水库与电站管理】 2021年，有序推进水库系统治理，完成全区28座水库的核查评估。完成"一库一策""一县一方案"的编制、审查工作，并由黄岩区政府统一批复。完成长潭、黄坦、西溪等3座水库安全鉴定。依据《浙江省小水电站生态流量监督管理办法》，强化农村水电监管，完成16座运行25年以上的电站现场检测。完成富山三级电站二级安全生产标准化复评。采用统一招标采购的方式落实水利工程物业化工作。针对2021年长江经济带生态环境警示片披露的长潭水库上游柔极溪流域电站生态流量泄放问题，黄岩区高度重视，全力推进问题整改工作。

【水政执法】 2021年，联合港航、渔政等单位开展河道及鉴洋湖等河段的清障整治行动，开展涉河涉水巡查、水土保持监管、非法取水调查，累计检查150次，现场处置案件51起，全年移送区执法局案件19起。办理水保案件13起，处罚金额共计93.04万元。

【水利工程质量安全监管】 2021年，出台安全生产实施方案，开展水利工程安全全覆盖巡查8次。采取明察暗访的方式对各在建水利项目进行检查，避免水利建设项目出现质量及安全问题。

【水利数字化改革】 2021年，黄岩区城乡供水数字化管理应用项目和城乡供水管网漏损监测分析项目列入数字化改革试点。其中,“城乡供水管网漏损监测分析项目”被省水利厅列为第一批揭榜挂帅水利数字化改革试点项目。参与省、区防指牵头的极端天气灾害短临预报预警分析应用试点项目,并投入防汛防台实战,初见成效。黄岩水利信息综合管理平台上政务云。黄岩区水雨情应用、黄岩智慧水务应用整合到浙水安澜,其中智慧水务——黄岩自来水在浙里办上线。

【农业水价综合改革】 2021年,进一步深化农业水价综合改革,推动村级改革“八个一”落地见效。实施农业水价综合改革“五个一百”示范创建,完成蔡家洋泵站、中街堰等17处创建任务。做好农田灌溉水有效利用系数测算工作,新增中型灌区测点2处、小型灌区测点1处,编制灌区计量设施建设方案并实施。

【先进名录】

2021年黄岩区受表彰的浙江省先进集体一览表

表117

获奖单位	获奖称号	授奖单位
黄岩区政府	浙江省“十三五”实行最严格水资源管理制度成绩突出集体	浙江省人民政府办公厅
台州市黄岩区	全省农村饮用水达标提标行动工作成绩突出集体	浙江省人民政府办公厅

(区水利局　朱丹杨)

长潭水库

【概况】 2021年,黄岩区长潭水库流域面降雨量2658.5毫米,为上年降水量的160.1%,为多年同期平均值的136.4%;初步估算累计入库水量8.11亿立方米;城镇供水量2.73亿立方米;灌溉结合发电用水量3.20亿立方米。全年安全发电1677.59万千瓦时,调峰率68.9%。全年实现经济总产值8974万元,其中供水8192万元,发电732万元,其他经营(林业、渔业、三产)等收入50万元。

【水质保护】 2021年,黄岩区长潭水库事务中心加强《台州市长潭水库饮用水水源保护条例》的法律法规宣传普及活动。坚持部门联动,会同水利、环保、海事、农业、国土、公安等部门到库区开展联合执法。开展“清网、清排行动”等专项整治行动,打击长潭水库一级饮用水源地的各类违法行为,改善库区环境。全年依法收缴鱼竿2612根,大小网具1324口,拆解排筏164张,收缴电捕机4台,劝离野炊烧烤8000余人。全年库区保洁工作开展,清理打捞水上漂浮物,出动车(船)900余次,打捞漂浮物1000多吨,清理总面积4万多平方米。强化重点湿地、溪流管控部署,确保目标区域水质安全、生态友好。落实区五水办“找寻查挖”专项行动具体问题清单,完成瑞岩溪生态湿地边界29处126米38张破损防护网、防护栏的整修。在瑞岩溪湿地、永宁溪设置约950米多重拦截网，实现对溪流冲刷的各类垃圾的截留及集中打捞，为守护水质增加防护屏障。调整优化库区渔业资源结构，按照库区现状渔业结构情况和渔业资源调研报告相关建议，年末冬季增殖放流投放鲢鱼鱼苗约4.8万公斤、鳙鱼鱼苗4.5万公斤，以促进渔业资源及水生态环境发展。配合做好水质定期取样检测工作，了解水库水质变化情况，掌握水质变化动态数据。年度省水利厅、生态环境厅公布县级以上集中式饮用水水源地安全保障达标评估结果，长潭水库等级为优。

【水库调度和安全度汛】 2021年，编制《长潭水库2021年度控制运用计划》及各类应急预案；制订年度防汛考核制度，并与事务中心各部门签订防汛防旱责任状，落实防汛防旱工作责任制。坚持进行定期检查和不定期检查相结合，对工程和非工程措施进行检查，确保大坝安全和水利设备运行正常，安全度汛。建立健全防汛物资管理责任制，确保防汛物资储备安全。进入汛期以来根据水库的水雨情实际情况和气象部门的天气预报，多次与上级部门建议和沟通放水安排，以利用水资源，为后续防洪腾出库容。

【工程建设和安全管理】 2021年，推进7项主职业务工作。做好机电设备经常性维护保养工作，根据日常运行中所发现的问题，提出措施并进行处理。完成闸门启闭机的全部维护保养、泄洪洞液压启闭机液压油的过滤、标识标牌的更换、溢洪道干式变压器迁移、江南渠道沿线的维修养护等工作，通过工程的维养确保设备状态良好。大坝安全鉴定报告通过省水利厅的审查，确定为一类坝。根据操作手册，做好大坝的巡查监测、机电设备的试运行和白蚁防治等基础工作。长潭水库是台州市16家反恐防范重点单位之一，事务中心切实加强水库反恐防范工作，加强人防、技防、物防设施建设。本年度开展消防安全检查12次，组织实施反恐演练2次、全体职工消防培训1次、泄洪维稳安保多次，每月进行消防紧急拉练1次，对全中心所有场所放置的消防设备，做到心中有数，使消防安全设施在管理和使用上更加科学规范。荣获省级重要经济目标建设示范单位、省级“平安单位”暨省级“智安单位”。加强库区防火宣传，落实防火责任书，落实各片组巡山管火人员，严格森林防火值班制度，防火期坚持24小时专人值班，严防森林火灾。3.4万亩山林无一起火情，没有发生1起安全生产事故。

【民生建设】 2021年，因历史遗留问题，长潭水库事务中心有长垟分场、泥河岭分场和渔业队3个下属场队，总人口数921人。年内为推动乡村振兴，给下属场队争取3个相关项目，包括长垟分场文化礼堂修缮工程、渔业队（大虫旺）百王线连接道路工程、泥河岭分场王岙自然村有线电视安装工程等，皆完工投入使用。此外还有长垟白岩至岩头哭段进村道路提升工程解决高水位运行时长垟人民进出困难的交通问题，泥河岭分场王岙自然村农村饮用水改造工程解决其至今未通自来水的问题。泥河岭区块15幢异地安置房全部结顶，外墙粉刷、室内装修基本完成，配套设施完善中。

【先进名录】

2021年黄岩区受表彰的全国先进集体一览表

表118

获奖单位	获奖称号	授奖单位
黄岩区长潭水库事务中心	农村水电站安全生产标准化一级单位	水利部

2021年黄岩区受表彰的浙江省先进集体一览表

表119

获奖单位	获奖称号	授奖单位
黄岩区长潭水库事务中心	浙江省"最美水利工程"提名	浙江省水利厅
	省级"平安单位"暨省级"智安单位"	浙江省公安厅
	第一批全省重要经济目标防护建设示范单位	浙江省人民防空指挥部办公室
	省级园林式单位	浙江省住建厅

2021年黄岩区受表彰的浙江省先进个人一览表

表120

获奖人	获奖称号	授奖单位
李国锋	第二届浙江省防恐卫士	浙江省公安厅

2021年黄岩区受表彰的台州市先进个人一览表

表121

获奖人	获奖称号	授奖单位
章奕璟	党员志愿服务先进个人	台州市委组织部

（区长潭水库事务中心　金丽）

永宁江管理

【概况】　2021年，黄岩区永宁江事务中心执行上级防汛、防旱调度指令，调配永宁江沿线水闸启闭运行。完成永宁江沿线堤防、涵闸、各类水闸等水利工程的安全维护和河道保洁工作。

【防汛排涝工作】　2021年，据水文站记录，全年降水量2215.1毫米，蒸发量789.3毫米，单日24小时最大降水量为8月3日的76毫米，内河最高水位为5月19日的黄海高程3.08米，大闸排涝泄洪129次，比上年增加94次，排出水量63164.6万立方米。

【永宁江堤防及沿线涵闸安全鉴定】　2021年，完成永宁江沿线76公里堤岸及附属建筑物包括中型水闸3座、小型水闸1座安全鉴定、测量、地质勘察及检测工作。

【河道保洁工作】　2021年，自永宁江闸至北洋镇前蒋村彩虹桥38公里的河道上，安装340个支河和排水口标识牌，其中南岸192个，北岸148个；推行一天一次巡查制度，全年巡查47670个排水点位；保洁工作贯穿全年，并对重点地段进行突击保洁，达到较好保洁效果。

（区永宁江事务中心　肖柳柳）

五水共治

【概况】 全年黄岩区13个地表水断面全部达到水环境功能区标准，达标率较上年提升9.1%。

【治污水】 2021年，黄岩区五水办加快推进“污水零直排区”建设，完成东城、西城、北城3个街道35.3平方公里的建成区范围内零直排建设并通过验收，包括雨污管网1285公里、居民住宅44089户、工业企业398家、企事业186家、六小行业1271家；完成新建污水管网建设11.7公里、污水综合治理改造工程。完成宁溪三期试运行工作，完成江口污水处理厂三期扩建工程建设。

【防洪水】 2021年，除险加固水库2座，综合整治山塘20 座，清淤河湖库塘24.217万立方米。

【排涝水】 2021年，黄岩区五水办推进城镇雨污分流管网建设，建成海绵城市2.5平方公里，新建污水管网11.7公里，建设雨水管网8公里。

【保供水】 2021年，推进城乡供水水质提升，新建水源工程57项，更新改造农村三级供水管网454公里。实施供水管网改造和漏损控制，新建供水管网12公里，改造供水管网8公里，城市公共供水管网漏损率控制在9%以内。

【抓节水】 2021年，完成节水标杆酒店、企业、学校各1个，节水标杆小区3个。

【整治污染源】 2021年，通过督查发现问题884个，日常督查发现问题513个，“找寻查挖”专项行动排摸问题371个；开展联合执法10次，全年全区涉水案件办理一般程序案件78起，立案处罚68件，罚款388.59万元，责令整改198件，行政拘留3件1人，刑事拘留2件2人，查封扣押6件。

【全民治水】 2021年，开展绿水币行动有奖活动，按绿水币积分兑换奖品5000余件；开展“五水共治”进文化礼堂宣讲32次，参与人数1900余人，发送治水短信45万条，宣传资料1000份，宣传环保袋5万只。

（区五水办　陈鸿宇）

商贸流通

【概况】 2021年，黄岩区限上批发业销售额323.33亿元，增速36.2%；限上零售业销售额63.37亿元，增速9.8%。外贸出口232.90亿元，同比增速19.9%。

【对外贸易】 2021年，黄岩区商务局召开涉外商事法律培训暨RCEP投资贸易便利化措施解读培训会，帮助企业把握RCEP带来的市场机遇。组织参展第130届广交会、第4届进博会。主办两场黄岩区出口网上交易会，分别是RCEP站——家庭用品节日用品礼品专场、墨西哥站——橡塑模具专场。全年通过市场采购贸易实现外贸出口2.29亿美元，2021年培育外贸市场主体136家。

【商贸流通】 2021年，委托省商务厅规划研究院编制黄岩区“十四五”商贸规划，谋划新建若干创新型商业综合体。组织开展“6·18”年中购车促销活动，销售额2.81亿元，补贴700万元，提振消费。打造智慧商圈、夜间经济集聚区。依托黄岩区模具优势产业，建立数字化供应链信息服务平台。与蔚来汽车达成协议，在黄岩注册蔚来汽车台州总部。与居然之家签订家居生活MALL项目战略合作框架协议。打造江口永宁电商产业园、金王子直播产业园、“双循环”跨境电商产业园三大电商标杆园区。

【粮食管理】 2021年，继续开展“粮食订单”，实行稻谷、小麦全覆盖收购。全年收购订单小麦1743吨、早稻1878吨、晚稻7588吨（其中优质品种“甬优1540”数量1470吨）。全年轮出区级储备粮食20366吨，其中成品粮2650吨；轮入粮食20357吨，其中成品粮3160吨。年末，区级储备规模42150吨，比上年增加2150吨，其中成品粮储备数量保持3400吨；储备食用植物油125吨。黄岩区中心粮库总仓容4.04万吨，储藏着全区80%以上的地方储备粮，该库应用准低温储藏和氮气气调技术。完善粮食安全应急预案，日应急加工能力187吨。严格执行粮食市场监测预警报告制度，落实每周粮食价格监测点实行价格采样，确保疫情形势下粮食稳定供应。

【散装水泥】 2021年，推动预拌混凝土、预拌砂浆行业健康快速发展，散装水泥使用率占比提高。预拌砂浆生产量、预拌混凝土供应量大幅上升。预拌砂浆（普通干混砂浆）完成25.38万吨，同比增长25.46%；预拌混凝土供应量228.04万立方米，同比增长27.76%。推动行业企业清洁化改造，达省标5家。节能减排取得新成效。全年节约标准煤36904.24吨，节省水泥用量229799吨，减排粉尘10176.63吨、二氧化碳45567吨、二氧化硫33.72吨；创综合经济效益4556.7万元。

【先进名录】

2021年黄岩区受表彰的台州市先进集体一览表

表122

获奖单位	获奖称号	授奖单位
黄岩区商务局	“双循环”节点城市建设先进单位	台州市人民政府

2021年黄岩区受表彰的台州市先进个人一览表

表123

获奖人	获奖称号	授奖单位
王康名	弘扬新时代台州城市精神疫情防控工作先进个人	台州市人民政府
陈海鸿	弘扬新时代台州城市精神争先创优工作先进个人	台州市人民政府

（区商务局　陈海鸿）

供销合作

【概况】 2021年，黄岩区供销系统销售总额24009.1万元，同期增长2.68%。社有企业利润总额626万元，同期增长121.99%，社有资产保值增值率18.56%。

【“三位一体”改革】 2021年，深化“三位一体”农合联改革。聚焦农合联组织架构、产业服务链和惠农服务机制。农合联实体化运行成效明显，“农合联+实体运营企业+村股份经济合作社”，成为黄岩西部乡镇共同富裕基本框架；宁溪农合联成为巩固拓展脱贫攻坚成果“小橘灯”暖心工坊的主要力量，实体运营公司成为宁溪农产品输出标准化、品牌化、规模化的领跑者。

【数字农合联平台推广应用】 2021年，区域农合联通用性服务与产业农合联专业性服务完善，数字化改革撬动“三位一体”服务，“浙农服”数字农合联平台推广应用；“新型瓜农”合作经济组织“瓜农天下”数字化应用场景获得新华社、中华合作时报、浙江新闻、浙江电视台等各级媒体关注报道。

【农合联内生机制推动产业合作】 2021年，农合联内生机制推动产业合作，中药材产业农合联瞄准产业链建设中的烘干服务短板，合作成立中药材初加工中心，为药农提供清洗、切片、烘干和仓储等服务。

【新型农技推广服务】 2021年，惠农服务机制务实有力，实施新型农技推广服务，完善"专家团队+产业农合联+专业合作社"服务网络，先后举办"红美人"柑橘冻害补救措施技术培训会、中药材、杨梅、高山果蔬等为农服务培训会等4期。

【农合联平台金融惠农】 2021年，发挥农合联平台金融惠农优势，全年农商行"蜜橘贷"累计贷款4600多笔，总授信4.74亿元，贷款总额3.35亿元；开展农合联100万元以下免担保服务，贷款数55笔，总额880多万元；与省农信担保公司合作开发"浙里担·新农贷"和"浙里担·慧农贷"新产品，贷款数25笔，担保贷款额1415万元；推进农合联会员新型特色农业保险，设施农业大棚险1000余亩，杨梅降雨指数险3800余亩，雇主责任险3700余亩，中药材种植险1200余亩。

【网络助力乡村振兴】 2021年，布局为农服务网络，建设现代农业综合服务中心4个，新增1个；村综合服务社以农商行服务点、邮政快递点、农资网点为依托，累计布点93个，其中"五统一"村综合服务社，达标17家；庄稼医院以农资网点为依托，增设坐诊、巡诊服务，累计建设8家。

【农资供应】 2021年，抓好春耕备耕农资供应工作，全区供销系统化肥库存储备1938吨，农药库存储备90吨；开展"科技兴农·云上春耕"服务活动，"绿色发展助农行"，开展多场次的现场咨询、农技专家田头结对和放心农资下乡。

【"供富大篷车"服务活动】 2021年，开展"供富大篷车"服务活动，区社主动融入共同富裕示范先行区建设，将山区共同富裕作为供销"主战场"、新时代"供销主跑道""供富大篷车"在富山启动以来，开通服务车9辆，覆盖10个村，收购农产品90余万元。开展东西部消费帮扶，创新销售模式，搭建市场化运营长效帮扶机制，全年，依托"万佳鲜"销售平台完成四川新龙县特色农产品帮扶40万元。

【社有经济发展】 2021年，社有企业经济指标稳中有升，全系统销售总额24009.1万元，比上年同期增长2.68%。社有企业利润总额626万元，比上年同期增长121.99%，社有资产保值增值率18.56%。区社对外投资加大，成立供销社合作发展基金，一期注入资金111.2万；供富联农联盟营销体系逐步形成，参与投资富山高山果蔬产业农合联实体运营，"供富山城汇"项目有序推进。下属企业行业地位巩固，黄农农业科技有限公司加速对外拓展，全年产值增长166.14%，净利润同比增长4.4倍；黄岩果品公司抢占市场机遇，开拓副食品交易市场，增加市场摊位120多个，全年市场果品、副食品交易额2.1亿元，增长15%；基层社改造有序推进，宁溪供销社年收入103.51万元，同比增长33.24%；院桥供销社年销售收入1424万元，同比增长83.27%。

【从严治党】 2021年，党的领导和自身建设加强。从严治党，按照供销系统腐败和作风问题重点整治工作要求，权力清单10项，排查问题18个，整改17个，新建和修订制度9个；区委巡察回访检查反馈问题9个，完成整改8个；从严治社，成立社有资产管理委员会，开展清产核资，推行"五级"监管，落实社有资产阳光招租。加强对下属公司、基层社的领导，对复杂、薄弱基层社负责人，实施区社兼任，全年处理历史遗留问题4起。开展清廉社企八大行动，供销系统政治生态向好，党史学习教育活动拉近区供销社党委与离退休职工的距离，"未来社区"拆迁涉及供销社下属多家企业，征迁率100%；清廉机关、基层社建设有序推进。

【先进名录】

2021年黄岩区受表彰的浙江省先进集体一览表

表124

获奖单位	获奖称号	授奖单位
台州市黄岩区供销合作社联合社	综合业绩考评优秀单位	浙江省供销社
台州市黄岩区供销合作社联合社	信息宣传工作先进单位	浙江省供销社

2021年黄岩区受表彰的浙江省先进个人一览表

表125

获奖人	获奖称号	授奖单位
王志远	全省信息宣传工作先进个人	浙江省供销社
周含玥	全省信息宣传工作先进个人	浙江省供销社
余丽君	全省清产核资工作优秀个人	浙江省供销社

2021年黄岩区受表彰的台州市先进集体一览表

表126

获奖单位	获奖称号	授奖单位
台州市黄岩区供销合作社联合社	全市供销社系统社务信息工作先进单位	台州市供销社

2021年黄岩区受表彰的台州市先进个人一览表

表127

获奖人	获奖称号	授奖单位
周含玥	全市供销社系统优秀信息员	台州市供销社

（区供销社　毛鑫森）

烟草专卖

【概况】 黄岩区烟草专卖局（分公司）于1988年12月成立，地处浙江省台州市黄岩区小东门路188号。2021年，黄岩区烟草专卖局下设4个科室，3个市场部、3个专卖管理所、1个稽查中队，（补充人员编制）有正常营业零售户数4460户。全年累计销售卷烟2.94万箱，销售额13.93亿元，单箱销售额4.74万元，实现税利4.03亿元，同比增长4.13%。全年查获各类涉烟违法案件208起，查获卷烟939.12件，同比增长116.11%。在全市烟草系统工作业绩考核中荣获第一名。

【企业党建】 2021年，推进党史学习教育。献礼建党百年，组织开展“诵读家书·对话历史”读书分享会，掀起“学历史、读经典”的热潮。浸染红色文化，组织观看红色影片、聆听红色故事、开展革命线路描红，从党的百年奋斗史中汲取智慧力量。学习贯彻习近平“七一”重要讲话精神、党的十九届六中全会精神，累计开展支部主题党日活动12次，党史学习教育专题组织生活会1次，党组理论学习中心组集中学习会6次。党建业务融合深化。拓展联盟“朋友圈”，协同开展垦荒志愿服务2次，送党课进村1次，党史知识竞赛2次，文艺汇演1次，社区便民服务1次，基层党建活动做好巡察整改“后半篇”文章，完成市局第三轮巡察整改措施114条，修订制度3个。完成近5年监督执纪专项工作自查。全年组织党组书记上廉政党课1次，组织分层廉政谈话82人。

【烟草专卖管理】 2021年，打假打私成效明显。全年查获违法卷烟521.71万支，同比增长310.06%，涉案总金额901.18万元，同比增长706.34%，累计查获高速专车运假大要案7起。破获2021“8·18”运销假烟案件，涉案金额1000余万元，刑拘16人，其中逮捕8人。查获真烟435.35万支，同比增长44.39%。外流卷烟58条，同比降低64%。查处违法违规大户案件53起，停业整顿9户，取缔15户。集中排查整治辖区内重点监管对象，查获重点籍零售户案件40起，注销歇业7户。助推“最多跑一次”改革升级，办理行政许可事项2644件，网上申请率99.92%。

【烟草经营管理】 2021年，推进品牌化建设，建成加盟终端69家，占比1.55%；建成星级现代终端1096家，现代终端整体占比26.26%。推进平台化运营，“香溢通”开通人数1277户，占比28.76%，累计配置双屏机701台；“香溢坊”活跃客户比例85.86%；“香溢家”会员规模18.8万人，月活跃比值96.97%；“香溢购”覆盖率100%。

【烟草内部管理】 2021年，落实分层分类对标重要抓手，上下联动，统筹协调，对标全年总得分23.18分，位列全省烟草系统B组第1。完成新办公楼装修改造工程项目结算审核及施工尾款支付，启动决算审核。主动对接政府有关部门，做好方山下房产征迁事项的沟通协商。开展事故隐患大排查大整治，全年安全生产形势平稳向好。严格落实常态化疫情防控各项措施，全力打好疫情防控阻击战，实现“三零”目标。

【烟草队伍建设】 2021年，紧跟数字化转型浪潮，组建“青小岩”融媒体工作室，挖掘青年骨干潜能，打造一支集“策、采、编、摄、剪、宣”于一体的“全要素编队”。以曙光大讲堂为依托，开展真假烟鉴别培训、数据应用分析培训、信息宣传培训、QC专题培训等理论知识学习，提升员工业务素质和综合能力。以群众性练兵为基础，广泛开展“走、查、考、学”自测、互测，增强数字化指导能力。组织广大员工参与创新QC、劳动技能竞赛等项目，全年荣获省局优秀质量管理小组三等奖1项，市局优秀QC小组一等奖1项、学会年度优秀论文二等奖1篇。叶倩文获得省级职工职业技能竞赛营销师赛项二等奖，6人次摘得全市烟草系统“锻队伍素质 迎建党百年”劳动竞赛奖项。畅通“三纵一横”发展通道，开展“上挂下派”岗位交流，上挂市局1人，市局下派1人，新聘用2名大学生，有效盘活人才存量资源。

【烟草社会公益】 2021年，以橘园共建项目为媒，探索产销帮扶新模式，借助香溢零售渠道，助销结对村农特产品，打通产业升级的“最后一公里”。志愿服务多面开花。响应政府号召，动员党员先锋小组，参与到社区秩序管控、医疗保障、核酸检测、道路封锁、区域消毒、健康监测、网格服务、后勤保障等防疫工作中，为筑牢“社区防线”贡献力量。开展“微心愿”认领、“多城同创”文明劝导、“社区吹哨、党员报道”等活动，聚点滴小事，汇文明新风，以实际行动传递烟草正能量。

【先进名录】

2021年黄岩区受表彰的全国先进个人一览表

表128

获奖人	获奖称号	授奖单位
叶倩文	行业烟草技术能手	国家烟草专卖局、中国烟草总公司

2021年黄岩区受表彰的浙江省先进集体一览表

表129

获奖单位	获奖称号	授奖单位
台州市黄岩区烟草专卖局(分公司)	省级文明单位(复评)	浙江省精神文明建设委员会
台州市烟草公司黄岩分公司	全省系统第十一届优秀质量管理小组成果三等奖	中国烟草总公司浙江省公司

2021年黄岩区受表彰的浙江省先进个人一览表

表130

获奖人	获奖称号	授奖单位
叶倩文	第五届烟草制品购销职业技能竞赛个人一等奖	浙江省烟草专卖局(公司)
	浙江省“烟草专卖商业系统技术能手”荣誉称号	浙江省烟草专卖局(公司)
	2021年浙江省烟草专卖商业系统营销师职业技能竞赛二等奖	浙江省烟草专卖局(公司)
尤敏辉	全省卷烟打假打私工作先进个人	浙江省烟草专卖局、浙江省公安厅

2021年黄岩区受表彰的台州市先进集体一览表

表131

获奖单位	获奖称号	授奖单位
城关专卖所、院桥专卖所	台州市烟草系统2021年基层所队部分分层分类对标二等奖	台州市烟草专卖局(公司)
院桥市场部、北洋专卖所	台州市烟草系统2021年基层所队部分分层分类对标三等奖	台州市烟草专卖局(公司)
台州市烟草公司黄岩分公司支部委员会	台州市烟草系统先进基层党组织	中共台州市烟草专卖局党组
台州市黄岩区烟草专卖局(分公司)	全市系统普法微视频大赛优秀作品	台州市烟草专卖局(公司)

2021年黄岩区受表彰的台州市先进个人一览表

表132

获奖人	获奖称号	授奖单位
张施施	全市系统“台烟青年说——我来讲党史”大赛二等奖	台州市烟草专卖局(公司)
金　平	全市系统驾驶员岗位技能竞赛二等奖	台州市烟草专卖局(公司)
喻贤岳	全市系统驾驶员岗位技能竞赛三等奖	台州市烟草专卖局(公司)
郑倩倩	全市系统PPT技能竞赛二等奖	台州市烟草专卖局(公司)
李碧滢	全市系统PPT技能竞赛三等奖	台州市烟草专卖局(公司)
洪嘉苡	台州市烟草职工思想政治工作研究分会2021年度思想政治工作研究成果二等奖	台州市烟草专卖局(公司)
张紫华、颜　颉、杨　妍、周　荘、王小芬	台州市烟草系统2021年岗位对标优秀标兵	台州市烟草专卖局(公司)
李云敏	优秀纪检组长	中共台州市烟草专卖局党组
叶倩文	台州市烟草系统优秀共产党员	中共台州市烟草专卖局党组
郑倩倩	台州市烟草系统优秀党务工作者	中共台州市烟草专卖局党组

(区烟草专卖局　林珂未)

住房建设

【城市更新】 2021年，黄岩区官河古道全线贯通，老水厂文创园建成营业，金王子直播基地完成建设，西线景观改造基本完成，扁平化城市综合体初见雏形。永宁江绿道东延工程绿道部分实现贯通，三座人行桥梁开工建设。快速推进委羽山文化遗址修复，大有宫修缮和室外市政配套基本完成。组建项目实施公司推进中心城区有机更新与老旧小区改造，项目可研报告编制完成并经国家开发银行初审。完成《黄岩老城区历史风貌区、历史风貌建筑保护利用规划》编制，并经黄岩区人大常委会批准。完成历史建筑测绘40处。城中村改造完成拆迁项目7个，户数656户、建筑面积11.39万平方米。安置房建设开工6个项目7174套，竣工4个项目1737套。

【城乡风貌提升】 2021年，制定城乡风貌提升7+2样板行动五年计划，县域样板区“宁溪—屿头风貌区”和传统风貌样板区“南苑社区”列入省第一批城乡风貌样板区试点建设名单。方山下社区列入省第三批未来社区创建名单、南苑社区列入省第四批未来社区创建名单，东浦社区、方山下社区未来社区启动建设。新前街道成功创建省级美丽城镇建设样板，澄江街道、屿头乡、沙埠镇、北洋镇、上垟乡、富山乡、平田乡被确定为美丽城镇建设基本达标。完成茅畲乡下街村、北洋镇潮济村桥下自然村省级美丽宜居示范村创建，启动宁溪镇乌岩头村、江口街道新来桥村省级美丽宜居示范村建设，宁溪镇乌岩头村五部半山村自然村入选市级传统村落名录。

【城市基础设施】 2021年，城区西片市政设施工程完成建设、宁溪污水厂三期工程建成投用、江口污水厂三期工程通水调试、园区应急预处理厂工程开工建设，新增主干污水管线11.7公里。垃圾焚烧发电项目投入试运行，配套飞灰填埋场、市政环卫服务基地工程有序推进，浦西环卫处理设施工程、澄江巨岩路垃圾中转站工程进场开工。水厂二期完成总工程量60%，新改建供水管网20公里，完成一户一表改造5000户，黄岩自来水公司完成改制。新建绿道12公里，新增绿地16.6公顷。劳动南路南延工程建成，完成工程预验收，县前街东延工程开工建设。城区新建10

个公共自行车站点，上垟乡公共自行车系统建成投用。建成廿四都村人防疏散点和人防体验馆，完成1212工程装修。

【老旧小区改造、公租房】 2021年，完成前洋头里一、二区，南城新村，南苑新村，城外洲路，横街二区等6个老旧小区改造和46个生活小区零直排建设。杜家村安置房棚改项目开工建设。公租房保障更加精准，取消82户家庭住房保障资格，新增353户家庭享受住房保障福利。

【农村房屋安全隐患排查】 2021年，开展农村房屋安全隐患排查整治，排查农村房屋17.8万户，鉴定危房25户，其中修缮14户、拆除6户、原址重建3户，腾空2户。完成改造和救助农村困难家庭22户。

【住房管理数字化改革】 2021年，推进数字化改革，公租房申请“一件事”中榜数字社会第二轮“揭榜挂帅”，完成政策制度、业务流程、业务协同、后续管理重塑，达到多跨协同的目标，率先在全省范围内完成开发并上架浙里办；建设数智黄岩全域数智平台，为全省首例全域数智系统，实现公共服务、基层治理、生活服务“三位一体”统筹建设。深化“最多跑一次”改革，权力事项“网办+掌办”率100%，即办事项占总事项数的89%，承诺时限相对于法定时限的压缩比94%，最多“50天”“最多30天”实现率100%。

【建筑业管理平台应用】 2021年，黄岩区新建工地基本实现“智慧工地”管理平台应用全覆盖，安装务工人员考勤管理系统140个、在线视频监控设备463个、扬尘在线监测系统54个，备案的481台起重机械。应用太阳能建筑面积80.04万平方米，完成新开工装配式建筑76.5万平方米、新开工装配式住宅和公共建筑56.9万平方米，新建住宅全装修项目38.23万平方米。全年检查在建工程项目378次，发出质量安全整改通知书231份，消防安全整改通知书10份，对545个关键岗位人员进行记分。通过消防验收项目13个，检查合格备案项目35个，未抽中消防验收备案项目76个，消防设计审查项目4个。完成公开招标137项，中标价35.8亿元。办理建筑工程施工许可证136项，工程质量安全监督手续106项，竣工备案66个。全年完成省内建筑业产值88.1亿元。

【房地产业】 2021年，坚持“房住不炒”定位，紧盯“一城一策”，瞄定“稳地价、稳房价、稳预期”目标不动摇，全年房地产市场总体平稳有序。全年开展房地产市场专项检查28次，对25个商品房项目进行预售资金监管；审核商品房预售许可15个项目，33个批次，核准商品房预售建筑面积113.72万平方米；核准8家房地产开发企业资质；办理物业用房预审批项目9个，物业用房验收项目6个；备案房地产经纪机构175家，经纪从业人员备案559人。房地产从业人员工资总额15583.5万元；商品房销售面积80.212万平方米。

【先进名录】

2021年黄岩区受表彰的浙江省先进个人一览表

表133

获奖人	获奖称号	授奖单位
陈学毅	2021年全省社会服务工作先进个人	九三学社浙江省委员会

2021年黄岩区受表彰的台州市先进集体一览表

表134

获奖单位	获奖称号	授奖单位
黄岩区住房和城乡建设局	省域开放型高能级中心城市建设先进集体	中共台州市委、台州市人民政府
黄岩区住房和城乡建设局	数字化改革工作先进集体	中共台州市委、台州市人民政府
黄岩区住房和城乡建设局	全市住房和城乡建设系统工作目标责任制考核优秀单位	台州市住房和城乡建设局
黄岩区人防办	2021年度全市人防工作绩效目标考核优秀单位	台州市人民防空办公室
黄岩区住房和城乡建设局机关党委	台州市机关党建示范点	中共台州市委直属机关工作委员会

（区住房和城乡建设局　许营森）

人民防空

【防空防灾设施检查】 2021年，黄岩区全年对全区64个工程，计32.8万平方米竣工项目，开展了防空地下室平时使用和维护管理全面大检查活动。共建成35处人防警报鸣放点，实现黄岩城区和重点镇全覆盖，“5·12”“9·18”防空防灾警报试鸣鸣响率达到100%。黄岩区人防体验馆作为全民“国防教育基地”顺利揭牌开馆，体验馆是全省首个利用老旧坑道改造的人防体验馆，也是全市规模最大、功能最齐全、内容最丰富的人防体验馆，参观人数达1000多人次。取得较大的影响力。完善应急应战队伍体系，年内，建立完善的医疗救护中队、抢险抢修中队等应急应战队伍体系共10支中队、24支小队、270人。

【人民防空宣传工作】 2021年，黄岩区深入贯彻“人民防空为人民”新发展理念，开展人防宣传活动。一是抓住节日节点，利用国际民防日、防灾减灾日、“9·18”纪念日等重大节日，开展宣传活动。二是丰富宣传教育形式。采用展览活动、培训讲座等多种方式开展人防宣传活动。三是做好“五进”工作。深入拓展人防宣传“五进”工作，接受人防教育的中小学生已达到15336人。四是宣传教育场所建设，黄岩区人防体验馆已开放，接受预约制参观。五是建立人防宣传阵地，建成丽景花苑人防宣传墙。提升广大人民群众和社会各界对防空防灾工作的关注度，增强广大人民群众的防空防灾意识。

（区住房和城乡建设局　许营森）

城投集团

【概况】 2021年，黄岩区城投集团总资产310亿元，较上年增长41.9%；营收12亿元，增长15.6%。全年推进重点项目105个，其中区破难攻坚项目37个，项目总投资约42亿元。新增入库项目10个，累计在库项目30个，完成全年固定资产投资约30亿元。

【新冠肺炎疫情防控】 2021年，落实市、区防控措施，严防新冠肺炎疫情输入。台州西动车站、台州高速浦西出入口防疫执勤常态化，全年出动执勤人员1.5万人次，守好黄岩“大门”；落实小区、过渡房、工地等“小门”管控工作，确保疫情不反弹；根据疫情防控需求，改建格林豪泰、罗曼酒店隔离点，组建隔离点工作专班人员，加紧建设酒店式隔离点项目。

【公建项目建设】 2021年，推进26个重点公建项目。“官河古道”项目基本实现全线贯通出亮点；委羽山文化遗址修复工程完成大有宫修缮；永宁江绿道东延工程二标段全线贯通。东浦中学迁建工程、区医疗卫生中心工程结顶；南城中心小学、院桥中心小学、江口中心小学、图书馆南侧停车场工程开工建设，区医疗中心康养项目进入主体施工阶段，澄江街道折角桥小微企业安置园区基本建成，区文化馆迁建工程完成主体结构验收，推进精装修施工。全域土地整治成果显著，完工并验收68个项目，新增垦造耕地及其他农用地2413亩，旱改水687亩。

【安置房项目建设】 2021年，推进安置房项目15个，12847套，建筑面积113万多平方米，完成投资额20.6亿元。其中，完成羽山安置房一期（羽山雅苑）、倪桥安置房一期工程，建成安置房1247套；新兴产业基地一期安置房A区块、妙儿桥安置房、罗家汇安置房结顶；杜家村、岙岸B安置房项目开工建设。五里牌三期、马鞍山综合体等5块土地完成出让；完成岙岸、罗家汇等10个在建安置房的专项设计。

【市政道路管网建设】 2021年，完成污水二级管网约2.1公里、三级管网约160公里；东、西、南、北城街道完成“污水零直排区”验收，黄岩区“污水零直排”建设工作基本完成。永宁江闸强排工程一期建设完成固定资产投资3000万元。劳动南路南延工程、天元路西延工程西段、丹心路、甘棠路、慧心路等项目建成通车，黄长改线开工建设。高速公路以西教育用地110千伏高压线完成迁改。

【城投集团市场化经营】

建筑项目建设 2021年，开工建设雅林商办、十里铺村留地商办、繁荣创业园等项目；与市高速房产、市交投置业合作开发云栖望府（二环西路西侧、仪凤街北侧地块项目）；签订公共卫生能力提升二期、院桥中心小学等4个委托代建项目。

民生项目建设 2021年，举办《郎朗和他的朋友们》音乐会；朵云书院·黄岩店于6月26日正式营业，举办十四期“朵云·江畔书房”分享会、5期艺术展览；医疗卫生中心康养项目与浙江大学创新技术研究院医养结合研究中心对接合作；有序推进新前、高桥等公墓项目；垃圾焚烧发电项目全年营收约1.3亿元。

服务项目建设 2021年，物业服务实现市区全覆盖，拓展安徽桐城、绩溪及江苏宜兴等省外市场；停车服务推广App注册用户超过10万人，停车场的ETC应用覆盖率83%，投入使用315个车位无人值守智能驻车器，新建435个快充桩；集团整合保安、人力、档案管理、酒店等优势资源，服务产业聚合发展，做大做强。

配套项目建设 2021年，集团以11亿元成功竞得黄岩区新兴产业基地模具产业园矿地综合开发利用项目普通建筑石料(凝灰岩)矿的采矿权。

【城投集团融资】 2021年，全年完成融资110亿元。发行5亿PPN产品(定向债务融资工具)，创发行时全国历史以来区县级主体同期限、同评级定向债务融资工具发行利率新低，是黄岩区债券利率首次跌破至4.0%以下。

【先进名录】

2021年黄岩区受表彰的浙江省先进集体一览表

表135

获奖单位	获奖称号	授奖单位
台州市黄岩城市建设投资集团有限公司	全省“五水共治”工作先进集体	浙江省治水办

2021年黄岩区受表彰的台州市先进集体一览表

表136

获奖单位	获奖称号	授奖单位
台州市黄岩城市建设投资集团有限公司	2021年度弘扬新时代台州城市精神营商环境建设先进集体	中共台州市委、台州市人民政府
台州市黄岩城市建设投资集团有限公司	2021年度平安台州建设先进集体	中共台州市委、台州市人民政府

2021年黄岩区受表彰的台州市先进个人一览表

表137

获奖人	获奖称号	授奖单位
陈亚晓	2021年度弘扬新时代台州城市精神迈向工业4.0标杆城市建设先进个人	中共台州市委、台州市人民政府
陈　剑	2021年度弘扬新时代台州城市精神精神文明建设工作先进个人	中共台州市委、台州市人民政府

(黄岩城投集团　叶书航)

行政执法监督

【概况】 2021年，黄岩区综合行政执法局开展执法质量数量“双提升”行动，立案查处一般程序案件3050件，无败诉或复议被纠错案件。推行非现场执法、执法建议书制度，运用数字化设备助力执法监管，优化执法方式。牵头“大综合一体化”行政执法改革专班运行，成立区综合行政指导办公室，组建北洋、宁溪综合行政执法队，强化部门间协作配合，构建“大综合一体化”行政执法新格局。

【垃圾分类】 2021年，全域推进生活垃圾分类“撤桶并点、定时定点”工作，完成15个省高标示范小区和1个省高标示范片区建设，城镇范围生活垃圾分类覆盖面、资源化利用率、无害化处理率100%。配备分类收运车85辆，开辟分类清运专线24条，建设后端智慧监管平台、全循环智能分类处置中心，在各个镇街设立有害垃圾暂存(归集)场所。开展垃圾分类除害日活动，推行易腐垃圾破袋投放积分制，策划拉风直播学堂、吾悦商圈直播宣讲等活动，承办浙江省垃圾分类管理达人(技能)挑战赛台州城市赛。

【渣土消纳】 2021年，结合土地综合整治项目，区内挖潜消纳量约400万立方米；打通跨区域消纳渠道，区外消纳约80万立方米；利用新兴技术处置渣土利用约40万立方米。严抓严管擅自处置建筑垃圾等违法行为，办理案件300余件，处罚金额约110万元。

【“和合街区”创建】 2021年，融入和合文化内涵，挖掘街区特色，创建孔园寻踪、花径迎薰、七十二巷、榕树下4个试点“和合街区”，创造整洁有序、宜居宜业、平安和谐稳定的城市环境。

【物业管理】 2021年，推动党建工作进小区，创建“红色物业”小区10个、“双强”物业服务企业3家，小区党组织领导的多方议事协商服务机制覆盖率83%。配强小区治理力量，为24个小区选派小区协理员负责小区事务指导工作、配备执法队员以支部委员的形式协助治理，维护广大业主合法权益。

【城镇燃气安全专项整治】 2021年，开展城镇燃气安全专项整治，在全区范围内开展居民用户及工商业用户入户安检，排查燃气用户11万家，对问题逐一登记造册，跟踪整改落实；依托专家技术优势，对燃气场站安全情况提供专业意见，纠正查处安全隐患和违法行为。拆除企业、小区违建2385平方米，开展小区高层建筑消防通道执法检查70余个次，保障消防通道畅通。

【市政养护】 2021年，修复路面、人行道约12万平方米，疏通排水管线282公里，整治城区积水点68处，提升更换窨井194个，完成28座桥梁的定期检测评估，维修加固10座桥梁及其防护设施，完成10公里城市道路的脱空检测。

【园林绿化】 2021年，累计绿地除草、修剪约200万平方米，更换、种植草花60万余株，增植彩色树种5000株，提质改造公园绿地1公顷，建设立体绿化3处，创建优质综合公园1

个、园林城镇1个，园林式单位(居住区)6个。加强九峰公园管理，完成九峰沙堤烟雨内湖驳岸全线修复，打造九峰路口节点景观，定期游乐设施安全检查，接待游客数量250.3万人次。

【环卫保洁】 2021年，城区垃圾日产日清，道路清扫机械化覆盖率80%。完成生活垃圾处置从卫生填埋到焚烧发电的转变，生活垃圾日均处理量1304.8吨，无害化处置率100%。防范填埋场运维风险，清空填埋场调节池渗滤液及底泥，确保库区渗滤液液位安全。推动浦西区块环卫工人宿舍建设，用地面积2469平方米。

【智慧城管平台建设】 2021年，基本完成智慧城管平台建设，建设城市违章智能分析系统、动态立体执法系统、社区信息发布系统、城管综合管理平台4大模块，实现门前三包、城市六乱等54类城市事部件的自动识别和智能分析。运用物联网感知技术，在7个小区试点建设高空抛物自动识别系统，在8个积水点建设预警系统，实现对应急突发事件的智能监测。利用街面管控系统现场处置信息32683条，处置率98.11%；采集信息4426条，中队街面管控使用率100%。

【先进名录】

2021年黄岩区受表彰的浙江省先进个人一览表

表138

获奖人	获奖称号	授奖单位
汪旭东	浙江省城市市容环境卫生工作成绩突出个人	浙江省住房和城乡建设厅

2021年黄岩区受表彰的台州市先进集体一览表

表139

获奖单位	获奖称号	授奖单位
黄岩区综合行政执法局	台州市全国文明城市“两连创”工作集体嘉奖	台州市人民政府

2021年黄岩区受表彰的台州市先进个人一览表

表140

获奖人	获奖称号	授奖单位
李洪刚	台州市全国文明城市“两连创”工作个人三等功	台州市人民政府
尤再进	台州市全国文明城市“两连创”工作个人嘉奖	台州市人民政府
林国星	十佳城市美容师	台州市综合行政执法局

（区综合行政执法局　喻　璐）

生态环境保护·气象

环境保护

【概况】 2021年，黄岩区地表水功能区达标率100%，同比上升9.1个百分点；跨行政区域河流交接断面水功能区达标率75%，同比上升8.3个百分点；空气优良率98.8%，同比上升3.1个百分点；$PM_{2.5}$均值20微克/立方米，同比上年下降9.1%，先后获得台州市省域开放型高能级中心城市建设先进集体、美丽台州建设先进集体等称号。

【环境治理】

治水 完成长潭水库一级保护区18.3公里隔离防护设施完善工程；启动长潭水库缓冲带生态修复工程（EPC）；开展新增4个千吨万人及乡镇级饮用水水源地保护区的划定工作。完成35个饮用水水源地农村生活污水终端排放口及38个乡镇级工业园区排放口整治任务。完成32家重点行业企业氮磷排放整治和5家电镀行业涉一类污染物废水规范化整治。完成宁溪污水处理厂三期扩建3000吨工程建设，推进江口污水处理厂三期扩建4万吨建设。完成1个省级工业园区、8个乡镇工业园区“污水零直排”建设。

治气 超额完成碳排放管理目标，“十三五”期间黄岩区累计完成单位GDP二氧化碳排放降低29.47%，超额完成目标值20%。加强VOCs综合治理，开展12家低VOCs源头替代和3家高效设施改造及密闭化整治，推进江口医化园区4家医化企业开展LDAR工作及数字化管理。实施移动污染源专项管控，全年淘汰259辆老旧柴油货车，完成路检250辆、入户检测60辆。完成非道机械上牌500辆、抽测600辆，非道机械新能源替代15辆。建设加油站监控设施4套，完成34家加油站检测全覆盖，完成国五重型柴油货车OBD安装550余台。

治土 完成13家土壤污染重点监管单位土壤环境监测；完成用途变更地块土壤污染调查17个。建成江口区域“区域环境+园区周边+企业内部”地下水（土壤）环境监测体系。

治废 加快“无废城市”创建，开展六大行动，完成各项年度任务。建成黄岩区生活垃圾焚烧发电工程并投运；建成浙江蓝景科技有限公司和台州市黄岩青禾固体废物处理有限公司作为区小微企业危险废物收集、贮存和转运单位。全年，全区一般工业固体废物综合利用率99%，工业固体废物安全处理率100%。

【环保督察】 2021年，加快第二轮中央生态环境保护督察发现问题整改：完成39件交办信访件；10个反馈问题完成整改8个，按时序推进2个；其中，中兴砂场问题整改被作为典型案例上报省、市。抓好第二轮省级生态环境保护督察：完成督察组明察暗访实地督察迎检工作；推动二轮省督信访交办件13件办理，完成7件，6件正在推进中。建立环保督察问题整改长效机制：开展系列环保督察问题整改“回头看”专项行动，对278个问题排查，同步举一反三，严防问题反弹、同类问题复发。

【环境执法】 2021年，加强环境监管和执法能力建设。建立健全生态环境问题发现机制，建立有奖举报制度；建设完成网格化管理平台，实行移动执法手段开展日常执法检查，双随机抽查等。建立江口医化园区恶臭在线监测系统。加强执法队伍建设，全年完成黄岩区生态环境综合行政执法队改革，下设1个综合科5个中队，配备执法制服及执法装备。加强科技设备支撑，利用无人机、大气走航车等高科技设备协助执法。年内，责令改正违法行为决定数188件，行政处罚立案114件，行政处罚决定书89件，罚款金额1775.9829万元，治安移送公安机关案件18起，行政拘留5人，刑事拘留2人，查封扣押34件，停产案件8件，限产9件，五类案件69件。

【环保改革】 2021年，深化生态文明改革，全年完成生态保护和环境治理目标投资1.7179亿；“院桥镇全域土地综合整治试点”列入省部级试点；环境损害调查与行政执法检查“一案双查”列入市厅级试点。扩大“区域环评+环境标准”改革红利，办理“区域环评+环境标准”改革备案80件，环评审批66件。开展排污许可登记核发“回头看”，新核发排污许可证49件。开展全区生物多样性调查，完成夏、秋季调查以及红外线摄像调查。完成省级生态文明建设示范自查，启动国家级生态文明示范区和“两山”理论创新实践基地创建。推动水质指纹监测溯源管理场景省级试点落地；打造数字环保“大脑”——智慧环保平台，完成平台整体框架搭建。

【环保宣传】 2021年，以协作联动为依托，打造公众参与直通车，年内开展各类环保主题宣传活动70余场；组织线上线下“环保设施向公众开放”活动31场次，参与群众1800余人次，线上参观53万人次。全年新创建市级绿色学校1个、市级生态文明教育基地1个、市级绿色家庭10户。另外，黄岩区环保协会推送的“双线联动共推环保设施向公众开放”项目成功入选生态环境部环保设施向公众开放十大优秀参与案例，为全省唯一。

【队伍建设】 2021年，完成机构改革调整，将原有8个科室、7个下属事业单位调整为4个科室和3个下属事业单位。开展党史学习教育，先后组织专题党课、集体研学活动等10余次。落实风险点防控，修订、新建廉政“三张清单”，制定分局、科室、个人廉政风险点及防范措施。开展作风建设专项整治行动，全年开展正风肃纪检查12次，开展常规性工作提示性约谈110人次。

开展“三服务”活动，完善“专家顾问团+科技培训”的技术帮扶机制，全年开展“企业环保咨询日”活动4次，现场服务企业92家次，解决问题27个。

【先进名录】

2021年黄岩区受表彰的浙江省先进个人一览表

表141

获奖人	获奖称号	授奖单位
汪永国	浙江省打赢蓝天保卫战成绩突出个人	浙江省人民政府办公厅
赵　帅	2021年度浙江省信访岗位练兵比武个人二等奖	浙江省生态环境厅

2021年黄岩区受表彰的台州市先进集体一览表

表142

获奖单位	获奖称号	授奖单位
台州市生态环境局黄岩分局	美丽台州建设突出贡献集体（台州市污染防治工作成绩突出贡献集体）	中共台州市委、台州市人民政府
台州市生态环境局黄岩分局	省域开放型高能级中心城市建设先进集体	中共台州市委、台州市人民政府

2021年黄岩区受表彰的台州市先进个人一览表

表143

获奖人	获奖称号	授奖单位
黄继根	美丽台州建设突出贡献个人（台州市污染防治工作成绩突出贡献个人）	中共台州市委、台州市人民政府
葛　勇	美丽台州建设突出贡献个人（台州市污染防治工作成绩突出贡献个人）	中共台州市委、台州市人民政府

（黄岩生态环境分局　朱雪萍）

气　象

【概况】　2021年，黄岩区东、西部代表站年平均气温均较常年偏高，降水量均较常年偏多，日照时数较常年偏少。年均气温创新高，破近10年历史纪录；夏季持续163天，为历年最长；梅汛降水居全市首位，新前小时雨强113.6毫米，破历史纪录；8月遇罕见“倒黄梅”天气，其间面雨量超历史同期95%。总的来说，年内影响公众生产生活的气象灾害事件较多，气候年景总体偏差。

【主要气象要素概述】　2021年，全区平均气温东部19.5℃，西部18.4℃，均比常年偏高0.7℃。其中东、西部7月、8月、11月平均气温均较常年偏低，其余月份均较常年偏高。1月份最冷，平均气温东部7.9℃，西部7.0℃；7月份最热，平均气温东部29.0℃，西部27.8℃。全年东部站年极端最高气温38.0℃，西部站年极端最高气温38.9℃，均出现在7月8日，根据自动站资料，全区年极端最高屿头41.2℃，上垟、茅畲40.4℃，头陀40.2 ℃（除茅畲出现在9月2日，其余均出现在7月8日）。全年东部站年极端最低气温-4.2℃，西部站年极端最低气温-6.9℃，均出现在1月9日，根据自动站资料显示：年极端最低上郑乡大寺基-13.8℃，原东亚山庄-12.7℃，头陀-9.7℃（除头陀出现在1月9日，其余均出现在1月8日）。降水：年度总降水量东部2359.5毫米，比常年偏多35.9%（623.5毫米），西部2848.5毫米，较常年偏多39.1%（800.2毫米）。东部除1月、9月、12月较常年偏少外，其余月份均较常年偏多；西部除1月、12月较常年偏少外，其余月份均较常年偏多，其中东、西部1月份均较常年偏少70%以上。东部5月降水量最多，393.8毫米，较常年偏多142.6%（231.5毫米）；西部8月降水量最多，532.8毫米，较常年偏多26.2%（110.5毫米）。日照：年总日照时数1538.1小时，较常年偏少8.4%（141小时）。其中1月、2月、4月、9月、11月、12月较常年偏多，其余月份均较常年偏少。

【气候、天气事件】 2021年初，黄岩区寒潮接踵而至，极端低温跌破极值：年初两波寒潮分别为2020年12月29日—2021年1月3日和2021年1月6—9日。两次寒潮过程具有间隔时间短、低温冰冻和大风持续时间长等特点。区内大部分自动站极端低温刷新建站以来历史纪录，区内多地出现严重冰冻，给农林业生产，尤其是枇杷、杨梅、柑橘和高山茶园带来不利影响。年均气温创新高，多月温度刷新纪录：黄岩年平均气温19.5℃，较常年偏高0.7℃，再创历史新高。其中2月、3月和9月平均气温分别较常年偏高4.2℃、1.8℃和2.1℃，均破近十年历史纪录，亦出现史上最热国庆节。年初，气象旱情严重，居民用水紧张，森林火险等级居高不下，黄岩区气象局高度重视，迅速行动，联合市局人影作业分队，野外蹲守十余个小时，开展增雨作业，其间发射火箭弹4轮次14枚，燃烧烟条2根。2月10日8时至11日8时，黄岩普降暴雨，降水量63.6毫米，居全市第一，长潭库区61.5毫米，永宁江流域65.5毫米，增雨成效明显，对生态改善、森林防火、水库增蓄起到积极作用。罕见“倒黄梅”来袭，区内频现内涝点：8月10—17日，受副热带高压位置异常摆动影响，黄岩区遭遇“倒黄梅”天气，8天面雨量187.2毫米，超历史同期雨量95%。局地性强。降雨时段主要集中在下午到夜里，其中14—20时强降雨尤为集中，每天午后到夜里短时暴雨多；持续时间长。连续8天强降雨，其中8月10—12日、8月14日，出现局地80毫米以上的致灾暴雨4天；强降雨区域多重叠。西部强降雨多发地为上郑乡、屿头乡、富山乡；东部则为高桥街道和南城街道。旱涝急转无缝衔接，汛期降水显著偏多：2020年秋季以来，暖湿气流不活跃，黄岩区持续干旱少雨。2020年10月—2021年2月9日城区平均雨量仅66.4毫米，较常年同期偏少80%，刷新有纪录以来历史同期最少雨量纪录。空气干燥、土壤墒情持续走低，区内出现不同程度旱情，大部分地区达中到重旱，局部特旱，全区进入抗旱应急响应。3、4月有所降水但不足以缓解前期旱情,5月以来"旱涝急转",区内多个自动站5月降水量超常年130%以上,汛期累计降水2112.2毫米,比常年同期偏多41.9%。"烟花"超长待机,"灿都"走位复杂:第6号台风"烟花"于7月18日2时在西北太平洋洋面生成,于25日12时30分前后在浙江舟山普陀区登陆,并于26日9时50分前后在浙江省平湖市沿海二次登陆。"烟花"移速慢,个头大,风雨影响时间长。7月21日20时至27日8时,全区集雨量185.8毫米,长潭库区219.9毫米,永宁江流域146.1毫米。屿头白石雨量超300毫米,三分之一区域雨量超过200毫米,全区普遍出现9级以上大风。第14号台风"灿都"于9月7日08时在关岛以西的西北太平洋洋面上生成,13日在台州同纬度近海北上至长江口,14、15日在舟山外海缓慢回旋,16日开始快速向东北方向移动,其路径复杂,进入舟山群岛外海海域以后,台风缓慢回旋,稳定少动。9月11日12时至14日8时,集雨量133.2毫米,长潭库区121.5毫米,永宁江流域145.1毫米,其中院桥雨量近300毫米,且小时雨92.0毫米,为全区最大。"圆规"远距离发力,秋台势力不可小觑:第18号台风"圆规"于10月8日下午在菲律宾以东洋面生成,10日23时后稳定西行。"圆规"远在1000公里以外的南海,但体形巨大,云系覆盖范围广,水汽充沛,其外围环流和弱冷空气共同作用下全区上空维持稳定的偏东气流。10月12日8时至14日8时,区内出现明显降水,降水分布南多北少,全区面雨量134.8毫米,长潭库区149.9毫米,永宁江流域119.6毫米。其中,平田黄毛山和富山雨量超200毫米。梅汛降水居首位,小时雨强破纪录:6月10日进入梅汛降雨集中期,7月5日出梅,梅雨期25天,较常年略短,梅雨期面雨量329.6毫米,较常年偏多16%,居全市第一,其间有强降雨3轮,短时暴雨频发,并具有局地性和极端性特征,其中6月11日新前小时雨强113.6毫米,破历史纪录。四季反常,桂花迟开:1月28日进入气象学意义上的春季,比常年提前29天,为有气象记录以来开春最早年份;5月7日入夏,比常年提前14天,为入夏第三早年份;10月17日入秋,为入秋第四晚年份;12月25日入冬,比常年偏晚12天。入春早,入冬晚,尤其夏季持续163天,为历年最长,导致黄城桂花盛开期推迟。再逢拉尼娜,岁末寒潮多:继2020年赤道太平洋发生拉尼娜事件,2021年10月再次进入拉尼娜状态,有利于中高纬度冷空气南下,11月上旬开始既有寒潮来袭。11—12月寒潮天气3次和强冷空气过程2次。其中11月7—9日平均气温下降9℃~12℃;11月21—23日平均气温下降8℃~10℃;12月24—27日平均气温下降11℃~14℃,高山大寺基降至零下7.8℃(全区最低),出现严重冰冻,并出现弱降雪,28日白天大部分平原地区也出现冰粒天气。

【气候影响】 2021年,农业:跨年强寒潮和1月前期强冷空气接连影响,低温、大风等对农业影响严重,黄岩区农作物受灾比较严重:西蓝花除成熟采摘大多处于现蕾至花球发育阶段,两次冷空气过程后遭受不同程度的冻害;低温导致枇杷花和幼果不同程度受冻,对后期产量影响较大;低温与干旱的共同作用下，柑橘叶片卷曲枯萎部分落叶，影响树势，红美人、葡萄柚等受冻较重，未采摘的红美人、砂糖橘等果实受冻，损失较大；单层大棚膜的草莓花受冻发黑，部分番茄、甜瓜受冻；大白菜、芥菜、蒿菜等露地蔬菜受冻较严重。2月温度回升，天气转暖，在人工增雨措施辅助下前期干旱有所缓解，气象条件有利于作物生长，柑橘修剪病弱枝，恢复生长；早茶陆续开采，早茶的芽头鲜嫩肥壮，品质不低于往年。春季全区整体气温偏高，降水过程多，整体气象条件尚可：3月3、23日部分地区出现3～5℃的低温，山区部分茶叶有轻微霜冻；4月中旬、5月中、下旬出现连续阴雨天气，柑橘、草莓、小麦、油菜、杨梅等均有轻微影响。夏季先后受梅雨、“烟花”台风、强对流天气影响：7月下旬大部分早稻因尚未成熟，无法在“烟花”台风影响前提前抢收，出现大面积倒伏，倒伏后的早稻因后期无持续晴好的天气，倒伏水稻抢收困难，出现稻穗发芽现象，受台风影响，部分果树倾倒和落果；夏季雨量、雨日偏多，水稻、蔬菜病虫害现象较多，柑橘出现少量裂果。秋季整体气温偏高，雨日降水偏多，受到两次台风影响和两次寒潮影响，整体上对秋季农作物收获影响不大。全区2021年种植晚稻生育期内整体生长发育正常，“灿都”台风对单季稻影响不大，10月上中旬连续阴雨天气同时气温异常偏高，出现倒伏和稻穗穗上发芽情况，11月多晴天，晚稻收晒工作正常开展完成。柑橘方面，本地早2021年小果较多，糖度略低但可食率较高；因预报提醒及时和农民防护到位，季内“灿都”台风、寒潮对柑橘整体影响不大；另外，2021年全区温州蜜柑、露地红美人等品种黑点病严重发生，外观不佳一定程度上影响销售。总体而言，2021年初冻害、“烟花”台风、春秋季节阴雨等影响，气候条件对农业生产弊大于利。水利：2020年秋季起的干旱情况持续发展，1月雨量偏少，江河、水库水位持续下降。区应急局加强区内所有蓄水工程的统一调度工作，在抗旱应急响应解除前，停止除保障供水外的一切用水。特别是针对西部五乡一镇的缺水情况，统筹调配宁溪水厂上游的英山水库、外金水库蓄水供水，并通过送水车、消防车送水，保障群众生活用水。年内，运送生活用水超百次，解决饮水紧张问题4500余人次。开展防范与灾后自救工作，区各项相关部门投入资金182.8万元用于购买开沟机、水泵、排水管等各类抗旱机具877套。邀请专家上门服务，累计指导各种养殖主体338户次，发动农户自行抗旱1719人次。2月在市区联动人工增雨措施干预下，雨水增多，江河、水库水位下降趋势减缓，干旱情况有一定程度的缓和。春季降雨水逐渐增多，干旱情况逐渐解除，其中5月旱涝急转，江河、水库水位迅速升高，17—24日的连阴雨天气影响下，黄岩区部分水库超汛限。夏季降雨量总体偏多，6月梅雨降水集中期，江河、水库水位有所增长；7月上中旬降水较少，为预防“烟花”降水影响，部分水库预泄，江河、水库水位有所下降。秋季整体降水略偏多，且各月降水分布较平均，区内大、中型水库蓄水总量稳步上升。交通：2021年于交通而言不利天气条件较少，但年初寒潮、“烟花”台风、暴雨次生灾害等影响，仍不同程度影响交通出行。其中

“倒黄梅”造成区内多地城乡积涝、交通受阻。旅游:4月3—5日清明假期期间,以多云天气为主,适宜旅游,黄岩区各大景区游客数量较大,较上年同期都有较大增长,接待游客量11.77万人次。5月1—5日的“五一”假期期间,先晴后雨,气温宜人适宜旅游,区内重点景区接待游客有较大幅度增长。夏季高温日数偏少,整体体感较舒适。端午节期间,虽有降水影响,人们出游热情十分高涨。中秋节三天假期:迎来假日出游小高峰,乡村游、短线游、亲子游、自驾游较受欢迎。十一国庆黄金周:天气先晴后雨,气温温暖,游客出游热情高涨,区内各大景点流量持续攀升。[注:文中除日照资料来自台州气象站外(常年数据1991—2020年30年平均),其余资料分别来自东部代表站黄岩局站及西部代表站宁溪站,文中所用常年数据为2011—2020年10年平均]

【气象服务】 2021年,做好各项气象服务保障工作。年内立足黄岩城乡发展实际,推进全域一体化气象安全保障能力建设,提升气象服务城乡均等化水平。落实浙江省气象监测预报预警能力提升工程黄岩任务,推进X波段双偏振相控阵雷达建设,加密气象灾害易发区自动气象站点布局,提升西部山区、敏感村落灾害性天气的监测预警能力。以“监测精密、预报精准、服务精细”为总要求,以数字化改革为牵引,推进浙江省小流域山洪安全数字化试点和极端天气灾害短临预警分析应用试点建设,提升气象安全“数字智控”能力。融入政府应急管理体系,做优“趋势滚动告知提醒应急准备、实况实时播报指导决策判断、叫应精准到人督促举措落实”的全周期气象服务。围绕“柑橘产业振兴”,深化新时代美丽乡村气象服务工作,联合浙江省柑橘研究所常态开展柑橘生产标准化气象服务,健全柑橘、枇杷等作物气象指数保险保障。依托市区联动,推进长潭库区流域数字化协同作业区和泥河岭省级人工影响天气作业基地建设,高标准建设省级作业基地和烟炉阵列,成功举办全市人工影响天气作业演练。完成北洋应急气象科普体验馆建设,争取台州市科普基础设施示范项目,拓展以气象台站、气象科普场馆为主体,以农村文化礼堂气象科普点、校园气象站为补充的气象宣传科普体系,提升社会公众气象灾害防御意识和应对能力。

【先进名录】

2021年黄岩区受表彰的浙江省先进集体一览表

表144

获奖单位	获奖称号	授奖单位
台州市黄岩区气象局	2021年度浙江省气象业务服务工作先进集体	浙江省气象局

2021年黄岩区受表彰的台州市先进集体一览表

表145

获奖单位	获奖称号	授奖单位
黄岩区气象局	全市气象部门综合考评优秀单位	台州市气象局

2021年黄岩区受表彰的台州市先进个人一览表

表146

获奖人	获奖称号	授奖单位
周　瑜	台州市气象业务服务工作先进个人	台州市气象局

（区气象局　章蓝文　陈丽红）

交通运输·邮政通信

交通运输

【概况】 2021年，黄岩区公路客运运输101.8万人，同比减少21.09%；旅客周转量11920万人公里，同比减少12.19%；货物运输量4578万吨，同比增长23.76%；货物周转量679299万吨公里，同比增长29.48%。全年完成综合交通投资总计9.57亿元，建设公路里程约64.09公里。

【交通道路工程建设】 2021年，黄岩区交通道路工程建设有104国道头陀至院桥段公路工程，于2月9日建成通车、82省道复线马鞍山至后洋段公路工程于7月1日建成通车、在建工程有：余姚至温岭公路北城至温岭泽国段公路工程、山头姜至百丈公路工程、 黄岩区院桥至岙里坑公路栅溪至繁一段整治工程。

104国道头陀至院桥段公路工程 主线起自董家岙隧道临海与黄岩交界处，经北洋、茅畲、沙埠，终点为黄岩与温岭交界处唐岭隧道，路线长约30.5公里，同步建设澄江支线约5.7公里和十里铺支线约7.8公里，项目合计里程约44公里，采用一级公路技术标准设计，设计速度 80公里/小时，其中特大桥2座、大桥6座、隧道4条，全线设公路管理用房1处。工程投资42.2亿元，全年完成投资41709万元，2月9日建成通车。

82省道复线马鞍山至后洋段公路工程 主线起点位于北城马鞍山村，与在建82省道复线（椒江大桥至马鞍山段）相接，三跨永宁江，终点为104国道西复线，主线长约3.02公里，同步建设支线，支线起点位于主线与规划嘉木路交叉口处，支线长约1.6公里。路线合计全长约4.6公里。采用一级公路技术标准，结合城市道路功能设计。主线采用双向六车道标准，设计速度80公里/小时，路基宽50米；支线采用双向四车道标准，设计速度50公里/小时，路基宽35.5米。项目概算投资8.76亿元，7月1日建成通车。

余姚至温岭公路北城至温岭泽国段公路工程 起点位于北城街道下庄村附近（黄岩与临海交界处），终点位于温岭泽国镇东村，与建成的104国道温岭泽国段复线相接。主线全长23.31公里，其中新建路段长10.17公里（黄岩段长5.67公里，路桥段长4.50公里），利用路段长13.13公里（白石关隧道及接线长1.6公里，桐屿至泽国段长11.53公里）。全线设大桥

3座、中小桥14座。本工程采用一级公路技术标准，兼顾城市道路功能，设计速度80公里/小时。项目批复概算20.05亿元。全年完成投资43886万元，完成总体92.6%，路基98.8%，桥梁99%，路面80%；综合38.4%，路基58%，桥梁10%，隧道40%。

山头姜至百丈公路工程 起于山头姜村与82省道相接处，终点至里恩与现状老路相接，全线长约4.2公里，路基宽度6.5米，全线设置桥梁2座 。按三级公路技术标准设计，设计速度30公里/小时，沥青混凝土路面。项目总投资5484.5万元，计划工期30个月。全年完成投资1094万元，完成路基100%，桥涵100%。

黄岩区院桥至岙里坑公路栅溪至繁一段整治工程 起于沙埠镇前村岭隧道出口、院沙路凤凰山窑址北侧处，终点位于沙埠镇沙川路与凤凰路交叉口处，全长约1.36公里。按城市次干路双向四车道标准设计，设计速度40公里/小时。项目总投资5209万元，全年完成投资1931万元。

【公路养护】 2021年，出动养护人员21913人次，保洁16411公里，疏通排水517公里，清理桥梁伸缩缝4940米，清洗护栏243公里，清理事故现场54次，修补坑洞2410平方米，水泥路面灌缝30817米，沥青路面灌缝7976米，水泥破碎板修复564平方米，桥头接线619平方米，局部路段罩面40253平方米，安装修补防撞护栏4350米，护栏立柱362根，支(托)架452件套，大中小包角441只，里程碑和百米桩油漆25公里。对辖区内公路绿化开展修剪、整枝、除草、治虫、清理杂草等工作，修剪绿化2095公里，行道树刷白10公里。

【国省道大中修】 2021年，完成国道104京岚线k1771+605~k1773+930段施工；完成S325椒黄线k8+300~k16+360段施工；投入4138万元完成改造农村公路总里程69.148公里，其中县道21.963公里、乡道12.524公里、村道34.661公里；完成农村公路桥梁维修加固工程(1座桥)；投资120万完成S325椒黄线延伸线胡村岭及柔极岭隧道维修加固工程。完成普通国省道13处安全设施隐患点治理工作，完成农村公路临水路段安防设施的查漏补缺。完成普通国省道一级公路43.1公里的平面交叉评估工作，完成农村公路桥梁560座桥梁的排查，建立危旧桥梁动态清单，道路安全畅达。

【客货运车疫情防控】 2021年，公路运输疫情防控严格按客(货)运场站和交通运输工具新冠肺炎疫情分区分级防控指南对企业进行督促；参与全区《大规模人群核酸检测应急演练》；完成冷链营运车辆卫星定位安装及数据上传。

【客货运车安全质量】 2021年，建设公交站亭10个；新增微公交线路5条、改造线路2条；新增电子站牌40个；完成客运站务数据互联和电子客票。“两车一线”清理工作：完成淘汰卧铺营运客车3辆的任务目标；完成淘汰57座以上营运客车11辆的任务目标；清理800公里以上客运班线11条。危货运输整治，完成全区危货道路运输企业总量减少1家目标，淘汰国三以下营运货车246辆，建成危化品运输车辆停车场一个。

【汽车维修】 2021年，完成5家汽车尾气治理维修站规划布局任务，一类维修企业钣喷污染整治任务全部完成。自2021年8月接手起，检查企业276家，签订危废合同47家。

【驾驶员培训】 2021年，黄岩区有小型汽车教练车522辆，摩托车教练车53辆。12所驾校招收学员11848人，培训学员11800人，模拟培训9308人，在职教练员560人，受理投诉案件75起，处理75起，满意度100%，行业检查 938人次。5月至10月开展驾培整治工作，在监管平台上对教学日志进行抽查，上传日志139906条，人工抽查日志31861条，抽查比例22.8%。

【春运】 2021年，全区春运期间，全区道路运输行业投入客车94辆，完成客运量1.38万人次，同比下降34.05%；城市公交415车辆，运量138.07万人次；投入9艘散货船17万载重吨，完成货物运输45余万吨。

【港航管理】 2021年，全区有海运企业4家，沿海普通货船4艘，119818载重吨，最大单船运力48846载重吨。全年完成沿海货运量434万吨，货物周转量402502万吨公里，大部分的货物为煤炭、矿建材料和水泥。港口企业有5家，全年吞吐量2561203吨。水上交通安全稳定无事故。台州港黄岩港区芦村2000吨级公用码头扩建工程进入前期申报阶段，投资总额2500万元。

【工程项目监督】 2021年，监督全区在建(拟建)公路工程项目 12个(停工完工项目7个)，协助市站监督的国省道公路项目1个，累计开展日常检查30次，2次综合大检查，下发检查意见书46份，完成交(竣)工质量备案项目7个，工程项目监督覆盖率100%，在建工程质量处受控状态，安全生产形势稳定。

【交通执法】

超限运输治理 加大违法运输打击力度，加强源头治超、科技治超，多部门协同配合，开展治超专项行动、市际间联合治超行动等一系列行动，新增马椒线双向6车道，完善区干线公路和重要路段的非现执法点布局。全年检测车辆751辆，其中确定超限运输违法车辆675辆，其中交通处罚366辆，罚款808905元；移交交警处罚车辆309辆，罚款209694元，记分1786分。卸载吨位9641.62吨。全区普通公路超限率保持在4%以下。

非法运营治理 开展打击非法营运行为“打黑联合战”行动、危险货物道路运输整治“春雷行动”，结合“庆祝建党百年”开展交通运输遏止事故“铁拳整治”执法行动，整治期间出动执法人员1600余人次，查处违法案件164起。

交通运输行业监管措施 推动“互联网+交通执法”建设，开展日常巡查、专项检查、双随机检查等应用工作。将“双随机、一公开”作为交通运输领域市场监管的基本手段和方式，开展执法检查次数162次，其中开展“双随机”抽查总数16项110次，即时检查52次，抽查事项覆盖率100%，掌上执法率100%，到期任务完成率100%，应用信用规则率100%，认领的交通运输领域内省监管行政检查事项373项全部完成覆盖，完成率100%。检出问题户次17次，检出问题率15.45%。组织开展行政执法案卷质量评查，提升案卷制作质量。推行行政执法三项制度，即行政执法公示制度、全过程记录制度、重大执法决定法制审核制度。

公路边路域环境整治 多次联合乡镇人民政府、街道办事处、环境综合整治办等，对辖区内的公路乱搭乱建、乱堆乱放、违法标志等行为开展整治，全年清理各类堆积物580立方米，拆除各类违法构筑物132平方米，非公路标志597块，整治流动摊点156处。

交通执法规范化建设 开展交通运输执法领域突出问题专项整治，开展执法隐患排查，执法规范和基层基础建设，先后2次深入开展问题查摆工作，制定问题清单、责任清单和整改清单，明确整改时限，制定整改落实措施，取得阶段性成效，排查出廉政风险点210个，制定防范措施207条，建立个人廉政风险个性化清单。并以科室（中队）为单位，形成科室（中队）廉政风险个性化清单，包括36个廉政风险点和36条防范措施；形成8张问题清单，41个问题，制定43条整改措施。

新冠肺炎疫情防控 针对疫情的反复发生，紧急部署行业疫情防控和交通执法领域相关管控工作；组织执法人员对主城区客货运站场、出租车运输企业、公交出租车辆及网约车等做到全覆盖专项检查。并深入相关重点路段、场所检查出租车、网约车消毒、扫码乘车、口罩佩戴等情况等措施；选派1名执法人员参加区防疫工作专班，24小时轮班制参加防疫工作。

（区交通运输局 马益茜）

邮政业

【概况】 2021年，邮政黄岩区分公司辖青年路、院桥、新前、澄江、头陀、北洋、宁溪7个邮政支局，江口、沙埠、高桥、茅畲、平田、上垟、屿头、上郑、富山9个邮政所。

【邮政业务收入】 2021年，全区实现邮政业务总收入1565.46万元，同比增长24.21%。

【邮政业务普遍服务】 2021年，开展普遍服务质量提升行动，落实《邮政普遍服务“十三五”规划》和“提升普遍服务三年行动计划”，完成“三升三降、六个100%”目标。

党报党刊发行 完成2022年度全区党报党刊的发行。黄岩区级党政机关《人民日报》《浙江日报》等党报党刊当日见报率100%。

邮件寄递服务 完成浙江省委巡视高职高专第十一组设立的专用邮政信箱邮件的寄递服务保障工作。开展缺报少刊整治活动，细化提升报刊投递服务质量。

普遍服务网点转型 推进普遍服务网点转型。全区完成7个网点的转型工作。以“叠加+代办+代理”模式为导向，有效叠加邮快合作、烟草零售、3C体验等项目。完成全区11个纯邮务网点微整治工作，并通过验收。提升警医邮网点效能，让群众真正享受家门口车管所的便捷服务。

机要通信服务 实现全区机要件零失密丢损，机要通信质量和服务质量达标，绝密件处理规格合格率100%，无用户有理由申告。推进绿色邮政建设。配置包装废弃物回收装置，出售绿色包装箱使用窄胶带，投放可循环包装箱，使用特快一联单。

【新冠肺炎疫情邮政服务】 2021年，做好疫情防控期间的邮政服务工作，确保服务不中断。打赢疫情防控阻击战，未发生从业人员感染新冠肺炎病例。

【邮政农产品进城】 2021年，打通农产品进城渠道，助力乡村振兴。黄岩邮政农品馆产品入选“台州特色伴手礼”。接续做好黄岩蜜橘产业振兴之路的服务工作。通过邮政农产品运营中心的线上线下渠道，依托邮政“极速鲜”和大同城寄递平台，销售黄岩本地早、红美人等蜜橘超2.5万公斤。优化公共服务享富，推进三级物流体系建设。依托现有服务网点资源，在茅畲乡、宁溪镇设立农村电商服务转运中心和61个村级服务站。

【农村电商业务】 2021年，打造“三个生态圈”，构建农村电商乡村振兴之路。惠农生态圈项目，以发展壮大新型农业经营主体为目标，聚焦农民合作社、家庭农场、农业产业链上下游客户，通过板块协同开展贷款业务、公司业务、代理金融、寄递和电商五项业务合作，帮助解决农民合作社、家庭农场等“融资难、销售难、物流难”一揽子问题。支局同心圆生态圈，以支局为圆心，推进“6+X”协同业务叠加和场景构建，助力金融、寄递协同精准客户的业务需求。工业品下乡生态圈。通过自营大单品和区域代理项目，量质并重，构建“全网+区域”的大单品体系，以综合化服务满足农村市场多元化需求，向着乡村振兴综合服务商迈进。

【金融、寄递业务】 2021年，以配合协同发展和做好属地支撑为重点。发动职工全力支持、参与金融业务发展。协助金融网点做好安全防范管控工作。负责辖区内寄递车辆、安全生产管理，以及邮件揽投质量、服务等支撑工作。

【邮政基础业务】 2021年，报刊业务“焕生机”。报刊发行“嫁接”政务图书、数媒发行，推动线上线下融合发展，全年累计发行党史学习教育政务图书3.59万册。集邮业务以项目助推。通过“嫁接”项目和系列活动，突出其文化内涵，完成黄岩朵云书院个性化邮票的制作。

【邮政寄递业务经营改革创新】 2021年，完成寄递业务经营管理扁平化工作。推进信息化应用能力的提升，配置进口邮件自动分拣设备，使用应用分拣四段码信息化分拣模式，提升内部处理效率。寻求异业合作加快推进邮件自提共配点建设，确保寄递末端的降本增效。

【邮政安全管控】 2021年，企业安全生产注重防患未然。开展安全生产专项整治三年行动、平安邮政创建，全年未发生较大安全生产事故和重大公共安全事件。完成全国“两会”等重要节点期间的邮政服务和寄递渠道安全服务保障工作，执行三项制度和“五个100%”要求，保障邮政寄递渠道安全畅通。筑牢安全防线，组织车辆驾驶员进行行车安全和车辆保养知识学习；开展逃生、灭火消防演练，提高消防安全意识和灭火实战应对处理能力。组织党员和骨干职工参加西苑社区平安大巡防活动。

【“暖心关爱”工程】 2021年，丰富职工文化活动，关爱职工身心健康。组织职工分批参加全省降压特训活动，参加全市“六一”亲子彩绘活动，第七届职工乒乓球比赛、职工小家厨艺大赛等活动，开展暖心家访关注职工生活。完善职工医疗互助保障工作。全区189名职工（含退休）参加省邮政工会医疗互助保障会，为1位职工申请到重病互助保障补贴款。

（邮政黄岩区分公司　童慧燕）

电信通信

【概况】　2021年，中国电信股份有限公司台州分公司黄岩分局（简称中国电信黄岩分局）设5个部室（综合管理部、市场部、云网运营部、政企部、数字服务中心）和10个支局（城区支局、东城支局、院桥支局、南城支局、江口支局、澄江支局、新前支局、北洋支局、宁溪支局、高桥支局）。年末，移动电话出账用户16.2万户（其中5G用户9.46万户），固定电话用户6.5万户，宽带接入用户10.86万户，ITV（中国电信互动电视）用户5.58万户。

【网络建设】　2021年，加快5G建设，全区具备5G能力基站458个，实现所有街道、各乡镇所在地及工业园区的连片覆盖。并为新前优立等行业龙头企业率先部署企业5G定制网，助力智慧工地，智能车间，为传统制造向智能制造转型打下基础。打造云网融合优势，加快新一代千兆光网建设，推进云基础设施建设。年内，全区在2015年实现区域光网全覆盖基础上，加快10G XGPON光网升级改造，加厚城区覆盖小区5500户，加大农村延伸城乡接合部区域7600户，满足广大用户对千兆光网的需求。通过创新组网方式，引入云网POP，加速网络云化，实现设备解耦，打造新一代云网运营系统，统一纳管、协同编排、能力开放，突出云网安全的差异化能力。

【地方信息化建设】　2021年，紧扣云转数改、网信安全国家级战略目标，先后完成黄岩区雪亮工程二期项目、黄岩区政务外网安全防护等为数字化改革项目提供重要安全保障；为黄岩区政务外网系统、视联动力总平台系统提供安全和等级保护服务，支撑黄岩大数据中心、北洋镇政府等三家成功通过等保测评。并且成功签约黄岩应急基础能力提升工程项目、5G定制网战略合作协议、5G+数治镇街战略合作协议等信息化重点项目。

【农村信息化建设数字乡村签约】　2021年，助推数字乡村签约完成39个，开通23个村级数字乡村服务平台，以分局和村两委合作方式，本着“人民邮电为人民”的初心，在全区10个支局19个街道、乡镇开展组织式活动助推农村信息化建设184场次，全县有15家电信营业厅为广大农村老百姓提供服务，2021年，为老百姓建设15247条品质宽带、天翼看家4679个、家庭全屋Wi-Fi上网6302个。并且与各街道、乡镇合作开展“幸福小讲堂”活动18场次，覆盖382人次，为老年人提供智能机操作等适老服务和防止通信诈骗的宣传。

【助力新冠肺炎疫情防控】　2021年，组建疫情防控通信保障应急突击队。电信智云护航服务团队进驻黄岩疫情防控指挥中心（应急局）、大数据局等重保单位24小时待命服务，确保快速响应、落实区委区政府的疫情防控指挥要求，承接新建集中观察点和居家隔离观察点的网络和监控部署。年内，为全区95家居家隔离观察点加急部署网络和监控。已建的集中观察点开展网络检修，确保无线网络通畅、宽带电视稳定，为隔离人员提供更加周到体贴的网络服务。

（黄岩电信　沈亦骞）

移动通信

【概况】 2021年，中国移动通信集团浙江有限公司黄岩分公司（简称中国移动黄岩分公司）设市场经营部、政企客户部、网络部、综合部4个部门和8个分局（城区分局、西城分局、南城分局、新前分局、院桥分局、江口分局、北洋分局、宁溪分局）。员工总数147人，中共党员64人，本科及以上学历120人。2021年，主营业务收入6亿元，移动通话用户58 万户（其中5G用户20万户），宽带接入用户16.8万户。

【网络基础建设】 2021年，加快5G建设，推进5G覆盖和容量立体网络建设、新投入700M及5G+LTE新质资源，重点推进“城区优、乡镇齐、干线强”建设目标；年底，全区具备5G能力基站739个，4/5G无线精品网络能力居全市前列。加快千兆基础网络建设，建设黄岩“双千兆城市”目标，年内全量完成万兆上联扩容，建成具备接入千兆用户14万户的能力，全区行政村100%实现光纤到户能力。

【地方信息化建设】 2021年，围绕数字化改革重大需求、多跨场景，以服务区信息化建设为己任，承建一大批信息化项目。聚焦智慧办公、公检法、环保、教育、卫生医疗等领域，跟进黄岩交警视频监控、智慧路灯、公安雪亮工程二期等项目；承担未来社区项目、数字社会微门户、黄岩小微园区总平台等重大项目；融合云计算、大数据、物联网等信息技术，提升“网+云+DICT”整体能力，促进数智社会运营稳定发展。

【企业党建】 2021年，党总支以习近平新时代中国特色社会主义思想为主导，学习贯彻总书记“七一”重要讲话精神和党的十九届历次全会精神，围绕党建三年规划“党建工作融合发展年”主题，以“红旗”品牌建设为抓手，开展党史学习教育，落实“我为群众办实事”实践活动；推进“两和”升级、“四个服务”项目等党业融合载体做深、做细、做出成效，与消防、环保等单位共建的党建联盟活动，村企党建共创活动收获群众好评。

【履行社会责任】 2021年，黄岩分公司始终坚守初心和使命、立足自身定位，将履行社会责任融入公司发展战略和生产经营管理之中，谋求企业与社会共同发展。参与社会服务，推进“学雷锋”志愿服务，开展“中华慈善日”活动，倡导各级领导干部、共产党员、共青团员带头奉献爱心，捐款济困；配合区委、区政府开展各项公益主题宣传，开展“讲文明树新风”“反通信诈骗”“垃圾分类三进”等宣传教育80余场。拓展移动服务社会内涵。密切与区委组织部、黄岩区总工会、科协等单位协作，创设14家移动营业厅“爱心移站”服务点，创设10家“黄小哥驿站”服务点，开展“银龄助老智慧课堂”等主题活动23场次，覆盖2000人次。保障政府专线、公共服务项目运行。快速响应区委、区政府疫情防控指令，落实“小汤山”模式医院的网络应急建设需求，提供无线、有线最优网络方案；精心组织网络维护力量，保障区疫情防控通信重要专线、远程医疗、远程教育等骨干信息化项目，确保全网稳定安全可用。

（黄岩移动　林华）

教育·文化·体育·传媒

教　育

【概况】　2021年，黄岩区有各级各类学校182所，其中职业高中2所、初中15所、小学35所、九年一贯制学校16所、幼儿园110所、特殊教育学校1所，另有电视大学黄岩学院、教师进修学校和素质教育学校。在校学生89832人，其中，职高5160人、初中19997人、小学43113人、幼儿园21562人。全区专任教师5864人。学前三年入园率99.23%，九年义务教育入学率、巩固率、完成率100%，十五年教育普及率99.62%，高中段毛入学率99.66%。

【学校建设】　2021年，完成院桥初中、西江小学、西城中学、北洋小学、王林小学改扩建工程和头陀中学迁建工程，新增义务教育学位2620个；新建澄江、南城、新前、高桥、宁溪5所中心幼儿园，新增公办幼儿园学位1440个，公办园覆盖面37.8%；推进东浦中学、伊顿幼儿园等13个在建工程建设，开展区职教中心建设等5个项目前期报批。创建省现代化学校5所。

【五育并举】　2021年，推进德育一校一品牌、教学一校一风格、文体一校一特色“三一工程”建设。开展“垦荒精神立心·争做新时代好少年”主题教育活动。推进劳动实践教育，区素质教育学校被评为省中小学劳动实践基地。推进文体艺术工作，东城中心小学作为全省义务教育学校唯一代表，在浙江省语言文字工作会议上作典型发言；在省、市中小学生艺术节中获44个奖项，在市级篮球、足球赛事中获4个奖杯。

【义务教育】　2021年，深化教育教学改革，举办第八届区中小学幼儿园精品课程评选，承办全省基础教育课程改革联席会议。完善城乡教育合作发展机制，中小学校参与教共体建设，融合型、共建型教共体比例52.5%。开展初中学校提升培优行动，对南城中学、灵石初中等6所初中开展“一校一策”重点扶持建设，推动城乡初中学校齐头并进。完善民办教育奖惩和退出机制，推动“互联网+义务教育”向民办学校延伸，完成首批民办学校录播教室建设。

【职业教育】　2021年，出台《黄岩区现代职业教育高质量发展先行区建设方案》。加强校企合作，推进协同育人项目和混合制专业试点建设，与省内外5家企业深度合作，携手打造产业学院。按照“高水平”专业建设要求和计划，推进职业教育高水平专业建设。开展学生技能培养，组织中职学校参加各级各类职业技能比赛，获国家级荣誉5项、省级荣誉14项、市级荣誉43项。

【老幼教育】 2021年，启动省学前教育普及普惠区创建前期工作，推动学前教育扩容提质，学前教育补短提升工程成为黄岩区唯一入选省政府激励项目。创建省一级园1所、二级园6所，优质园覆盖面61.2%，优质园增速连续五年位居全市前列。开展成人教育，举办1285场家庭教育进农村文化礼堂活动，完成职业培训12280人次，其中“两后生”（中学毕业，高中毕业，没有升入高一级学校的学生）培训433人，家政服务从业人员培训2100人，老年教育学分银行成果数（省老年教育管理平台，要求把老年教育培训的情况，如姓名、身份证号、学习时长、学习内容等录入省平台学分银行形成的成果）28%，覆盖率20%。

【教育改革】 2021年，推进教育领域数字化改革工作，“方山下社区未来教育重点场景建设”入选省数字社会未来教育重点场景先行建设单位，“黄岩区学生公共交通安全监管应用”纳入省多跨场景“一本账”S1重大应用。巩固义务教育招生改革成果，落实“公民同招”“免试就近入学”要求，开设“黄岩入学通”平台，规范招生程序、简化报名流程。完善随迁子女积分制入学制度，停止民办随迁子女学校招收初中新生，允许在民办随迁子女学校就读的学生转学至公办学校。

【教育“双减”工作】 2021年，完善校内作业管理细则，建立作业公示制度和审核监管制度，校内作业总量和时长得到有效压减。推行小学低段游考制度，学校期中期末考试实行等级评价。全覆盖落实课后托管服务。停止审批新的学科类校外培训机构，对全区48所营利性学科类培训机构实行分类管理，压减率100%。梳理学科类培训机构办学行为负面清单，建立健全“黑白名单”、预收费资金监管等机制，组织全区16家学科类培训机构入驻“培省心”（市校外培训机构管理平台）。

【教育队伍建设】 2021年，特优教育人才培养行动，建立三级梯队后备人才库，选拔后备人才71人，分层次开展“永宁杏坛名师”“永宁杏坛骨干”“永宁杏坛青年”培养。开展柔性引才，全年柔性引进区外人才44人，其中省级特级教师23人。做好名优教师评选推荐工作，入选“浙派名师名校长培养工程”1人，新增市名师3人、市名班主任2人、省教坛新秀2人、市教坛新秀4人，评选区名校长6人、区名师36人、学科带头人28人、教坛新秀82人。新增高级职称74人，其中正高级教师1人。

【先进名录】

2021年黄岩区受表彰的全国先进集体一览表

表147

获奖单位	获奖称号	授奖单位
黄岩区教育局	全国教育系统关心下一代工作先进集体	教育部关心下一代工作委员会

2021年黄岩区受表彰的浙江省先进集体一览表

表148

获奖单位	获奖称号	授奖单位
黄岩区教育局	2021年度浙江省教育工作业绩考核优胜奖	浙江省教育厅

2021年黄岩区受表彰的台州市先进个人一览表

表149

获奖人	获奖称号	授奖单位
陈超凡	2021年台州市优秀教师	台州市教育局
黄春杰	2021年台州市优秀教师	台州市教育局
童　莹	2021年台州市优秀教师	台州市教育局
蔡卫兵	2021年台州市优秀教师	台州市教育局
车希红	2021年台州市优秀教师	台州市教育局
符俊宇	2021年台州市优秀教育工作者	台州市教育局
梁歆野	2021年台州市优秀教育工作者	台州市教育局

（区教育局　虞银满）

文旅体育

【概况】 2021年，黄岩区文化和广电旅游体育局（简称黄岩区文广旅体局）是主管全区文化、文物、广播电视、旅游、体育工作的区政府工作部门。全区纳入文化旅游体育市场管理的经营服务单位约100余家，主要包括歌舞娱乐场所，上网营业场所、营业性演出团体、旅行社、A级景区、星级酒店、体育场所等。

【建党百年主题活动】 2021年，开展“献礼建党100周年”系列主题宣传活动，举办“奋斗百年路 启航新征程——黄岩区庆祝中国共产党成立100周年文艺演出暨原创诗歌朗诵会”；举办“永宁墨韵——永宁杯三张金名片主题国画创作作品展”“党史读百年 诵读话永宁”图书馆之夜诗歌会，承办“守好红色根脉·书写青春忠诚——全省文旅系统青年宣讲团走进黄岩”活动，组织拍摄区文广旅体系统“唱支山歌给党听”主题快闪活动。

【公共文化服务】 2021年，实施文化基因解码工程，“官河古道”被省文旅厅列入2021年度文化基因解码工程及文化标识建设培育项目，“小橘灯”阅读联盟列入台州市公共文化服务创新项目，区图书馆被省文旅厅评为“满意图书馆”，图书馆服务入驻浙里办；指导新前街道入选“浙江省民间文化艺术之乡”，宁溪镇白鹭湾村被评为浙江省乡村美育计划——美育村；实施文化惠民工程，面向外来员工开展“留在黄岩过大年、文旅服务暖心田”活动，推出“我在黄岩过大年·云游橘乡”系列主题推文；开展文化下乡活动，送演出下乡95场、送书下乡13899册、送讲座进文化礼堂12场；推出系列线上艺术慕课教学、“云上永宁”风尚黄岩文体微课和文体超市、乡村艺苑等公益培训；做好“种文化”工作，指导各乡镇街道综合文化站组建“三团三社”，丰富乡村文化活力，为共同富裕提供精神动力和智力支持。

【文体设施建设】 2021年，黄岩区图书馆新馆建设基本完成，文化馆新馆内装工程施工；推进民生实事项目建设，建成院桥奥特莱斯和区总工会等2个和合书吧，完成10个小型休闲便民公园、8个百姓健身房、5个多功能运动场和1个笼式足球场建设。

【文化遗产保护】 2021年，黄岩区“官河古道”南宋特色文化重塑项目列入浙江省传承发展浙江优秀传统文化行动计划项目库，抓好沙埠窑保护棚、徐昌积宅维修施工进度，完成凤凰山考古发掘工作；召开沙埠窑考古遗址公园规划评审会，启动沙埠窑考古遗址公园文物本体影响评估工作；开展第八批省级文保单位的推荐申报工作，完成新一轮区级文保单位推选工作；申报第六批省级非遗代表性传承人，成功申报第八批市级非遗项目5项，做好第三批省非遗旅游商品申报工作，黄岩非遗馆提升改造设计方案通过专家评审；举办黄岩区2021年“文化和自然遗产日”非遗宣传展示活动暨澄江中学翻黄竹雕火烙画师生作品展活动，组织非遗项目到路桥、温岭、椒江开展走亲活动，完成曲艺“三进”60场。

【旅游景区乡村文旅建设】 2021年，以创建浙江省全域旅游示范区为目标，开展景区城、景区镇、景区村庄创建。黄岩区创建成AAA级景区城，建成北洋镇等5个景区镇、潮济村等22个景区村，黄岩博物馆建成国家AAAA级景区；实施景区“微改造、精提升”行动，黄岩博物馆、黄岩非遗馆、黄岩沙埠窑考古遗址公园被列入省级单项试点，桐树坑红色景区、宁溪镇景区镇、半山民宿列入市级单项试点，黄岩图书馆创建AAA级景区通过验收；与浙江青艺服务公司合作开展文旅营销宣传，完成旅游达人《浙里好玩黄岩48小时》专题采风活动，编印黄岩旅游宣传画册，指导区内旅行社出台职工疗休养市区连点成线旅游线路，完成与椒江、路桥联合在宁波举办旅游营销推广活动筹备工作；推进文旅项目投资，完成投资额28.4亿元，投资完成率112%；配合同济大学编制完成《黄岩区西部乡村文旅发展规划和实施指引》，加快黄岩乡村旅游发展，打造西部乡村旅游集聚带，推进共同富裕。

【文旅消费】 2021年，举办2021年中国旅游日黄岩旅游消费月启动仪式暨“诗画浙江·百县千碗”——“中华橘宴”发布活动，推出旅游优惠月、节庆活动月、消费购物月等系列惠民措施，培育激发旅游消费热点；指导开展澄江橘花文化旅游节、东魁杨梅母树开摘节、宁溪旅游音乐节、平田乡红色文化旅游节、北洋田园系列活动、屿头宋韵游园会等乡村旅游节庆活动，醉江南等2家酒店被评为“诗画浙江·百县千碗”省级美食体验店，黄岩国际大酒店等3家酒店被评为“百县千碗·鲜在台州”美食体验店；

【旅游宣传推广】 2021年，推进全媒体复合传播，开设“黄岩文旅”官方抖音号和官方微信视频号，强化新媒体精准推广；参加上海产业博览会、第十七届海峡旅游博览会、2021年中国东盟博览会旅游展和2021中国国际旅游交易会，开展旅游宣传推广工作。

举办新龙县旅游、特色产品、招商项目黄岩推介会，推动东西部协作和对口支援；修订出台《黄岩区旅行社地接业务补助办法》，拓展长三角客源市场，深化与新民晚报战略合作，做好上海万人游以及上海旅游直通车。

【旅游行业品质提升】 2021年，旅游推进行业品质提升工作，黄岩模塑基地、宁溪糟烧酒业有限公司被省文旅厅评为“2021年度省级工业旅游示范基地”，中国柑橘博览园成功创建浙江省AA级采摘体验基地，第二批文旅IP（黄岩蜜橘）列入省文旅厅创建级IP项目，黄岩耀达酒店成功创建省级金桂级品质饭店，永宁国际旅行社创成四星级旅行社，吾悦溪里、花果山、佳妮等3家民宿被评为省银宿级民宿。全区接待国内游客人数311.44万人，实现国内旅游收入36.88亿元。

【数字化改革】 2021年，探索区图书馆“阅无止境·精神共富——‘小橘灯’阅读联盟”建设，场景应用与区“共富大脑”进行对接，为全区数字赋能共同富裕提供文化内容，入选市发改委未来社区认领项目，并完成省级未来社区试点——方山下社区点位进驻；贯彻省、市、区数字化改革会议精神，“黄岩区‘安全网’防盗窃盗掘模块”列入省级首批“文物安全”应用场景建设试点“揭榜挂帅”项目，“旅游大脑+智慧旅游”落地未来社区列入省级首批试点单位，旅游行业信用体系建设列入市级试点单位。数字社会微门户手机端在浙政钉上线。

【全民健身】 2021年，营造全民健身活动的浓厚氛围，举办2021年迎新春黄岩区网络围棋大赛、网络军棋大赛和网络桥牌大赛、2021黄岩欢乐健康跑、黄岩区农村文化礼堂运动会等活动，推广群众喜闻乐见的健身运动，指导行业协会举行第一届“红豆杉杯”气排球邀请赛、喜迎建党100周年系列活动2021年“永宁老班长”杯门球友谊赛、“洲锽杯”桥牌双人邀请赛、2021端午台州市黄岩区少儿围棋定段定级赛、“庆建党百年，展银龄风采”大型老年体育展示活动等各类群众体育活动，建立基层体育委员工作机制，提升群众身边的体育场地设施建设水平。

【竞技体育】 2021年，黄岩区在第十四届全运会获得金牌两枚、银牌四枚；全国田径冠军赛暨奥运会选拔赛获金牌1枚；全国田径锦标赛暨全运会资格赛获铜牌1枚；全国U16组U14组柔道锦标赛获铜牌3枚；各类省比赛获金牌18枚、银牌26枚、铜牌29枚。

【文旅市场安全管理】 2021年，组织开展护航建党100周年文化和旅游市场百日攻坚等行动，落实安全生产主体责任，在重大节假日前夕开展文体场馆、文保单位、景区、旅行社等安全生产专项检查，多渠道开展隐患排查，在重要节假日期间安全平稳有序。加强文化市场巡查，出动执法人员1494人次，检查场所653家次，行政处罚案件8件，没收非法书籍500余册，没收非法卫星接收器78个。做好疫情防控工作，严格落实文体场馆、景区限流、预约、错峰出行等措施，坚持疫情防控常态化管理。

【文物安全】 2021年，落实文物安全直接责任人公告公示制度和分级分色挂牌；《黄岩区“安全网”防盗窃盗掘模块》列入省级首批“文物安全”应用场景建设试点“揭榜挂帅”项目。

【先进名录】

2021年黄岩区受表彰的台州市先进集体一览表

表150

获奖单位	获奖称号	授奖单位
黄岩区文化和广电旅游体育局	台州市“双循环”节点城市建设先进集体	台州市委、市政府
	健康台州工作突出贡献集体	
	台州市竞技体育贡献奖	台州市体育事业发展中心
	2021年度县(市、区)体育工作考核优胜单位	

2021年黄岩区受表彰的台州市先进个人一览表

表151

获奖人	获奖称号	授奖单位
林则敏	2021年度台州市体育工作先进个人	台州市体育事业发展中心
王林林	2021年度台州市体育工作先进个人	台州市体育事业发展中心

（区文化和广电旅游体育局　何宁）

新闻传媒

【概况】 黄岩区传媒集团正式成立于2017年11月24日，由黄岩区广播电视台、黄岩区新闻信息中心归并组建，保留黄岩区广播电视台牌子，为区政府直属公益二类(差额拨款)事业单位，内设15个科室，下设19个乡镇街道广电站以及黄岩广电网络有限公司、黄岩广播电视服务公司、黄岩传媒文化发展有限公司等3个公司。

【媒体平台】 2021年，开办报型出版物1份《今日黄岩》，广播频率1个(FM95.7)，电视频道2个(H台、橘子台)，网站1个(黄岩新闻网)、新闻客户端1个(“橘传媒”App)，微信公众号2个(掌上黄岩、黄岩发布)。

【建党百年主题宣传】 2021年，聚焦党史教育、经济发展、疫情防控等重大主题，组织采访活动，刊播主题报道、重点报道2000多条。建党百年，营造良好氛围，集团策划推出“奋斗百年路 启航新征程”“党史学习教育'三为'专题实践"和"学习宣传贯彻党的十九届六中全会精神"等专栏，开展《建党百年看百村变化》《七一特别策划》系列报道，刊播党史学习教育相关新闻超2500条。

【时事热点宣传策划】 2021年，注重加强宣传策划，提升报道亮点，从春节期间的《新春走基层》《留在浙里过年》等系列报道，到国庆期间的《DAKA黄岩》共富主题系列短视频，展现独具黄岩特色的烟火气和人情味，赢得社会各界广泛好评。另外，集团针对"庆祝党代会胜利开幕""六大战略"以及时事热点话题等，撰写发表系列评论文章，正面引导社会舆论，发出黄岩主流媒体声音。

【对外宣传】 2021年，外宣工作延续历年良好发展态势，电视、广播、新媒体等外宣走在全市前列。电视方面，全年在央视各频道播出新闻11条，在浙江卫视新闻栏目播出新闻147条，其中《全省新闻联播》前五单条3条，荣获浙江省广电新闻协作电视二等奖，保持全市前列水平。广播方面，在《中国之声》录用4条，其中单条一条；在省级媒体用稿366条，在"浙江之声"全省用稿排名第九，获得浙江省广电新闻协作广播一等奖；在台州台用稿120条。新媒体外宣虽然刚刚起步，但上升迅猛。"学习强国"省级平台用稿量400多条，全国平台9条，排名全市第三；中国蓝新闻App用稿量在全省94家县区台中处于中上游水平；美丽浙江、魅力台州、浙江新闻客户端等新媒体平台发稿用稿量位列省内同级媒体前列。集团发挥浙报融媒体工作站、省广电集团蓝媒联盟的纽带作用，加强与省级平台的对接力度，合作推出《寻找山水精灵》直播、"最美公主抱""梦创园光影视频"等短视频和直播类报道，提升黄岩的知名度和美誉度。

【媒体融合】 2021年，重视深化融媒建设，坚持"移动优先"战略，推进传统媒体与新媒体资源共享、优势互补、联动发展。6月，根据新形势下的内容生产、传播需求，集团对橘传媒App进行二次开发。经改造升级后，2.0版本深度对接浙江日报报业集团的天目云系统，优化页面布局，拓展政务服务、商城功能等"新闻+"模块。年末，2.0版本用户数10.5万户。集团聚焦新媒体发展前沿趋势，组建专职短视频生产团队，增强短视频宣传力度和创作频率，短视频数量、质量、点击量获得全方位突破，影响力提升。据统计，全年发布短视频327个，较2020年增长近一倍。其中"十万+"作品97个，较2020年增长一倍多；"百万+"作品16个，较2020年增长近两倍。黄岩发布抖音号粉丝量突破8万人，较2020年底增长50%以上。在全省融合指数排名中，黄岩发布抖音指数排名位居台州九个县市区首位。

【广电事业】 2021年，实施"运行网格化，装维营一体化，考核精细化"工作路径，有线电视用户的流失率在全市乃至全省都处于较低水平，宽带业务、4K业务发展处于全市中上水平。广告业务方面，集团主动搜寻创收增长点，实现电视、报纸广告收入241万元。文化经营方面，集团完成摄制黄岩铁军、防疫演练等专题宣传片87部，制播栏目115期，承接演出9场次，承办各类活动25场次。

【传媒集团新型产业】 2021年，牵头推进12个专项债项目招投标等工作，完成2700多万元“雪亮工程”结项验收，承接完成智慧安防小区项目18个，智慧安防单位项目签约企业73家，全年对外签订工程合同37个，工程费总额约2200万元。另外，集团还抽调精锐力量组建“数字化专班”，对接数字化业务方面涌现的新需求，承接区政府交托的“瓜农天下”宣传推广工作，主动跟进交警、文旅、城投小微企业、江口街道等单位的智能化项目。

【安全播出】 2021年是建党百年，黄岩区传媒集团严格执行安全播出各项管理制度，做好广播电视播出系统日常巡查和维护工作，对集团大楼消防、安保等方面进行常态化、突击式的安全检查，查找问题、督促整改，守好安全防线。聚焦意识形态安全和网络安全，加强安全播出的软硬件建设，强化组织领导，健全完善应急预案、应急处置办法和各项管理制度，全年开展安全播出应急演练4次，开展多部门联合演练1次。聚焦日常管理环节，集团强化安全警示教育，安装升级“一键报警系统”、夜间通道门禁系统等硬件设施，对大楼安全检查、乡镇广电站车辆停放等方面组织检查3次。

【先进名录】

2021年黄岩区受表彰的全国先进个人一览表

表152

获奖人	获奖称号	授奖单位
王雪梅	三亚杯全国文学大赛金奖	中国散文网
王雪梅	“聆壹阁”杯西部作家奖散文奖二等奖	西部作家

2021年黄岩区受表彰的浙江省先进集体一览表

表153

获奖单位	获奖称号	授奖单位
黄岩区传媒集团	2021年度全省广播电视新闻融合传播协作电视二等奖	浙江广播电视集团
黄岩区传媒集团	2021年度全省广播电视新闻融合传播协作广播一等奖	浙江广播电视集团
黄岩区传媒集团	2021年度全省广播电视新闻融合传播协作新媒体三等奖	浙江广播电视集团
黄岩区传媒集团	2021年度“浙报集团融媒共享联盟·合作奖”	浙江日报报业集团
黄岩区传媒集团	2021年度“共享联盟·最佳视频报道奖”	浙江日报报业集团
黄岩区委报道组	2021年度“浙报集团先进报道组”	浙江日报报业集团

2021年黄岩区受表彰的浙江省先进个人一览表

表154

获奖人	获奖称号	授奖单位
林海洋	2021年度全省广播电视新闻融合传播协作广播协作先进个人	浙江广播电视集团
杨　奎	2021年全省广播电视职业技能竞赛装维技能一等奖	浙江省广播电视局
杨　奎	浙江金蓝领	浙江省总工会

2021年黄岩区受表彰的台州市先进集体一览表

表155

获奖单位	获奖称号	授奖单位
黄岩区传媒集团	2020年度台州市广播电视新闻协作广播一等奖	台州广播电影电视集团(总台)
黄岩区传媒集团	2020年度台州市广播电视新闻协作电视三等奖	台州广播电影电视集团(总台)

2021年黄岩区受表彰的台州市先进个人一览表

表156

获奖人	获奖称号	授奖单位
王雪梅	台州市新闻界庆祝建党百年书画摄影作品评选优秀奖	台州市新闻工作者协会
王雪梅	台州市学术论文二等奖	台州市广播电视学会
邱　礼	2021年度台州市主干网技术维护先进个人	台州数字电视有限公司
符敏华	2021年度台州市主干网工程维护先进个人	台州数字电视有限公司
罗　跃	2021年度台州市主干网工程维护先进个人	台州数字电视有限公司
王卫峰	2020年台州市退役军人工作成绩突出贡献个人称号	中共台州市委台州市人民政府

（区传媒集团　汪益）

医疗卫生

综　述

2021年底，黄岩区有各级各类卫生健康单位339家，包括市级综合性医院1家(三级乙等)，中医医院1家(二级甲等)，精神病专科医院1家(二级乙等)，妇幼保健院1家，卫生监督所、疾病预防控制中心各1家，社区卫生服务中心8家，乡镇卫生院11家，社区卫生服务站22家，村卫生室128家，驻监所卫生所1家，医务室15家，民营医疗机构148家(其中民营医院9家、医学检验所1家、门诊部34家、个体诊所104家)。全系统核定编制数(不含市一医)1649个，实有在岗在编1444人，编外人员843人，共2287人。全区医生护士数4119人，千人医护数5.82人；总床位数3302张，千人床位数4.67张；全区医生数2054人，千人医生数2.90人；总护士数2065人，千人护士数2.92人。全区高级职称213人(不含市一医)，其中正高50人、副高163人。全年门急诊581.12万人次，出院70540人次。全年累计报告甲乙丙类传染病3772例，其中甲类0例，乙类999例，丙类2773例(其中手足口病1484例，流行性感冒286例)，死亡2例(均为艾滋病)，甲乙类传染病报告发病率141.21/10万，丙类传染病发病率391.97/10万。2021年度全区未发生新冠肺炎本土病例。

新冠肺炎疫情防控

【概况】 2021年，黄岩区卫生健康局坚持人物同防、多病共防，落实“外防输入、内防反弹”策略，巩固疫情防控成果。摸排管控重点人员，对入境人员和中高风险地区人员，严格落实健康管控措施。严格进口冷链食品和高风险非冷链货物监管，实行“批批覆盖”核酸检测，累计监测冷链相关样品14031份；加强涉疫物品管理，有效处置冻虾、4S店外包装、山东奶枣、进口火龙果等涉疫物品事件。牵头区级隔离点的日常管理，对全区乡镇隔离点进行业务指导并派驻医务人员。

【新冠肺炎疫情网格化监管】 2021年，加强基层医疗卫生机构发热诊室设置和有效规范运行，发挥基层医疗机构疫情“前哨”作用，加强巡查监管，疫情防控工作落实落细。全区336家医疗机构划分为21个片区，组建以5名局分管领导为网格长，61名机关干部为一级网格员，336名各医疗机构联系人员为二级网格员的网格管理架构。三级网格管理体系对辖区内医疗机构开展一对一、分片包干，严密开展全链条监管。实施基层医疗机构“小门”和院感管控督查通报制度，对公立医院管控实行通报扣分制度；对违规民营医院、个体诊所实行停业整顿处理。

【医疗机构感染预防与控制】 2021年，加强医疗机构“哨点”建设，完成发热门诊、发热诊室规范化改造。所有医疗机构落实预检分诊制、首诊负责制，落实“两员两监督一巡查”等制度，严格消毒和环境消杀，加强医疗废弃物处理。多次组织开展医疗机构感染预防与控制工作交叉检查，督促及时整改到位。加强风险岗位人员的个人防护、日常健康监测和闭环管理工作；开展重点科室、重点部位环境核酸检测工作，防止院内新冠病毒感染。

【核酸检测能力建设】 2021年，完善细化大规模核酸检测方案，提升检测能力，全区具备新冠肺炎核酸检测资质的机构为台州市第一人民医院、区中医院、区疾控中心，建成院桥中心卫生院新冠病毒核酸检测PCR实验室。组建核酸检测机动队伍5支，共250名采样人员。开展大规模采样人员培训6次、实战演练7次，核酸检测系统操作培训5次。

【新冠肺炎疫苗接种】 2021年，全区设立4个方舱接种点和17个临时接种点，配备68支接种队伍，128个接种台，信息化及冷链设备升级换代，日接种能力1.8万剂次以上。全系统1020位医务工作者参与疫苗接种和医疗保障工作，全区累计完成新冠肺炎疫苗接种1552609剂次。

健康黄岩建设

【健康支持性环境】 2021年，无重大环境事件、重大食品药品农产品安全事件、重大公共卫生事件、重大安全事故、重大伤医案件发生，基本公共卫生、体育服务考核合格，新时代美丽城镇建设、“三改一拆”、美丽河湖等年度重点健康环境整治任务完成工作目标。全区居民健康素养水平33.29%，较2020年提高4.15个百分点。新建体育设施进公园1个、笼式足球场1个、村级全民健身广场1个、社区多功能运动场5个、百姓健身房9个和微型便民体育公园10个，初步形成覆盖城乡的公共体育服务网络体系。在区体育馆设立区国民体质监测站，在城区社区卫生服务中心设立体医融合服务功能站点，为居民开展体质健康测评和运动健身指导服务。运用文化礼堂载体，开展健康服务、健康讲座、中医药服务、健康礼包等健康素养活动，覆盖率100%。

【医疗基础设施建设】 2021年，谋划四批专项债项目，涉及医疗机构12家，争取资金20.11亿元，到位3.47亿元。其中，区医疗卫生中心、高桥街道社区卫生服务中心改扩建工程完成主体建设；区公卫中心康养工程完成桩基施工，开始地下室施工。公共卫生服务能力提升项目（永宁医院）完成建设方案评审。破难攻坚项目中，永宁医院（江口分院）完成前期政策处理、项建批复；区三医院选址南城街道方山脚下内环路以南104国道以北地块，上报控规调整。公共卫生提升工程（二）项目完成项建批复，其中西城街道社区卫生服务中心（红十字医院)上报控规调整。新增政府办村卫生室9家。

【医疗健康数字化改革】 2021年,黄岩区卫生健康局与台州市卫健委共同承担台州市医疗健康大数据管理应用建设项目。区级医疗机构普遍推出在线预约、医保扫码、智慧结算、药品配送等服务,实现全诊疗过程数字化、无感化。依托健康台州和浙里办App,实现健康服务掌上享、一键直达。

【医联体建设】 2021年,市一医、区中医院医联体继续选派业务能力强的骨干力量、硕博士团队下沉成员单位,市一医医联体开始实行执业医师在晋升中级职称前下基层服务4个月的机制;新增成立黄岩区中医院中医经典科、浙江医院心脏中心唐礼江名医工作室;与上海市第六人民医院超声科紧密合作,首批5名基层超声人员抵沪进修。12月,新增章再棣骨伤医院120急救站点并纳入台州市120急救网络。

【中医药事业发展】 2021年,区中医院先后成立中医经典科和"台州市针灸学会传统针灸传承基地";城区社区卫生服务中心的中医妇科、院桥中心卫生院的中医颈肩腰腿痛专科和中医内科被确定为台州市第二批基层中医药特色优势专科(专病)"一院一品"共建项目。申报浙江省中医药综合改革先行区创建工作项目,并按要求制订相关工作实施方案、重点任务清单和目标指标。

【无偿献血】 2021年,全区无偿献血6724人,11675人次,献血量233.5万毫升,临床用血量11590单位,无偿献血占临床用血比例100.73%。

【疾病预防控制与公共卫生】 2021年,建成区基本公共卫生工作培训基地,全区常住人口家庭医生签约率42.02%。推进慢性病综合防治工作,重点做好老年人、高血压、糖尿病、结核病等慢性病和严重精神障碍患者的健康管理服务。全区健康档案建档609638人,高血压患者规范管理率70.14%,糖尿病患者规范管理率70.03%。入学新生结核病筛查累计症状筛查13267人次,PPD/胸片检查11982人次。完成40岁以上低保低边等人群肺功能免费筛查2716人;50—74岁人群直肠癌筛查18465人次,肠镜检查912人;60岁以上老人免费接种流感疫苗75870剂次、肺炎疫苗37481剂次。全年新发现报告HIV/AIDS39例,新增死亡病例5例(其中2例为本年新发病例),新发现报告病例中艾滋病患者13例,发现报告病例数比2020年同期下降7.14%,艾滋病疫情连续五年呈现下降趋势。

【妇幼健康与家庭发展】 2021年,全区适龄妇女"两癌"免费筛查13285人。孕产妇系统管理率94.78%,3岁以下儿童系统管理率95.10%,高危孕产妇住院分娩率100%。0—3岁儿童发育筛查监测率75.60%,先心筛查率93.9%。监测点围产儿死亡率4.69‰,5岁以下儿童死亡率1.43‰,出生缺陷率8.2‰。新生儿疾病筛查率99.50%,户籍人口产前筛查率95.81%。完成计划生育四项手术12469例。婚前医学检查率92.59%。辖区内公共场所母婴设施46家,均为三星级以上,其中四星级3家、五星级1家。新增托育机构3家,新增托位256个。

全区全年计划生育奖扶对象7270人，其中新增924人；特扶对象860人，其中新增96人；发放计划生育奖扶金、特扶金1888.10万元。

【爱国卫生运动】 2021年，黄岩区国家卫生乡镇创建工作实现全覆盖，屿头乡、北洋镇、头陀镇和茅畲乡通过省级暗访。宁溪镇、院桥镇创建省级健康乡镇通过市级评估。城关中学、滨江小学等7所学校被命名为浙江省健康促进银牌学校，西江小学、头陀中心小学、宁溪中心小学被命名为浙江省健康促进金牌学校。年末全区省级健康促进银牌和金牌学校创建比例33.8%。省控烟暗访中黄岩区位列全省90个县区第22名、台州市第2名。继续采取环境治理和化学防制并重的方法，开展"除四害"活动。

【卫生监督执法】 2021年，全年组织非法行医窝点集中追踪检查4次，未查及非法行医迹象。开展打击非法医疗美容专项行动，完成医美举报投诉4起，查处医疗美容机构8家，立案20起。推行国家"双随机一公开"监管模式，对公共场所卫生、生活饮用水卫生、学校卫生、餐饮具集中消毒卫生、职业卫生、医疗机构卫生、放射卫生等进行监督管理。全年立案435起（一般程序269起，简易程序166起），作出行政处罚决定435起，罚没款总额224万元。

【医学专业人才招引】 2021年，全区扩大定向培养规模，鼓励本地户籍应届高中毕业生报考医学专业，2021年定向培养签约24人；2016年定向培养毕业5人，均到岗工作。面向社会公开招聘卫技人员38名，校园招聘5名。

【先进名录】

2021年黄岩区受表彰的全国先进集体一览表

表157

获奖单位	获奖称号	授奖单位
黄岩区卫生健康局	全国第六次卫生服务统计调查中表现突出单位	国家卫生健康委办公厅
黄岩区院桥中心卫生院	2020年"优质服务基层行"活动中表现突出、成效显著机构	国家卫生健康委办公厅 国家中医药局办公室

2021年黄岩区受表彰的浙江省先进集体一览表

表158

获奖单位	获奖称号	授奖单位
黄岩区	2020年度全省公立医院综合改革评价结果"优秀"县级单位	浙江省卫生健康委、浙江省财政厅、浙江省深化医药卫生体制改革联席会议办公室
黄岩区	2020年健康浙江建设考核优秀等次县级单位	省委、省政府健康浙江建设领导小组办公室

续表158

获奖单位	获奖称号	授奖单位
黄岩区卫生健康局	2018—2020年健康浙江建设先进集体	中共浙江省委 浙江省人民政府
黄岩区疾病预防控制中心	2020年度健康素养进农村文化礼堂活动优秀单位	浙江省疾病预防控制中心

2021年黄岩区受表彰的浙江省先进个人一览表

表159

获奖人	获奖称号	授奖单位
王永亮	全省敬老养老助老模范人物	浙江省老龄工作委员会

2021年黄岩区受表彰的台州市先进集体一览表

表160

获奖单位	获奖称号	授奖单位
黄岩区卫生健康局	2020年度美丽台州建设突出贡献集体——台州市无偿献血工作成绩突出贡献集体	中共台州市委 台州市人民政府
黄岩区卫生健康局	2021年度弘扬新时代台州城市精神——疫情防控工作先进集体	中共台州市委 台州市人民政府
黄岩区卫生健康局	健康台州工作突出贡献集体	中共台州市委 台州市人民政府

2021年黄岩区受表彰的台州市先进个人一览表

表161

获奖人	获奖称号	授奖单位
戴显法	2021年度弘扬新时代台州城市精神——疫情防控工作先进集体	中共台州市委 台州市人民政府
冯　翀	2021年度平安台州工作突出贡献个人	中共台州市委 台州市人民政府

（区卫生健康局　黄涨怡）

医疗保障

【概况】 2021年，黄岩区基本医疗参保人数62.41万人，参保率99.92%，其中城镇职工医保参保22.65万人，基金总收入约10.02亿元；城乡居民医保参保人数39.76万人，城乡居民医保人均筹资标准1500元（其中90元/人作为大病保险基金），统筹基金总收入约5.96亿元。

【大病保险】 2021年，全区基本医疗参保人员住院、门诊慢性病、门诊特殊病合规医疗费用统筹基金支付后累计个人负担部分及大病保险特殊用药费用超过2万元以上的部分，由大病保险基金承担75%,不设封顶线。困难群众起付线降低一半,支付比例提高到85%。年度区城乡居民医保大病报销人数2605人,报销金额3567.15万元;职工居民医保大病报销人数558人,报销金额848.74万元。

【医疗救助】 2021年,全区救助对象主要包括特困供养人员、最低生活保障家庭成员、最低生活保障边缘家庭成员、纳入低保和低边的因病致贫等对象和县级以上人民政府规定的其他特殊困难人员,年度区困难群众资助参保率和医疗救助政策落实率100%。全年区医疗救助资助参保对象9973名,医疗救助对象待遇享受11.77万人次,医疗救助金额1205.59万元,其中一站式结算11.74万人次,结算金额1149.49万元。困难群众医保总费用10467.01万元,其中现金费用1845.91万元,自付比例占医保总费用的17.64%。

【医保基金监管】 2021年,落实国家和省医保局维护基金安全各项工作部署,强化措施、尽锐出战,管好用好人民群众的"救命钱"。"日查+夜巡""两定"机构监管无死角。区定点药店114家、定点医疗机构73家,年度累计巡查两定机构300余家次,进行视频监控巡查200余家次;外伤核查7000余人次,异地核查323人次,专家审核100余件;组织2次大型夜间巡查行动。暂停医疗机构协议8家、零售药店协议1家;解除零售药店协议1家;告诫医疗机构15家,零售药店2家,追回医保违规基金33万余元。完成全区定点医药机构自查自纠工作,追回违规基金101.33万元。加强与第三方机构合作,借力形成合力。联合中国人保财险、太平洋财险成立"第三方监管服务中心",年度意外伤害受理6861件,实地稽核案件5534件,实地稽核率80.66%,拒赔687件,拒赔医疗总费用956.91万元。

【医保医师培训】 2021年,开展医保医师培训,从源头上把好基金使用关。11月初"黄岩医保医师"项目在浙里办平台和微信小程序同时上线,实现全区近1600名医保医师自助在线学习培训,建立医保医师队伍常态化学习管理机制,将对定点医药机构的监管延伸到医务工作人员的管理。

【医保支付方式改革】 2021年,按照"以收定支、收支平衡、略有结余"原则,实施总额预算管理下门诊按医联体打包支付和住院以DRGs结合点数法及慢性病实行床日为主的多元复合式支付方式改革。以"共商、共改、共管、共赢"的工作理念,实施"基层调研、业务培训、督查稽查"三大行动,确保改革平稳落地并取得阶段性成效。经过近两年的探索,医保基金的增长率严格控制在10%以内,其中城乡居民医保基金转亏为平,基本实现平稳可持续运行。

【医保经办】 2021年,行政服务中心医保窗口办理82213件,列全区各单位窗口办件量第1名。构建"网上一站办、大厅就近办、办事更便捷"的一网通办,实现"一网通办"事项20项乡镇可办、6项村社可办、6项园区可办,办理19505件,居全市首位。区19个乡镇街道便民服务中心均设医保窗口,试点39个村级便民服务中心,年度办理3.9万余件，建成4家企业服务中心，办理75件。与江苏、安徽、重庆、云南等8个地区签订跨省通办政务服务战略合作框架协议，设置跨省通办综合专窗，两地群众就近办理医保业务。

【医保市级统筹】 2021年，通过全市"制度政策统一、基金统收统支、管理服务一体"，均衡各县市区负担，实现医保高质量可持续发展。作为基本医疗保险市级统筹专班成员，主动对接医保市级统筹相关工作，确保各项政策调整到位，反映黄岩实际情况和诉求，配合做好经办流程优化和调整，增强基本医疗保险基金运行效率和抗风险能力。完成全市会计科目、会计核算流程和标准、统计报表口径、基金支付流程的统一，规范基金收入户和支出户管理，并建成全市集中统一的医保信息系统，增强基本医疗保险基金运行效率和抗风险能力。

【台州利民保】 2021年，贯彻落实中共中央、国务院《关于深化医疗保障制度改革的意见》精神，根据省市《关于促进商业补充医疗保险发展 进一步完善多层次医疗保障体系的指导意见》。台州市政府主导推出"台州利民保"，由市级五家保险公司承保，面向市全体基本医保参保人员，缓解人民群众患重特大疾病的负担，减少"因病致贫、因病返贫"情况的发生，是省建设共同富裕示范区的重要举措。区纳入特困、低保、低边的困难人员，整合政策性扶贫类商业补充医疗保险，予以资助参保。9月15日，启动"台州利民保"，全区年度投保人数25.53万余人，参保率42.20%。

【先进名录】

2021年黄岩区受表彰的台州市先进集体一览表

表162

获奖单位	获奖称号	授奖单位
黄岩区医保中心窗口(服务)岗	2021年度台州市巾帼文明岗	台州市妇女联合会

（区医疗保障局　潘佳敏）

人力资源和社会保障

【概况】 2021年，黄岩区新增就业人数同比增长0.11万人，城镇职工基本养老保险参保人数同比增长3.1万人，引进大学生人数同比增长2000余人，人力资源服务业营收突破8.2亿元，人力资源和社会保障工作整体水平提升。

【就业创业】 2021年，黄岩区就业形势总体稳定，全年城镇新增就业1.4万人，城镇登记失业率控制在1.21%。创建高校毕业生就业见习基地40家，举办乡村创业合作带头人培训7场，组织专家助力乡村创业项目25次，申报省级创业合作村5家；累计为高校毕业生、失业人员等重点群体发放失业保险金、社保补贴、就业补贴等4500万元；面向505人次创业者发放创业担保贴息、一次性创业补贴、创业场租补贴等近530万元；西城街道双江社区、迎春社区获评第二批浙江省高质量就业社区(村)。

【企业用工保障】 2021年，对全区600多家规模以上和外贸等重点企业开展常态化企业用工监测，并在7—8月对黄岩区2.5万家企业开展精准用工调查，为企业用工提供更精细的服务。加强“援企稳岗”政策落实力度，实施普惠性失业保险稳岗返还政策。全年累计面向2698家企业发放稳岗补贴867.84万元，惠及6.2万名企业职工。

【劳务协作关系建立】 2021年，全年累计签订劳务合作协议6项，设立劳务协作工作站3个。连续四年开展松潘地区“点对点”包专机、派专车、派专员无缝接送行动，接送140多名松潘籍新老务工人员顺利到黄岩返岗就业。与甘孜州新龙县开展联系对接，签订《合作框架协议》。以“互联网+”方式推送岗位并举办线上“云招聘”，累计推送岗位292个，其中爱心岗位100个。组织10家企业1000多个岗位赴新龙开展劳务协作和专场招聘会，达成就业意向115人。

【社会保险】 2021年，全区养老保险参保率96.5%，城镇职工基本养老保险和工伤保险的参保人数分别为32.62万人、27.07万人。其中，机关事业单位养老保险参保308家单位，参保1.79万人，实现全覆盖。城乡居民基本养老保险参保13.32万人，基本实现应保尽保目标。新增申领实体社保卡和电子社保卡分别为15036张、197332张,并实现社保卡图书一卡借阅、公交车乘坐及公共自行车借用功能,联合农商银行面向市民推出线上“市民贷”服务。4月1日起,全区城乡居民基本养老保险基础养老金标准由每人每月190元提高至235元,即每人每月增加45元,提高城乡居民基本养老保险待遇水平。

【人才工作】 2021年,全年新落地市“500精英计划”创业企业15家,新引进市“500精英计划”创新人才2人,评审认定入选市“500精英计划”人选12人,扶持市“500精英计划”创业企业19家,其中资助快速启动扶持资金企业10家,合计资金近1892万元。成功举办台州·黄岩第五届全球高层次人才创业大赛,续建引才工作站2家。发挥浙江省人才科创园和台智汇·台州人才大楼的联动效应,集聚顶尖院士专家4人,国家、省级重点联系专家11人,海内外高层次人才创业项目32个,省级博士后工作站1家。开展各类招聘会30场次。服务企业约5000家次,其中“智汇台州 百校引才”校园招聘会23场次,线下8场,线上15场。引进各类人才1.3万人,其中大学生1万余人。

【技能人才培养】 2021年,培养技能人才24527人次,其中区人力社保局培养技能人才7233名,高技能人才2615名,技师505名。实施“台州技工”星级评价,认定星级技工1000余人,其中四星技工14人,五星15人,发放激励经费51万余元。

【劳动关系劳资纠纷治理】 2021年,受理劳动纠纷557件,制定《黄岩区重大工程建设项目劳资纠纷专项治理方案》,对欠薪工作实施重点治理。推进在建工程(企业)无欠薪诚信体系评价工作,规范农民工工资支付行为,构建以信用为基础的根治欠薪工作新型监管机制。实施“浙江安薪”智治工程建设,对156个在建工程项目的农民工工资支付行为实时督促监管。

【人事考试】 2021年,招聘事业单位工作人员228名,其中教育系统招聘教师104人,卫健系统招聘卫技人员38人。组织完成二级建造师执业资格考试,参加考试人数893人,设1个考点,32个试场。组织完成全国社会工作者职业水平考试,参加考试人数2175人,设2个考点,71个考场。完成人事考试指挥平台试点建设,实现人事考试调度指挥、有效处置考试突发事件、加强考试过程监管,营造公平公正、和谐高效的人事考试环境。

【人事管理】 2021年,提高事业单位新聘用人员的政治素质、政策理论水平和业务能力,于11月下旬组织76名2021年新聘用的事业单位人员参加岗前培训。提升专技管理服务应用平台功能,完成区职称申报人数988人的资料网上审核工作,其中104人初级职称认定审查并制作电子证书,2人中级职称认定审查并上报市局,4人外市职称调入审核工作。在职称评审和推荐方面,推荐上报各系列正高级12人,副高级168人,中级294人,初级12人。评审通过一级教师、助理研究员200人、建筑工程系列初级5人。教育系列自主评聘方面,黄岩区一职校和二职校自主评聘通过副高级10人,中级20人,初级6人,中小学校自主评聘通过初级255人。

【先进名录】

2021年黄岩区受表彰的台州市先进集体一览表

表163

获奖单位	获奖称号	授奖单位
黄岩区人力资源和社会保障局	2021年度台州市人力社保系统人才人事工作优秀单位	台州市人力资源和社会保障局

（区人力社保局　李林南）

民政事务

【概况】 2021年，黄岩区在册低保特困对象7265人，低保边缘对象2057人，特困人员对象398人，在册孤儿16人，困境儿童120人，634名低保家庭儿童，困难群众占全区常住人口的1.39%；现有60周岁以上户籍老年人15.4万人，老龄化率24.3%；村（社）共346个，专职社区工作者218人，持证比例71%；在册社会组织769家，其中社会团体269家，民办非企业单位499家，基金会1家；在册养老服务机构36家。

【社会救助】 2021年合理调整低保、低边、特困人员的供养标准，其中城乡低保标准统一提高至880元/月、特困供养标准提高至1465元/月，全年发放低保金7265人、6369.11万元，低保边缘救助金2057人、113.64万元，特困人员供养金398人、727.07万元；临时救助金321人次、61.35万元。支出型贫困救助实现与收入型贫困家庭救助有效衔接，巩固脱贫攻坚成效。实施社会大救助“一张网、一键通、一窗办”，建立防止返贫预警机制，实行分级监测和分类处置，迭代完善社会大救助“一件事”改革成果。

【慈善服务】 2021年，建设救助慈善服务综合体（慈心荟），链接“助联体”、名家工作室、社工站和爱心超市等资源，打造“救助+慈善”服务模式。组织公开募捐活动，落实公开募捐方案备案，加强慈善募捐管理，年内募捐10件，社会捐赠约256万元。所有慈善组织启用浙江慈善服务“码上办”应用系统，实现有效监管。

【养老服务】 2021年，完成360户困难生活老年人家庭适老化改造，超省定数44%，数量和质量都位列全市首位。发放高龄补贴10753人、442.83万元，养老服务补贴3520人、179.70万元。开展养老机构改造提升达标专项行动，对养老机构硬件设施进行无障碍、适老化改造，机构安全管理和服务质量提升明显，相关经验经省厅专报刊发。完成1家康养联合体建设，完成9个乡镇（街道）示范型居家养老服务中心建设并投入运营，实现乡镇级居家养老服务中心全覆盖，其中6家可提供助餐配餐服务。开展居家和社区养老服务改革，在新前街道西范村老年公寓试点开展“智慧养老”改造，推动养老服务智慧化发展。引进“小柏家护”等市外先进专业养老服务机构，开启“社会组织+物业企业参与养老服务”新模式。全年新增家庭照护者等养老服务人才1703人，累计培训各类护理人员2106人，年底完成培训4222人。

【特殊群体关爱工作】 2021年，新配备基层民政经办服务人员12人，夯实基层民政工作基础，提升服务管理能力。推进未成年人救助保护机构和儿童之家建设，建成22个留守儿童之家，配齐乡镇儿童督导员19人，村居儿童主任346人。认定1名机构孤儿、15名散居孤儿、120名困境儿童、634名低保家庭儿童，补助4名“添翼计划”儿童和1名福彩助学儿童，发放生活费477.83万元。建立残疾人就业帮扶机制，为100名残疾人落实就业帮扶，残疾人两项补贴发放覆盖率100%。优化流浪乞讨人员关爱救助服务，全年上街救助45人次，护送9名滞留人员返乡，累计救助327人次。

【村级治理】 2021年，坚持和发展新时代“三化十二制”，落实《黄岩区村民代表工作实施细则》《黄岩区村级重大事项决策“五议两公开”实施细则》，完善村规民约、居民公约，加大村(居)务公开力度，发展多种形式的基层协商。出台《黄岩区村民代表工作实施细则》《关于黄岩区专职村务工作者队伍建设的指导意见》《黄岩区新时代村干部履职考评办法》等6个文件，加强村级治理指导和“一肩挑”后村级权力监管。

【社区管理】 2021年，做好换届社区管理工作，新设立翠屏社区、嘉乐社区。加强城乡综合服务设施建设，新建4家社区服务综合体和7个乡镇社会工作站，加大资源下沉和资金保障。在“三岗十八级”基础上，落实好社区工作者工作待遇和福利，年内，社会工作者职业水平考试报考人数2181人，创历史新高，参考率全市最高，通过率全市第二。

【社会组织监督管理】 2021年，建立社会组织参与基层社会治理的动员激励和监督管理机制，落实社会组织主要负责人人选政治审核办法和法定代表人离任审计制度，加强社会组织监督管理，年内，新成立登记社会组织13家，备案登记社区社会组织18家，劝散2家。加强社会组织党的建设，依托社会组织党群服务中心，开展“红领学院”四季党课、公益集市活动，为全区社会组织打造学习成长、交流互动的优质平台。搭建“永宁公益桥平台”，开展“三社联动”社区活动1523场次。运用政府购买社会组织服务作为基层治理的补充手段，实现政府治理和社会调节、居民自治良性互动。

【《黄岩区地名志》编纂】 在第二次全国地名普查资料的基础上，推进《黄岩区地名志》初稿编写工作，详细记录黄岩地域地名的历史演变与现状，为地方历史文化留下宝贵的史料。至2021年底，完成一稿校对工作。

【民政数字化改革】 2021年，推进大救助场景落地方山下未来社区，建设“灯塔工程 幸福安家”场景并上线“浙里办”，推广省“浙里养”平台和台州市智慧养老平台应用，民政领域数字化改革成效初显。

【殡葬服务】 2021年，投入100万元，新建6处乡镇级节地生态安葬点，九峰山公墓被列为省级节地生态安葬示范点。实施区本级公益性公墓殡葬基本设施改造升级，完善墓区道路、厕所、停车场等配套设施，优化整体环境和服务质量。开展惠民殡葬提标扩面行动，提高殡葬基本服务项目费用减免和节地生态安葬奖补标准和覆盖面。

【婚姻登记】 2021年，落实离婚冷静期制度，设立婚登家庭专业化辅导教育服务，减少婚姻家庭纠纷。全年办理结婚登记2360对，补发结婚证467对；办理离婚登记726对，补发离婚证44人；办理收养登记28例，合格率100%。

【先进名录】

2021年黄岩区受表彰的浙江省先进集体一览表

表164

获奖单位	获奖称号	授奖单位
黄岩区民政局	全省民政工作评估先进单位	浙江省民政厅

2021年黄岩区受表彰的浙江省先进个人一览表

表165

获奖人	获奖称号	授奖单位
赵　阳	金牌颁证员	浙江省民政厅

2021年黄岩区受表彰的台州市先进个人一览表

表166

获奖人	获奖称号	授奖单位
蔡媛媛	幸福台州工作突出贡献个人(残疾人工作)	台州市委、市政府

（区民政局　张佳妮）

黄岩区慈善总会

【概况】 2021年，黄岩区慈善总会总收入2754.47万元，其中新增捐赠款物2104.1万元(包括物资捐赠17.91万元)，拨出救助款物1936.79万元，惠及3000余人次(单位)。

【慈善宣传】 2021年，黄岩区慈善总会《慈善文化进校园的持续深化行动》《流淌在血液里的慈爱》《慈善事业应在促进共同富裕中发挥作用》《积极助力乡村振兴　建设慈善特产基地》等文章刊于《慈善》杂志。

【慈善募捐】 2021年，“中华慈善日”活动收入198.93万元；一般性捐赠收入392.64万元；定向捐赠收入1514.4万元。8月，与浙江省慈善联合总会联合在腾讯公益平台上开展“流淌在血液里的慈爱”项目的网络募捐。9月6日下午，举行2021年黄岩区“中华慈善日”暨“慈善一日捐”活动启动仪式，仪式上，区四套班子领导和部分区直机关干部代表参加捐款。

【慈善救助】 2021年，黄岩区慈善总会助困：元旦春节慰问各乡镇街道的因病致贫家庭、困难残疾群众、特困群众、困难职工、困境儿童736人，支出

86.8万元；“七一”建党百年慰问项目慰问全区52名困难老党员，支出10.4万元；充实统筹临时救助资金30万元；助医：浙江省“福彩儿童慈爱基金”项目资助4名大病儿童，支出6.4万元；贫困家庭“尿毒症”患者助医项目资助372名患者，支出154.8万元；助学：贫困学子“圆梦”项目资助88名贫困大学生，支出31.9万元；“春苗计划·励志助学金”资助20名贫困学生，支出3.5万元；万向“四个一万工程”资助19名困难学生，支出3.92万元；助老：春节“慈善年夜饭”项目慰问563名敬老院在院老人，支出4.5万元；元旦春节慰问160名特困老人，支出16万元；优抚：“迎八一·同心筑梦”慈善拥军慰问项目慰问20名军人，支出4.3万元；赈灾：定向资助南城街道新冠肺炎疫情防控支出5.66万元；定向资助河南省抗击新冠肺炎疫情0.1万元；公益：东西部协作和对口支援四川省甘孜州新龙县红十字会354万元；资助宁溪镇35万元、平田乡15万元，推动其“小橘灯”暖心工坊基础设施建设；资助慈善助农帮扶项目32万元（上郑乡美丰村千亩中药材基地10万元、富山乡决要村红薯生产加工基地5万元、上垟乡湖滨村枇杷种植基地12万元、屿头乡金廊村柑橘种植基地5万元），上郑乡美丰村千亩中药材基地和平田乡明宇塑料小橘灯暖心工坊共富基地入选台州市慈善总会2021年“共富基地”，分别获得市级一类资助金8万元、二类资助金5万元；定向资助27个乡村振兴公益项目，支出169.48万元。

【慈善义工】 2021年，慈善义工组织546次公益活动，参与义工2537人次，服务时间7979小时，受益人数1.61万多人，包括爱心早餐、端午食饼筒、一碗暖心腊八粥活动、走进父老乡亲助老助残服务、社工进礼堂便民服务、走进敬老院服务、环保活动、爱心小屋项目、导医服务等。端午节，为答谢环卫工人的辛勤付出，慈善义工协会与区社联会等在醉江南酒店举办一场食饼宴，邀请全区500多名环卫工人共度节日，《浙江新闻》作了报道。6月5日，市、区慈善总会和慈善义工以及南城街道山前村共同举办以“不忘初心·与爱同行”为主题的庆祝建党100周年的文艺演出。

【慈善总会自身建设】 2021年，召开台州市黄岩区慈善总会第四届理事会第三次会议。会议审议通过《台州市黄岩区慈善总会第四届理事会第三次（通讯）会议工作报告》《台州市黄岩区慈善总会2020年度资金募集及使用情况的报告》，审议通过《关于调整兼职副会长的建议》。12月，通过社会组织等级评估（复评），评估结果为AAAAA级单位。3月，临时党支部委员与西城街道迎春区域联合委员会签订共建合作协议，协助迎春区域联合委员会开展社区自治工作。

（区慈善总会　叶佳佳）

改革办工作

【智能化公共数据平台建设】 2021年，完成一体化智能化公共数据平台区级建设，建成区级数仓1个，部门数仓14个，归集数据表1541张，记录数据超1.17亿条，全省数据开放创新应用大赛获三等奖，全年考核位列全省第六、全市第一。加强“浙里办”“浙政钉”两个掌上前端建设。“浙里办”上线应用15个，其中“党史学教”应用使用人数突破百万人次，位居全市前列。“浙政钉”日均活跃度保持在94.94%，排名位居全市前列。

【改革创新试点】 2021年，争取到改革试点51个，其中省部级试点5个，市厅级试点46个；揭榜挂帅项目6个。其中，模具产业大脑项目得到省委书记袁家军调研肯定和副省长高兴夫批示肯定。全域数字法院试点工作，得到省里充分肯定，全省全域数字法院改革推进会在黄岩区召开。全国化肥减量增效工作推进会在黄岩召开。

【数字化改革项目重大应用建设】 2021年，出台《区领导领衔数字化改革项目争创省市最佳应用实施方案》，由区委区政府主要领导、区委副书记分别领衔，模具（塑料）产业大脑、瓜农天下、灯塔工程·幸福安家等应用场景建设。模具（塑料）产业大脑入选全省首批11家先行先试产业大脑，模具产业链数字化协同应用场景在市数字化改革第二次例会上作典型发言。“瓜农天下”被评为数字政府系统2021年最佳应用，省农业农村厅数字化改革第一批优秀应用。区财政局承建的“政采云”入选数字经济系统第一批优秀省级重大应用。

【数字化应用重点领域改革】 2021年，落实省定“牵一发动全身”重大改革项目。健全未来社区建设机制，方山下社区列入省未来社区试点创建名单。完善自然灾害风险防范化解体制机制，获批省极端天气灾害短临预警分析应用试点。深化“两山”转化改革，推进全国农业科技现代化先行县建设，区“肥药两制”改革数字化应用、未来国有林场获市厅级试点，全国化肥减量增效工作推进会在黄岩召开。

【人才科创体制改革】 2021年，深化人才科创体制改革，以台州黄岩人才大楼建设为契机，打造人才创新创业服务综合体，优化完善一站式、无缝化、全链条的集成服务，国际梦创（台州）活动月开幕式暨台州中德发展动力创新论坛在黄岩区梦创园举办。

【“共富大脑”建设】 2021年，在推进共同富裕项目方面，围绕市“九富”路径，谋划推进“共富大脑”建设，与清华大学社会科学学院探索研究共同富裕县域城市标准，黄岩区“小橘灯工坊”“共富大脑”入选浙江省首批农业农村领域共同富裕典型案例。实施营商环境提优行动，“小微（个体）共富信用评级数字化金融服务体系”得到中国人民银行行长易纲、省长郑栅洁和多位副省长批示肯定。构建“产业大脑”建设体制机制，优化产业链企业分工与协作，打造模具（塑料）产业大脑，相关做法获得副省长高兴夫批示肯定，《模来模往——模具产能协同》获2021浙江数据开放创新应用大赛三等奖。

【防汛防台体系标准化建设】 推进基层防汛防台体系标准化建设试点建设，实现区、乡、村三级可视化指挥调度。公租房“一件事”被列为2021年数字社会第二轮揭榜挂帅项目。推进大综合一体化行政执法改革，开展环境损害调查与行政执法检查“一案双查”试点建设。

【先进名录】

2021年黄岩区受表彰的浙江省先进个人一览表

表167

获奖人	获奖称号	授奖单位
金　维	2021年度浙江省改革创新成绩突出个人	浙江省委、省政府

2021年黄岩区受表彰的台州市先进集体一览表

表168

获奖单位	获奖称号	授奖单位
区委改革办	2021年度弘扬新时代台州城市精神争先创优工作先进集体	台州市委、市政府

2021年黄岩区受表彰的台州市先进个人一览表

表169

获奖人	获奖称号	授奖单位
叶廷伟	2021年度弘扬新时代台州城市精神(数字化改革工作)先进个人	台州市委、市政府

（区委改革办　田秋子）

文旅集团

【概况】　黄岩交旅集团是由原交通集团和旅游集团整合组建而成，于2019年1月份正式挂牌成立，负责全区城乡公路等基础设施的投资建设和资产经营，以及全域旅游项目的投资开发与运营管理，提升黄岩交通便捷性与安全性，打造黄岩生态休闲旅游品牌。集团下属子公司49家，经过优化整合，9家子公司实现实体化运作。

【交通类项目】　2021年，104国道黄岩头陀至院桥段公路、325省道复线黄岩马鞍山至后洋段公路建成通车。余姚至温岭公路黄岩北城至温岭泽国段公路工程(主线)全年完成投资2.28亿元，完成交工质量评定。余姚至温岭公路黄岩北城至温岭泽国段公路工程(院桥支线PPP项目)全年完成投资2.48亿元，完成路基60%、桥梁28%、隧道45%。

【旅游类项目】　2021年，桐树坑红色旅游项目、黄岩区博物馆创AAAA改造升级项目、黄岩徐昌积宅修缮项目、黄岩沙埠窑址(竹家岭龙窑遗址)保护棚工程、老水厂光影秀主题馆、上郑乡两军会师纪念馆展陈及环境改造提升项目、黄岩半山旅游度假区游客中心项目等完成建设。云尚田园综合体项目、贡橘园科技文化中心项目、黄岩数字化柑橘园建设项目、黄岩半山旅游度假区一期高端民宿、黄岩“泮云间”高端民宿等启动建设。集团与上郑乡共建共同富裕“红磐石”党建联盟，与澄江街道结成“中华橘源党建联盟”，发挥党建引领旅游发展的作用。

【旅游经营类项目】 2021年，整合并拓宽产业布局，将原先的43家子公司进行优化整合，形成9家实体化运营的子公司。实现集团公司主体信用评级AA+，下属子公司业务资质范围实现拓展、资质等级有所提高。完成官河古道招商引资工作，老水厂文创园区、“金王子直播基地”等建设，黄岩首个危化品专用车辆停车场建设并投入运营，完成24处废弃矿山生态环境治理，完成44个地质灾害治理工程项目，建成碎石加工厂，有序推进海塘安澜黄岩段工程项目。枕山酒店永宁店、乌岩头店、柔川店全年接待人数约8万人次，实现全年营收总额850万元。探索公私混改模式，橘小萌公司租赁蓝美田园发展研学旅游项目，实现产值500万元。融入长三角，橘小萌公司(亲采公司)与上海新民晚报社合作，直播带货推销区优质的农特产品和精品旅游路线，实现产值近100万元。推进澄江物流园区建设，完成市场调研、功能布局设计、澄江区块260亩用地农转用上报、规划编制等前期工作。

(黄岩交旅集团　李鸿盛)

巩固脱贫攻坚和水库移民

【概况】 2021年末，黄岩区有低收入农户5628户，9168人，低收入农户人均可支配收入16716元，较上年增长13.3%。“小橘灯”暖心工坊做法入选浙江省高质量发展建设共同富裕示范区典型案例。

【产业发展】 2021年，坚持特色农业、农产品加工和农村旅游同步发展，促进农村产业深度融合。投入2772.9万元，以山地蔬菜、特色水果、实用笋、中药材、苗木五大类产业为重点，扶持35个村发展西部农业产业；投入808万元，扶持10个村发展村旅游产业，基本形成“上郑泰顺廊桥”—“上垟龙脊梯田”—“茅畲万米长城”沿山旅游经济带。

【异地搬迁】 2021年，完成异地搬迁167户398人，其中低收入农户搬迁113户206人，拨付资金476.12万元。全区272个村建成1064间暖心房，入住低收入农户33户40人。北洋汇头地块异地搬迁安置小区完成地下室建97%，主体工程建至十三层。

【结对帮扶】 2021年，围绕“先富帮后富，全域共同富”目标，重点实施“部门和重点企业联村”“干部联户”两大行动。53家市级单位、86个区级单位以及97家区级百强企业结对150个集体经济相对薄弱村，1344名干部结对全区5628户低收入农户，实现集体经济相对薄弱村、低收入农户结对帮扶全覆盖。全年落实帮扶资金414.95万元。

【水库移民】 2021年，黄岩区有大中型水库移民直补人口33403人，后期项目扶持人口17593人。全年投入移民资金5368万元，安排项目109个，惠及21个乡镇(街道) 109个移民村，其中投入3500万元扶持76个移民村“飞地抱团”购置联化科技有限公司三幢标准化厂房，年收益超400万元，每村每年可获得3万~23万元的分红。投入319万元实施移民美丽家园项目6个，发放72.4万元救助特困移民241人，并为1128户创业移民贷款贴息312万元。黄岩区被列为省水库移民村飞地抱团发展试点单位，成功申报水库移民飞地抱团第四期(北洋镇小里桥村新建厂房）项目作为省水库移民共同富裕示范项目。

（区扶贫开发服务中心 廖宁宁）

流动人口服务管理

【概况】 2021年，黄岩区登记在册流动人口261459人，出租房屋40253家；流动人口居住登记率、登记信息准确率、居住出租房屋登记率分别为94.2%、90.7%、100%。

【流动人口和出租房屋大排查工作】 2021年，相继开展"护航"行动·安居在黄岩、建党百年安保工作流动人口排查管控等工作，排摸房屋出租底数、人员回流数、居住人数等情况，确保户不漏房、房不漏人。参加隐患排查、督促整改、联合执法等投入10114人次，排查出租房屋43217家，查处违法房屋出租人139人次，处罚流动人口274人次。

【流动人口积分应用"一件事"改革】 2021年，健全完善居住证积分应用体系，在"浙里办"开发"流动人口积分管理"应用，实现流动人口掌上端全流程办理。该应用11月上架浙里办黄岩专栏，提高流动人口积分申报的便利度和满意度。

【流动人口随迁子女积分入学工作】 2021年，提前启动积分制入学的宣传工作，在"新黄岩人"微信公众号发布相关政策和详细的操作流程，开展积分入学政策宣传活动9场次，张贴派发宣传手册和积分指南10000余份，接受电话咨询200余人次。全年成功受理1892人，比上年多受理600人。

【新黄岩人宣传服务工作】 2021年，组建流动人口志愿者服务队伍，下设安居就业、技能培训、健康卫生、文艺宣传、安全防护、纠纷调解、法律援助、候鸟守护、文明倡导、暖心爱心10支志愿者服务队，每支队伍人数不少于30人。全年开展活动10余次。在黄岩第一职业技术学校设立新黄岩人职业技能培训基地。来自全区各大中小型企业200余名机械手操作人员或管理人员参加课程的学习，通过考核的学员获得机械手操作专项职业技能证书。

（区流动人口服务中心 徐柳雪）

黄岩区关心下一代工作委员会

【概况】 2021年，黄岩区关心下一代工作委员会（以下简称黄岩区关工委）开展主题活动206场次，参加活动"五老"178人次，参加活动青少年2.2万人次。举办"为青少年办实事""微心愿"活动42次。开展法治主题活动18场次，受教育人数1.5万人次。黄岩区关工委被台州市委、市人民政府表彰授予"2021年关心下一代工作先进个人"称号。

【青少年思想教育活动】 2021年，开展"百年回眸·薪火赓续"党史宣讲活动15场次，受教育青少年3000余人。动员"五老"线上录制5场云上思政课和现场故事会，在学校、黄岩微教育平台开展线上宣传教育15次，受众青少年1.1万人。开展"寻访红色印迹"研学活动，组织青少年走进平田桐树坑台属特委机关旧址、上郑乡两军会师纪念馆、茅畲乡县委旧址等红色教育基地，开展青少年党史学习教育实践活动156场次，参加活动"五老"78人次，参加活动青少年2万人次。

【青少年法制帮教】 2021年，开展“法治关爱进校园”活动25场，受众青少年1万人次，助力文明城市、文明校园的创建。暑假期间，利用“暑期度假班”开展法治宣传34次，受教育人数1500人。9月份，开展台州市第四届法治副校长优质课评比推荐工作，评选优秀课参加台州市评选。

【关工委商会和关爱基金工作】 2021年，乡、镇（街道）关爱基金覆盖率94.7%，成立商会关工委1家，2021年新成立乡贤联谊会关工委2家。全区各商会和乡贤联谊会助学学生751名，助困奖学金额30.73万元。

【关爱留守儿童】 2021年，黄岩区茅畲乡贤联谊会关工委“六一”期间为茅畲学校留守儿童送去1万元关爱基金，上垟乡乡贤联谊会关工委暑假期间为当地60多名留守儿童开办为期两个星期的“候鸟夏令营”。“七一”前夕，黄岩义工组织26名贫困学生到中国革命红船起航地嘉兴南湖，开展党史学习教育活动。各级关工委组织开展“为青少年办实事”“微心愿”等活动42次，“红色教育”暑期实践活动50多次，受益青少年2000余人次。

【青少年教育基地建设】 2021年，黄岩中小学素质教育学校成为“省级青少年教育基地”，接待学生8051人次，开展各类党史教育实践活动35次。在南城街道山前村设立“市级青少年教育基地”，举办红色主题教育22场，受众青少年2300人。义工之家青少年素质教育实践基地开展“六一”助学活动、方山环保活动、“文明志愿1小时”行动等实践活动100多场次，参加青少年500多人，服务1500小时。各地关工委在“太阳花园地”开展各类活动40余次，服务青少年3000余人次。

【黄岩义工奉献爱心】 2021年，黄岩区义工志愿者开展调查贫困学生120余人，助学回访60余人次，新增结对学生49人。全年开展“迎新春 送温暖”困境学生助学慰问活动、“春、秋两季送助学金”活动、助学奖学金发放活动和节日慰问等活动5次，资助贫困生525人，资助金额142万元。承接3个政府购买服务、公益创投项目18万元。

【先进名录】

2021年黄岩区受表彰的台州市先进集体一览表

表170

获奖单位	获奖称号	授奖单位
黄岩区关工委	关心下一代工作先进个人	台州市委、台州市人民政府

2021年黄岩区受表彰的台州市先进个人一览表

表171

获奖人	获奖称号	授奖单位
谢慧敏	关心下一代工作先进个人	台州市委、台州市人民政府

（区关工委　胡　晓）

东城街道

【概况】 黄岩区东城街道位于城区东部，面积16平方公里。2021年，人口63889人，行政区域辖3个行政村、16个社区，街道办事处所在地桔乡社区。

【工业经济】 2021年，工业经济活跃，辖内有规模以上工业企业22家，三产限上企业48家，主要工业产业有塑料制品、医药化工、机械模具、电动车配件等。骨干型、龙头型高新企业集聚，拥有永高股份有限公司、永宁药业股份有限公司、光跃环保科技股份有限公司、滨海模塑集团、章华保健美发实业有限公司等一批国家高新技术企业。年末，实现规上产值74.73亿元，同比增长21.22%；完成限额以上服务业主营业务收入169.36亿元，同比增长28.76%，经济指标均位于全区前列。实现新增国家高新技术企业3家，省级科技型中小企业10家，“小升规”4家，新增发明专利授权33件。

【重点工程】 2021年，省级试点东浦未来社区项目王西区块签约率100%，完成全村首期实施区块范围内应拆农民房1497间房屋拆除，外东浦区块完成签约率96.15%；完成天长南路D区块旧城改建项目拆迁出让工作；官河古道沿线政策处理基本完成，实现全线贯通；推进永宁江绿道东延工程、翻黄厂地块等重点项目。

【社会事业】 2021年，累计发放各类补助41.7万元。推进共同富裕，与上郑乡、富山乡结成共富联盟。汇聚民生资源，加快建设东浦中学王西新校区建设，东城街道中心幼儿园创成省一级幼儿园。开展“污水零直排区”和“无违建乡镇”创建，通过市级验收。推进“最多跑一次”改革，实现148项常用事项试点村社可办，服务触角延伸。

【平安稳定】 2021年，织密新冠肺炎疫情防控网络。依托网格化工作体系，建立“快编组”1929个，实现街道、村社两级联动，整体联控。有序推进新冠肺炎疫苗接种，12月，完成第一针疫苗接种量77903人次。打造基层治理生态圈。联勤警务室在小东门落地运营，以党建引领、多部门联动的形式实现矛盾纠纷联动处置。落实安全生产整治三年行动。全年排查6324家次企业，发现存在安全隐患5312项，全部完成闭环，关停查封85家次。开展消防演练102次、消防知识宣讲203次，培训网格员400人次，培训其他各类人员17695人次。

【基层党建】 2021年，发挥村级治理优势，与上郑乡、交旅集团共建“红磐石”党建联盟，建立振东党建联盟，畅通共同富裕之路。整顿提升软弱涣散基层党组织，5个后进党组织完成整顿转化，创新“红色车间”，打造提升公元党委、滨海集团、章华保健3家“两新”党建示范点，有形有效推进两新领域“两个覆盖”。开展城市小区党建“五好双强”争创行动，打造御景华庭、书香园、华府天地、香缇公馆、嘉盛苑、皇家蓝庭等6个“五好双强”示范小区。实施“五力提升、十百争创”工程，打造嘉盛社区、双浦社区、上渚村、红三村、红四村等五星级党群服务中心。

【先进名录】

2021年黄岩区受表彰的台州市先进集体一览表

表172

获奖单位	获奖称号	授奖单位
黄岩区东城街道办事处	台州市全国文明城市“两连创”工作集体三等功	台州市人民政府
黄岩区东城街道办事处	2021年度社会主义现代化先行市建设全国市域治理现代化示范城市建设先进集体	中共台州市委 台州市人民政府
黄岩区东城街道办事处	2021年度平安台州工作突出贡献集体	中共台州市委 台州市人民政府

2021年黄岩区受表彰的台州市先进个人一览表

表173

获奖人	获奖称号	授奖单位
姚长武	2021年度平安台州工作突出贡献个人	中共台州市委、台州市人民政府
杨华斌	台州市创建和谐劳动关系先进个人	台州市构建和谐劳动关系工作领导小组办公室

（东城街道　朱佳玲）

南城街道

【概况】 黄岩区南城街道位于城区南部，面积17平方公里。2021年，人口2.5万人，外来人口1.5万人，行政区域辖12个行政村、16个社区，街道办事处所在地十里铺村。

【工业经济】 2021年，实现规模以上工业总产值9.29亿元，增长13.6%；规模以下工业总产值6.5亿元，其中抽样规下工业总产值同比增长5.3%；实现财政总收入1.28亿元，其中地方财政收入0.69亿元。新培育专精特新企业15家规下转规上企业6家；新增国家级高新技术企业2家，省级科技型企业6家；完成规上企业数字化改造8家，企业管理创新4家；深入推进“三服务”活动，全年走访调研企业216余批次，帮助解决三类问题285个；山前小微园区竣工并投入使用。

【城乡建设】 2021年，推进城

村双改，重点开展方山下区块旧城改建项目，完成项目确权后49家企业和7户国有土地个人签约工作。强势推进拆违治水，全年拆除各类违章建筑242.6万平方米，拆后土地利用11处，利用率80%，完成历史违法用地处置42宗。清理疏浚辖区河道，清淤8万立方米，推进东南中泾河(南城义屋段)河岸加固工程、永丰河(南城段)河岸加固工程2个水利项目建设，辖区河网水系生态环境质量提升。推进路网建设，实现劳动南路南延顺利通车。推进辖区主干路网及沿线村庄环境综合整治，创建浙江省美丽乡村示范乡镇。

【社会事业】 2021年，利用街道文明实践活动中心和12个村级文明实践场所，开展新时代文明实践活动1500余次。打造山前村国家级农家书屋示范点。完成南城中心幼儿园迁建工程，推进南城中心小学二期扩建项目。推进健康南城建设，动员新冠肺炎疫苗接种，实现家庭医生签约服务8254人，签约率33.13%。养老服务体系建设提升，完成适老化改造17处。建成蔡家洋村、山前村、方山下村等3个村级便民服务中心，逐步构建政务服务"十分钟办事圈"。组织开展"大巡防、大排查、大调处、大整治"集中行动，排查企业、出租房、九小场所、居民住房等各类场所1.8万余处，立案处罚企业15家，结案15家，处罚金额18.5万元整。组织开展各类应急演练2次，参加演练人员78 人。完成集中治理重复信访专项工作，化解国家、省级信访积案14件。

【基层党建】 2021年，开展党史学习教育，组建南城小青橘、乡村大使等宣讲团，深入机关村企、田间地头理论宣讲600余次，把"我为群众办实事"作为落脚点，做好巡察"后半篇文章"，领办解决重点、难点事项36件，引导党员干部纾难解困693个，得到中央和省、市督导组的充分肯定。强化党建联盟共建合力，新建党建联盟2个，推动片区一体化共同发展。召开南城街道乡贤联谊会第一次会员大会以及首届理事会，建成新乡贤创业基地，打造"党建引领、乡贤助力"共同富裕的"南城模式"。强化党建阵地建设，建成十里铺村民情驿站，实施"三亮一服务"，打造开放共享的民生服务平台。深化山前红色党建品牌，推行村级党建数字化改革，"一图"开启乡村"智治"新格局。推进两新组织基层党建标准化规范化，新建博越党群服务站。加强干部队伍建设，落实"头雁领航·千村提升"工程，提升村干部履责述职的能力。推进党风廉政建设，查处各类违法违纪案件9起，其中开除党籍2人，党内严重警告1人，党内警告6人。

【先进名录】

2021年黄岩区受表彰的浙江省先进集体一览表

表174

获奖单位	获奖称号	授奖单位
南城街道	浙江省先进基层党组织	中共浙江省委
南城街道	省级"数字生活新服务"特色镇(街道)	浙江省数字生活新服务工作联席会议办公室

2021年黄岩区受表彰的浙江省先进个人一览表

表175

获奖人	获奖称号	授奖单位
季朝敏	中共浙江省委退役军人事务工作领导小组	浙江省退役军人服务保障系统建设先进个人

2021年黄岩区受表彰的台州市先进集体一览表

表176

获奖单位	获奖称号	授奖单位
南城街道	台州市退役军人工作成绩突出贡献集体	中共台州市委、台州市人民政府
南城街道	市级法治化综合改革试点乡镇(街道)	中共台州市委全面依法治市委员会办公室

(南城街道　杨佳航)

西城街道

【概况】 黄岩区西城街道位于城区西部，面积25平方公里。2021年，户籍人口6.8万人，常住人口11万人，行政区域辖15个行政村、12个社区，街道办事处所在地环城西路134号。

【工业经济】 2021年，辖内有规上企业31家，批零住餐企业29家。2021年，实现规上工业总产值18.4亿元，同比增长6.6%；实现批零住餐限上企业营业额32.15亿元，同比增长34.54%；实现工业性投资0.67亿元。新认定13家省级科技型企业和1家国家级高新技术企业，规模以上企业R&D投入7300余万元，神钢赛欧技术中心被评为台州市2021年市级企业技术中心，尊工科技公司成功挂牌新三板。

【重点工程】 2021年，完成委羽山西侧商业地块、瓦厂头安置区块、曙光馨园南侧地块政策处理、出让工作。完成吞岸二期安置区块房屋拆除工作，完成西城一期高压线迁改用地、高速公路以西塔基用地征用工作。破解汇江村留地历史遗留问题。孔庙区块4间临街店铺完成签约，委羽山北地块房屋基本拆除完毕，委羽山公园南广场区块85户139间房屋完成拆除。

【创文明城市环境】 2021年，紧盯城市环境，推进“五水共治”，基本完成“污水零直排区”创建，工程建成面积13.6平方公里，涵盖14794户居民，82家工业企业，68家企事业单位，573家六小行业。开展拆危治违，推进城区有机更新，全年累计拆除违章12.1万立方米，完成7间C级、D级危房整治，完成前洋头一区、二区等老旧小区改造。通过全国文明城市、卫生城市复评，4次常态化考核成绩均在全市前三，城市形象提升。

【社会民生】 2021年，黄岩初级中学教育集团、西江小学老校区完成扩建。朵云书院落地永宁江畔，大环家园、明江西苑等37个小区建成垃圾分类集中投放点。增强社会保障，深化落实“一户一策一干部”帮扶机制，完成116户低收入农户结对帮扶，建成15间困难群众“暖心房”。实施乡镇街道对口支援行动，与平田乡结成共富联盟。优化便民服务，街道便民服务中心深入开展标准化建设，1947项政务服务事项网上可办，416项常用事项自助可办，全年办件量53619件，政务服务触角向村社延伸。

【新冠肺炎疫情防控】 2021年，坚持“外防输入、内防反弹”工作思路，慎终如始抓好常态化疫情防控工作，按照要求落实中高风险来黄人员管控工作、疫苗接种及“小门”管控工作，年摸排涉疫区人员14879人次，管控人员6079人次，第一针疫苗接种达107032人次，其中60岁上接种达14310人次。

【基层治理】 2021年，打造基层治理样板，在吾悦商圈打造联勤警务室，以党建引领、多部门联动的形式破解基层治理难题。安全形势稳定向好，安全生产事故为零，消防安全成灾数同比下降57%。常态化开展平安大巡防，累计排查居住出租房53644户，发现安全隐患8416户，整改完成率98.7%。

【基层党建】 2021年，实施“支部组织力”提升工程，打造9个五星级党群服务中心，推动村社党支部规范化标准化发展。抓后进党组织整顿转化工作，整顿村级后进党组织1个。

【两新党组织建设】 2021年，黄岩区西城街道探索两新组织、城市小区等领域党建，对快递物流、互联网等新就业群体设立流动党支部。在两新组织专项督查中，摸排整顿两新党组织40个，整转应迁未迁人员7名，撤销瘫痪党组织2个，为一个瘫痪党组织指派党建指导员。开展城市小区党建“五好双强”争创行动，中钢世纪花园、永宁公馆等小区完成示范点建设。设立“星火党建联盟”“共建共富党建联盟”，以联盟品牌发展带动共同富裕。

【先进名录】

2021年黄岩区受表彰的台州市先进集体一览表

表177

获奖单位	获奖称号	授奖单位
黄岩区西城街道	台州市全国文明城市“两连创”工作集体三等功	台州市人民政府
黄岩区西城街道	台州市计生协会系统“十佳基地”	台州市计划生育协会

2021年黄岩区受表彰的台州市先进个人一览表

表178

获奖人	获奖称号	授奖单位
张晓丽	台州市全国文明城市“两连创”工作个人三等功	台州市人民政府
赖静鸯	台州市全国文明城市“两连创”工作个人嘉奖	台州市人民政府

（西城街道　严瑾安）

北城街道

【概况】 黄岩区北城街道位于城区北部，面积32平方公里。2021年，户籍人口39432人，行政区域辖16个行政村、6个社区，街道办事处所在地五里牌村。

【新冠肺炎疫情防控】 2021年，配强防疫专班力量，落实市区各项工作要求。外防输入，加强网格化排查，落实外来重点人员信息核报工作，开展辖区重点场所“小门”防疫管控自纠自查。设立金碧辉煌酒店、阿波罗酒店集中隔离点，妥善处理医学隔离集中观察对象。内防反弹，落实各村(社)疫苗接种责任，发动辖区群众应接尽接；成立台州西站临时接种点，配合北城卫生院完成新冠肺炎疫苗第一、二针准点清零。12月，60岁以上户籍人口第一针疫苗接种率85.7%，全程疫苗接种率79.95%，疫苗接种、重点人员信息核查等多项工作均在全区前列。

【工业经济】 2021年，全年实现工业总产值63.7亿元，增长15.56%，新增小升规模以上企业18家；实现固定资产投资9.17亿元，其中工业性投资5.53亿元；实现限上销售额90亿元，实现限上零售额11.57亿元，实现限上批发销售额74.97亿元。53家规下样本调查企业2021年营业收入29.2亿元，同比增长8.1%。

【培育科技型中小企业】 2021年，创建省科技型中小企业9家，申报国家中高新技术企业26家，新增小升规模以上企业18家；申报国家级人才6人，对接申报省级人才10人，申报数排名全区乡镇街道第一。

【助力企业发展】 2021年，优化产业空间。罗汇黄小微园区2号楼完成结顶；建立班子联系重点企业制度，并结合“永宁企管家”帮助企业解难题、挖潜力、促发展。开展企业走访2000余次，解决问题550余件。助力企业在能耗双控和疫情防控的双重不利下实现逆势增长。

【城镇建设】 2021年，完成街道11项工程性破难攻坚项目：云尚小镇、永宁江强排(一期)工程北城段等项目如期开工建设；五里牌三期地块完成挂牌出让；杜家村安置区、市政环卫基地、飞灰填埋场、永宁江绿道北城段等项目基本完成政策处理，无障碍施工；马鞍山地块土地项目完成征地工作。

【环境治理】 2021年，污水零直排完成六小行业全部整改，企事业单位整改进度过半，工业企业整改稳步进行，居民小区污水零直排建设排查完毕并开始整改。街道污水零直排工作全年先后4次在市“两比两赛”活动中登上红榜，11月被台州市委、市政府评为市“五水共治”工作成绩突出贡献集体。

【“三改一拆”违法建筑】 2021年，“三改一拆”年度累计拆除违法建筑面积12.25万平方米，任务完成率102%，处理“12345”等多类信访件69宗，完成32宗卫片执法监督检查；建立长效管理机制，有序加强日常巡查，细化网格员考核内容与奖惩办法，严控新增违建发生。印发《北城街道文明城市创建常态化机制实施方案》落实责任，定期邀请第三方检测公司开展自查自纠,召开点评会,评出红黑榜,奖优罚劣激励担当。

【安全生产维稳】 2021年,落实安全生产整治三年行动,全年排查8525家企业,发现存在安全隐患644家,整改556家,关停查封68家。开展消防演练157次、消防知识宣讲157次,培训网格员60人次,培训其他各类人员23320人次。推进历史积案及矛盾纠纷化解,全年化解国家级重复访件19件,省级4件。

【民生实事】

结对帮扶共同富裕 落实低收入农户结对帮扶工作,完成各村(社)困难群众公租房、周转房、易地搬迁申报工作。与富山乡2村、头陀镇5村签订“强村帮带”协议,在党建共建、人才互派、干事创业等方面广泛开展合作交流;谋划与茅畲乡的“对口支援”工作,在茅畲落实工艺品加工产业迁移1处,下订单2批,金额约30万元,提供扶贫岗位10个。筹集资金30万元用于资助建设茅畲乡镇级避灾中心。

农村危房治理 辖区1.5万余户农户房屋全部拍照上传至管理系统,对生产经营自建房1608户和非自建房47户排查鉴定,拆除D级危房1户。马鞍山、新宅两村地质灾害隐患点10户11间房屋实现如期拆除。

换届选举 完成“两代表一委员”换届选举工作,依法选举产生117名北城街道党员代表、9名区党代表、15名区人大代表。

【先进名录】

2021年黄岩区受表彰的浙江省先进集体一览表

表179

获奖单位	获奖称号	授奖单位
浙江老年开放大学黄岩学院北城分院老年骑游社团	全省老年教育优秀社团	浙江老年开放大学
北城成人文化技术学校	2021年浙江省现代化学校	浙江省人民政府教育督导委员会办公室

2021年黄岩区受表彰的浙江省先进个人一览表

表180

获奖人	获奖称号	授奖单位
王再文	全省敬老养老助老模范人物	浙江省老龄工作委员会评
阮顺正	2021年度全省“五水共治”找短板寻盲区查漏洞挖死角专项行动表现突出个人	浙江省治水办

2021年黄岩区受表彰的台州市先进集体一览表

表181

获奖单位	获奖称号	授奖单位
浙江老年电视大学黄岩分校北城长塘教学点	第一届市级示范教学点	浙江省老年电视大学台州分校

续表181

获奖单位	获奖称号	授奖单位
北城街道办事处	台州市五水共治工作成绩突出贡献集体	中共台州市委、台州市人民政府
北城街道老年学堂	台州市教育局办公室	2021年全市老年教育优质(示范)学校

2021年黄岩区受表彰的台州市先进个人一览表

表182

获奖人	获奖称号	授奖单位
叶金欢	台州市生活垃圾分类工作成绩突出贡献个人	中共台州市委、台州市人民政府
王再文	社区教育先进个人	台州市职业教育和成人教育研究会
吴志杰	台州市五水共治工作成绩突出贡献个人	中共台州市委、台州市人民政府

(北城街道　卢钇伽)

澄江街道

【概况】 黄岩区澄江街道位于城区西南，面积35.43平方公里。2021年，户籍人口32627人，行政区域辖18个行政村，街道办事处所在地新江路1号。

【工业经济】 2021年，实现规模以上工业总产值35.5亿元，同比增长16.7%，完成固定资产投资2.6亿元。完成土地出让8.8亩，出让金2259万元。折角桥小微园建设进入验收阶段，宏鑫科技、臻风科技等企业投产。申报通过省级科技型中小企业11家、专精特新企业15家，完成规上企业数字化改造1家，“小升规”培育企业5家。举办“在黄过大年、党建共协商”座谈会，专题解决群众过年留黄难题，澄江留黄员工超1600人，占外来员工总数近40%。举办“破五难”送岗下乡专场招聘会，提供岗位1000多个，当场达成求职意向50多人。精准高效落实“永宁企管家”，做细做实“一企一员”联络服务制度，旗帜鲜明为企业撑腰鼓劲、纾难解困，解决企业“烦心事”20余条。

【重点工程】 2021年，通过省级“农业特色型”美丽城镇样板街道建设评审，梳理谋划年度重点创建项目19个，涉及资金1.54亿元。老江道至松岩山10公里游步道、美丽乡村示范带以及高速公路以西教育用地110千伏高压线迁改启动建设，中干渠、东浦河、江南渠道等中华橘源水系联通工程启动实施，山头舟岩场综合整治完成政策处理。新舟桥、桥头王、余家屿等3个美丽庭院完成建设。宝湾物流落户澄江，占地面积280多亩，政策处理完成。

【创建数字城镇】 2021年，创建数字城镇，启动建设面积近千平方米的数字澄江会客厅，建设一体化智能化公共数据平台，推动全街道全领域“大数据”的归集和融通，打造智慧城镇。澄江被列为全区唯一的市数字化城镇试点单位。建设现代农业，谋划街道数字农业工作，启动数字橘园建设。完成柑橘博览园冻害园整治，补种15年本地早橘近500株。配合做好全国化肥减量增效工作推进会，八达农资作为现场参观点接受考察。举办以“遇见大美澄江 遇见四月的你”为主题的2021年黄岩区澄江橘花文化旅游节，澄江知名度、影响力提高。

【文教卫社会事业】 2021年，中心幼儿园成功开园招生，启动卫生院迁建选址，石柜岙和禹成两家文化礼堂启动建设。卫生事业健康发展，慎终如始抓好新冠肺炎疫情防控，突出精密智控，滚动排查重点地区来黄返黄人员，有序落实新冠肺炎疫苗接种。每月开展健康素养活动进文化礼堂，普及健康知识。平安建设深化，开展百万员工大培训，筑牢企业“生命线”。清除公共安全领域隐患，开展安全生产综合整治深化年专项行动。

【基层党建】 2021年，整合石柜岙园区及周边四个村的党建资源，成立党建联盟。浙江天雁塑胶有限公司党支部探索“雁行党建”品牌，建立企业党群服务中心，获区领导肯定。做好村级换届后半篇文章，在全区率先出台村干部绩效考核办法，形成村级干事清单161项，确定村级重点项目30个，并建好“赛马场”，以项目化方式对行政村和村主职干部工作情况进行督考，在各村形成比学争先的竞争氛围，相关做法在《台州新闻》头条播出报道。完成下设村级支部换届，夯实村级组织力量。黄岩区“头雁领航·村村比拼”活动现场推进会在凤洋村召开。完成4名大学生兵员征集，开展文化礼堂活动560余次，横屋村戴冬春被评为浙江好人。

【校地合作】 2021年，深化校地合作，与台州学院成立首家镇域一级的校地合作实践中心，在智慧城镇、基层党建、乡村振兴、农文旅融合等方面加强合作。开展党史学习教育活动，坚持“规定动作做到位、自选动作创出彩”，在领导班子成员带头宣讲的基础上，推出“教授宣讲团”“青年宣讲分队”等品牌和系列主题活动，进村入企开展党史宣讲。

【清廉建设】 2021年，推进清廉澄江建设，开展正风肃纪检查48次，发出作风通报8期，给予各类提醒谈话55人次、诫勉2人次。打好案件办理攻坚战，党纪立案9件，办结8件。深化制度防控，审查村级会议450多个，发出审查意见书6份。

【先进名录】

2021年黄岩区受表彰的台州市先进个人一览表

表183

获奖人	获奖称号	授奖单位
黄慧国	台州市全国文明城市“两连创”工作个人嘉奖	台州市人民政府

（澄江街道　黄悠）

新前街道

【概况】 黄岩区新前街道位于城区西北，面积46.56平方公里。2021年，户籍人口45738人，行政区域辖22个行政村，1个苗圃场，街道办事处所在地西范村。

【工业经济】 2021年，工业发展提质升级。街道全年实现工业总产值103.24亿元，居全区第二，规模以上企业数量从88家增至108家，增量总量均居全区第一。新旧动能加速转换。

【省级模塑产业创新服务综合体】 2021年，打造模具（塑料）“产业大脑”，整合院士专家工作站、小镇科创中心，搭建省级模塑产业创新服务综合体，精诚模具获中国质量奖提名奖，系浙江唯一获得该奖项的中小企业，培育精诚、凯华等3家模具企业成为工信部专精特新“小巨人”企业，占全区总数四分之三。

【国家级、省级高新技术企业】 2021年，24家企业成为国家级高新技术企业，35家企业成为省级科技型企业，指导20家企业完成“零地技改”，18家企业实现“腾笼换鸟”，15家企业实现机器换人。

【产业空间拓宽】 2021年，引进长三角一体化项目——亿森汽车模具制造基地，填补台州在冲压模具领域空白，推进小微园区建设，累计出让工业用地400余亩，占地103亩的屿新小微园区、114亩的乐成模塑工业园区等小微园区建成投产，总投资3.5亿元的铸造产业园将于2022年投产，传统铸造业重现活力。

【城镇建设】 2021年，人居环境改善。年内，通过市“污水零直排区”验收，小城镇综合整治省级验收和市“基本无违建街道”复评，被评为美丽城镇建设省级样板、省高标准生活垃圾分类示范片区。

交通路网快速推进 锦川路、庆丰大道、朝元路等主干道建成通车，打通新江路、拱新大道等“断头路”，镇域路网向“五纵五横”拓展，全域推进“四好农村路”和美丽公路建设。

集镇改造 完成4个入城口改造，改造临街立面5.5万平方米，线改下8公里，线路整理20多公里，智能模具小镇客厅、主题公园、健康绿道等配套设施建成使用，绿城城市新区现代化小区逐步落地，西范、双丰、七里等旧村完成改造，城市形象更加丰满。

【民生事业】

救助社会保障 争取政府补助资金1000万元，对22个村开展困难群众周转房新建、修复，解决困难群众住房安全问题，完成“两不愁三保障”、年家庭人均收入8000元以下和集体经济薄弱村三项“清零”任务。社会保障提标扩面。落实城乡低保、社会救助、国家助学补助、农村危房改造补助等各项政策措施。提升改造村级居家养老照料中心，邻里中心建成使用。

教育医疗卫生文体事业 建成全市首批乡村复兴少年宫，新前中心幼儿园新园区、新前中心小学扩建工程建成使用。抓好疫情精准防控工作，投资5.5亿元的区中医院和医疗卫生中心完成主体施工。农村文化礼堂建设实现全覆盖，顺利完成黄岩图书馆新前分馆、新前文化站建设，“四千工程”“文化大超市”进文化礼堂活动广泛开展，获评省民间文化艺术之乡。

社会治理 便民服务中心完成改造提升，覆盖城乡、惠及全民、标准规范的便民服务体系日益完善。“四个平台”高效运转，全科网格推进，建成模具小镇联勤共治工作站，安全生产、消防安全、食品安全等重点领域监管责任和主体责任落实，社会稳定。

【自身建设】 2021年，深入学习习近平新时代中国特色社会主义思想，开展“两学一做”学习教育、“不忘初心、牢记使命”主题教育、党史学习教育。坚持依法行政，开展合法性审查工作，优化合法性审查流程，做到应审尽审。规范行政执法主体资格，落实持证上岗制度，执法人员参考率、通过率100%。严控“三公经费”，加强村级财务管理，加大政府信息公开力度，提高政府工作透明度。自觉接受人大监督，办理代表议案、建议、意见，把党和人民群众的要求落实到政府的具体工作中。推进政府职能转变，加强行政效能建设，坚定不移惩治腐败，严肃查办一批发生在群众身边的“四风”和腐败问题，党纪（监察）立案77件，党纪（政务）处分75人，基层公权力在线审批平台运行，清廉环境提升。

【先进名录】

2021年黄岩区受表彰的浙江省先进集体一览表

表184

获奖单位	获奖称号	授奖单位
新前街道办事处	美丽城镇建设省级样板	浙江省城乡环境整治工作领导小组
新前街道办事处	浙江省高标准生活垃圾分类示范片区	省生活垃圾分类工作领导小组
新前街道办事处	浙江省民间文化艺术之乡	浙江省文化和旅游厅

2021年黄岩区受表彰的台州市先进集体一览表

表185

获奖单位	获奖称号	授奖单位
新前街道办事处	2021年度“社会主义现代化先行市建设”国家创新型城市建设先进集体	台州市委、市政府

（新前街道 何包伦）

江口街道

【概况】 黄岩区江口街道位于黄岩最东部，面积31平方公里。2021年，户籍人口3.5万人，行政区域辖19个行政村，街道办事处所在地江口街道老黄椒路343号。

【新冠肺炎疫情防控】 2021年，落实市区各项工作要求。外防输入，加强网格化排查，落实外来重点人员信息核报工作，开展辖区重点场所“小门”防疫管控自纠自查。设立金碧辉煌酒店集中隔离点，处理医学隔离集中观察对象。内防反弹，落实各村(社)接种责任，发动辖区群众应接尽接；成立上辇卫生院临时接种点，配合江口卫生院完成新冠肺炎疫苗第一、二针准点清零。12月，60岁以上户籍人口第一针疫苗接种率87.93%，位居全区第四，全程覆盖率85.44%。

【工业经济】 2021年，全年实现工业总产值120.21亿元，同比增长12.69%，新增小升规企业20家；实现固定资产投资9.09亿元，其中工业性投资8.51亿元；实现限上批发销售额2.38亿元。19家规模以下样本调查企业2021年营业收入1.08亿元，同比增长80.69%。培育创新主体。创建省科技型中小企业12家，申报国家高新技术企业4家，深化“三服务”。开展企业走访586家次，解决问题287件。助力企业在能耗双控和疫情防控的双重不利下实现逆势增长。

【城镇建设】 2021年，完成白石王安置区块村庄规划、双龙河景观设计、西五村全域土地综合整治初步方案、东魁杨梅集成创新系列规划设计等编制工作，完成江口全域19个行政村村留地详细情况梳理工作，完成上澍王村庄规划增设工作，完成白石王、江山路拓宽工程、永宁江下游段生态环境提升工程(双龙桥)地块等土地农转用申报手续。

【数字城管】 2021年，城市管理工作纳入数字城管平台，全年考核任务1350张，12月完成1987张，全年完成率147.2%。

【环境治理】 2021年，污水零直排铺设污水管线3.5千米，实现辖区全域污水纳管，完成山头金河等4条河道生态修复、下洋郑河等16条河道疏浚，江口污水处理厂中水回用工程投入使用。“三改一拆”2021年全街道拆违考核任务1.1万平方米，12月，完成拆违建筑面积113813平方米，完成率103%。回复各类信访件148件；建立长效管理机制有序加强日常巡查，细化网格员考核内容与奖惩办法，严控新增违建发生。印发《江口街道文明城市创建常态化机制实施方案》落实责任，并定期邀请第三方检测公司开展自查自纠，召开点评会，评出红黑榜，奖优罚劣激励担当。

【平安维稳】 2021年，落实安全生产整治三年行动，全年检查生产企业448家，发现隐患5052个，当场整改2235个，全部完成整改。安全生产执法检查180家，现场检查记录35份，发放限期整改书28份，现场处理措施决定书14份。开展扫黑除恶专项斗争和安全生产、森林防火、食药监“大排查大整治”、平安大巡防、新型网络反诈骗等专项行动，形成常态化管理机制，辖区常住人口消防安全“绿码”持有率20%。

【民生实事】 2021年，做好在册危房的日常巡逻监管，防止人员回流入住，对辖区范围内其余房屋做好危房排摸工作。年内，街道排查自建房12368户，非自建房102户，共12470户。危旧房鉴定用作生产经营自建房897户，非自建房21户，计918户。完成5户困难户危房修补的验收和补偿款结算发放。

矛盾调解 街道、村两级排查各类民间矛盾纠纷181件，调处179件，成功率98.9%(其中非正常死亡纠纷案件都得到成功调解)；排查各类信访不稳定因素20余起，处理各类

信访件50余件次。

燃气专项整治 完成辖区村民燃气安全隐患排查8108户（其中瓶装燃气7284户，管道燃气824户），企业排查288家，发现问题隐患723项，全部整改到位。

换届选举 完成“两代表一委员”换届选举工作，依法选举产生118名江口街道党员代表、10名区党代表、17名区人大代表。

【先进名录】

2021年黄岩区受表彰的台州市先进集体一览表

表186

获奖单位	获奖称号	授奖单位
江口街道办事处	迈向工业4.0标杆城市建设先进集体	台州市委、市政府

（江口街道 牟林渊）

高桥街道

【概况】 黄岩区高桥街道位于黄岩区境西南部，面积20平方公里。2021年，户籍人口24318人，行政区域辖12个行政村，街道办事处所在地高桥头村（高丰东路1号）。

【工业经济】 2021年，实现规模以上工业总产值32.42亿元，同比增长18.27%，增长势头良好；完成工业性投资1.7亿元，同比增长86%，外贸出口5.98亿元，同比增长30.10%；工业增加值6.91亿元，同比增长12.8%，财政总收入1.63亿元，一般公共预算收入0.88亿元。金宇机电年产值14亿元，新增规上企业5家，完成零地技改项目8个。落实凤凰行动，青蛙泵业完成上市材料申报，进入上市序列，排在第63位。拓宽企业发展空间，青蛙泵业、三元净化器新厂区项目开工并入库。螺屿村集体留地开发完成建筑结顶并办理房产证，联丰堂小微企业园（高桥街道电子商务园）建成投用，联丰堂绿色产业园区场地平整和边坡治理工程加快建设，C区块（含人才公寓大楼）启动建设，A区块标准厂房完成验收，B区块正在开展边坡治理和场地平整。联丰螺屿服务中心项目完成主体施工。

【乡村振兴】 2021年，保持治危拆违高压态势，完成23个卫片遥感图斑整治，拆除19处违建，清理复垦7处乱占耕地现象。清除大型墙体广告9处，完成集镇老化路灯线路改造设计，提升集镇形象。争取3000万绿色转化资金，用于下浦郑米面产业振兴和瓦瓷窑乡村振兴集聚提升类示范工程建设。推进下浦郑特色米面小镇建设，完成米面小镇总体规划设计，传统米面产业转型升级有关做法获《农民日报》报道，投资150万元建设“数字乡村云平台”。瓦瓷窑乡村振兴集聚提升类示范工程在同济大学杨贵庆教授团队指导下，推进原始森林区块青瓷源博物馆、游步道建设。螺屿村通过区级AA级旅游村庄验收。前门山主题公园建设一期基本完工。大埭村美丽庭院三期建设进入扫尾，完成下浦郑村美丽庭院建设。

【基础设施建设】 2021年，220千瓦高桥输变电站进入边坡治理和场地平整施工。高桥社区卫生服务中心、高桥中心幼儿园等一批民生实事项目取得突破进展。公交场站地块完成围墙建设，正在开展土地平整。十沙线穿镇段道路完成白改黑施工，交通基础条件逐步完善。澄江支线综合供能服务站降坡施工完成。永丰河综合整治二期工程启动大埭、胜利、杏林、车下洋、前店段建设，建设永丰河北岸5.4公里滨河绿道。璀星佳苑住宅区块项目地块土壤调查完成，土地农转用报批工作正常推进。高桥头村体育公园完成建设，满足群众健身运动需求。完成三童岙斗天塘水库除险加固工程。矿地综合利用瓦瓷窑征地丈量和青苗补偿有序推进，促进街道工业经济发展。

【社会事业】

结对帮扶便民服务 做好271户低保、低边农户结对帮扶，确保最低生活保障。街道便民服务中心被评为四星级便民服务中心。完成下浦郑和联丰堂村村级便民服务点的改造升级。杏林村级避灾场所完成规范化建设，并通过区应急管理局验收。

高桥街道新冠肺炎疫情防控 做好新冠肺炎疫情防控，加强对各疫情重点管控地和入境返黄人员的核查管控，排查不漏人。高桥联勤工作站正式投入使用。

信访工作和矛盾纠纷调处 提升信访维稳和矛盾纠纷调处工作水平，152件矛盾纠纷、231件信访事项实现100%办结率。围绕安全生产整治月，推进安全生产大排查大整治工作，企业风险隐患排查和工矿企业数字化安全巡查实现100%全覆盖，消除各类安全隐患127起。

【基层党建】 2021年，完成东星村村部改造提升，启动杏林村新村级活动场所建设，创建螺屿村、下浦郑村2个村五星级党群服务中心，实现村级阵地全域覆盖。提升两新党建，新建2家“红色车间”，打造青蛙泵业拟上市企业党建示范点，启动绿源气体企业党建示范点创建。加快后进党组织整转，完成大埭村和谛亚家居后进党组织整转。党建联盟建设，“富美八法”相关经验获市领导批示肯定。召开街道乡贤大会，汇聚乡贤力量。发展党员“源头工程”，落实党委审批预备党员有关规定，提前完成全年发展党员任务24名，其中大专及以上学历占50%以上，优储入党积极分子80余名。完成建党100周年、党的十九届六中全会等安保工作。落实从严治党要求，处置各类党员违纪案件7起，处理党员7人。

【村级组织换届选举】 2021年，紧盯村级组织队伍，完成村级组织换届选举，推进村干部队伍“雁阵工程”“头雁领航·村村比拼”，形成比学赶超的良好氛围。招录专职村务工作者25人。

【先进名录】

2021年黄岩区受表彰的台州市先进集体一览表

表187

获奖单位	获奖称号	授奖单位
台州市黄岩区高桥街道办事处	台州市粮食生产工作成绩突出集体	
台州市黄岩区高桥街道办事处	台州市五水共治工作成绩突出贡献集体	

（高桥街道　章振洋）

富山乡

【概况】　黄岩区富山乡位于黄岩区境西部，面积51.11平方公里。2021年，户籍人口11409人，行政区域辖10个行政村，镇政府所在地安山村。

【农业产业】　2021年，重点以高山蔬菜为发展核心辐射带动高山水果、高山笋竹、高山稻米等主打产品发展。夯实高山农业发展基础，成立台州市黄岩共发农业科技有限公司，开展农业一体化系统服务，实质性建成高山果蔬农合联，集中力量打造高山果蔬金名片。推进高山杨梅产业发展，依托省级乡村振兴集成创新示范建设项目，推进南征顶、决要两个千亩高山杨梅基地建设。

【旅游产业】　2021年，成立“富山春居”项目工作专班，打造西部特色旅游品牌，推动实现“共同富裕”。推进“富山春居”建设，携手交旅集团推进半山村旅游项目开发，打造高山民宿发展样板，富山“枕山酒店”正式营业，高端民宿群建设稳步推进，半山景区村庄初具规模。完成美丽城镇基本美丽创建工作，推进安山村后街征地政策处理工作，与区交旅集团达成旅游集散中心和避暑综合楼出租协议，安山集镇面貌与市场功能性显著提升。外坦村、李家山村、决要村区级“一事一议”项目和畴路村美丽乡村建设基本完成，各村旅游产业基础设施建设逐步夯实。

【新冠肺炎疫情防控及消防安全】　2021年，严抓新冠肺炎疫情防控工作，守好“小门”，推进疫苗接种工作，做到全乡群众能接尽接。推进数字化改革工作，推广“反诈骗码”“浙里办”App应用、“学习强国”、“善治永宁”等，提高群众生活便利度。完成富山加油站选址规划及政策处理工作，推进乡交通综合服务站内部设施建设。完成乡社会治理综合平台建设，加大应急物资储备和演练，全年开展消防安全和安全生产检查48次，落实整改消防安全隐患34处。

【饮水、地质灾害搬迁整治】　2021年，加大民生投入力度，推进农饮水项目，推进下家山水坝工程建设和村级三级管网铺设。推进6个异地搬迁小区和19间周转房建设，基本完成全乡17个地质灾害点搬迁整治工程主体框架建设。

【党史学习教育】　2021年，自主学习和集中学习相结合，制订学习计划表，通过书记上党课、中心组专题学习等形式，参与党史学习教育，使学习成为日常生活工作的重要一部分。

组织乡、村两级干部参演红色微电影《西乡农民打盐廒》,将本土红色故事拍摄成微电影,重温重现革命先辈事迹,推进党史学习教育宣传更深入人心,得到全乡广大群众的共鸣和参与。主动谋划创新,富山的产业蓬勃发展,群众生活品质提升,村庄面貌焕然一新,各项工作有序发展。

【党风廉政建设】 2021年,贯彻落实从严治党的关键要点,每季度召开1次专题例会分析研究党风廉政建设工作,实现从严治党与经济社会发展同部署、同落实、同检查、同考核。累计对12名中层干部进行工作提示约谈。建立完善富山乡本级及村级监察信息员队伍,其中乡本级监察信息员16人,村级监察信息员43人,推动党风廉政建设更好地向基层延伸。

【先进名录】

2021年黄岩区受表彰的浙江省先进集体一览表

表188

获奖单位	获奖称号	授奖单位
富山乡人民政府	省级卫生乡镇	浙江省爱国卫生运动委员会
富山乡人民政府	浙江省二级综合文化站	浙江省文化和旅游厅
富山乡人民政府	省美丽城镇办	省级美丽城镇建设基本达标乡镇

2021年黄岩区受表彰的浙江省先进个人一览表

表189

获奖人	获奖称号	授奖单位
郑庆国	“最美浙江人—浙江骄傲”荣誉称号	省文明办
郑庆国	第十届“浙江孝贤”称号	省文明办

2021年黄岩区受表彰的台州市先进集体一览表

表190

获奖单位	获奖称号	授奖单位
富山乡人民政府	省级AAA级景区镇(乡、街道)	台州市文化和广电旅游体育局
富山乡人民政府	台州市生猪增产保供工作成绩突出集体	中共台州市委、台州市人民政府

2021年黄岩区受表彰的台州市先进个人一览表

表191

获奖人	获奖称号	授奖单位
李德兴	2020年度台州市优秀共产党员称号	中共台州市委、台州市人民政府
李德兴	台州市扶贫开发工作成绩突出个人	中共台州市委、台州市人民政府
李德兴	“台州市担当作为好支书”称号	中共台州市委、台州市人民政府

(富山乡 泮灵远)

宁溪镇

【概况】 黄岩区宁溪镇位于黄岩区境西部，面积89.12平方公里。2021年，户籍人口33671人，行政区域辖21个行政村，6个居委会，镇政府所在地宁川东路3号。

【数字智慧农业】 2021年，推动数字赋能，因地制宜发展数字农业、智慧农业，启动中药材科技园项目，建成宁溪绿色发展中心数字分析中心和专家楼，引进数字果园，创建博士后科研站，打造"产学研"一体的"未来橘园"。升级金山陵文化产业园，推动传统糟烧产业创新、文化传承、消费升级。探索"村集体+高校+企业"产业振兴模式，盘活五部半山"空心村"闲置房屋和土地，启动"半山半水泮云间"名家村项目，打造特色学术小镇。

【实施"小橘灯"安居增收重点项目】 2021年，围绕共同富裕目标，依托橘光党建联盟，在全区创新实施"小橘灯"安居增收行动，建设21家村级"小橘屋"、17家"小橘灯"暖心工坊和橘光乡村服务中心，一揽子解决困难群众和农村留守人员生产生活问题。"橘"系列安居增收的工作实践被《人民日报》《浙江日报》等核心媒体报道，成为台州市"共同富裕"的金字招牌。

【村镇建设】 2021年，加强"四好"农路村建设，提升微公交覆盖率，形成外联内畅的道路交通体系。实施城镇更新行动，投资336万元完成S325公路沿线绿化养护。完成"污水零直排区"创建，投资680万元完成上桧村、中下岭村、金林村农村生活污水管网和终端建设。筑牢生态屏障。综合治理山水林田湖。完成五部溪山区小流域农业综合开发项目，整治山塘、水库7座，退耕还林720亩，森林抚育9022亩，3个地质灾害点完成治理，6个水利水毁修复工程竣工验收。补齐基础设施建设短板，整体提升宁溪生活体验。

【美丽乡村建设】 2021年，建成高山移民小区4个（牌门、上桧、金林、下蒋岙）安置移民户428户1080余人，解决低收入农户房屋新建56户87人。加强对传统村落的保护，宁溪镇乌岩头村五部半山村自然村入选第三批台州市市级传统村落。依托共同富裕新时代美丽乡村集成示范带项目，联通乌岩头、白鹭湾、炭场头等精品区块，形成精品"风景线"。建成白鹭湾、方家岙、上桧村等美丽庭院，完成金林村村庄环境整治工程。2021年，宁溪镇乌岩头村获评"浙江省生态文化基地"，宁溪镇牌门村、白鹭湾村森林氧吧获评浙江森林氧吧。

【社会事业】 2021年，完成十件民生实事，推进黄岩溪、日溪宁溪段堤坝加固和水毁修复工程，新建国防教育馆、"和文化"基地，创成省特级文化站，31家农村文化礼堂、28家新时代文明实践站所覆盖全镇。聚焦"一老一小"，提升教育、医疗、养老等公共服务水平，建成宁溪中心幼儿园新园、规范化社工站，发放奖教奖学资金33.6万元。推进"大综合一体化"行政执法改革，实现"一支队伍管执法"，宁溪综合行政执法队被列入省级试点。聚焦数字赋能，统筹"一中心四平台一网格"，完善社会矛盾纠纷多元化解体系，全年化解矛盾纠纷76起。表决通过《中国共产党台州市黄岩区宁溪镇委员会工作规则》，实施基层合法性审核，筑牢基层依法治理防火墙。

【基层党建】 2021年，围绕“红色根脉”强基工程，推行“导师帮带制”，出台村两委班子、村务工作者等3个考核办法，召开考评现场会4次，实现以考促干、以考促管、以考促变，建强基层领雁队伍。完成炭场头后进党组织整转，建成3个“红色根脉”强基示范村，形成坚强有力的基层战斗堡垒。

新冠肺炎疫情防控 组织1440名党员助力疫情防控等重点工作，累计排查52746人次，协助完成疫苗接种4.6万剂次，筑牢“外防输入、内防反弹”的坚固防线。

乡村振兴人才培训 依托乡村振兴学院，培训乡村振兴人才1560人次，完成村干部学历提升25人，强化乡村振兴人才梯队。依托建党百年，开展文艺演出、主题宣讲等系列活动300余场次，讲好宁溪故事，提升基层文化自信。

清廉宁溪建设 推进清廉宁溪建设，全年工作提示约谈78人，警示约谈2人，诫勉谈话2人；党纪监察立案11起，党内警告5人，开除党籍1人，营造风清气正的政治生态。

【先进名录】

2021年黄岩区受表彰的浙江省先进集体一览表

表192

获奖单位	获奖称号	授奖单位
宁溪镇	浙江省摄影小镇	浙江省摄影家协会

2021年黄岩区受表彰的台州市先进集体一览表

表193

获奖单位	获奖称号	授奖单位
宁溪镇	台州市基层党建示范乡镇	台州市委组织部
宁溪镇	台州市“污水零直排区”建设样板镇	台州市治水办

2021年黄岩区受表彰的台州市先进个人一览表

表194

获奖人	获奖称号	授奖单位
周桂强	台州市污染防治工作成绩突出贡献个人	中共台州市委、台州市人民政府

（宁溪镇　周旎）

上郑乡

【概况】 黄岩区上郑乡位于黄岩区西部，面积93.32平方公里。2021年，户籍人口12392人，行政区域辖10个行政村，乡政府所在地上郑村。

【共同富裕】 2021年，以精准帮扶助力共同富裕，落实完善“一户一策一干部”帮扶机制，精准帮扶低收入农户286户456人。以党建联盟聚力共同富裕，与东城街道、区交旅集团共建“红磐石”共同富裕党建联盟，通过黄岩山旅游综合体等六方面19个项目的陆续实施，巩固脱贫攻坚成果。区交旅集团与乡下辖10个行政村合资成立强村公司，走出村企合作新路径。

【农业经济】 2021年，发挥生态优势，培育“中药材”“高山水果”等特色农产品，完成千亩中药材基地建设，探索建立“龙头企业（专业合作社）+基地+农户”农业发展模式，种植面积2000余亩，种植品种发展至8个。

【建设美丽乡村休闲旅游】 2021年，发力美丽乡村建设，被评为浙江省美丽乡村示范乡镇、市级新时代美丽乡村精品村（优秀）。赓续红色根脉，投资300多万元完成浙东浙南两军会师纪念馆的数字化改造，接待参观党员干部群众约2万人次。完成大溪、圣堂、下庙景区村庄创建。完成下庙、干坑、大溪村美丽庭院创建。发展农家乐乡村旅游，建成民宿13家。

【民生事业】

地质灾害隐患点整治工程 完成大溪等9处地质灾害隐患点整治工程。完成直坑、抱料道路大中修工程。开通圣堂至龙腾坑、大英山至小英山微公交路线。完成临水临崖道路护栏安装3千米。完成大溪段、龙腾段、圣堂段、集镇段等河段清淤20万立方米。

民生工程 推进农村饮用水达标提标（供水一体化）工程，完成10个行政村农村饮用水达标提标二级管网工程，惠及4000余户农户。推进圣堂等7个村周转房建设。推进铅锌矿尾矿库治理工程，投资1000万元完成铅锌矿生态修复工程，投资1700万元基本完成铅锌矿尾矿库应急治理工程。巩固并提升国家文明城市创建成果。完成集体经济薄弱村消除年度任务。

新冠肺炎疫情防控 慎终如始防控疫情，按照“外防输入、内防反弹”的要求，实行网格化、地毯式管理，推进新冠肺炎疫苗接种，构筑疫情防控严密防线，辖区范围内未发生1起病例。

乡便民服务中心 完成“四星级”创建，下放美丰、圣堂便民业务村试点，通过“浙里办”等云平台，拓宽便民办事渠道。

【文化宗教活动】 2021年，新创建文化礼堂（新时代文明实践站）1家，志愿者注册数1203人，举办各类活动700余场，服务总时长2905小时。全乡无重大舆情事件发生。成立上郑乡乡贤联谊会，推进宗教活动场所规范化建设，完善宗教（民间信仰）活动场所“三人驻堂”工作机制。

【居民生活安全检查】 2021年，开展全乡居民燃气安全检查，排摸1475户，更换燃气管1085户。开展安全生产监督管理，完成企业、小作坊安全生产检查80家次，制作现场记录48份，排查出的问题及时整改。对消防安全、防溺水安全、铅锌矿尾矿库、地质灾害点、临水临崖路段、公共场所等进行专项检查整治和日常巡逻，建立“三色”风险表格，排查出红色风险2户，黄色风险16户，蓝色风险202户。依托“三色”风险表格，做好应急预案。完成庆祝中国共产党成立百年大庆安保维稳工作，全年无发生重特大火灾及安全生产事故。

【党风廉政建设】 2021年，聚焦主体责任，落实党风廉政建设，以“五张清单”为重要抓手，推进岗位廉政风险防控。制定上郑“五张责任清单”任务书，形成一级抓一级，层层抓落实的工作格局。始终坚持以“零容忍”的态度，正风肃纪。关注隐形变异“四风”问题和违反中央八项规定精神问题。发出督察建议书2件，整改1件，提交问题线索13件，其中组织处理9件，立案4件（其中自办案1件），其中结案2件，协审阶段3件。围绕“减存量、遏增量、提质量”的目标，严抓初信初访办理质效，收到信访案件5件，办结5件，开展澄清正名1起。执行新时代村级治理“三化十二制”，研究制定《上郑乡村规范村级小微权力运行机制》，推进村干部履职任务清单“菜单式”制度。发现村干部问题线索3条，组织处理3人，党纪立案1人。制定《关于规范发放村级干部误工报酬的通知》，构建村级财务监督管理体系，从源头上防治腐败。

【先进名录】

2021年黄岩区受表彰的浙江省先进集体一览表

表195

获奖单位	获奖称号	授奖单位
上郑乡	美丽乡村示范乡镇	浙江省千村示范、万村整治工作协调小组办公室

2021年黄岩区受表彰的台州市先进集体一览表

表196

获奖单位	获奖称号	授奖单位
上郑乡上郑村	2021年度市级新时代美丽乡村精品村	台州市千村示范、万村整治工作协调小组办公室
上郑乡上郑村	2021年度市级农村生活垃圾分类“三化”处理示范村	台州市千村示范、万村整治工作协调小组办公室
黄岩区裂谷飞瀑	2021年度市级美丽乡村精品示范区	台州市千村示范、万村整治工作协调小组办公室

（上郑乡　王威威）

屿头乡

【概况】 黄岩区屿头乡位于黄岩区西北部，面积98.22平方公里。2021年，户籍人口13562人，行政区域辖11个行政村，乡政府所在地沙滩村。

【经济发展】

生态农业水利设施 振兴生态农业，开展全乡耕地“非粮化”“非农化”改造，推动抛荒土地、闲置耕地再利用。加快农业技术试点培育，申报建设白石中药材基地、大田村金秋红蜜栽培基地和三联油茶基地项目。扶持观光农业和特色农产品发展，推广白石牡丹庄园以及馒头、米酒等特产。完善水利设施，完成柔极溪生态湿地修复、布袋山和兴安河道综合整治以及孔恩和罗丝坑山塘的修复工作。

文旅产业 文旅产业，增设柔川景区老街创客厅、民宿博物馆和沿街商贸店铺，完成两岸红色主题教育基地建设。对接省内外疗休养客源和文旅团队，全年旅游客流量50万人次。

研学基地会务经济 启动乡村振兴学院二期项目开发，建设东坞创意创新中心，设置沙滩老街“柔川宋韵”研学基地，促进天目融媒体学院台州(黄岩)学院落户柔川景区。“发现美好·遇见黄岩”长三角拍客大会暨短视频大赛、全省美丽城镇现场调研会、黄岩区新阶段乡村振兴先锋论坛均在屿头召开。

【生态建设】 2021年，开展环境整治，完成柔极溪综合整治工程收尾，建设柔极溪沿溪绿道，开展沿库沿溪污水处理设施和管线维修。柔极溪创成省级美丽河湖。常态化开展环保执法和文明城市创建工作，全年累计开展专项环境整治行动20余场。改善村庄风貌，推动屿头村和沙滩村背街小巷整治工程。完成两岸(石狮坦)沿溪建筑外立面改造、联一村入乡口广场、屿头村党建体育公园等建设。布袋山村获省级首批“气候康养乡村”称号，金廊村获省级“一村万树”示范村称号。

【创建省级美丽城镇建设】 2021年，提升城镇品质，完成82省道入乡口至梨坑环境整治、集镇中心线路改造、东大路沿线建筑外立面改造、屿洋线沿途建筑外立面改造以及乡党群服务中心、乡邻里中心建设工程。成功创建省级美丽城镇达标乡镇。

【促进共同富裕】 2021年，促进共同富裕，申报并建设农村、移民、一事一议项目11个。新申报屿头村、三联村“飞地”购置厂房项目。谋划筹建“屿头共智共富家园”项目，成立浙江柔川众富数创科技有限公司，引导村庄投资，村民持股，共同建设致富项目。

【社会保障社会治理】 2021年，加强社会保障，排查全乡农房安全隐患，完成5处地质灾害治理工程和4户受灾群众安置工作。申报7户低收入农户建房补贴，惠及26人。开展7个村的困难群众周转房建设，实现农村周转房全覆盖。优化社会治理，综治网格、党建网格覆盖全乡，村务工作者、网格员选优配齐。开发“数智屿头”系统，实现党建展示、防溺管控、生态治理、旅游推介、矛盾调解智慧化一体化操作。

【国家卫生乡镇创建】 2021年，国家卫生乡镇创建开展国家创建卫生乡镇工作，做好病媒生物消杀和乡域卫生死角清理。落实常态化新冠肺炎疫情防控工作，推进全民新冠肺炎疫苗接种工作。成功创建四星级便民服务中心，综窗人员礼仪培训、大厅标准化建设落实到位。开展60岁以上免费健康体检、妇女“两癌”筛查、登革热防治等公益工作。

【基层党建】 2021年，基层党的建设，完成两岸村后进村整顿转化，乡本级党群服务中心正式投入使用，金廊、三联两村党群服务中心软硬件建设得到提升。推进柔川共同富裕党建联盟建设。沙滩村党支部荣获浙江省先进基层党组织。

廉政教育活动 开展各类廉政教育活动5次，累计参与干部300余人次。全年累计开展各类监督检查13次，查处违纪案件6起，处理人员5名。主动配合区委巡察回访工作，完成回访检查反馈的4个问题整改。联一村新建1处廉政文化广场。

【统战工作】 2021年，开展"百年橘韵 同心同行'屿'你说黄岩党史""学党史感党恩文艺演出""跟着红色地图学党史"等活动，党史学教工作在中央省区市四级巡察中均得到较高评价。在全区率先完成"唱支山歌给党听"快闪拍摄，点击量7万次。成立屿头乡乡贤联谊会，组织乡贤募集互助基金。开展民族共富结对、"石榴红"家园建设，列为省级民族团结进步创建重点培育单位。

【干部管理和培养】 2021年，干部管理和培养工作探索完善"一肩挑"后村级"1+2+X"新体制，开展"头雁领航·村村比拼"和"三同"考核。开展"青春导航"年轻干部成长青橘计划暨青橘分享荟活动，组织青年干部与资深老干部开展"传帮带"青蓝结对。

【先进名录】

2021年黄岩区受表彰的浙江省先进集体一览表

表197

获奖单位	获奖称号	授奖单位
屿头乡沙滩村	省先进基层党组织	中共浙江省委
屿头乡人民政府	第四批省级民族团结进步创建重点培育单位	浙江省民宗委
屿头乡柔极溪	省美丽河湖	浙江省水利厅
屿头乡金廊村	省"一村万树"示范村	浙江省林业局
屿头乡布袋山村	首批省"气候康养乡村"	浙江省气候中心

2021年黄岩区受表彰的台州市先进集体一览表

表198

获奖单位	获奖称号	授奖单位
屿头乡人民政府	弘扬新时代台州城市精神先进集体——疫情防控工作先进集体	台州市委、市政府
屿头乡人民政府	市全民反诈大擂台活动优秀组织奖	台防诈专项办

（屿头乡 朱洁）

北洋镇

【概况】 黄岩区北洋镇位于黄岩区境中北，面积67.99平方公里。2021年，户籍人口32657人，行政区域辖20个行政村、2个居民区，镇政府所在地大院办公一区（北洋街51号）；地税办公二区（长宁路105号）。

【重点工程】 2021年，框架拉开，汇头移民安置小区开工建设，汇头31.896亩高档住宅用地挂牌出让，瓜农天下综合体大楼有序推进，逐步形成九澄大道以北、老镇区东侧跨永宁江500亩左右集镇新区。

【工业经济】 2021年，全年实现税收收入7302万元，同比增长13.70%。地方财政收入4011万元，同比增长14.85%。27家规上企业实现产值16亿元，同比增长23.1%。外贸出口额突破8亿元。有研发费用的规上工业企业占比100%。高端模塑产业园区六家企业全部完成投产，分嫁岭小微园区三家企业主体建设基本完成，初步形成块状产业集群。昀瑞电子科技走在5G物联网前沿，祥珑科技包装容器进入中国空间站，安之捷公司加班加点生产集装箱房助力浙江疫情防控。北洋工业经济首次进入全市制造业“一优两强”评比。

【农业经济】 2021年，现代农业提质增效，传统有机农业、现代高效农业、休闲观光农业蓬勃发展。富硒米种植成功，启动“千亩富硒米”富民计划。曦禾生态农场成为省级数字农业工厂试点示范基地和全省高品质绿色科技示范基地；中德农场通过农业农村部专家评审，成为全国首批生态农场示范基地之一。承办全国化肥减量增效工作推进会、浙江省西甜瓜良种育繁推科技创新平台现场会，成为特色农业小镇三产融合发展省级标准化试点。

【基础设施】

道路工程主体建设 推动黄长复线政策处理，信用社至北平路口段基本完成建设。完成联丰至瑞岩、北洋至平田(北洋段)、长潭至潮济、前蒋至坎头等四条道路大中修项目。杨恩至料前道路加快建设，温潭至白岳殿道路工程主体建设基本完成，解决库区村民汛期出行难的问题。

防汛防台体系标准化建设 作为省级基层防汛防台体系标准化建设试点，召开全省现场会，并通过省级考核验收。巩固深化“污水零直排”工程。

幸福小区建设 幸福小区建设如火如荼，小里桥新区美丽乡村精品村提升通过省级验收，前蒋、称歇、长潭小康型住宅建设加快推进。完成集镇智能化系统设备试用，建立智能化源头分类系统，逐步推进“撤桶并点”，创建长潭村为市级垃圾分类示范村。

农村饮用水 完成农村饮用水达标提标改造，万名群众告别“守着水库喝不到干净水”的历史。

【社会事业】

薄弱村消除 2021年，全镇村级集体总收入761.81万元，经营性收入451.55万元。探索折股量化，以瑞岩村、杨恩村为试点，成立村集体全资公司，走出一条通过股权化实现规模化、集约化、产业化的共同富裕之路。

农民医保异地搬迁 农医保参保率99%以上，2116位失土农民参加养老保险。整合困难群众家庭住房救助、异地搬迁补助等政策，实现行政村“暖心房”全覆盖。

幼儿园文化设施建设 北洋中心幼儿园(前蒋分园)完成改扩建并投入使用。文化礼堂实现全覆盖，北洋文化馆、北洋图书分馆建成并投入运行，北洋镇综合文化站获评浙江省一级文化站。

新冠肺炎疫情防控 新冠

肺炎疫情防控积极有效，建立健全“点、线、面”疫情防控工作体系，近千名党员干部冲锋一线，全镇未发生一起确诊病例。

【基层治理】 2021年，推进社会治理“四个平台”建设，设立信访代跑和行政执法投诉举报受理窗口，开展信访积案“一对一”认领活动。成为省法治化综合改革试点乡镇，在全区率先成立镇综合行政执法队，“一支队伍管执法”初具雏形。推进内控信息化试点建设，实现从“人控”到“智控”转变，系统应用累计用户服务5650次，管理水平与办事效率显著提高。

【先进名录】

2021年黄岩区受表彰的浙江省先进集体一览表

表199

获奖单位	获奖称号	授奖单位
北洋镇人民政府	浙江省法治化综合改革试点乡镇	中共浙江省委全面依法治省委员会办公室

2021年黄岩区受表彰的浙江省先进个人一览表

表200

获奖人	获奖称号	授奖单位
严绍明	2021年省组文化示范户	浙江省文化和旅游厅

2021年黄岩区受表彰的台州市先进集体一览表

表201

获奖单位	获奖称号	授奖单位
北洋镇人民政府	台州市消除集体经济薄弱村工作成绩突出集体	中共台州市委 台州市人民政府
北洋镇人民政府	台州市防洪排涝补短板建设突出贡献集体	台州市气象局

2021年黄岩区受表彰的台州市先进个人一览表

表202

获奖人	获奖称号	授奖单位
张　剑	市文明城市创建三等功	中共台州市委 台州市人民政府
叶　峰	台州市扶贫开发工作成绩突出个人	中共台州市委 台州市人民政府
赵增江	2021年度社会主义现代化先行市建设 （“双循环”节点城市建设）先进个人	中共台州市委 台州市人民政府
张益铭	2021年台州市优秀气象信息员一等奖	台州市气象局

（北洋镇　张栌尹）

上垟乡

【概况】 黄岩区上垟乡位于黄岩区境西南，面积67.58平方公里。2021年，户籍人口16857人，行政区域辖11个行政村，乡政府所在地上垟村。

【特色产业发展】 2021年，发挥长潭水库上游小盆地气候优势，推进土地预流转，建设中药材、精品水果、特色农产品，建成白及等中药材基地约1300亩、小气候蜜橘等精品水果基地约1.1万亩、笋竹等特色农产品基地约3900亩，通过线上线下相结合，帮助农户拓宽农产品销售渠道；探索数字农业，以沈岙白及基地为示范，建设钢构自动卷网遮阴篷和高效喷滴灌系统，实现智能化远程操控种植；耕地质量提升、高标准农田建设等工作有序开展。整合上垟山水资源、人文景观、特色产业，统筹规划，形成以科技农业、田园风光、文化旅游为主题的长潭诗画田园综合体。发展"旅游+农业"，利用小气候蜜橘、蓝莓等优质农副产品，壮大采摘游、观光游；探索"旅游+体育"，建成台州首条专业山地自行车赛道，举办山地自行车邀请赛，吸引全国25支队伍参赛。

【美丽乡村景观建设】 2021年，推进长潭水库生态修复工程、小流域综合整治工程、38米线以下土地退耕还林、小坑溪与象岙溪入库溪流生态湿地建设工程，提高库区水环境的自净能力；完成中央、省环保督察反馈问题及"回头看"发现问题整改。美丽乡村串点成线。在各村建设特色节点、景观牌坊、休闲长廊等项目。建成白沙园村、黄杜岙村美丽庭院，沈岙村AAA景区村庄、岭脚村AA景区村庄、湖滨村AA景区村庄，西洋村获评省级高标准农村生活垃圾分类示范村、市级美丽乡村精品村，岭脚村大岩获评省级"一村万树"示范村，沈岙村获评市级农村生活垃圾分类减量化资源化无害化处理示范村，上垟村获评市级文明村。

【民生实事】

村级公益基础设施建设 通过江上共富协作、干部结对等方式，巩固脱贫成效。争取各类项目19个，改善村级公益事业基础设施。

村集体经济壮大 利用"飞地抱团"联合购置物业厂房、出租集体资产、修建小水电站等"造血式"措施，壮大村集体经济，完成消薄任务；在7个行政村建立小橘灯暖心工坊，帮助留守群众、低收入群体实现家门口就业；发放慈善补助、低保金5764746元。年内，修建防洪堤、拦水坝完成水毁修复水利工程22个。

村级建立多种便民服务中心 开展"乡贤光明行"、暑期"候鸟计划"等系列活动，受益老人及儿童3000余人；建成百姓健身房1个、拆装式游泳池1只、健身步道7条，打造健康上垟；成立中医院医联体上垟乡联合门诊，建成小坑卫生服务站，完成乡级党群服务中心、居家养老服务中心、残疾人之家建设，实现村级便民服务中心、文化礼堂、新时代文明实践站（所）、照料服务中心、避灾安置中心建设全覆盖，增强群众获得感。

【社会治理】 2021年，深化"最多跑一次"改革，完成乡便民服务中心规范化建设，推行代办员机制，推广"浙里办"应用，加快数字化转型，打通服务群众

"最后一公里";推动"四个平台"建设,强化农村网格化管理,完成乡矛盾调解中心建设,化解各类矛盾纠纷81件,调解成功率95%,办结国家级信访件5件,信访件回复率100%;推进平安建设,常态化开展消防安全隐患大排查大整治、禁毒、反邪、扫黑除恶、防汛抗旱、森林防火、食品安全等工作,完成各类节庆安保维稳工作,无重大事故和群体性事件,全乡社会稳定。

新冠肺炎疫情防控 2021年,辖区范围内未发生1起病例,村民健康码实现全覆盖,推进疫苗接种,风险排查管控工作。

【基层党建】 2021年,开展"两学一做"学习教育、"不忘初心、牢记使命"主题教育、党史学习教育,全乡上下学习贯彻习近平总书记系列重要讲话精神、十九届系列全会精神和省、市、区委重要会议精神。抓好意识形态建设,开展宗教领域"四治一提升"专项行动,定期研判意识形态、社会舆情,组建网评员、乡村大使、宣讲员等多支队伍,弘扬正能量,把牢意识形态。党建基础夯实。落实台州基层党建"三十条"意见和黄岩区新时代村级治理"三化十二制"有关要求,抓好"整乡推进、整县提升"、完成行政村规模调整、超大支部升格、村级阵地提升、后进村整转、村级组织换届等重点任务,沈岙村成功创建"党建强、发展强"双强示范党组织,组建党建联盟,在全域旅游、生态农业、美丽乡村等方面促进各村互帮互建。

(上垟乡 王诗诗)

平田乡

【概况】 黄岩区平田乡地处黄岩区境西南,面积43.33平方公里。2021年,户籍人口9653人,行政区域辖9个行政村,乡政府所在地天灯洋村。

【红色旅游】 2021年,黄岩区以平田乡"三化十二制"样板村创建为目标,结合党史学习教育,在桐树坑村建立红色讲堂讲师常驻制,和公交集团合作打造红色党史专线。启动中共台属特委机关旧址纪念馆智能化提升工程和党群服务中心提升建设工程,完成游客中心停车场和浮雕建设、星火广场主题雕塑打造,启动三条坑会议旧址修建及三条坑至茅棚游步道修复工程。

【绿色农业】 2021年,东魁杨梅产业乡村振兴项目工作推进,操作道建设工程完成设计、预算、招标工作,工程建设如期进行,冷库链、智能钢架大棚设计、预算中,完成杨梅补植2000余株。完成全乡耕地"非粮化"调查工作,整理统计数据,清理整治抛荒地80余亩。完成高标田设施调查、配合区农业农村局高标田评估、粮食功能区调整工作。发放各类冬绿肥688公斤。宣传农业政策,走进田间地头,广泛接触群众,进行产业指导、技术支持,做好农业生产服务工作。完成快快家庭农场、神农铁皮石斛专业合作社、北坪家庭农场科技项目申报。科协"三长"领衔项目通过评审。

【人居环境创建美丽城镇】 2021年,常态化开展清洁家园工作。调整村级河长,更换河长牌,督促河长制落实,做好抄告单落实整改。推进肥药双控、治污减排工作。开展"五水共治"宣传工作,载体丰富、内容广泛。完成全年生活污水日常摸底、维护等工作。完成小田周转房、平田—茅畲污水管网建设工程。推进桐外岙生态湿地灾后修复工程，配合完成长潭水库防护网安装、长潭水库生态缓冲带修复工程。地质灾害隐患点完成治理12处，完成“大棚房”回头看和整治工作；完成全年“三改一拆”任务要求，完成整村推进；基本创建美丽城镇。

【便民服务文化礼堂建设】 2021年，落实计划生育家庭奖励扶助和特别扶助等利益导向政策，全乡新增奖励扶助对象33人，特别扶助对象6人。加强便民服务中心规范提升，691项业务可线上办理，实现群众办事“零次”跑服务。开展健康素养进农村文化礼堂行动，通过开展健康讲座、健康服务、健康活动、中医药等活动，推进健康素养进农村文化礼堂工作。全年，开展健康讲座25场，覆盖群众770人，健康服务12场，覆盖群众446人，健康活动13场，覆盖群众516人。做好适老化改造工作，平田乡13户人家全部完成适老化改造工作。平田乡社工站建设完成，通过市、区验收，开始专业化运行。

【基层党建】 2021年，定期开展党建工作研判，有效提升“三会一课”、主题党日等党内政治生活质量，形成齐抓共管、共同履责的工作格局；平田乡党群服务中心红色驿站建成并投入使用，完成3个四星级党群服务中心打造工程，基础党建水平显著提升；实施“双全”计划推进“整乡推进、整县提升”行动，完成平田村和桐树坑村等两个五星级村党组织创建与验收工作，完成全乡党组织上年度星级评定全域“三星级”以上；完成黄溪村后进村党组织整转提升工作。完成党代表选举和党代会工作，新一届乡党代表文化程度普遍提高，整体素质改观，结构更趋合理。

【先进名录】

2021年黄岩区受表彰的浙江省先进集体一览表

表203

获奖单位	获奖称号	授奖单位
平田乡桐岭村	浙江省美丽乡村特色精品村	浙江省“千村示范，万村整治”工作协调小组
平田乡桐树坑村中共台属特委机关旧址纪念馆	浙江省巾帼文明岗	浙江省妇女联合会

2021年黄岩区受表彰的台州市先进个人一览表

表204

获奖人	获奖称号	授奖单位
陈　曦	全市数字化改革先进个人	中共台州市委、台州市人民政府

（平田乡　王　渊）

茅畲乡

【概况】 黄岩区茅畲乡地处黄岩区境西南，东连沙埠镇，西接平田乡，北邻北洋镇，南与乐清县接壤，距黄岩城区22公里。面积29.61平方公里。2021年，户籍人口 13264人，行政区域辖10个行政村，乡政府所在地西边村。

【特色农业】 2021年，辖区内粮食生产保持稳定，粮食播种面积远超区里分配任务目标，蔬菜产量稳中有进，畜牧养殖绿色发展。科技赋能森林防火和防汛抗旱两项安全，依托省、市两个防汛系统平台，在“烟花”“灿都”台风登陆前完成2处山塘水库隐患点排查工作，提升防汛排涝处置能力。森林防火数字化监管，助力全乡实现连续39年无重大森林火灾的记录。开展“外出瓜农”特色服务，完善茅畲乡外出瓜农信息，瓜农2434人，并开展“瓜农天下”应用场景宣传推广，带领茅畲瓜农走向共同富裕。强化农残检测，检测样品800多个，合格率100%，全年无发生一起农产品质量安全事件。结合各村实际开展特色产业，辖区内有浙江省农产品质量安全可追溯主体6家、省级绿色认证主体4家、省级农业科技示范主体1家，浙江省无公害产品和产地认证1家。

【工业经济】 2021年，实现工业生产总值11387.7万元，工业销售产值11328.7万元，工业生产总值与工业销售产值首次实现双破亿元大关。落实安全生产风险隐患整治季行动、安全生产综合整治三年行动计划，开展“铁拳攻坚战”行动；开展员工大培训，进行线上线下培训，经考试全部负责人及安全员通过。配合环保执法部门，完成信访调处工作，落实省级环保督察工作任务。走访企业22家，个体户70多家，帮助各单位申领电子营业执照，帮助企业及个体户年报工作，注册激活“浙江企业在线”，解决企业劳动纠纷2起、助企做好疫情防控工作。

【休闲经济】 2021年，推进休闲度假地建设，投入200余万元，完成抗战时期中共黄岩县委旧址数字化改造及周边环境提升，全年县委旧址迎接参观学习游客超85批次，总人数逾5000人。做好红色故事文章，以县委机关旧址为中心，联动革命老妈妈故居、永乐黄边区纪念室、牟大昌纪念公园等节点，连点成线，壮大红色旅游业，实现优势资源向金山银山的转化，推进共同富裕稳步向前。下街村入围省第十批历史文化(传统)村落保护利用重点村，并与同济大学杨贵庆教授团队签约，开始规划设计，计划用三年时间完成古村保护建设，使之成为茅畲美丽乡村建设的示范点。

【新冠肺炎疫情防控】 2021年，做好疫情防控。组建微网格队伍，落实返乡人员“四方”责任，把好返乡摸排关，依法有序开展重点人群的摸排和健康管理，织密疫情防控网。有序推进新冠肺炎疫苗接种工作，完成第一针疫苗接种量超4100人次，完成疫苗接种任务。加压筑牢安全生产防线。

【平安建设】 2021年，全乡各村居、企事业单位、敬老院开展消防安全生产大检查5次，检查企业60余家次，做好隐患整改落实情况的跟踪督导。筑牢社会稳定底线。开展平安护航建党百年专项行动，抓好重大安全隐患防控，遏制重大事故发生。排查调处矛盾纠纷59起。其中乡级14起，调解成功10起，调解成功率71.4%。村级45起，调解成功40起，调解成功率88.9%。受理浙江省统一政务咨询投诉举报平台来信104件，有效的回复和解决100%以上，得到广大群众认可和支持。

【社会保障】 2021年，开展"治危拆违"，全年累计拆除违章建筑1万余平方米。落实乡村两级河长的常态化巡查，加强对河道保洁的监管，延长河道保洁作业时间，提高保洁要求，全乡水质稳定。

帮扶救助 做好低保户、低保边缘户精准帮扶工作，发放救助资金280多万元，做好特困人员供养和临时救助工作，发放救助资金11万元。推进儿童福利工作，走访关心关爱孤儿、困境儿童43人次，发放救助资金7.54万元。深化养老服务提质升级，累计155名老人接受居家养老上门服务，乡、村两级6家居家养老服务照料中心累计开展活动60余次，参与覆盖1356人次。

【民生工程】 给困难老人家庭适老化改造19户，降低居家养老安全隐患。乡四星级残疾人之家顺利通过年检，考核排名全市靠前。做好国家卫生乡镇创建，通过省暗访迎检。推进健康素养进农村文化礼堂，开展健康讲座、健康服务46场次，参与1436人。完善体育基础设施建设，新建浦洋村微型体育公园。

【党组织换届工作】 2021年，完成各项换届任务。完成乡党代表换届工作，选出乡党代表101人。年龄、学历结构更加优化，女性代表比例超额完成，其中女代表32人，占31%，45周岁以下代表60人，占59%。完成乡党委、乡纪委和区党代表换届选举，选举产生党委委员8名，纪委委员5名，区党代表4名。完成乡第十八届人代会换届选举工作，选举产生3名政府班子成员，7名区人大代表。2021年，乡领导班子调动5人，新提拔中层正职1人。实施干部"五线历练"，推荐1名"90后"干部。规范党员发展工作，全年转正10名，发展预备党员16名，吸收积极分子29人，消除三年未发展党员的支部4个。

（茅畲乡　卢世通）

头陀镇

【概况】 黄岩区头陀镇位于区境中北，面积58.5平方公里。2021年，户籍人口37155人，行政区域辖24个行政村、1个居委会，1个区属柑橘场，镇政府所在地头陀居。

【经济发展】 2021年，全年全镇累计实现规模以上企业总产值8.62亿元，外贸出口36284万元。招引富祥等4家企业入驻浦汇工业园区并开工建设。头陀电动车产业园区完成土地征收工作并完成土地出让。中华橘源小镇完成数字化橘园新界段、魏家段路网建设，与浙江省柑橘研究所合作开发柑橘科创园。新发展柑橘种植280亩。头陀老街保护开发完成项目省级验收并获评优秀等次，完成老街广场建设，西入口停车场及配套基础设施工程量完成过半。推进林龙新村区级美丽乡村精品村项目，完成中岙等4个村美丽庭院二期建设。完成溪东、前陈等5个景区村庄创建工作并通过区级验收。

【城乡建设】 2021年，通过国家卫生乡镇创建省级验收，推进文明城市常态化评估考核迎检。做好清洁家园、“五水共治”工作。推进“无违建”工作，累计拆除违章建筑9000平方米。小里灰村、头陀居土地开发项目通过验收，完成头陀中学南侧道路建设工程。完成断江二区、下灰洋等路段交通安全整治并通过验收。完成山头姜废弃矿山生态修复工程政策处理工作进场施工。农村饮用水达标提标工程完成溪头片三级管网全覆盖，其中店头新村完成一户一表安装。基本完成元同溪中上游段治理二期工程，三期工程完成过半，显著改善河道生态环境。圣河村山前河地质灾害点治理主体工程完工。推进垃圾分类，断江村通过市级垃圾分类示范村检查验收。完成中岙建筑渣土消纳场堆放点建设。完成里岸等5座山塘整治工作，前门山山塘整治工程完成设计、预算工作。

【消除集体经济薄弱村】 2021年，完成集体经济薄弱村消除年度任务，头陀居等15个村集体经济巩固提升，圣河村等7个村完成年经营性收入10万元、总收入20万元目标，超额完成区消薄指标。完成移民“飞地”抱团购置标准化厂房项目三期资金申报。完成前陈村柑橘白茶产业园建设工程、元同村文化长廊、林龙新村游步道建设、新下岙村药材基地二期道路硬化、镇西村道路硬化等5个项目工程。基本完成溪上等10个村修建困难群众周转房及溪头等6个村新建周转房建设。

【文化建设】 2021年，新建中岙、横山、溪上、山屯等4处文化礼堂。实现镇本级及村居新时代文明实践所/站全覆盖。完成头陀老街乡贤馆改造提升工程。完成林龙新村“百姓健身房”建设。

【平安维稳劳动监察】 2021年，推进平安维稳，镇本级调处各类纠纷34起，村居调处各类纠纷314起，调解率100%。处理上级交办的信访案16起，网上信访42件，“12345”信件252件，办结率100%，全镇未发生重大集体访、越级访案件。排查整治安全生产、消防安全隐患，检查相关领域3986家，排查整改隐患598处，开展消防演练15次，参与415人次，完成建党百年安保护航任务。2021年，黄岩区头陀镇受理劳动保障监察投诉27件，帮助38人追讨欠薪46万余元。

【新冠肺炎疫情防控】 2021年，新冠肺炎疫情防控扎实有效。按照“外防输入、内防反弹”的要求，实行网格化、地毯式管理，有序推进新冠肺炎疫苗接种，辖区接种量70973人次，构筑疫情防控防线。

【廉政自身建设】 2021年，改进工作作风。落实中央八项规定精神，结合党史学习教育，整治“四风”及作风顽疾。强化重点领域、重点岗位廉政风险防控，规范公务接待、公车管理、政府采购、体检等制度，控制行政经费支出。规范村级小微权力运行，依托小微权力信息系统做好村级财务全过程监督。提升行政效能。推进“放管服”“最多跑一次”改革，镇级便民服务中心民生可办事项增至291项。

村干部履诺考评 开展“头雁领航、村村比拼”村干部履诺考评和机关干部述职考评，培育年轻干部“乡小贤”“小青橘”队伍，干部队伍干事创业能力提升。推进依法行政。健

全科学民主决策制度，自觉接受人大法律监督、纪委监委监督和社会舆论监督，听取人大代表和政协委员的建议。

【反腐败工作】 2021年，保持高压态势，增强反腐斗争的震慑力，围绕镇重点项目推进、常态化疫情防控、换届选举纪律保障等开展监督检查，对工作不力、影响大局的党员干部严肃追责问责。立案查处违法违纪案件16件，给予党纪处分16人，其中党内警告12人，严重警告1人，开除党籍3人，约谈镇村两级干部49人。保持“四风”高压态势，组织正风肃纪专项行动52次，出动人员126人次，查办违反中央八项规定精神案件4件，处理违纪违法党员4人。依托全省基层公权力全程在线审批子应用，对村级民主决策制度落实情况、工程建设及管理、农村“三资”管理等方面进行全方位监督，推动村务管理有序、公开、公正。

【先进名录】

2021年黄岩区受表彰的台州市先进集体一览表

表205

获奖单位	获奖称号	授奖单位
头陀镇人民政府	台州市无偿献血工作成绩突出贡献集体	台州市委办公室

（头陀镇　包　容）

院桥镇

【概况】 黄岩区院桥镇位于城区南部，面积80.4平方公里。2021年，户籍人口74405人，行政区域辖39个行政村、4个居委会，镇政府所在地学前街12号。

【域经济】 2021年，全年实现规模以上工业总产值32.4亿元，同比增长15.3%。财政总收入累计2.6亿元，同比增长-6.5%，其中一般公共预算收入1.51亿元，同比增长-3.0%。规模以上批发业营业收入累计11.0亿元，同比增长40.2%；规上零售业营业收入累计1.09亿元，同比增长-3.4%。社零总额累计1.09亿元，同比增长-3.4%。工业性（技改）累计投入3.11亿元，服务业投资累计1.03亿元。外贸出口累计2.22亿美元，同比增长44.8%。繁荣小微园区二期项目、台州传化洲鍠物流中心二期工程均有序推进。浙江丰立智能科技股份有限公司进入拟上市名单，元基汽车、青蛙泵业、风一机械等7家企业成功入驻。年内，新引进的元泰模塑、广环工贸等5家企业均在6月份按时开工入库。杰力塑业、宏文管业等新企业有力带动规下工业（抽样）营业收入，四季度末增速314.7%，位居全区第一，增量对全区规模以下贡献48%。

【农业农村】

美丽庭院和美丽乡村建设 推进美丽庭院和美丽乡村建设，桐村、阜峰村、秀水村、见塘村等村美丽庭院均落成，横泾村、西溪村、繁荣村美丽庭院工程完工。新建荣新拦水堰，完成西溪片小流域农业生态工程一标段建设，完成二标段、三标段审计工作。投入资金350余万元，立项5个移民项目村，年末，项目落地。加强河道保洁和污水运维管理，做好全镇127条河流清淤整治工作。推进山体复绿建设，通过削坡、挂网、喷播、绿色锚杆、植物多样性等手段，累计完成辖区23处废弃矿山生态复绿。完成上桥洋等3村小农水项目和升上洋粮食功能区提标改造工程项目。

非粮化整治工作 做好非粮化整治工作，完成区里下达的抛荒地整治工作，获评台州市粮食生产工作成绩突出集体。做好低收入农户增收工作，落实一户一策一干部制度，完成26个行政村困难群众周转房建设工程任务，安排救助基金实现10%低收入农户增收目标。

【城乡建设】 年内，推动路网建设，104国道西移线及十里铺支线、院沙线、劳动南路南延段建成通车，主干道路“四纵四横”格局形成。推进204省道院桥支线和甬台温高速延伸段抬升工程，实施后郑路西延、人民路、经四路等市政道路工程。

污水零直排工作 做好污水零直排工作，完成院桥街居、下抱居及前庄居集镇范围污水管网修复重建，完成对繁荣工业区、二里半工业区、合屿工业区以及东家峰村外部管网的排查工作，30余家工业区企业完成雨污分流，合屿工业园区“污水零直排区”建设顺利通过市级验收。

新兴产业基地建设 推进台州市新兴产业基地建设，矿产出让手续办结送批，山地进场丈量，公墓、过渡房完成选址。

协同推进鉴洋湖城市湿地公园建设 鸡山老街土地现状调查完成，前后郑村4号区块基本签约完毕，公园首启区初步建成。

【民生事业】

村级便民服务站 新建五个村级便民服务站，延伸老年优待证办理、流动人口登记等便民业务，获评台州市五星乡镇便民服务中心。

信访工作 化解信访难题，全年受理各类信访事件895件，接待信访群众76批450人次，10件国重件、6件省重件均得到有效化解。

【学校幼儿园文化礼堂建设】 2021年，基本建成台州市永宁中学主体部分，启动院桥中心小学二期工程，完成实验小学迁建工程，建成实验、鉴洋湖、西溪三所公办幼儿园。推进文化礼堂建设，全年新建沙门店村、中岙里村、横泾村、山北尤村、四联村文化礼堂，实现辖区内39个行政村文化礼堂全覆盖，创建“浙江省农村文化礼堂建设示范乡镇”。

【首届院桥乡贤会举办】 2021年，举办首届院桥乡贤会，会聚各类乡贤人才213人，其中企业界乡贤96名，科技界乡贤30名，行政界乡贤87名，首次联谊会签订3个乡贤项目投资框架协议。

【社会治安治理】 2021年，社会治安治理完成全域视频监控体系建设，斥资232余万元安装高清探头340个、一般性探头429个，新建幸福小区、鉴湖公馆智能安防小区2处，建成丰立机电等智安企业16家，实现全镇可见、可防、可控。推进院桥老街涉黄问题整治，查处老街涉黄案件12起、处理涉黄人员20人，并对浴香阁桑拿会所进行查处，抓获涉黄嫌疑人25人，行政拘留14人，院桥老街涉黄问题顺利通过市、区两级政法机关验收，镇获黄岩区基层治理现代化工作先进集体荣誉称号。

【清廉建设】 2021年，保持执纪办案的高压态势，全年立案19起，办结12件，自办案件3件，其中开除党籍处分3人，党内警告处分9人，有7件完成审查调查送区纪委协助审理。参与镇重点工作督查，全年开展正风肃纪专项行动94次，出动人员274人次，发现问题19起，处理人员74人，对291人进行工作提示约谈，对存在苗头性问题的97人进行警示提醒约谈，发出纪律查检建议书9份，监察建议书3份。信访做实巡察整改后半篇文章，全年收到区纪委交办的信访件21件，办结19件，尚有2件正在办理中，自办信访件13件，完成重信重访挂牌件销号2件。

【先进名录】

2021年黄岩区受表彰的浙江省先进集体一览表

表206

获奖单位	获奖称号	授奖单位
院桥镇老年体协	2017—2020年度全省老年体育工作先进单位	浙江省老年人体育协会

2021年黄岩区受表彰的台州市先进集体一览表

表207

获奖单位	获奖称号	授奖单位
院桥镇人民政府	2020年度平安(综治)工作先进集体	中共台州市委、台州市人民政府
院桥镇人民政府	2020年度台州市五水共治工作成绩突出贡献集体	中共台州市委、台州市人民政府
院桥镇人民政府	2020年度台州市粮食生产工作成绩突出集体	中共台州市委、台州市人民政府
台州市黄岩区院桥镇综治办	2020年度基层社会治理工作突出贡献集体	中共台州市委、台州市人民政府

2021年黄岩区受表彰的台州市先进个人一览表

表208

获奖人	获奖称号	授奖单位
叶　挺	2020年度台州市无偿献血工作成绩突出贡献个人	中共台州市委、台州市人民政府
徐婉玲	2020年度台州市粮食生产工作成绩突出个人	中共台州市委、台州市人民政府
余溢文	2020年度民营经济高质量发展强市建设先进个人	中共台州市委、台州市人民政府

（院桥镇　罗　越）

沙埠镇

【概况】 黄岩区沙埠镇位于区境西南部，面积44.03平方公里。2021年，人口24114人，行政区域辖15个行政村、2个居委会，镇政府所在地繁二村。

【经济建设】 2021年，全年实现规模以上工业产值9.5亿元，同比增长7.9%，新增小升规企业3家；15家规下样本调查企业全年营业收入4.27亿元。启动联屿路西侧厂区和繁三小微园区建设，推进重点项目建设大提速，企业发展后劲增强。盘活低效工业用地，协助规上规下企业开展老厂区改造相关报批工作，支持企业新建厂房扩大产能，宏广工贸有限公司地块厂房建至4层。坚持科技兴农，推进罗曼杨梅病虫害物理防治试验，实现杨梅产量增收45%，完成吕白洋杨梅基地道路硬化工程。加大农产品安全、农机生产安全、“肥药双控”质量监管，率先实现变型拖拉机清零。

【城乡建设】

美丽城镇建设 2021年，打造省级美丽城镇，推进沙埠北入口、邻里中心、智慧安防小区、居家养老服务中心等改造提升项目，整治集镇环境风貌、秩序管理，通过省级基本型美丽城镇验收。

违法建筑“三改一拆” 黄岩区沙埠镇一体联动推进“三改一拆”与村庄管理，消除存量违法建筑26宗5.5万平方米，完成危旧房改造备案40户，农房基础信息调查7000多户，集镇公共空间得到净化。

卫生乡镇通过省级验收 投入150多万元资金，做好文明城市复评工作，发动5000余人次，动用机械700余辆次，清运垃圾4000余吨，对镇域人居环境进行地毯式清理整治，国家卫生乡镇通过省级验收。

水利设施维护 加大水利设施维护，完成凌云水库除险加固、虎柜头溪综合整治及西建河、北岙溪、南支坑、北支坑等水毁修复，佛岭水库除险加固工程完成大坝防渗强浇筑及泄洪洞主体工程。

佛岭省级森林公园 争创黄岩佛岭省级森林公园，加快环库景点布局，完成南胡村、横溪村2个环佛岭水库景观节点建设，实现环库村庄全域景区化。加大沿溪“靓化”，完成沙埠溪云浪堰、拱形廊桥、生态湿地等建设，省级“美丽河湖”成效显现。

历史文化村落保护项目 推进历史文化村落保护项目，投资71万元完成南六坑温黄古道修复工程，建造凉亭、长廊、百步台阶及石栏杆，助力乡村旅游发展。

【民生事业】

饮用水达标提标工程 推进农村饮用水达标提标工程，完成11公里二级管网铺设和“一户一表”安装，全镇16个村2万多人的饮水安全得到基本保障。推进居民小区污水零直排建设，完成廿四都村上溪区块72户居民区地下综合管线探测及深度排查，雪溪区块35户雨污分流地下排水管网建设，新增雨水管607米，污水管1208米。

道路隐患整治 开展道路隐患整治，完成乡村公路大中修5公里、破损路面修复4.3公里，安装唐山村、青瓷村等道路护栏2.4公里，设立镇村两级交通工作站16个，设立LED交通警示牌3个，减少交通安全事故的发生。

【养老服务转型升级】 2021年，推进养老服务转型升级，居家养老中心每月下村为村老人免费志愿服务活动，完成25户低收入户适老化改造。加大低收入农户结对帮扶力度，完成低收入农户收入情况动态监测全覆盖。

【残疾人就业救助】 2021年，加大因病致困人员的关注，打造1家“三星级”残疾人之家，保障残疾人就业22人，残疾学生教育救助14人，困难残疾人生活补贴32人，养老服务补贴16人。全年落实免费流感疫苗接种2928人、免费适龄妇女“两癌”筛查743例、65周岁以上老年人健康检查2504例。开展新时代文明实践“我为群众办实事”活动，以三张服务清单为抓手，依托“志愿服务我报到”“结对帮扶我先来”等活动，梳理200余条各类实事清单，开展2000余次志愿服务，解决群众最关心、最直接的“急难愁盼”问题。

【青瓷小镇全国重点文物保护单位】 2021年，加大青瓷窑址群的现状保护和开发利用，完成凤凰山、竹家岭窑址考古挖掘，揭示出沙埠青瓷窑业生产兴衰的动态过程，被国务院核定并公布为第八批全国重点文物保护单位。高站位谋划青瓷小镇，按照保护与开发相统一的原则，编制《沙埠窑考古遗址公园规划》《沙埠窑遗址保护规划》，重点布局沙埠窑遗址博物馆、青瓷研学营地、青瓷大师园等9个青瓷展示点，串点成线，设计3条徒步游览路线，形成主题突出、层次清晰的青瓷“旅游图”。做大文化产业研究，引进青瓷领域专业人才，凝聚创新思路，打响“宋韵青瓷”品牌，沙埠青瓷的学术价值得到提高。

【新冠肺炎疫情防控】 2021年，成立疫情防控工作领导小组，设立15个专项工作小组，累计排摸重点人员信息600多条，核查重点地区人员228人。建立疫情防控体系，设立4个入镇道口，17个入村道口，全镇保持无确诊、无疑似“双零”战绩。常态防控平稳有序，坚持“精密智控+硬核隔离+群防群控”，落实亮码、测温、戴口罩等管控措施，各类应急物资和能力储备得到有效加强，发放口罩3万多只，消毒液100多瓶。做好疫苗接种工作，全年接种新冠肺炎疫苗一针、二针、加强针43474剂次，筑牢全民免疫屏障。

【先进名录】

2021年黄岩区受表彰的全国先进集体一览表

表209

获奖单位	获奖称号	授奖单位
横溪村	全国乡村治理示范村	农业农村部

2021年黄岩区受表彰的浙江省先进集体一览表

表210

获奖单位	获奖称号	授奖单位
沙埠镇	“五水共治”工作考核优秀乡镇	省五水共治办公室

2021年黄岩区受表彰的浙江省先进个人一览表

表211

获奖人	获奖称号	授奖单位
徐从宰	浙江省“兴村治社”名师	省委组织部

2021年黄岩区受表彰的台州市先进集体一览表

表212

获奖单位	获奖称号	授奖单位
沙埠镇党委	疫情防控工作先进集体	中共台州市委 台州市人民政府

2021年黄岩区受表彰的台州市先进个人一览表

表213

获奖人	获奖称号	授奖单位
徐小明	弘扬大陈岛垦荒精神(关心下一代工作)先进个人	中共台州市委 台州市人民政府

（沙埠镇　应秉成）

索　引

说　明

一、本索引采用主题分析法编制。

二、索引按主题词首字拼音字母顺序和音序排列，按标引词首字的汉语拼音音序排列，首字相同按第二字音序排列，以此类推。

三、标引词后的阿拉伯数字表示内容所在的页码。

四、“特载”“大事记”的内容不做索引。正文索引仅限于具体条目、类目、分目及条目中的“综述”，“概况”“先进名录”不做索引。

D

H

J

M

N

P

Q

T

Y

Z

图书在版编目(CIP)数据

黄岩年鉴. 2022 / 台州市黄岩区地方志编纂室编.—北京：方志出版社，2022.11
ISBN 978-7-5144-5535-9

Ⅰ. ①黄… Ⅱ. ①台… Ⅲ. ①黄岩区－2022－年鉴 Ⅳ. ①Z525.54

中国版本图书馆CIP数据核字(2022)第252516号

责任编辑：李志瑜
责任校对：刘玉霞
责任印制：梅中英
出 版 者：方志出版社
地　　址：北京市朝阳区潘家园东里9号(国家方志馆4层)
邮　　编：100021
网　　址：http://www.zgfzcb.cn
发　　行：方志出版社图书营销中心(010-67110500)
印　　刷：杭州富春印务有限公司
开　　本：889毫米×1194毫米　1/16
印　　张：20
字　　数：425千字
版　　次：2022年11月第1版
印　　次：2022年11月第1次印刷
定　　价：128.00元